Ann-Kristin Kolwes
Die Frauen und Kinder deutscher Kriegsgefangener

D1727453

Histoire | Band 185

Ann-Kristin Kolwes, geb. 1987, ist Mitarbeiterin an der Universität zu Köln. Sie studierte Geschichte und Psychologie an der Universität Bielefeld und promovierte 2019 am Historischen Institut der Universität zu Köln.

Ann-Kristin Kolwes

Die Frauen und Kinder deutscher Kriegsgefangener

Integriert, ignoriert und instrumentalisiert, 1941-1956

Bibliografische Information der Deutschen Nationalbibliothek
Die Deutsche Nationalbibliothek verzeichnet diese Publikation in der Deutschen Nationalbibliografie; detaillierte bibliografische Daten sind im Internet über http://dnb.d-nb.de abrufbar.

Umschlaggestaltung: Maria Arndt, Bielefeld
Umschlagabbildung: Plakat der Kriegsgefangenen-Gedenkwoche 1953. Oskar Johannes Stanik für den Verband der Heimkehrer.
Druck: Majuskel Medienproduktion GmbH, Wetzlar
Print-ISBN 978-3-8376-5464-6
PDF-ISBN 978-3-8394-5464-0
https://doi.org/10.14361/9783839454640

Gedruckt auf alterungsbeständigem Papier mit chlorfrei gebleichtem Zellstoff.
Besuchen Sie uns im Internet: *https://www.transcript-verlag.de*
Unsere aktuelle Vorschau finden Sie unter *www.transcript-verlag.de/vorschau-download*

Inhalt

1. Einleitung

»Wir wissen, daß du lebst. Wir wissen aber nicht, wann Du wieder bei uns sein kannst. Hoffentlich für immer bei uns sein kannst. [...] Wie oft habe ich mir diesen Augenblick ausgemalt und war doch zu bange, fest daran zu glauben. Ich hatte Angst, ich würde durch die entsetzlichste Nachricht enttäuscht, d.h. vernichtend getroffen. Jetzt, seitdem ich weiß, daß Du lebst, gibt es keinen schöneren Gedankengang, als mir das Wiedersehen mit dir auszumalen. Die Freude, unseren Papi begrüßen zu können ihn mit aller Liebe umgeben und verwöhnen zu können, wird unbeschreiblich sein. [...] Ich freue mich auf die Stunden, die wir wieder zusammen sind, dann läßt sich dick und dünn besser durchlaufen. [...] Ich bin glücklich, wenn ich wieder für unsere kleine Familie schaffen kann und Dir und den Kleinen Mutti und Muschi sein kann. Komm schnell nur, wir warten sehnlichst auf Dich. Helga möchte besonders ihren Papi recht bald kennen lernen. Sigrid träumt schon von ihrem Papilein. Also komm ganz schnell.«[1]

Dies ist ein Auszug aus dem ersten Brief, den Hilde M., Ehefrau des Kriegsgefangenen Wolfgang M., ihrem Mann in die englische Kriegsgefangenschaft schickte. In ihm kommen deutlich ihre Freude und Erleichterung über das erste Lebenszeichen ihres Mannes zum Ausdruck, aber auch die Ungewissheit und Angst, mit der sie bis zu diesem Zeitpunkt gelebt hatte. Das erste Lebenszeichen des Ehemannes aus der Gefangenschaft brachte jedoch nicht nur die lang ersehnte Nachricht, dass dieser das Kriegsende wohlbehalten überlebt hatte, es war vielmehr auch eine Art Versprechen, dass das gemeinsame Familienleben nach seiner Heimkehr fortgeführt werden konnte. Für viele Familien bildete diese Perspektive einen Ankerpunkt, der sie in der Hoffnung auf eine bessere Zukunft durchhalten ließ. Dies kommt auch in dem Brief von Hilde M. zum Ausdruck, der sich ganz auf ihren Ehemann in Kriegsgefangenschaft und seine Rückkehr konzentriert. Sehr emotional beschreibt sie darin ihre Vorfreude auf die gemeinsame Zukunft und die für sie damit verbundene Rückkehr in ihre Rolle als Ehefrau und Mutter. Nur beim

---

1   Hilde M. an Wolfgang M., undatiert [vermutlich Mai 1945; Anm. A.K.], Privatbesitz. Die beiden hatten zwei gemeinsame Töchter, Helga und Sigrid.

aufmerksamen Lesen fallen die Beschreibungen und Bemerkungen auf, die Hinweise auf die Sorgen der Familie geben. Etwa die Angst, Wolfgang hätte tot sein können oder würde nach seiner Rückkehr nicht für immer bei ihnen bleiben, sowie die Formulierung, gemeinsam lasse sich »dick und dünn besser durchlaufen«[2], die andeutet, dass die damalige Lebenssituation für Hilde M. und ihre beiden Töchter nicht einfach war. Über ihre eigenen Lebensumstände verliert sie allerdings kein Wort und auch in den weiteren Briefen an Wolfgang beschreibt sie das Leben der Familie immer als relativ unkompliziert und ohne große Probleme.

Hilde M. und ihre Töchter gehörten zur Gruppe der Frauen und Kinder deutscher Kriegsgefangener, also jenen Familien, deren Ehemänner und Väter bereits während des Zweiten Weltkrieges oder unmittelbar danach in Kriegsgefangenschaft geraten waren. Die Abwesenheit von Ehemännern und Vätern war im Krieg ein Massenphänomen, das den Lebensalltag der meisten deutschen Familien kennzeichnete, und auch in den Nachkriegsjahren blieb die sogenannte ›unvollständige‹ Familie für viele Frauen und Kinder Alltag. Allerdings wäre es falsch, all diese Familienschicksale einfach miteinander zu vergleichen und anzunehmen, dass deren Lebensumstände sich nicht voneinander unterschieden. Vielmehr spielte der Grund für die Abwesenheit des männlichen Familienoberhaupts eine entscheidende Rolle, sowohl für das Selbstverständnis der betroffenen Frauen und Kinder als auch dafür, wie diese von ihrem sozialen Umfeld, der Gesellschaft und auch der Politik betrachtet und behandelt wurden. Welche Auswirkungen der Kriegsgefangenenstatus des Internierten für dessen Frau und Kinder hatte, untersucht das vorliegende Buch. Denn, obwohl die Kriegsgefangenschaft eines Ehemannes oder Vaters während des Zweiten Weltkrieges oder danach fester Bestandteil der Geschichte so vieler deutscher Familien ist, wissen wir bis heute kaum etwas darüber, was dies tatsächlich für die Angehörigen bedeutet. Die Narrative über die Erlebnisse der Frauen und Kinder bewegen sich meist innerhalb der kollektiven Erinnerung der bundesdeutschen Gesellschaft zur Kriegs- und Nachkriegszeit. Trümmerfrauen, Hamsterfahrten, Hungerprostitution, Fraternisierung, Onkelehen, Flucht und Vertreibung – all diese Begriffe und noch viele mehr prägen maßgeblich dieses Narrativ der ersten Nachkriegsjahre, beschreiben die tatsächliche Lebenswirklichkeit der Menschen – und vor allem jener Frauen und Kinder – jedoch häufig nur in Teilen.

Das vorliegende Buch möchte das darstellen, was Frauen wie Hilde M. in den Briefen an ihren internierten Ehemann gar nicht oder nur zwischen den Zeilen beschrieben: Wie sahen die Lebensumstände der Frauen und Kinder der deutschen Kriegsgefangenen aus und in welcher Weise veränderten sie sich durch den Status des Ehemannes und Vaters als Kriegsgefangener? Dies ist das Erkenntnisinteresse, das der Arbeit zugrunde liegt. Der Untersuchungszeitraum beginnt am 22. Juni

---

2   Ebd.

1941 mit dem Angriff der Wehrmacht auf Russland, da in den ersten Kriegsjahren fast keine Wehrmachtssoldaten in Kriegsgefangenschaft geraten waren. Zwar blieb auch hier die Zahl der Internierten anfangs sehr gering, mit dem Fortschreiten der Kriegshandlungen an der Ost- und Westfront stieg sie jedoch stetig an. Einen Wendepunkt, nicht nur für den Kriegsverlauf, stellte die Niederlage von Stalingrad dar. Neben der hohen Anzahl von Toten wurden dort auch hunderttausend Wehrmachtsangehörige gefangen genommen.[3] Die Untersuchung endet Anfang des Jahres 1956 mit der Ankunft des letzten Heimkehrertransportes aus russischer Gefangenschaft am 16. Januar. In diesem Zeitraum von knapp 15 Jahren werden die Lebensumstände der Frauen und Kinder im Nationalsozialismus (NS), der Britischen und Sowjetischen Besatzungszone (SBZ) sowie der Bundesrepublik Deutschland (BRD) und der Deutschen Demokratischen Republik (DDR) untersucht und miteinander verglichen. Hierzu ist die Arbeit in drei zeitliche Teile gegliedert, deren erste Zäsur die Kapitulation und das damit verbundene Kriegsende im Mai 1945 und die zweite die Meldung der sowjetischen Nachrichtenagentur TASS im Mai 1950 darstellt, mit der diese den Abschluss der Repatriierung der deutschen Kriegsgefangenen bekannt gab und die verbliebenen Internierten zu Kriegsverbrechern erklärte. Bedingt durch die Unterschiedlichkeit der fünf verschiedenen staatlichen Systeme bzw. Typen der Besatzung und ihrer politischen Ausrichtungen handelt es sich um einen asynchronen Vergleich, der die jeweiligen Besonderheiten berücksichtigt. Aufgrund dieser Tatsache unterscheiden sich zu gewissen Teilen auch die Forschungsfragen, um so die jeweiligen Besonderheiten für das Leben der Angehörigen bestmöglich abzubilden.

Wie etwa verhielt sich das nationalsozialistische Regime gegenüber Wehrmachtsangehörigen, die in Kriegsgefangenschaft geraten waren oder als verschollen galten und deren Familien? Wurden diese Frauen innerhalb der ›Volksgemeinschaft‹ schlechter gestellt, weil sie für diese keinen Wert mehr besaßen und ihr Ehemann nicht mehr kämpfte oder wurde ihnen vielleicht sogar eine besondere Rolle in der Kriegspropaganda zuteil? Wie reagierte die Gesellschaft auf die immer größer werdende Zahl von Gefangenen und Vermissten und welche Strategie verfolgte die Regierung, um die Angehörigen zu informieren und zu beruhigen?

Mit der Kapitulation erreichte die Anzahl der Gefangenen ihren Höchststand und die Internierung eines Familienangehörigen wurde zumindest kurzzeitig zu einem Massenphänomen. Viele der Familien mussten eine monatelange Ungewissheit ertragen, bis sie ein erstes Lebenszeichen aus der Kriegsgefangenschaft erhielten. Wie gingen die Frauen und Kinder mit dieser Form von Ungewissheit um

---

3   Hilger, Andreas, »Drei Jahre haben wir gekriegt, alle hunderttausend Mann«. Stalingrad und die Kriegsgefangenschaft Deutscher in der Sowjetunion, in: Festschrift der Universitäten Köln/Wolgograd, 2003, S. 128-140.

und was veränderte sich für sie mit der ersten Nachricht ihres Ehemannes? Welches Selbstverständnis ging mit diesem Status einher und welche Handlungen und Pflichten verstanden sie selbst während der Zeit der Abwesenheit als ihre Aufgaben? Gibt es zudem spezifische Reaktionen und Verhaltensweisen, die sich für die Kinder der Internierten identifizieren lassen?

Um die Folgen und Konsequenzen der unterschiedlichen politischen Systeme der Nachkriegszeit für die Lebensumstände der Frauen und Kinder zu beleuchten und miteinander zu vergleichen sowie Gemeinsamkeiten und Unterschiede aufzuzeigen, basiert die Betrachtung ab der Kapitulation vor allem auf denselben Fragen: Welche Form von staatlichen Unterstützungsleistungen erhielten die Frauen und Kinder der Kriegsgefangenen in den unterschiedlichen Besatzungszonen und in welcher Form wirkte sich der Status des Ehemannes auf diese aus? Wie veränderte sich mit dem Kriegsende das Selbstverständnis der Frauen und Kinder? Reflektierten sie über eine mögliche Kriegsschuld ihres Ehemannes oder ihrer selbst? Wie begegnete die übrige Bevölkerung den Angehörigen der Internierten und lassen sich spezifische Rollen-, Wert- und Normvorstellungen identifizieren, die man diesen gegenüber formulierte? Spielte es zudem eine Rolle, in welchem Land der Angehörige interniert war? Und welche Position nahmen die Frauen und Kinder im politischen Umgang mit der Kriegsgefangenenproblematik ein – veränderte sich an dieser etwas mit den Staatsgründungen im Jahr 1949?

Die Bekanntgabe der Verurteilung der letzten Internierten in der Sowjetunion zu Kriegsverbrechern durch die TASS-Meldung vom 4. Mai 1950 stellte eine weitere Zäsur im Leben der Frauen und Kinder dar. In welcher Weise wirkte sich diese erneute Veränderung des Status des Ehemannes und Vaters auf ihr Selbstverständnis aus und welche Strategien nutzten sie hierfür? Akzeptierten sie die Verurteilungen und die damit verbundene Festschreibung einer Täterschaft oder lehnten sie diese ab? Wie reagierten die Regierungen der Bundesrepublik und der DDR auf die Nachricht der TASS und welche Konsequenzen hatte dies für die Familien? Erfuhren sie eine öffentliche Stigmatisierung oder Benachteiligung als Angehörige eines Kriegsverbrechers? In der bundesdeutschen Erinnerungskultur tauchen die Frauen und Kinder der Internierten nicht als spezifische Gruppe auf, wohingegen die Kriegsgefangenen selbst ein fester Bestandteil sind. Was können mögliche Ursachen dafür sein, dass diese Gruppe und ihre Lebensumstände nach der Rückkehr der letzten Kriegsgefangenen im Januar 1956 in Vergessenheit gerieten und bis heute ein Forschungsdesiderat darstellen?

Über die konkrete Darstellung der Lebensumstände von Frauen und Kindern der Kriegsgefangenen hinaus erlauben es die Antworten auf diese Fragen, Rückschlüsse auf Prozesse und Mechanismen von Selbst- und Fremdkonstruktion der Menschen während des Zweiten Weltkrieges und in der Nachkriegszeit zu ziehen sowie darauf, in welcher Weise diese Entwicklungen den jeweiligen politischen Systemen unterworfen waren, in denen sie lebten. Die Analyse der gesell-

schaftlichen Sichtweise ermöglicht es zudem, die Veränderungen, aber auch die
Beständigkeit von gesellschaftlichen Wert- und Normvorstellungen in den Blick zu
nehmen. Außerdem lässt sich an der Gruppe dieser Frauen und Kinder die Entwicklung eines gesellschaftlichen Umgangs mit der Frage von Kriegsschuld und
Täterschaft nachzeichnen, die als stellvertretend für einen Großteil der Bevölkerung gesehen werden kann, womit die Arbeit bisherige Erkenntnisse durch eine
neue Perspektive ergänzt.

1.1 Forschungskontext

Die Arbeit verortet sich im Kontext der neueren Sozialgeschichte als einer Geschichte der gesellschaftlichen Beziehungen, mit Hilfe derer die vielfältigen Verschränkungen und Wechselwirkungen der unterschiedlichen Akteurinnen und Akteure analysiert und dargestellt werden, wobei gleichzeitig nach Wahrnehmungen
und Erfahrungen, Handlungs- und Verarbeitungsweisen gefragt wird.[4] Obwohl vor
allem Frauen als Untersuchungsgegenstand im Fokus der Betrachtung stehen, handelt es sich nicht vorrangig um eine frauen- bzw. geschlechtergeschichtliche Untersuchung. Ausschlaggebend für die Definition der Gruppe ist nicht ihr biologisches
bzw. sozial konstruiertes Geschlecht, sondern vielmehr ihr Status als Ehefrau eines
Kriegsgefangenen. Da die Funktion dieser Frauen jedoch untrennbar verbunden
war mit zeitgenössischen, sozial konstruierten Geschlechterrollen, werden auch
die Entstehung sowie der Wandel dieser geschlechterspezifischen Rollen-, Wert-,
und Normvorstellungen in Bezug auf diese Gruppe analysiert.

Sowohl Frauen als auch Kinder werden als handelnde Akteurinnen und Akteure verstanden, die aktiv nicht nur ihr eigenes Selbstverständnis konstruierten,
sondern darüber hinaus ebenfalls ihre Fremdwahrnehmung durch andere mit beeinflussten. Während sich diese Sichtweise der Frauen in der Forschung bereits
seit Jahrzehnten etabliert hat, ist dies für Kinder als Untersuchungsgegenstand
historischer Arbeiten lange nicht der Fall gewesen. Vorwiegend auf Grund einer
häufig schlechten Quellenlage wurden sie zumeist nur objekthaft betrachtet, ohne
dass vor allem kleinen Kindern die Position von handelnden Personen zuschrieben
wurde. Insbesondere die methodischen Zugänge aus der Historischen Bildungsfor-
schung sowie der Kindheitssoziologie bereichern hier die historische Perspektive.[5]

---

4   Kocka, Jürgen, Wandlungen der Sozial- und Gesellschaftsgeschichte am Beispiel Berlins 1949
      bis 2005, in: Osterhammel, Jürgen/Langewiesche, Dieter/Nolte, Peter (Hg.), Wege der Gesell-
      schaftsgeschichte, Göttingen 2006, S. 11-31, S. 25.
5   Hungerland, Beatrice/Kelle, Helga, Kinder als Akteure – Agency und Kindheit. Einführung in
      den Themenschwerpunkt, in: Zeitschrift für Soziologie der Erziehung und Sozialisation, Jg. 34
      (2014), S. 227-232; Bolling, Sabine/Kelle, Helga, Kinder als Akteure oder als Partizipanden von
      Praktiken? Zu den Herausforderungen für eine akteurszentrierte Kindheitssoziologie durch

Wie bereits genannt, handelt es sich bei den Frauen und Kindern von deutschen Kriegsgefangenen um ein Forschungsdesiderat, das bisher noch nicht umfangreich bearbeitet wurde. Zwar haben Sarah Fischmann und Ela Hornung ebenfalls die Lebensumstände von Ehefrauen von Kriegsgefangenen untersucht, dies allerdings für Frankreich und Österreich.[6] Darüber hinaus gibt es einzelne Arbeiten, die sich zumindest in Teilen mit den Ehefrauen der Kriegsgefangenen in Deutschland beschäftigen, diese aber zumeist im Kontext anderer alleinstehender Frauengruppen betrachten.[7] Deutlich mehr Arbeiten analysieren hingegen, welche Auswirkungen die Heimkehr des Internierten auf die Familie hatte.[8] Außerdem besteht bereits eine sehr umfangreiche frauen- und geschlechtergeschichtliche Forschung zum Zweiten Weltkrieg und der Nachkriegszeit, wobei Arbeiten zum NS und der BRD überwiegen.[9] In der bundesdeutschen Erinnerungskultur ist das Bild des Lebens

---

Praxistheorien, in: Zeitschrift für Soziologie der Erziehung und Sozialisation, Jg. 34 (2014), S. 263-279; Heinzel, Friederike, Methoden der Kindheitsforschung. Ein Überblick über Forschungszugänge zur kindlichen Perspektive, 2. überarb. Aufl., Weinheim 2012; Winkler, Martina, Kindheitsgeschichte. Eine Einführung, Göttingen 2017. Ein erfolgreiches Beispiel hierfür z.B.: Hiemisch, Wiebke, Kinder im Konzentrationslager Ravensbrück. (Über-)Lebenserinnerungen, Köln 2017.

6   Hornung, Ela, Warten und Heimkehr. Eine Ehe während und nach dem Zweiten Weltkrieg, Wien 2005; Dies., Heimkehr und wartende Frau. Zur Symptomatik eines Geschlechterverhältnisses nach dem Zweiten Weltkrieg in Österreich, in: Bandhauer-Schöffmann, Irene/Duchen, Claire (Hg.), Nach dem Krieg. Frauenleben und Geschlechterkonstruktionen in Europa nach dem Zweiten Weltkrieg, Herbholzheim 2000, S. 67-84; Fishman, Sarah, We will wait. Wives of French Prisoners of War, 1940-1945, Yale 1991.

7   Vorrangig zu nennen sind hier die Arbeiten von Elizabeth Heineman. Dies., What difference does a husband make? Women and marital status in Nazi and postwar Gemany, Berkeley 1999; Dies., Complete Families, Half Families, No Families at All: Female-Headed Households and the Reconstruction of the Family in the Early Federal Republic, in: Central European History, Jg. 29 (1996), S. 19-60.

8   Plötz, Kirsten, »Heimkehr«, die »natürliche Ordnung« und »vollständige Familien«. Väter in der bundesdeutschen Nachkriegszeit, in: Bereswill, Mechthild/Scheiwe, Kirsten/Wolde, Anja (Hg.), Vaterschaft im Wandel. Multidisziplinäre Analysen und Perspektiven aus geschlechtertheoretischer Sicht, Weinheim, München 2006, S. 57-74; Smith, Arthur L., Heimkehr aus dem Zweiten Weltkrieg. Die Entlassung der deutschen Kriegsgefangenen, Stuttgart 1985, S. 107-111; Niehuss, Merith, Familie, Frau und Gesellschaft. Studien zur Strukturgeschichte der Familie in Westdeutschland 1945-1960, Göttingen 2001, S. 106-115.

9   Im Folgenden sollen hier nur einige ausgewählte genannt werden: Gehmacher, Johanna/Hauch, Gabriella (Hg.), Frauen- und Geschlechtergeschichte des Nationalsozialismus. Fragestellungen, Perspektiven, neue Forschungen, Wien 2007; Dörr, Margarete, »Wer die Zeit nicht miterlebt hat…« Frauenerfahrungen im Zweiten Weltkrieg und in den Jahren danach, Bd. 2, Frankfurt a.M., New York 1998; Moeller, Robert G., Geschützte Mütter. Frauen und Familien in der westdeutschen Nachkriegspolitik, München 1997; Niehuss, Familie; Plötz, Kirsten. Als fehlte die bessere Hälfte. »Alleinstehende« Frauen in der frühen BRD 1949-1969, Königstein im Taunus 2004; Meyer, Sibylle/Schulze, Eva, Wie wir das alles geschafft haben. Alleinstehende Frauen berichten über ihr Leben nach 1945, München 1984; Freier, Anna-

alleinstehender Frauen während der Nachkriegsjahre vor allem durch eine undif-
ferenzierte Betrachtungsweise gekennzeichnet, da die Gründe für die Abwesenheit
des Ehemannes keine Berücksichtigung finden bzw. die Auswirkungen der Kriegsgefangenschaft nicht thematisiert werden.[10] Die Ursache für die ›Unvollständig-
keit‹ der Familie konnte jedoch vielfältig sein, etwa durch Kriegsgefangenschaft,
Vermisst-Sein, Tod oder Scheidung, wobei sich jeder der Gründe in spezifischer
Weise auf das Selbstverständnis der betroffenen Familien auswirkte. Damit einher
gingen zudem unterschiedliche Rechtsansprüche sowie Rollen- und Verhaltensvorstellungen der übrigen Bevölkerung sowie des Staates. Wie wichtig das getrennte
Erforschen der einzelnen Gruppen ist, zeigt die Arbeit von Anna Schnädelbach,
die in ihrer Monografie *Kriegerwitwen* untersucht hat und zeigen konnte, wie deren
Lebensumstände vor allem von ihrer Erwerbsarbeit und der Sorge um die eigene
Familie geprägt waren.[11]

Die Geschichte der Kriegsgefangenen wurde umfangreich aufgearbeitet und
dargestellt. Vielfältige Arbeiten beschäftigen sich mit den Lebensumständen der
Gefangenen während der Internierung in den unterschiedlichen Gewahrsamsstaa-
ten.[12] Angefangen wurde mit dieser Aufarbeitung bereits im Frühling 1957, also ein
gutes Jahr nach der Rückkehr der letzten Heimkehrer, indem die Bundesregierung
die Wissenschaftliche Kommission für deutsche Kriegsgefangengeschichte gründete.[13] Während der fast 18-jährigen Tätigkeit der Kommission entstanden 22 Bän-

---

Elisabeth/Kuhn, Annette (Hg.), Frauen in der Geschichte V. »Das Schicksal Deutschlands liegt
in der Hand seiner Frauen«– Frauen in der deutschen Nachkriegsgeschichte, Düsseldorf 1984.

10   Ein gutes Beispiel hierfür sind die in den letzten Jahren erschienenen Dokumentationen im
     öffentlich-rechtlichen Fernsehen. All diese thematisierten die Abwesenheitserfahrung des
     Vaters bei den Kindern, unterschieden jedoch nicht, aus welchem Grund dieser nicht bei der
     Familie sein konnte. Z. B: ZDFzeit Dokumentation »Wir Nachkriegskinder«, 2-teilig, ausge-
     strahlt am 15. und 22.3.2016 oder »Kinder des Krieges – Deutschland 1945« in der Reihe Ge-
     schichte im Ersten, ausgestrahlt am 4.5.2020.

11   Schnädelbach, Anna, Kriegerwitwen. Lebensbewältigung zwischen Arbeit und Familie in
     Westdeutschland nach 1945, Frankfurt 2009.

12   Hilger, Andreas, Deutsche Kriegsgefangene in der Sowjetunion, 1941-1956. Kriegsgefange-
     nenpolitik, Lageralltag und Erinnerung, Essen 2000; Overmans, Rüdiger, Soldaten hinter
     Stacheldraht. Deutsche Kriegsgefangene des Zweiten Weltkriegs, Berlin, München 2000;
     Thompson, Antonio S., Men in German uniform. POWs during World War II, Knoxvill 2010;
     Reiß, Matthias, »Die Schwarzen waren unsere Freunde«. Deutsche Kriegsgefangene in der
     amerikanischen Gesellschaft, Paderborn u.a. 2002; Held, Renate, Kriegsgefangenschaft in
     Großbritannien. Deutsche Soldaten des Zweiten Weltkriegs im britischen Gewahrsam, Mün-
     chen 2008; Kochanowski, Jerzy, In polnischer Gefangenschaft. Deutsche Kriegsgefangene in
     Polen, Osnabrück 2004.

13   Der ursprüngliche Name lautete Wissenschaftliche Kommission für die Dokumentation des
     Schicksals der deutschen Kriegsgefangenen des 2. Weltkriegs. Ausführlich zur Wissenschaft-
     lichen Kommission: Maschke, Erich (Hg.), Die deutschen Kriegsgefangenen des Zweiten
     Weltkriegs. Eine Zusammenfassung, München 1974.

de, die ausführlich die jeweiligen Bedingungen der Gefangenschaft untersuchen.[14] Neuere Forschungen haben darüber hinaus die Bedeutung der Kriegsgefangenen bzw. der Heimkehrer im Kontext der Gründung der Bundesrepublik sowie der Herausbildung einer spezifischen Erinnerungskultur erforscht.[15] Besonders hervorzuheben ist hierbei die Monografie von Birgit Schwelling, die umfassend die Rolle des Verbandes der Heimkehrer (VdH) als wichtigster Interessenvertretung der Kriegsgefangenen in der Bundesrepublik beleuchtet.[16]

Die Sichtweise der Bevölkerung auf die Kriegsgefangenenproblematik steht zudem in enger Verbindung mit der Entwicklung eines Diskurses der Selbst-Viktimisierung innerhalb der deutschen Nachkriegsgesellschaft.[17] Dieser Umgang mit der Frage von Schuld und Täterschaft der ehemaligen Wehrmachtsangehörigen und damit einhergehend der gesamten Bevölkerung in beiden Teilen Deutschlands wurde bereits erforscht, wobei die Kriegsgefangenen dabei nur eine untergeordnete Rolle spielen.[18]

In den vergangenen 15 Jahren entwickelte sich zudem eine öffentlichkeitswirksame Auseinandersetzung mit den sogenannten ›Kriegskindern‹ und dem Phänomen des abwesenden Vaters, die durch fachwissenschaftliche Forschungen angestoßen wurde. Aus der Auseinandersetzung mit diesem Thema sind vielfältige Ar-

---

14   Ders., Deutsche Kriegsgefangenengeschichte. Der Gang der Forschung, in: Ebd., S. 1-38, S. 3.

15   Moeller, Robert G., War Stories. The Search for a Usable Past in the Federal Republic of Germany, Berkeley 2001; Scherstjanoi, Elke (Hg.), Russlandheimkehrer. Die sowjetische Kriegsgefangenschaft im Gedächtnis der Deutschen, München 2012; Biess, Frank, Homecomings. Returning POWs and the legacies of defeat in postwar Germany, Princeton 2006.

16   Schwelling, Birgit, Heimkehr – Erinnerung – Integration. Der Verband der Heimkeher, die ehemaligen Kriegsgefangenen und die westdeutsche Nachkriegsgesellschaft, Paderborn 2010. Christiane Wienand ergänzt diese Perspektive zudem um die Geschehnisse in der ehemaligen DDR und nach der Wiedervereinigung. Wienand, Christiane, Returning Memories. Former Prisoners of War in Divided and Reunited Germany. Rochester 2015.

17   Seegers, Lu, »Vati blieb im Krieg«. Vaterlosigkeit als generationale Erfahrung im 20. Jahrhundert – Deutschland und Polen, Göttingen 2013; Thomä, Dieter, Vaterlosigkeit. Geschichte und Gegenwart einer fixen Idee, Berlin 2010; Schulz, Hermann/Radebold, Hartmut/Reulecke, Jürgen, Söhne ohne Väter. Erfahrungen der Kriegsgeneration, Bonn 2005.

18   Kleßmann, Christoph/Misselwitz, Hans/Wichert, Günter (Hg.), Deutsche Vergangenheiten – eine gemeinsame Herausforderung. Der schwierige Umgang mit der doppelten Nachkriegsgeschichte, Berlin 1999; Danyel, Jürgen, Die beiden deutschen Staaten und ihre nationalsozialistische Vergangenheit. Elitenwechsel und Vergangenheitspolitik, in: Ebd., S. 128-138; Ders. (Hg.), Die geteilte Vergangenheit. Zum Umgang mit Nationalsozialismus und Widerstand in beiden deutschen Staaten, Berlin 1995; Frei, Norbert, NS-Vergangenheit unter Ulbricht und Adenauer. Gesichtspunkte einer vergleichenden Bewältigungsforschung, in: Ebd., S. 125-132; Salewski, Michael, Von Ehre zur Schuld – und Schande zu Ehre. Zum historischen Selbstverständnis der Deutschen nach 1945, in: Aschmann, Birgit (Hg.), Gefühl und Kalkül. Der Einfluss von Emotionen auf die Politik des 19. und 20. Jahrhunderts, München 2005, S. 175-183; Bauerkämper, Arnd, Das umstrittene Gedächtnis. Die Erinnerung an Nationalsozialismus, Faschismus und Krieg in Europa seit 1945, Paderborn 2012.

beiten erwachsen, die die unterschiedlichen Schicksale der sogenannten ›Kriegskinder‹ oder ›Kinder des Krieges‹ aus verschiedenen Perspektiven untersuchen.[19]
Der Aspekt der allgemeinen ›Vaterlosigkeit‹ steht dabei vielfach im Zentrum des
Interesses, wobei die Abwesenheit des Vaters durch Kriegsgefangenschaft nicht
betrachtet wird.[20] Gleichzeitig hat sich eine eher populärwissenschaftliche Forschung zu diesem Themenbereich entwickelt, aus der heraus vor allem Arbeiten
für eine historisch interessierte Öffentlichkeit entstanden sind.[21] Diese Darstellungen beruhen allerdings zumeist nicht auf zeitgenössischen Quellen der Kinder,
sondern vielmehr auf einer retrospektiven Auseinandersetzung der ›Kriegskinder‹
mit dem abwesenden Vater und seiner Bedeutung für den eigenen Lebensweg.[22]
Problematisch an dieser Herangehensweise ist, dass die Deutungen und Erinnerungen meist nicht frei sind bzw. überlagert werden von einem wesentlich mo-
derneren Verständnis der Beziehung zwischen einem Vater und seinen Kindern.[23]
Die Geschichte der Frauen und Kinder der deutschen Kriegsgefangenen verfügt so
über vielfältige Anknüpfungspunkte zu bereits bestehenden Arbeiten und schließt
gleichzeitig eine bis dato bestehende Forschungslücke.

---

19   Lorenz, Hilke, Kriegskinder. Das Schicksal einer Generation, 3. Aufl., München 2003; Dörr,
       Margarete, »Der Krieg hat uns geprägt.« Wie Kinder den Zweiten Weltkrieg erlebten, Bd. 1u.2,
       Frankfurt a.M. 2007; Seegers, Lu/Gebhardt, Miriam (Hg.), Die »Generation der Kriegskinder«.
       Historische Hintergründe und Deutungen, Gießen 2009; Kleinau, Elke/Mochmann, Ingvill
       C., Kinder des Zweiten Weltkrieges. Stigmatisierung, Ausgrenzung, Bewältigungsstrategien,
       Frankfurt a.M. 2016.
20   Kohut, Thomas August/Vorspohl, Elisabeth/Reulecke, Jürgen/Wierling, Dorothee, Eine deut-
       sche Generation und ihre Suche nach Gemeinschaft, Gießen 2017; Schulz/Radebold/Reule-
       cke, Söhne; Stambolis, Barbara (Hg.), Vaterlosigkeit in vaterarmen Zeiten. Beiträge zu einem
       historischen und gesellschaftlichen Schlüsselthema, Weinheim, Basel 2013; Stargardt, Ni-
       cholas, Kinder in Hitlers Krieg, München 2008.
21   Viele der Arbeiten beschäftigen sich auch unter psychologischen Aspekten mit der Thema-
       tik. Bode, Sabine, Die vergessene Generation. Die Kinder brechen ihr Schweigen, 7. erw. u.
       aktual. Aufl., Stuttgart 2013; Dies,. Nachkriegskinder. Die 1950er Jahrgänge und ihre Solda-
       tenväter, Bonn 2015. Finze, Sabine, Das Trauma der Kriegskinder. Seelische Verwundungen
       und Spätfolgen im Alter, Magdeburg 2012.
22   Methodische Überlegungen hierzu in: Heinritz, Charlotte, Das Kind in der autobiographi-
       schen Kindheitserinnerung, in: Behnke, Imbke/Zinnecker, Jürgen (Hg.), Kinder, Kindheit, Le-
       bensgeschichte. Ein Handbuch, Seelze-Velber 2001, S. 182-198.
23   Vgl. van Rhaden, Till, Sanfte Vaterschaft und Demokratie in der frühen Bundesrepublik, in:
       Gotto, Bernhard/Seefried, Elke (Hg.), Männer mit »Makel«. Männlichkeiten und gesellschaft-
       licher Wandel in der frühen Bundesrepublik, Berlin 2017, S. 142-156.

1.2   Gegenstand und Untersuchungszeitraum

Die Arbeit vergleicht den Nationalsozialismus, die britische sowie die Sowjetische Besatzungszone und die BRD und die DDR miteinander.[24] Auf Grundlage des vorhandenen Quellenmaterials sind drei Aspekte ausgewählt worden, die unmittelbaren Einfluss auf die Lebensbedingungen der Angehörigen der Kriegsgefangenen hatten und daher für das jeweilige System untersucht werden. Bei diesen handelt es sich erstens um die sozialstaatlichen Versorgungsleistungen, die die Familien erhielten. Auf der einen Seite erlaubt dies eine grundsätzliche Einordnung der finanziellen Situation der Familien, auf der anderen lässt sich die sozialpolitische Versorgung als Indikator für »gesellschaftliche Wertbezüge«[25] sowie für »Leitbilder und Ordnungsgedanken«[26] des jeweiligen politischen Systems verstehen und interpretieren. Als zweites werden spezifische Rollen-, Wert- und Normvorstellungen untersucht, die insbesondere in den Diskursen um Weiblichkeit, Mütterlichkeit und in der Funktion von Ehe und Familie für die Frauen der Kriegsgefangenen relevant waren. Diese lassen sich beispielsweise an den Diskussionen um Treue und Untreue dieser Frauen nachzeichnen. Vor allem die Wandlungsprozesse, denen diese Vorstellungen unterworfen waren, sowie die verwendeten Argumentationsmuster stehen dabei im Fokus der Betrachtung. Den dritten Aspekt stellt der Umgang des sozialen Umfeldes, der übrigen Bevölkerung sowie von Politik und Regierung mit der Kriegsgefangenenfrage dar und welche Besonderheiten daraus für die Angehörigen entstanden. Unter diesem Punkt fließen Entwicklungen wie die Entstehung des Kalten Krieges und seine Auswirkungen in die Betrachtung ein. Berücksichtigt werden zudem die vielfältigen Wechselbeziehungen, in denen alle drei Gesichtspunkte zueinanderstanden.

Alle Aspekte werden dabei aus zwei Perspektiven untersucht, der interpersonalen sowie der externen. Die interpersonale betrachtet das Selbstverständnis der Frauen und Kinder und damit einhergehend dessen Konstruktion sowie deren

---

24   Die Entscheidung, mit der Britischen nur eine der drei westlichen Besatzungszonen im Detail zu untersuchen, ist vor allem der Handhabbarkeit der Qualifikationsarbeit sowie des Forschungsdesigns geschuldet. Eine angemessene Berücksichtigung aller drei westlichen Besatzungszone wäre nur möglich gewesen, wenn diese auch einander systematisch gegenübergestellt worden wären, da die Entscheidungen der jeweiligen Besatzungsmacht ebenso von deren Eigeninteressen als auch der spezifischen Situation in der jeweiligen Zone geprägt waren. Das so gewählte Vorgehen bildet damit zwar nur den Fall der britischen Besatzungszone ab, dies aber dafür in einer qualitativen Breite von kommunalen Einzelfällen bis hin zu Entscheidungsprozessen auf Landesebene.

25   Rudloff, Wilfried, Öffentliche Fürsorge, in: Hockerts, Hans Günter, Drei Wege deutscher Sozialstaatlichkeit. NS-Diktatur, Bundesrepublik und DDR im Vergleich, München 1998, S. 191-229, S. 191f.

26   Ebd.

Selbstbild. Die externe beleuchtet die Wahrnehmung der Angehörigen der Kriegsgefangenen durch die Gesellschaft sowie deren Darstellung im öffentlichen Raum.
Diese doppelte Perspektive erlaubt es, Wechselwirkungen und Verschränkungen
zu untersuchen und darzustellen, wobei beide als einander bedingend verstanden
werden. Einen Schwerpunkt stellt die Wechselseitigkeit von Selbst- und Fremdkonstruktion der Frauen und Kinder dar. Als Selbstkonstruktion wird der Prozess
bezeichnet, in dem eine Person das eigene Selbstverständnis und Selbstbild entwickelt, verändert oder aufrechterhält und das die eigene Selbstwahrnehmung widerspiegelt. Unter Fremdkonstruktion wird demgegenüber ein vergleichbarer Prozess
verstanden, der jedoch nicht aus der Person heraus passiert, sondern von außen
auf sie projiziert wird. Dazu gehört das Bild, das von einer Gruppe innerhalb der
Gesellschaft vorherrscht, ebenso wie deren Wahrnehmung durch ihr soziales Umfeld. Da das Leben der Angehörigen untrennbar verbunden war mit dem Verständnis und der Beurteilung der Kriegsgefangenenproblematik durch die Gesellschaft,
übertrug sich die öffentliche Sichtweise in dieser Frage gleichsam auf sie. Insbesondere dieser Aspekt ermöglicht es, den Umgang der Bevölkerung mit der Frage
von persönlicher und gesellschaftlicher Schuld nach dem Kriegsende aus einer neu-
en Perspektive zu betrachten und festzustellen, inwieweit die Frauen und Kinder
als unmittelbare Stellvertretende für die internierten ehemaligen Wehrmachtssoldaten instrumentalisiert wurden.

Diese kurze Darstellung des Untersuchungsgegenstandes zeigt, dass die Geschichte der Frauen und Kinder der deutschen Kriegsgefangenen nicht nur eine
historische Aufarbeitung ihrer Lebensumstände darstellt, sondern darüber hinaus
eine neue Perspektive auf Strukturen, Prozesse und Entwicklungen in der Kriegs-
und Nachkriegszeit erlaubt. Hierzu gehören etwa geschlechterspezifische Rollen-,
Wert- und Normvorstellungen, der Umgang der Nachkriegsgesellschaft mit der
Frage von Schuld und Täterschaft sowie die Abgrenzungspolitik von Ost und West
im beginnenden Kalten Krieg. Im Detail kann so nachgezeichnet werden, wie eine
ganz bestimmte Bevölkerungsgruppe mit persönlichen und strukturellen Verände-
rungsprozessen umging und auf diese reagierte.

Unter Frauen und Kindern deutscher Kriegsgefangener werden die nächsten
Familienangehörigen der deutschen Soldaten verstanden, die bereits während des
Zweiten Weltkrieges oder unmittelbar danach in Kriegsgefangenschaft gerieten.
Die entscheidenden Kriterien stellen die rechtmäßig geschlossene Ehe zwischen
beiden Partnern sowie die anerkannte verwandtschaftliche Beziehung des Internierten zu seinem Kind dar. Das Alter der Angehörigen spielt hingegen keine Rolle, weshalb ebenfalls Fallbeispiele von älteren Frauen sowie bereits erwachsenen
Kindern berücksichtigt werden. Darüber hinaus sind auch Ehefrauen ohne Kinder Teil des Untersuchungsgegenstandes. Genaue Angaben zur Größe der untersuchten Gruppe lassen sich kaum machen, da sie zu keinem Zeitpunkt statistisch
erfasst wurde. Anhaltspunkte liefern lediglich einzelne regionale Angaben sowie

die Daten zur Gesamtzahl der Kriegsgefangenen, wobei es sich auch bei diesen meist um Schätzungen handelte. In der Forschung hat sich die Gesamtzahl von elf Millionen deutschen Kriegsgefangenen durchgesetzt, die sich zumindest nach Kriegsende kurzfristig in Gefangenschaft befanden.[27] Geht man davon aus, dass etwa die Hälfte der Soldaten verheiratet war, entspricht dies einer Mindestanzahl fünf Millionen temporär betroffener Frauen.[28] Auf Grundlage späterer, einzelner statistischer Auswertungen aus verschiedenen Bundesländern lässt sich zudem die Größe der Gruppe der betroffenen minderjährigen Kinder auf ca. 65 bis 70 Prozent der Gesamtzahl von Kriegsgefangenen schätzen.[29] Ein weiteres Kriterium für die Definition der Gruppe in der Arbeit, stellt für die Nachkriegszeit die Tatsache dar, dass die Familien bereits in brieflichem Kontakt mit dem Internierten standen. Dieses muss infolge der Gegebenheiten für die Zeit des Nationalsozialismus und der ersten Nachkriegsjahre jedoch weiter ausdifferenziert werden, da das nationalsozialistische Regime und die Moskauer Regierung den Austausch von Kriegsgefangenennamen und Briefen bis Kriegsende nicht zuließen bzw. deutsche Kriegsgefangene erst ab dem Frühjahr 1946 aus Russland schreiben durften. Offiziell galten diese Gefangenen daher als Vermisste und ihre Angehörigen lebten bis zu deren ersten Lebenszeichen in Ungewissheit. Aus diesem Grund fließen zu Beginn der Arbeit auch solche Fälle in die Untersuchung ein, in denen der Status der Ehefrauen und Kinder als Angehörige eines Kriegsgefangenen vor allem eine Selbstdefinition darstellte. Dieser Umstand wird ebenfalls zu Beginn des zweiten zeitlichen Untersuchungsabschnitts der Arbeit berücksichtigt, wobei sich in dieser Phase zumeist eine Klärung des tatsächlichen Status vollzog. Grundsätzlich betrachtet die Arbeit alle Frauen und Kinder, unabhängig davon, in welchem Land der Angehörige interniert war. Allerdings sind Fälle, in denen der Ehemann und Vater in der Sowjetunion zurückgehalten wurde, überproportional häufig vertreten.

---

27   Davon ungefähr 7.745.000 der Westmächte und 3.349.000 der Sowjetunion. Maschke (Hrsg), Kriegsgefangenen, S. 207. Die Anzahl von Soldaten, die bereits während des Krieges in Gefangenschaft gerieten, lässt sich nicht zweifelsfrei belegen, da für die Sowjetunion keine Daten vorliegen.

28   Die letzte Angabe vor Kriegsende aus dem Statistischen Jahrbuch gibt für den Stichtag 17.5.1939 die Gesamtzahl der männlichen Bevölkerung mit 38.761.645 Personen an, von denen 18.430.701 verheiratet sind. Statistisches Jahrbuch für das Deutsche Reich, Band 1941/42, o.O. 1943, S. 24.

29   Hierbei handelt es sich um eine Schätzung der Autorin, die auf prozentualen Angaben über die Anzahl von Kriegsgefangenen mit entsprechender Anzahl der minderjährigen Kinder beruht. »20 % der Gesamtzahl 1 Kind, 13 % 2 Kinder, 6 % 3 und mehr Kinder.« Betr. Gesetz über Unterhaltsbeihilfe für Angehörige von Kriegsgefangenen, undatiert [vermutlich Anfang 1950; Anm. A.K.] in: BArch, B 106/023590. Diese Werte decken sich in etwa mit den tatsächlich ermittelten prozentualen Werten für die Länder Hessen und Bremen im Jahr 1947. Ausschuss für Kriegsgefangene beim Länderrat der US-Zone. Die Registrierung der Kriegsgefangenen und Vermissten in den Ländern der US-Zone, 29.1.1948, in: BArch, Z 2/213.

Dies ist zum einen auf die besonderen Umstände im Verhältnis zwischen beiden Staaten zurückzuführen und zum anderen darauf, dass nach 1948 die Repatriierung der deutschen Kriegsgefangenen durch die westlichen Alliierten abgeschlossen war. Die Kriegsgefangenenfrage konzentrierte sich ab diesem Zeitpunkt fast ausschließlich auf Russland.

Die Aspekte der regionalen und sozialen Herkunft der Familien der Kriegsgefangenen konnte aufgrund der Quellenlage nicht systematisch betrachtet werden, da es keine flächendeckenden und vergleichbaren Quellenbestände gibt, die eine solche Auswertung erlaubt hätten. Unberücksichtigt bleiben zudem die Fälle der Angehörigen von Zivilverschleppten sowie weiblicher Kriegsgefangener.[30] Ebenfalls nicht in die Untersuchung einbezogen wurden die Angehörigen der Personen, die von den westlichen Alliierten als Kriegsverbrecher verurteilt worden waren und ihre Strafen in dortigen bzw. in deutschen Gefängnissen verbüßten.[31]

Die Arbeit gliedert sich in drei zeitliche Abschnitte: Der erste ist datiert von Beginn der Russlandoffensive im Juni 1941 bis zum Kriegsende im Mai 1945. Der zweite Abschnitt umfasst den Zeitraum von der Kapitulation bis zur Bekanntgabe des Abschlusses der Repatriierung der deutschen Kriegsgefangenen aus der Sowjetunion im Mai 1950. Mit der Meldung der russischen Nachrichtenagentur TASS war zugleich die Zurückhaltung von etwa 13.500 verurteilten Kriegsverbrechern bekannt gegeben worden.[32] Der dritte Teil beginnt somit im Frühjahr 1950 und endet mit der Ankunft der letzten Internierten im Januar 1956. Während die erste Zäsur mit dem Kriegsende und der Kapitulation klassisch für geschichtswissenschaftliche Forschungen ist, stellt die zweite eine Besonderheit dar. Mit der Entscheidung, als zweiten zeitlichen Gliederungspunkt nicht die Staatsgründungen von Bundesrepublik und DDR zu wählen, weicht die Arbeit von der gängigen Periodisierung

---

30   Eine umfassende Arbeit zu weiblichen Kriegsgefangenen (weibliches Wehrmachtsgefolge sowie Rotkreuzschwestern) fehlt bisher, sowohl was die spezifischen Internierungsbedingungen angeht als auch den gesellschaftlichen Umgang mit diesen Fällen im Vergleich zu männlichen Kriegsgefangenen. Über den spezifischen Umgang ihrer Angehörigen mit der Situation fehlen ebenfalls jegliche Informationen. Bei der Quellenrecherche konnten nur einige wenige Fälle identifiziert werden, die keine allgemeingültigen Aussagen erlaubt hätten. Für grundlegende Informationen vgl: Böhme, Kurt W., Zum Schicksal der weiblichen Kriegsgefangenen, in: Maschke, Kriegsgefangenen, S. 317-346.

31   In der bundesdeutschen Öffentlichkeit wurden zwar auch diese Internierten als Kriegsgefangene betrachtet und ihre Schuld angezweifelt, ihre Verurteilung und Inhaftierung geschah jedoch auf Grund eines rechtmäßigen Gerichtsverfahrens, im Zuge dessen die Angeklagten die Möglichkeiten hatten, ihre Unschuld zu beweisen. Dies unterscheidet die Gruppe etwa von der der Internierten in sowjetischer Gefangenschaft.

32   Die Forschung geht davon aus, dass sich zu diesem Zeitpunkt vielmehr noch etwa 30.000 Männer und Frauen in russischer Gefangenschaft befanden. Borchard, Michael, Die deutschen Kriegsgefangenen in der Sowjetunion. Zur politischen Bedeutung der Kriegsgefangenenfrage 1949-1955, Bonn 2000, S. 11.

der deutschen Nachkriegsgeschichte ab, wählt jedoch einen Zeitpunkt, der sowohl die Perspektive der Erfahrung der Zeitgenossinnen und Zeitgenossen als auch die der nachträglichen Deutung miteinander vereint.[33] Für die Wahl, die zweite Zäsur auf das Frühjahr des Jahres 1950 zu legen, sprechen sowohl inhaltliche als auch methodische Argumente, von denen die TASS-Meldung als wichtigstes bereits genannt wurde. Entscheidend ist jedoch, dass das Frühjahr 1950 als Zäsur wesentlich akteurszentrierter ist und sich an den tatsächlichen Lebensbedingungen der Frauen und Kinder orientiert. So werden die Veränderungen in deren Selbstbild und -verständnis in den Fokus gerückt, ohne dabei die Staatengründungen überzubetonen.

1.3   Quellen, methodische und theoretische Zugänge

Es wurden vorrangig drei Typen von Quellen untersucht und ausgewertet: Egodokumente, Verwaltungsakten sowie Beiträge aus Zeitungen und Zeitschriften. Bei den Egodokumenten handelt es sich um Tage- und Berichtsbücher, Briefe und Eingaben. Im Tagebucharchiv in Emmendingen konnten zehn Tagebücher von Ehefrauen oder Töchtern von Kriegsgefangenen identifiziert werden, die für die vorliegende Arbeit verwendet wurden.[34] Darüber hinaus noch weitere sechs Lebensberichte, in denen das Thema der Kriegsgefangenschaft eine Rolle spielt, sowie vierzehn Briefwechsel zwischen Inhaftierten und ihren Ehefrauen und Kindern. Insbesondere jene Briefwechsel, die sowohl die Dokumente der Frauen als auch die der Internierten umfassen, sind besonders aussagekräftig, da sich in ihnen einzelne Bezüge rekonstruieren lassen. Allerdings liegen solche Bestände nur verhältnismäßig selten vor, was zum einen daran liegt, dass es den Internierten nicht immer gelang, die Briefe aus der Kriegszeit bzw. jene, die ihnen ihre Angehörigen in die Gefangenschaft schrieben, wieder mit zurück in die Heimat zu bringen.[35] Auf der anderen Seite hat sich die Forschung lange Jahre vor allem für die Feldpostbriefe der Soldaten als Quelle für das Erleben von Krieg und Gefangenschaft

---

33   Jessen, Ralph, Zäsuren, Phasen, Kontinuitäten – Zur chronischen (Un-)Ordnung der deutschen Nachkriegsgeschichte in: Lingelbach, Gabriele/Waldschmidt, Anne (Hg.), Kontinuitäten, Zäsuren, Brüche? Lebenslagen von Menschen mit Behinderungen in der deutschen Zeitgeschichte, Frankfurt a.M. 2016, S. 28-53; Sabrow, Martin, Zäsuren in der Zeitgeschichte, Version: 1.0, in: Docupedia-Zeitgeschichte, 03.06.2013. URL: http://docupedia.de/zg/sabrow_zaesuren_v1_de_2013 (26.3.2019).

34   Die Kriegsgefangenschaft des Ehemannes und Vaters ist nur in wenigen Fällen in der Verschlagwortung der Archivalien aufgeführt. Die Autorin hat alle in Frage kommenden Bestände 2014 geprüft, kann jedoch nicht ausschließen, dass sich dort noch weitere einzelne Tagebücher befinden, die nicht berücksichtigt wurden.

35   Solche Fälle konnten im Zuge dieser Arbeit nur für Internierte in westlichem Gewahrsam festgestellt werden.

interessiert und den Gegenstücken aus der Heimat ein geringeres Interesse entgegengebracht.[36] Dabei sind es vor allem die Briefe der Frauen und Kinder in Kombination mit denen der Internierten, die einen Einblick in den Lebensalltag der Familien erlauben. Als weitere Egodokumente wurde ein umfangreicher Bestand von Eingaben im Bundesarchiv in Lichterfelde gesichtet. Bei den Eingaben handelt es sich um ein DDR-spezifisches Kommunikationsmittel zwischen der Regierung und der Bevölkerung, in der diese ihre Sorgen und Nöte, aber auch Kritik artikulieren konnte.[37] Nach 1950 wurden die Eingaben zu den Kriegsgefangenen in Russland im Ministerium des Inneren gesammelt. Dieser Bestand umfasst insgesamt 17 Akten. Nach der Durchsicht wurden aufgrund der qualitativen Auswertung aus diesem Bestand 216 Briefe ausgewählt, umfassend untersucht und analysiert. 139 dieser Briefe wurden von der Ehefrau des jeweiligen Internierten verfasst, sie machten auch insgesamt die am häufigsten schreibende Gruppe aus. Wiederum 48 der Eingaben wurden von Kindern der Internierten geschrieben. Besonders diese Briefe der Söhne und Töchter stellen einen einmaligen Quellenkorpus dar, geben sie doch einen direkten Einblick in deren Umgang mit der Situation.[38] Zudem wurden 29 Eingaben anderer Personen auf Grund ihres besonders relevanten Inhalts für die Arbeit in das Sample aufgenommen. Hierbei handelt es sich um Briefe weiterer Familienangehöriger oder von Personen aus dem sozialen Umfeld. Zur besseren Einordnung der Eingaben wurden zudem vergleichbare Briefe im Politischen Archiv des Auswärtigen Amtes gesichtet, die von Angehörigen der Kriegsgefangenen aus Westdeutschland verfasst worden waren. Hierbei hat sich jedoch gezeigt, dass diese Briefe für die vorliegende Untersuchung bei weitem keine so große Relevanz besitzen wie dies bei den Eingaben der Fall ist. Die Namen der Schreibenden wurden in allen Fällen anonymisiert, indem der Nachname bis auf den ersten Buchstaben abgekürzt wurde. Die Quellenzitate sind mit allen grammatikalischen, orthographischen sowie Interpunktionsfehlern aus den Originalen übernommen worden, um die Authentizität der Quellen zu bewahren.[39]

Neben den Egodokumenten wurden vor allem Verwaltungsakten bzw. staatliche Dokumente dazu genutzt, die Entwicklung der sozialstaatlichen Versorgung

---

36 Hämmerle, Christa, Entzweite Beziehungen? Zur Feldpost der beiden Weltkriege aus frauen- und geschlechtergeschichtlicher Perspektive, in: Didczuneit, Veit/Ebers, Jens/Jander, Thomas (Hg.), Schreiben im Krieg – Schreiben vom Krieg. Feldpost im Zeitalter der Weltkriege, Essen 2011, S. 241-252; Lange, Herta, Vorwort, in: Dies./Burkhard, Benedikt (Hg.), Abends wenn wir essen fehlt uns immer einer. Kinder schreiben an die Väter. 1939-1945, Hamburg 2000, S. 7-15.
37 Mühlberg, Felix, Bürger, Bitten und Behörden. Geschichte der Eingabe in der DDR, Berlin 2004.
38 Darüber hinaus gibt es bisher keine Arbeit, die systematisch die Eingaben von Kindern in der frühen DDR untersucht.
39 Unterschiede in Schreibweisen von ss und ß lassen sich zudem auf die Verwendung unterschiedlicher Schreibmaschinen zurückführen.

der Angehörigen zu rekonstruieren. Darüber hinaus aber auch um festzustellen, in welcher Form von behördlicher Seite mit den Angehörigen umgegangen wurde. Dazu zählen etwa die Berichte von Fürsorgepflegerinnen oder Akten der Kommunen und entsprechenden Ministerien aus dem Landesarchiv NRW Abteilung Rheinland und dem Bundesarchiv in Koblenz. Zu dieser Form von Quellen werden im weitesten Sinne auch interne Dokumente von Vereinen oder sonstigen Organisationen gezählt, wie dem Deutschen Roten Kreuz (DRK) oder dem Verband der Heimkehrer (VdH).

Den dritten ausführlich ausgewerteten Quellentypus stellen publizierte Quellen dar, insbesondere Artikel aus Zeitschriften und Zeitungen. Anhand dieser wird der öffentliche Diskurs zu den Kriegsgefangenen und ihren Angehörigen in den verschiedenen staatlichen Systemen untersucht. Vor allem Frauenzeitschriften wurden hinsichtlich ihrer Berichterstattung zu Kriegsgefangenen im Allgemeinen sowie Artikeln über Frauen und Kinder von Internierten analysiert.[40] Darüber hinaus Tageszeitungen der DDR sowie Zeitschriften, die sich speziell an den Personenkreis der Kriegsgefangenen und Heimkehrer sowie deren Angehörige richteten.[41] Zusammen bilden diese drei Quellentypen die verschiedenen Betrachtungsebenen der Arbeit ab.

Die Untersuchung beruht auf einer qualitativen Analyse der historischen Quellen, für die die Auswertung zeitgenössischer Selbstzeugnisse sowie die historische Diskursanalyse genutzt wurden. Auch in diesen zwei Ansätzen spiegeln sich die beiden Betrachtungsperspektiven wider. Für die Untersuchung des Selbstverständnisses der Frauen und Kinder von Kriegsgefangenen ist es unerlässlich, mit Egodokumenten zu arbeiten. Dabei werden die darin geschilderten Gegebenheiten aber nicht als historische Tatsache verstanden, sondern vielmehr hinsichtlich des Aspektes der Konstruktion des Selbst analysiert.[42] Somit handelt es sich hierbei nicht um Quellen, »in denen unabhängig von den zeitgenössischen gesellschaftlichen Diskursen und Zuschreibungen die authentische Stimme des Subjekts ihren Ausdruck findet«[43], sondern vielmehr um solche, anhand derer »die individuellen

---

40   Hierbei handelt es sich für die Kriegszeit um die *NS-Frauen-Warte*, für die westlichen Besatzungszonen und die BRD um die *Constanze* und die *Welt der Frau* sowie für die SBZ und DDR um *Die Frau von heute* und die *Für dich*.

41   Für die DDR wurden folgende Tageszeitungen untersucht: *Neue Zeitung*, *Berliner Zeitung* und *Neue Zeit*. Darüber hinaus *Der junge Mann* als eine Zeitschrift des CVJM für ehemalige Kriegsgefangene und *Der Heimkehrer*, das Vereinsorgan des VdH. Während des Krieges hatte zudem das Deutsche Rote Kreuz vier Mal die *Mitteilungen für die Angehörigen der Kriegsgefangenen* herausgegeben.

42   Steuwer, Janosch/Graf, Rüdiger, Selbstkonstitution und Welterzeugung in Tagebüchern des 20. Jahrhunderts, in: Dies. (Hg.), Selbstreflexionen und Weltdeutungen. Tagebücher in der Geschichte und der Geschichtsschreibung des 20. Jahrhunderts, Göttingen 2015, S. 7-36.

43   Benjamin Möckel in Anlehnung an Mary Fulbrook und Ulinka Rublack. Ders., Erfahrungsbruch und Generationsbehauptung. Die Kriegsjugendgeneration in den beiden deutschen

Selbstverortungen in Bezugnahme auf die gesellschaftlichen Sinngebungen, Normen und Vereinnahmungen untersucht werden können.«[44] Die im Rahmen dieser Arbeit verwendeten Egodokumente unterscheiden sich zudem in ihrer spezifischen Form, handelt es sich doch um Tagebücher, Berichtsbücher, Briefe sowie Eingaben, für die jeweils spezifische Entstehungskontexte, Implikationen und Funktionen berücksichtigt werden müssen.[45]

Die historische Diskursanalyse wird dazu verwendet, die zeitgenössischen öffentlichen Debatten hinsichtlich der in ihnen transportierten Sichtweisen, Meinungen und Rollenvorstellungen in Bezug auf die Frauen und Kinder von Kriegsgefangenen, aber auch die gesamte Kriegsgefangenenfrage zu analysieren.[46] Der diskursanalytische Ansatz wird dazu genutzt, die Berichterstattung nach spezifischen Kommunikationsstrategien sowie Strategien zur Einflussnahme auf gesellschaftliche Wert- und Normvorstellungen zu untersuchen. Er erlaubt zudem, die Verwendung ähnlicher Begrifflichkeiten, Symboliken und Bilder, ihre Entwicklungen und ihren Wandel nachzuzeichnen.[47] Damit wird der Diskursbegriff als Analyseinstrument verwendet, um das gesellschaftlich »Machbare, Denkbare und Sagbare«[48] und deren Funktionsregeln in Bezug auf die Kriegsgefangenenproblematik sowie die Angehörigen in den unterschiedlichen staatlichen Systemen herauszuarbeiten. Denn vor allem in den jeweiligen öffentlichen Diskursen und ihrer Definition von Wahrheit in der Kriegsgefangenenfrage spiegeln sich spezifische Machtstrukturen und deren Veränderungen wider.

Bei der vorliegenden Arbeit handelt es sich um einen asynchronen Dreiervergleich zwischen dem Nationalsozialismus, den westlichen Besatzungszonen bzw. der Bundesrepublik sowie der SBZ bzw. der DDR. Einander gegenübergestellt werden darin sowohl die Zeit des nationalsozialistischen Regimes und die darauf folgenden staatlichen Systeme als auch diese beiden einander.[49] Auf diese Weise ist es

Nachkriegsgesellschaften, Göttingen 2014, S. 31. Fulbrook, Mary/Rublack, Ulinka, In Relation. The »social self« and Ego-Documents, in: German History, Jg. 28 (2010), S. 263-272, S. 271.
44 Ebd.
45 Auf diese Spezifika und ihre Auswirkungen auf die Methodik wird in den jeweiligen Kapiteln ausführlicher eingegangen. Bei Berichtsbüchern handelt es sich um eine spezifische Form des Tagebuchs, in dem Einträge für eine andere Person gesammelt wurden, damit diese sie zu einem späteren Zeitraum lesen konnte.
46 Vgl. Landwehr, Achim, Geschichte des Sagbaren. Einführung in die historische Diskursanalyse, Tübingen 2001.
47 Hiermit sind vor allem Bilder gemeint, die über Sprache bei Lesenden konstruiert werden.
48 Landwehr, Achim, Historische Diskursanalyse, 1. aktual. Aufl., Frankfurt a.M., New York 2018, S. 20.
49 Insbesondere das Verhältnis zwischen BRD und DDR wird auch für diese frühen Jahre nach Kleßmann als eine »asymmetrisch verflochtene Parallelgeschichte« verstanden und so der wechselseitigen Beeinflussung beider Systeme über bestimmte politische, wirtschaftliche und gesellschaftliche Aspekte hinweg Rechnung getragen. Vgl.: Kleßmann/Misselwitz/Wichert (Hg.), Vergangenheiten. Vgl. zum historischen Vergleich: Haupt, Heinz-Gerhard/Kocka,

möglich, nach Gemeinsamkeiten und Unterschieden zu fragen, aber auch Kontinuitäten und Brüche herauszuarbeiten und zu analysieren. Besonders die Aspekte von Gemeinsamkeiten und Kontinuitäten sind vor dem Hintergrund der vermeintlichen Abgrenzungspolitik der beiden deutschen Nachkriegsstaaten sowohl
vom Nationalsozialismus als auch voneinander im Kontext des beginnenden Ost-
West-Konflikts spannend, treten diese doch nur in einem solchen methodischen
Ansatz zu Tage. Der Zwischenschritt der Besatzungszeit ermöglicht es zudem, detaillierter zu vergleichen, und differenziert damit die Schenkel des systematischen
Dreiecks, ausgehend vom NS hin zur BRD sowie zur DDR weiter aus.

Die unterschiedlichen Perspektiven der Betrachtung erlauben es, vor allem
nach der Selbst- und Fremdkonstruktion der Frauen und Kinder der Kriegsgefangenen zu fragen, aber auch nach der Art und Weise, in der sich beide
gegenseitig beeinflussten und bedingten.[50] Damit wird die Betrachtung der sozioökonomischen Lebensbedingungen der Frauen und Kinder der Kriegsgefangenen
ergänzt durch die Deutung der Akteurinnen und Akteure sowie ihrer Umwelt.
Die theoretische Grundlage hierfür bilden die Überlegungen zum Selbst und dem
anderen, wie sie im Rahmen der Diskussionen um Subjekt und Subjektivierung
geführt werden.[51] Beide stehen in ständigen Wechselwirkungen zueinander und
bedingen sich gegenseitig. Das Selbstverständnis der Frauen und Kinder war
entscheidend für deren persönlichen Umgang mit der veränderten Situation bzw.
musste von ihnen immer wieder aktiv an diese angepasst werden. Für diese Form
der Konstruktion des Selbst nutzten die Angehörigen in den unterschiedlichen
staatlichen Systemen verschiedene Strategien und Praktiken. Bei der Arbeit
handelt es sich jedoch nicht um eine klassisch praxiologische Untersuchung, die
anhand von Praktiken Subjektivierung untersucht. Vielmehr nutzt sie die praxiologische Perspektive als Erweiterung, um etwa Egodokumente einer zweiten

---

Jürgen (Hg.), Geschichte und Vergleich. Ansätze und Ergebnisse international vergleichender Geschichtsschreibung, Frankfurt a.M., New York 1996; Kealble, Hartmut, Der historische
Vergleich. Eine Einführung zum 19. und 20. Jahrhundert, Frankfurt a.M. 1999; Ders., Historischer Vergleich, Version: 1.0, in: Docupedia-Zeitgeschichte (14.8.2012). URL: http://docuped
ia.de/zg/Historischer_Vergleich?oldid=125457 Versionen: 1.0 (28.3.2019); Welskopp, Thomas,
Stolpersteine auf dem Königsweg. Methodenkritische Anmerkungen zum internationalen
Vergleich in der Gesellschaftsgeschichte, in: Archiv für Sozialgeschichte, Jg. 35 (1995), S. 339-
367.

50   Nach Jörg Baberowksi muss man über die Selbstwahrnehmung der Menschen sprechen,
wenn man versuchen will zu verstehen, wie die Welt der historischen Subjekte beschaffen war. Baberowski, Jörg, »Gibt es eine historische Wirklichkeit und wie können Historiker von ihr erzählen? Überlegungen zum Verhältnis von Geschichte und Ethnologie, in: Hacke, Jens/Pohlig, Matthias (Hg.), Theorie in der Geschichtswissenschaft, Frankfurt a.M. 2008,
S. 93-108, S. 100.

51   Alkemeyer, Thomas/Budde, Gunilla/Freist, Dagmar (Hg.), Selbstbildungen. Soziale und kulturelle Praktiken der Subjektivierung, Bielefeld 2013.

Lesart zu unterziehen, und sie als Ausdruck einer sozialen Praxis zu begreifen.[52] Die Untersuchung der Praktiken schließt dabei an eine kulturwissenschaftliche Subjektanalyse an, die versucht herauszuarbeiten, welchen Prozessen der Subjektivierung das Individuum in verschiedenen sozialen Ordnungen unterworfen ist, wie dies Andreas Reckwitz beschrieben hat.[53] Dabei ist zu beobachten, wie die Frauen und Kinder der Kriegsgefangenen vor allem in der Nachkriegszeit das eigene Selbstverständnis dazu nutzten, sich aktiv von anderen Gruppen alleinstehender Frauen und Kindern mit abwesendem Vater abzugrenzen, und die Selbstkonstruktion somit eine Differenzmarkierung darstellte.[54] Diese besondere Form der Abgrenzung lässt sich mit der Beschreibung von Christoph Kleßmann erklären, dass in der Nachkriegsgesellschaft zumindest scheinbar die klassischen sozialen Differenzkategorien durch »Schicksalskategorien«[55] ersetzt wurden.[56] Im Selbstverständnis der Angehörigen war der kriegsgefangene Ehemann und Vater eine Ressource, die es ihnen ermöglichte, sich in einer für sie positiven Weise von Witwen und Waisen sowie den Familien von Vermissten abzugrenzen. Dieser Prozess der Selbstkonstruktion in Abgrenzung zum anderen lässt sich anlehnen an das Konzept des »Othering«.[57] Wird das Konzept des Othering im imperialen

---

52 Vgl. Buschmann, Nikolaus, Persönlichkeit und geschichtliche Welt. Zur praxeologischen Konzeptualisierung des Subjekts in der Geschichtswissenschaft, in: Alkemeyer/Budde/Freist (Hg.), Selbstbildungen, S. 125-150, S. 139.

53 »Die kulturwissenschaftliche Subjektanalyse zielt darauf ab herauszufinden, welches Know-how und welche Wunschstrukturen, welche körperlichen Routinen und welches Selbstverständnis, welche Abgrenzungsformen nach außen und welche Kompetenzen, welche psychisch-affektiven Orientierungen und Instabilitäten der Einzelne ausbildet, um jener ›Mensch‹ zu werden, den die jeweiligen gesellschaftlichen Ordnungen voraussetzen.« Reckwitz, Andreas, Subjekt, Bielefeld 2008, S. 10.

54 Zum Aspekt der Abgrenzung bei Kindern: Kolwes, Ann-Kristin, Anders als andere? Selbstwahrnehmung und Selbstzuschreibung von Kindern deutscher Kriegsgefangener nach dem Zweiten Weltkrieg, in: Weil, Francesca/Postert, André/Kenkmann, Alfons (Hg.), Kindheiten im Zweiten Weltkrieg, Halle (Saale) 2018, S. 162-177.

55 Kleßmann, Christoph, Die Geschichte der Bundesrepublik und der DDR – Erfolgs- contra Misserfolgsgeschichte? In: Faulenbach, Bernd/Jelich, Franz-Josef (Hg.), »Asymmetrisch verflochtene Parallelgeschichte?« Die Geschichte der Bundesrepublik und der DDR in Ausstellungen, Museen und Gedenkstätten, Essen 2005, S. 15-32, S. 25f.

56 Das »scheinbar« bezieht sich im Kontext des Beitrags auf die zeitliche Begrenzung dieses Effekts sowie die Tatsache, dass er letztlich nichts an den klassischen sozialen Schichtungskategorien änderte. Dass hierdurch Auswirkungen auf die Selbstwahrnehmung einzelner Gruppen entstanden, zweifelt diese Formulierung nicht an bzw. wurde von Kleßmann wahrscheinlich auch nicht in der Form beschrieben.

57 Reckwitz, Subjekt, S. 95-105; Said, Edward, Orientalismus, Frankfurt a.M. 1981; Bhabha, Homi K., Die Verortung der Kultur, Tübingen 2000. Beide beziehen sich wiederum auf die geschlechterhistorische Theorie des »Othering«, wie Judith Butler sie in ihrem Buch Das Unbehagen der Geschlechter erstmals formuliert hat. Butler, Judith, Das Unbehagen der Geschlechter, Frankfurt a.M. 1991.

Diskurs genutzt, um die Distanzierung zum fremden Anderen zu beschreiben, sind die anderen im Fall der Frauen und Kinder der Kriegsgefangenen die in ihren Augen noch schlechter gestellten Frauengruppen, von denen sie sich abgrenzten, »um die eigene soziale und kulturelle ›Normalität‹ zu bestätigen.«[58] Durch die Gefangenschaft des ehemaligen Soldaten hatten diese Familien die Möglichkeit, wieder zur Normalität der ›vollständigen‹ Familie zurückzukehren, wodurch sich für sie eine in ihrer Sichtweise positivere Zukunftsperspektive ergab. Das Fremdbild bzw. die Konstruktion der Gruppe von außen stellt den entgegengesetzten Pol zum Selbstverständnis der Frauen und Kinder dar und ist geprägt von verschiedenen Akteurinnen und Akteuren. Zu nennen sind hier das soziale Umfeld der Frauen und Kinder ebenso wie die Bevölkerung bzw. die Gesellschaft und der Staat, punktuell auch die Interessen der entsprechenden Besatzungsmacht.

1.4   Aufbau der Arbeit

Die Gliederung ist chronologisch-systematisch aufgebaut und orientiert sich vorrangig am zeitlichen Verlauf der Entwicklungen. Nach der Einleitung folgen drei große Hauptkapitel, die der zeitlichen Untergliederung der Arbeit entsprechen. Die Hauptkapitel zwei und drei sind wiederum nochmals in zwei umfangreiche Unterkapitel unterteilt, von denen jeweils das erste die Situation in der britischen Besatzungszone bzw. der Bundesrepublik darstellt und das zweite die SBZ bzw. die DDR betrachtet. So ist es möglich, die jeweiligen Entwicklungen in den entsprechenden Phasen direkt nacheinander zu untersuchen und zu vergleichen. Ein entsprechendes Unterkapitel, das die Gemeinsamkeiten und Unterschiede sowie Kontinuitäten und Brüche aus dem vorherigen Teil in den Blick nimmt, schließt die entsprechenden Hauptkapitel ab. Die Unterkapitel sind nochmals untergliedert und greifen die drei thematischen Aspekte der Untersuchung auf, wobei sie sich an den wichtigsten Entwicklungslinien für den entsprechenden Zeitabschnitt und dem System orientieren.

Kapitel zwei betrachtet die Lebensumstände der Frauen und Kinder deutscher Kriegsgefangener im Nationalsozialismus ab dem Beginn der Russlandoffensive bis zum Ende des Krieges und dem Zusammenbruch des Regimes am 8. Mai 1945. Dazu wird vor allem der nationalsozialistische Familienunterhalt als umfassende sozialstaatliche Versorgungsleistung für die Familien der Wehrmachtsangehörigen dargestellt, der auch im Fall der Kriegsgefangenschaft weitergezahlt wurde. Anschließend wird untersucht, wie die Regierung den öffentlichen Diskurs in der

---

58   Wiede, Wiebke, Subjekt und Subjektivierung, Version 1.0, in: Docupedia-Zeitgeschichte, 10.12.2014.   URL: http://docupedia.de/zg/Subjekt_und_Subjektivierung?oldid=125496 (1.3.2019).

Kriegsgefangenenfrage bestimmte und durch ihre Informationspolitik aktiv die Kommunikation mit den Internierten in sowjetischer Gefangenschaft unterband. Als Reaktion darauf schufen sich die Familien informelle Handlungsräume bzw. nutzten diese zum Informationsgewinn und -austausch.

Das Hauptkapitel drei behandelt die Zeit zwischen der Kapitulation und dem Frühjahr 1950. Im ersten Teil steht die Selbstkonstruktion und Fremdwahrnehmung der Frauen und Kinder durch den Status des Ehemannes und Vaters als Kriegsgefangener im Vordergrund. Es stellt insofern eine Besonderheit dar, da es dies für ganz Deutschland tut. Auf die Trennung zwischen den Besatzungszonen wird hier bewusst verzichtet, da es sich um Aspekte handelt, die sich systemunabhängig in den Egodokumenten der Personengruppe zeigen. Die beiden darauf folgenden Unterkapitel untersuchen hingegen getrennt voneinander die britische Besatzungszone und die frühe BRD sowie die SBZ und die DDR. Für den westlichen Teil werden zuerst die Versorgungslage der Frauen und Kinder dargestellt bzw. die sozialstaatlichen Gesetze und Regelungen, die für diese Gruppe galten. Diese durchliefen im untersuchten Zeitraum einige Veränderungen, anhand derer sich auch die Debatte um eine gesellschaftliche Verantwortung für die Kriegsgefangenen und ihre Angehörigen nachzeichnen lässt. Darauf folgt die Untersuchung geschlechterspezifischer Rollen- und Verhaltensvorstellungen, die den Frauen der Kriegsgefangenen von ihrem sozialen Umfeld und der Gesellschaft zugeschrieben wurden. Im Fokus der Betrachtung stehen hier die Diskurse um Treue und Untreue im Spannungsfeld zwischen ›Mütterlichkeit‹ und ›natürlicher Weiblichkeit‹ sowie die Auslegung bestehender Wert- und Normkonzepte zum Erhalt von Heimkehrerehen.

Das folgende Unterkapitel zur SBZ und der frühen DDR beginnt ebenfalls mit einer Darstellung der sozialstaatlichen Gesetze und Regelungen, die für die finanzielle Versorgung der Frauen und Kinder der Kriegsgefangenen von Relevanz waren. Hieran zeigt sich die strukturelle Benachteiligung alleinstehender Frauen durch die Sozialfürsorge der DDR. Daran schließt sich die Darstellung der neuen sozialistischen Ideale in Bezug auf die Rolle der Frau, der Familie sowie der Ehe an, die von der Besatzungsmacht und der SED propagiert wurden. Es folgt die Untersuchung von Mechanismen, mit denen die Partei versuchte das öffentliche Bild der sowjetischen Kriegsgefangenschaft positiv zu beeinflussen, um die Angehörigen der Internierten und die übrige Bevölkerung zu beruhigen.

Im dritten Hauptteil – dem Kapitel vier – werden die Entwicklungen für die BRD und die DDR nach der TASS-Meldung und bis zur Rückkehr der letzten Kriegsgefangenen aus der Sowjetunion im Januar 1956 untersucht. Der Fokus der Betrachtung liegt in beiden Unterkapiteln auf den Auswirkungen der TASS-Meldung für die Angehörigen im jeweiligen politischen System. Beide Teile Deutschlands gingen hiermit sehr unterschiedlich um, weshalb die thematischen Kapitel deutlich unterschiedliche Schwerpunkte aufweisen.

Für die Bundesrepublik wird zuerst die neue Unterhaltsbeihilfe für die Angehörigen der Kriegsgefangenen und deren politische Funktion zur Festigung der patriarchalen Kleinfamilie dargestellt. Die zweite große Veränderung für diesen Zeitraum war die Gründung des Verbandes der Heimkehrer, der sich als unabhängige Interessenvertretung für die Kriegsgefangenen und ihre Angehörigen einsetzte. Sein Engagement für die Familien der Internierten, aber auch die Form, in der er diese für die eigene Arbeit und seine Ziele instrumentalisierte, wird anschließend aufgezeigt.

Die Betrachtung der Auswirkungen der TASS-Meldung auf die Lebensumstände der Frauen und Kinder in der DDR bezieht sich dabei vor allem auf Egodokumente der Angehörigen. Daher wird zuerst die Eingabe als spezifische Quelle dargestellt, anhand derer sich verschiedene Strategien des Umgangs mit der neuen Situation nachzeichnen lassen, aber auch, an welchen Stellen diese zu Dissonanzen in deren bisherigem Selbstverständnis führten. Dies wird vor allem an der zwiegespaltenen Haltung der Angehörigen deutlich, die diese in ihren Eingaben zum Ausdruck brachten. Anschließend wird die Perspektive auf den innergesellschaftlichen Diskurs zu den sogenannten ›Kriegsverbrechern‹ gelenkt und dargestellt, wie dieser den Umgang mit den Angehörigen beeinflusste. Abschließend werden die Eingaben von Kindern der Internierten untersucht und es wird herausgearbeitet, welche spezifischen Handlungsweisen und Strategien diese zeigen.

Das letzte Kapitel befasst sich mit der Frage, warum die Geschichte der Frauen und Kinder der deutschen Kriegsgefangenen keinen Teil der bundesdeutschen Erinnerungskultur darstellt. Dazu wird die Sichtweise der Zeitgenossinnen und Zeitgenossen auf diese Gruppe nach der Rückkehr der letzten Internierten analysiert, bevor abschließend fünf Gründe präsentiert werden, anhand derer sich das Nichterinnern erklären lässt.

2. 1941-1945: Die Angehörigen von deutschen Kriegsgefangenen im Nationalsozialismus

Der Nationalsozialismus und der Zweite Weltkrieg sind geschichtswissenschaftlich bereits sehr umfangreich bearbeitet und untersucht worden. Sozialgeschichtliche Studien fokussierten anfangs vor allem verschiedene Täter- und Opfergruppen, lösten sich jedoch von dieser Dichotomie zugunsten der Betrachtung der vermeintlich ›normalen Bevölkerung‹, die viele Arbeiten der letzten Jahre in den Mittelpunkt stellten. Insbesondere das Konzept der ›nationalsozialistischen Volksgemeinschaft‹ wurde dahingehend untersucht, welche inkludierenden und exkludierenden Aspekte es aufwies und damit die vermeintliche Homogenität der breiten Bevölkerung hinterfragt.[1] Eine Vielzahl geschlechtergeschichtlicher Arbeiten betrachtet zudem die Lebensumstände und Handlungsräume von Frauen[2] im Nationalsozialismus[3] ebenso wie gesellschaftliche und politische Vorstellungen zu Weib-

---

1   Steber, Martin/Gotto, Bernhard, Volksgemeinschaft – ein analytischer Schlüssel zur Gesellschaftsgeschichte des NS-Regimes, in: Danker, Uwe/Schwabe, Astrid (Hg.), Die NS-Volksgemeinschaft. Zeitgenössische Verheißung, analytisches Konzept und ein Schlüssel zum historischen Lernen?, Göttingen 2017, S. 37-47; Pine, Lisa, Hitler's ›National Community‹. Society and Culture in Nazi Germany, 2. Aufl. London 2017; Reinicke, David (Hg.), Gemeinschaft als Erfahrung. Kulturelle Inszenierung und soziale Praxis 1930-1960, Paderborn u.a. 2014; Reeken, Dietmar von/Amenda, Lars (Hg.), »Volksgemeinschaft« als soziale Praxis. Neue Forschungen zur NS-Gesellschaft vor Ort, Paderborn u.a. 2013; Schmiechen-Ackermann, Detlef (Hg.), ›Volksgemeinschaft‹. Mythos: wirkungsmächtige soziale Verheißung oder soziale Realität im ›Dritten Reich‹? Propaganda und Selbstmobilisierung im NS-Staat, Paderborn u.a. 2011; Bajohr, Frank (Hg.), Volksgemeinschaft. Neue Forschungen zur Gesellschaft des Nationalsozialismus, Frankfurt a.M. 2009.
2   Mit Frauen sind hier im Folgenden deutsche Frauen gemeint, die keiner vom Nationalsozialismus verfolgten Gruppe angehörten.
3   Elke Frietsch und Christina Herkommen haben in der Einleitung zu dem von ihnen herausgegebenen Band »Nationalsozialismus und Geschlecht« den ›undifferenzierten Blick der Stellungen von »Frauen im Dritten Reich« kritisiert und für eine Stärkung der Kategorie Geschlecht und der Frage nach Weiblichkeits- und Männlichkeitskonstruktionen plädiert. Dies., Nationalsozialismus und Geschlecht. Zur Politisierung und Ästhetisierung von Körper, »Rasse« und Sexualität im »Dritten Reich« und nach 1945, Bielefeld 2009. Trotz dieser Kritik gibt es einige Arbeiten, auf die an dieser Stelle explizit hingewiesen werden soll. Heinsohn, Kirs-

lichkeit und Familie.[4] Vorherrschend war auch hier lange Zeit die Unterteilung in Täterinnen und weibliche Opfer. Trotz dieser großen Anzahl von Monografien, Sammelbänden und Aufsätzen stellen die Frauen und Kinder der deutschen Kriegsgefangenen für die Zeit des Zweiten Weltkrieges thematisch ein Desiderat dar. Dies ist auch darauf zurückzuführen, dass Arbeiten fehlen, die den gesellschaftlichen und staatlichen Umgang mit kriegsgefangenen Wehrmachtssoldaten während des Nationalsozialismus untersuchen.[5] Im Vergleich zu den vielen Studien zu Kriegsgefangenen, der Kriegsgefangenschaft und der Heimkehrer nach der Kapitulation ist dies ein bemerkenswerter Befund. Er weist darauf hin, dass die Kriegsgefangenschaft deutscher Soldaten auch heute noch vor allem als Phänomen der Nachkriegszeit gilt.[6] Bei den Recherchen zeigte sich, dass die Kriegsgefangenen bzw. die Kriegsgefangenschaft in der nationalsozialistischen Öffentlichkeit kaum thematisiert wurde. Obwohl es Tausende von betroffenen Familien gab, entstand kein öffentlicher, medialer oder gesamtgesellschaftlicher Diskurs über die internierten Wehrmachtssoldaten. In den *Meldungen aus dem Reich* finden sich lediglich sechs Einträge unter dem Stichwort »deutsche Kriegsgefangene«[7]. Dabei spiegeln die SS- und SD- Sicherheitsberichte wie kaum eine andere Quelle die Themen wider, die die deutsche Bevölkerung und die Regierung vor und während des Krieges alltäglich beschäftigten. Aus diesem Befund sollte jedoch nicht der Rückschluss gezogen werden, dass die Bevölkerung und die Angehörigen sich nicht für die Kriegsgefangenen interessierten. Vielmehr verdeutlicht dies, dass es keinen staatlich produzierten Diskurs zu diesem Thema gab. In den öffentlichen

---

ten/Vogel, Barbara/Weckel, Ulrike (Hg.), Zwischen Karriere und Verfolgung. Handlungsräume von Frauen im nationalsozialistischen Deutschland, Frankfurt a.M., New York 1997; Bock, Gisela, Ganz normale Frauen. Täter, Opfer, Mitläufer und Zuschauer im Nationalsozialismus, in: Ebd., S. 245-277; Herkommer, Kristina, Frauen im Nationalsozialismus – Opfer oder Täterinnen? Eine Kontroverse der Frauenforschung im Spiegel feministischer Theoriebildung und der allgemeinen Aufarbeitung der NS-Vergangenheit, München 2005; Steinbacher, Sybille (Hg.), Volksgenossinnen. Frauen in der NS-Volksgemeinschaft, Göttingen 2007; Hering, Sabine/Schild, Kurt, Das BDM-Werk »Glaube und Schönheit«. Die Organisation junger Frauen im Nationalsozialismus, Opladen 2004; Kramer, Nicole, Volksgenossinnen an der Heimatfront. Mobilisierung, Verhalten, Erinnerung, Göttingen 2011.

4   Kundrus, Birthe, Kriegerfrauen. Familienpolitik und Geschlechterverhältnisse im Ersten und Zweiten Weltkrieg, Hamburg 1995; Pine, Lisa, Nazi family policy 1933-1945, Oxford 1997.

5   Zwar gibt es einzelne Studien die die Inhaftierungsbedingungen während des Nationalsozialismus untersucht haben, eine umfassende Arbeit zum staatlichen und gesellschaftlichen Umgang fehlt hingegen.

6   Die Kontinuitätslinien dieser Thematik über die Kapitulation als Zäsur treten so nicht zu Tage. Gleichzeitig fokussiert diese Perspektive den Opferstatus der Internierten als Gefangene und lässt ihre eigene Beteiligung am Krieg als aktive Soldaten in den Hintergrund rücken.

7   Boberach, Heinz (Hg.), Meldungen aus dem Reich 1938-1945, Bd. 18, Herrsching 1985, S. 307.

Verlautbarungen der nationalsozialistischen Regierung wurde die Kriegsgefangenschaft der Wehrmachtssoldaten generell als »Unglück«[8] bzw. »Mißgeschick«[9] bezeichnet. In einem Artikel aus den *Mitteilungen an die Angehörigen deutscher Kriegsgefangener* hieß es, dass die »kriegsgefangenen Kameraden [...] nach dem Sieg, [...]
vom Dank des Deutschen Volkes empfangen, freudigen Herzens heimkehren und
ihren Platz in unserer Mitte wieder ausfüllen«[10] würden. Neben dem propagierten
Glauben an den ›Endsieg‹ stand hier die Dankbarkeit des deutschen Volkes für die
Kriegsgefangenen im Vordergrund. Obwohl die internierten Soldaten nicht mehr
aktiv kämpften, bedeutete dieser Umstand keinen gesellschaftlichen Statuswech-
sel. Der Gefangene und seine Angehörigen stellten weiterhin vollwertige Mitglieder
der ›deutschen Volksgemeinschaft‹ dar und erfuhren eine umfassende finanzielle
Absicherung durch den Staat. Die Frauen und Kinder blieben bis Kriegsende Angehörige eines Kriegsteilnehmers und sind damit als Gruppe in den Überlieferungen
nur sehr schwer zu greifen, da ihnen kein spezifischer Status zugeschrieben wurde, der wiederum zu administrativen Regelungen oder Aufzeichnungen geführt
hätte.

Das folgende Unterkapitel beschäftigt sich mit den sozialstaatlichen Bestim-
mungen und rechtlichen Rahmenbedingungen, die die finanzielle Absicherung der
Familien regelten. Anhand dieser zeigt sich zum einen der Status der Frauen als
›Kriegerfrauen‹ und zum anderen, welche Handlungs- und Gestaltungsmöglich-
keiten die Frauen in ihrem Alltag besaßen bzw. wodurch diese begrenzt wurden.
Dabei stehen vor allem die Auswirkungen auf das eigene Selbstverständnis der
Frauen sowie auf bestehende Rollen- und Geschlechtervorstellungen im Fokus.
Beim zweiten Unterkapitel handelt es sich hingegen um eine thematische Tiefen-
bohrung. Die Analyse des Umgangs der Angehörigen von Internierten in russischer
Kriegsgefangenschaft mit der rigiden Informationspolitik des Regimes ermöglicht
es, diese Frauen als handelnde Akteurinnen in der Gesellschaft darzustellen. Zum
besseren Verständnis werden im Folgenden zuerst die wichtigsten Akteure für die
Kriegsgefangenenproblematik im Nationalsozialismus dargestellt.

Bei diesen Institutionen handelte es sich um die Regierung, die Wehrmacht
bzw. das Oberkommando der Wehrmacht (OKW) und das Deutsche Rote Kreuz
(DRK). Sie waren für die Versorgung der Frauen und Kinder der Kriegsgefangenen
verantwortlich. Wie in allen Fragen hatten sich das OKW und das DRK den Entscheidungen des Regimes bzw. den direkten Befehlen Adolf Hitlers unterzuordnen.
Bereits am 4. März 1939 hatten Regierung und OKW offiziell die Verantwortung

---

8   Clemens, Wilhelm, Berufliche Betreuung der deutschen Kriegsgefangenen, in: Mitteilungen
     an die Angehörigen deutscher Kriegsgefangener, Nr. 2 (1944), S. 1.
9   Die berufliche Aus- und Fortbildung der Kriegsgefangenen, in: Mitteilungen an die Angehö-
     rigen deutscher Kriegsgefangener, Nr. 2 (1944), S. 2.
10   Ebd.

für Kriegsgefangenenangelegenheiten an das DRK übergeben. Zu dessen Aufgaben zählte damit sowohl die Beratung der Angehörigen in Fragen des »Verbleibs und Ergehens von Vermissten, Verwundeten und Erkrankten«[11] sowie die Organisation des Briefverkehrs zu den Internierten. Die eigene Autonomie büßte das DRK im Kriegsverlauf vollständig ein und fungierte lediglich als vermeintlich unabhängige Organisation. Damit blieb das DRK einer der wichtigsten Ansprechpartner für die Angehörigen der Kriegsgefangenen, stellte jedoch keinen neutralen Akteur dar, sondern folgte vollständig der von der Regierung vorgegebenen Politik. Im Kriegsalltag waren es vor allem die öffentlichen und kommunalen Behörden, die mit den Angehörigen der Gefangenen in Kontakt standen. Sie waren dafür verantwortlich, die gesetzlichen Versorgungsansprüche der Frauen und Kinder zu verwalten und standen in engem Austausch mit den Wehrkreisbeauftragten des OKW und Beratungsstellen des DRK. Nationalsozialistische Frauen- und Fürsorgeorganisationen spielten hingegen in der Versorgung der Angehörigen keine Rolle. Weder die NS-Frauenschaft noch die Nationalsozialistische Volkswohlfahrt (NSV) boten spezielle Angebote für die Frauen und Kinder von Kriegsgefangenen an. Bei den Recherchen ließen sich keine Hinweise auf eine direkte oder indirekte Unterstützung oder Versorgung dieser Personengruppe durch die NS-Frauenschaft bzw. die NSV feststellen.

Während die Frauen und Kinder in ihrem Alltag mit den verschiedensten Akteurinnen und Akteuren in Kontakt standen, war es doch alleine die nationalsozialistische Regierung, die den Umgang mit der Kriegsgefangenenproblematik und den Angehörigen der Gefangenen steuerte und bestimmte. Auf der einen Seite war dieser von großer Wertschätzung geprägt, wie die sozialstaatliche Versorgung belegt. Auf der anderen Seite produzierte die rigide Informationspolitik Unverständnis und Misstrauen bei den betroffenen Angehörigen und in der Bevölkerung.

2.1   Versorgungssicherheit – das System sorgt für die Frauen und Kinder von Kriegsgefangenen

Die Versorgung und finanzielle Absicherung der Familien der Soldaten spielte im Nationalsozialismus eine wichtige Rolle. Auf diesem Weg sollte der Zusammenbruch der ›Heimatfront‹ vermieden werden, worin einer der Hauptgründe für die deutsche Niederlage im Ersten Weltkrieg gesehen wurde.[12] Die Moral der eigenen

---

11   Anordnung betr. Kriegsverluste und Kriegsgefangene vom 4.9.1939, in: DRK-Verordnungsblatt, Sep. 1939.

12   Zur sogenannten »Dolchstoßlegende« vgl.: Daniel, Ute, Zweierlei Heimatfronten: Weibliche Kriegserfahrungen 1914 bis 1918 und 1939 bis 1945 im Kontrast, in: Thoß, Bruno/Volkmann, Hans-Erich, Erster Weltkrieg. Zweiter Weltkrieg. Ein Vergleich. Krieg, Kriegserlebnis, Kriegserfahrung in Deutschland, Paderborn u.a. 2002, S. 391–410, S. 403f.

Truppen sollte nicht durch die materiellen Sorgen ihrer Angehörigen geschwächt werden. Finanziell abgesichert waren die Angehörigen der Wehrmachtsangehörigen entweder über die Familienunterstützung bzw. den Familienunterhalt oder durch die Kriegsbesoldung bzw. den Wehrsold des Soldaten. Beide Instrumente wurden vom Staat finanziert und entlohnten den Soldaten und seine Familie für den Kriegsdienst. Der größte strukturelle Unterschied zwischen beiden Formen bestand bei den Empfängerinnen und Empfängern der Leistungen. Während der Wehrsold an den Soldaten ausgezahlt wurde, erhielten die Angehörigen den Familienunterhalt direkt. Dieser war somit familienbezogener als der Wehrsold. Unterschiedlich waren zudem auch die Bemessungsgrundlagen: Der Wehrsold richtete sich nach dem Dienstgrad des Wehrmachtsangehörigen, der Familienunterhalt wurde anhand des letzten regulären Einkommens des Ehemannes berechnet. Je nach Dienstgrad und vorherigem Berufsstand war es daher auch eine Abwägung, von welchem Modell die Familie finanziell am meisten profitierte. Die Entscheidung oblag letztlich jedoch dem Soldaten. Er allein konnte den Wehrsold beantragen, was die Einstellung der Familienunterhaltszahlungen für seine Angehörigen bedeutete. Ausnahmen stellten Beamte und Angehörige des öffentlichen Dienstes dar. Sie bekamen auch im Kriegseinsatz weiterhin ihre Friedensbezüge gezahlt, wobei es sich ebenfalls um staatliche Mittel handelte. Die finanzielle Versorgung der Kriegsteilnehmer und ihrer Familien erfolgte also fast ausschließlich aus staatlichen Mitteln und war von der Privatwirtschaft abgekoppelt.

Im Folgenden werden beide Formen der staatlichen Versorgung – Familienunterhalt und Wehrsold – detaillierter dargestellt und ihre Konsequenzen für die Lebensumstände der Frauen und Kinder von Kriegsgefangenen untersucht. Der Fokus liegt jedoch auf dem Familienunterhalt, da dieser als sozialstaatliches Versorgungsinstrument für die Familien konzipiert war. Abschließend wird beleuchtet, wie diese nationalsozialistische Versorgungspolitik das Selbstverständnis der Frauen und Kinder von Kriegsgefangenen prägte und damit die Grundlage für Entwicklungen der Nachkriegszeit bildete.

Familienunterstützung bzw. Familienunterhalt

Die Familienunterstützung wurde zusammen mit dem Wehrdienst[13] im Jahr 1935 eingeführt, um die Familien der zur Wehrmacht einberufenen Soldaten zu versorgen »soweit der[en] notwendiger Lebensbedarf nicht oder nicht ausreichend ge-

---

13   Die Bestimmungen des Versailler Friedensvertrags von 1919 hatten die allgemeine Wehrpflicht beendet. Zudem war das Heer auf eine Zahl von 100.000 Berufssoldaten reduziert worden. Die nationalsozialistische Regierung verstieß mit der erneuten Einführung der Wehrpflicht gegen diese Bestimmungen, jedoch ohne dass daraus internationale Schwierigkeiten für Deutschland entstanden.

sichert«[14] sei. Die Versorgungsansprüche der Angehörigen waren in verschiedene Versorgungsgruppen untergliedert. Ehefrauen und Kinder bildeten die erste Gruppe versorgungsberechtigter Angehöriger und waren empfangsbevollmächtigt, ohne nachweisen zu müssen, dass es sich bei dem Soldaten tatsächlich um den Ernährer der Familie handelte. Sie machten circa 90 Prozent der Haushalte aus, die Familienunterstützung bezogen. Bei den übrigen zehn Prozent handelte es sich um uneheliche Kinder, Eltern, Geschwister oder sonstige Familienangehörige, für die der Soldat zuvor finanziell aufgekommen war. Bereits 1934 wurde die Versorgung der Soldaten und ihrer Angehörigen nicht mehr als rein sozialpolitische Aufgabe des Staates formuliert, sondern vielmehr als eine »nationalpolitische«[15]. Folgendes Zitat aus dem Jahr 1936 verdeutlicht, dass die Versorgung der Angehörigen der Soldaten von der Regierung als ›Ehrenpflicht‹ verstanden und konzipiert wurde. In der amtlichen Begründung zum Familienunterhaltsgesetz hieß es: »Wehrdienst und Arbeitsdienst sind Ehrendienst am deutschen Volke. Wer seiner Verpflichtung zur Dienstleistung für das Vaterland nachkommt, dem ist auch das Vaterland verpflichtet. – Die Fürsorge für die Angehörigen der zur Erfüllung ihrer Dienstpflicht Einberufenen entspricht einer vom Staat zu erfüllenden Ehrenpflicht der Volksgemeinschaft.«[16] Mit der Familienunterstützung übernahm der Staat in den Familien, in denen der Ernährer aufgrund des Kriegsdienstes aus der Erwerbsarbeit ausschied, dessen Position bei der Versorgung der Familie. Die Höhe der Unterstützung orientierte sich zum einen an den Familienverhältnissen, also z.B. der Miete und dem letzten Einkommen des Mannes, aber auch an den örtlichen Fürsorgesätzen. Insbesondere von der öffentlichen Fürsorge sollte sich die Familienunterstützung deutlich unterscheiden und entsprach daher mindestens 125 Prozent des örtlichen Fürsorgesatzes.[17] Auf diese Weise wurde gewährleistet, dass der Besitzstand der Familien gesichert blieb. Zwar sollten die Leistungen nicht das Notwendigste übersteigen und sich niemand am Krieg bereichern, aber vorrangig war, dass den Familien kein sozialer Abstieg drohte. Diese erste Form der Familienunterstützung betitelt Birthe Kundrus in ihrer Monografie *Kriegerfrauen* als staatliche

---

14   Gesetz über die Unterstützung der Angehörigen der einberufenen Wehrpflichtigen und Arbeitsdienstpflichtigen (Familienunterstützungsgesetz) vom 30.3.1936, §2, in: Reichsgesetzblatt. I, S. 1225.

15   Schuhmann, Walter/Brucker, Ludwig (Hg.), Sozialpolitik im neuen Staat, Berlin 1934, S. 428f.

16   Amtliche Begründung zu dem Familienunterhaltsgesetz vom 30.3.1936. Zitiert nach: Deutscher Verein für öffentliche und private Fürsorge (Hg.), Das Familienunterhaltswesen und seine praktische Handhabung, Leipzig, Berlin 1940, S. 9.

17   Kundrus, Kriegerfrauen, S. 236. Mit der Umstellung auf den Familienunterhalt wurde auch dieser Richtwert angehoben, sodass Angehörigen, die nicht zur ersten Gruppe gehörten, etwa 218 % des Fürsorgesatzes zustanden. Ebd., S. 250.

»Trockenübung für den Ernstfall«[18], da diese die Grundlage für den mit Kriegsbeginn eingeführten Familienunterhalt bildete.

Der Familienunterhalt ersetzte 1939 die bisherige Familienunterstützung und
basierte auf der »Verordnung über Familienunterstützung bei besonderem Einsatz
der Wehrmacht«[19]. Neben dem Namen änderte sich auch die Berechnungsgrundlage mit der Einführung der sogenannten Tabellensätze. Zur Berechnung wurden
15 Prozent vom Nettoeinkommen des Einberufenen als dessen Eigenbedarf abge-
zogen. Je nach Höhe des sich daraus ergebenden Betrags erhielten die Angehörigen einen der gestaffelten Sätze. Betrug das monatliche Nettoeinkommen des
Ehemannes zum Beispiel 200 Reichsmark (RM), so erhielt die Ehefrau einen Tabellensatz von 80 RM an Familienunterhalt. Bei einem doppelt so hohen Einkommen von 400 RM betrug der Satz jedoch nur 146 RM.[20] Lag der sich aus dieser
Berechnung ergebende Tabellensatz jedoch unter dem örtlichen Unterhaltssatz, so
wurde der fehlende Betrag aufgestockt. Für Kinder erhielten die Frauen zusätzliche Fixbeträge. Erhöht werden konnte der Tabellensatz zudem um Beihilfen. Dazu
zählte die Mietbeihilfe ebenso wie Beihilfen zur Kranken, Renten- oder Lebensversicherung, Schul- und Studienkosten sowie Einmalzahlungen für die Anschaf-
fung von Möbeln oder Kleidung. Begrenzt waren die Leistungen lediglich auf eine
Einkommenshöchstgrenze von 85 Prozent des der Berechnung zugrundeliegenden
Gehalts. Zusätzlich gab es die Möglichkeit, dass der Arbeitgeber den Familienunterhalt aus eigenen Mitteln anhob.[21] Auch dieser Betrag blieb anrechnungsfrei, solange die Maximalgrenze nicht überschritten wurde. Zwar stiegen die Tabellensätze während des Krieges nicht, sodass die Familien von eher eingezogenen Männern
gegenüber denen von später eingezogenen leicht benachteiligt waren, das Beihil-
fensystem bot jedoch die Möglichkeit, diese Tatsache teilweise auszugleichen. Der
durchschnittliche Familienunterhalt für die Ehefrau eines Angestellten ohne Kinder lag 1940 zum Beispiel bei 150 bis 180 RM.[22] Die Bevölkerung empfand den Familienunterhalt »im allgemeinen als großzügig und gerecht«[23], wie aus einem der
internen Stimmungsberichte von November 1941 hervorging. Wie bereits erwähnt
wurde der Unterhalt zum Großteil aus staatlichen Mitteln finanziert. Zwar zahlten

---

18   Ebd., S. 234.
19   Verordnung über Familienunterstützung bei besonderem Einsatz der Wehrmacht, in: Reichs-
      gesetzblatt. I 1939, S. 1563.
20   Krug von Nidda, Carl Ludwig, Familienunterhalt der Angehörigen der Einberufenen, Berlin
      1939, S. 77f.
21   Zur genauen Konzeption und den Regelungen zu den freiwilligen Arbeitgeberzuwendungen
      vgl. z.B.: Kleinsorg, Franz Josef, Die Fürsorge des Reiches für die Angehörigen von Einberufe-
      nen, Bonn 1940, S. 30f.
22   Meldungen aus dem Reich Nr. 39, 12.1.1940, in: Boberach, Heinz (Hg.), Meldungen aus dem
      Reich. Berichte zur innenpolitischen Lage, Bd. 3, o.O. 1984, S. 638.
23   Meldungen aus dem Reich Nr. 234, 3.11.1941, in: Boberach (Hg.), Meldungen, Bd. 8, S. 2946.

die Kommunen das Geld an die Empfängerinnen und Empfänger aus, der Staat erstattete die Ausgaben jedoch zu 80, ab Januar 1940 sogar zu 90 Prozent.[24]

Neben der Verbesserung der Versorgungsleistungen war der Familienunterhalt vollständig aus dem Bereich der Fürsorge herausgelöst worden. Allerdings wurden Fürsorgerinnen dazu eingesetzt, die für den Familienunterhalt zuständigen Verwaltungsangestellten durch die Übernahme von Hausbesuchen zu entlasten und die Frauen beratend zu unterstützen.[25] Die Trennung von der Fürsorge verdeutlicht vor allem symbolisch, dass es sich bei dem Familienunterhalt nicht um eine klassische sozialstaatliche Fürsorgeleistung handelte, die an Bedürftigkeit geknüpft war oder die Empfängerin oder den Empfänger als nicht vollwertige Mitglieder der ›nationalsozialistischen Volksgemeinschaft‹ gekennzeichnet hätte. Der Reichsminister formulierte dieses Motiv im Runderlass vom 15. September 1939: »Durch die Wahl der neuen Bezeichnung soll unter allen Umständen der Eindruck vermieden werden, als seien die Leistungen, die nach der Einsatz-FU-Verordnung zu gewähren sind, Leistungen der öffentlichen Wohlfahrt.«[26] Auch diese deutliche Trennung wurde von der Bevölkerung »sehr gut aufgenommen«[27], da »dadurch [...] vor allem bei den Soldatenfamilien die Empfindung vermieden [wird], als ob sie der Fürsorge und Wohlfahrt zur Last fielen«[28], wie in einem anderen Bericht zur innenpolitischen Lage zu lesen ist. Auf diese Weise unterstrich das Regime die Bedeutung der Soldatenpflicht und deren Anerkennung für die ›Volksgemeinschaft‹. Die finanzielle Versorgung der Soldatenfamilien war kein sozialstaatliches Almosen für Wohlfahrtsempfängerinnen und -empfänger, sondern vielmehr ein Ausdruck des Dankes. Die Legitimität dieser Zahlungen für jede einzelne Frau ergab sich aus ihrer Ehe mit einem Soldaten. Durch die gesetzlichen Bestimmungen des Ehegesundheitsgesetzes von 1935, das eine Überprüfung auf ›Ehetauglichkeit‹

---

24   Lohalm, Uwe, Völkische Wohlfahrtsdiktatur. Öffentliche Wohlfahrtspolitik im nationalsozialistischen Hamburg, München, Hamburg 2010, S. 500.

25   Fürsorgerische Fragen aus der FU-Praxis: Einsatz von Volkspflegerinnen, in: Nachrichtendienst des deutschen Vereins für öffentliche und private Fürsorge, Nr. 3 (1941), S. 52f. Der Begriff Volkspflegerin und Fürsorgerin wird im Artikel synonym verwendet.

26   RMBliV 1939, Sp. 1930, Runderlass des RMdI vom 15.9.1939. Die Abgrenzung erfolgte nicht nur über den nun veränderten Sprachgebrauch, sondern auch praktisch vor Ort. Die Abteilung für Familienunterhalt musste räumlich von den Stellen der öffentlichen Fürsorge getrennt sein und auch die Auszahlung musste räumlich und zeitlich getrennt erfolgen. Absatz 4, Familienunterhalt der Angehörigen der Einberufenen. RdErl. u. RMdI. u. d. RFM. vom 15. September 1939; Kundrus, Kriegerfrauen, S. 253.

27   Bericht zur innenpolitischen Lage Nr. 9, 27.10.1939, in: Boberach, Heinz (Hg.), Meldungen aus dem Reich. Meldungen aus dem Reich, Jahreslagebericht 1938 des Sicherheitshauptamtes. 1. Vierteljahreslagebericht 1939 des Sicherheitshauptamtes. Berichte zur innenpolitischen Lage: Nr. 1 vom 9. Oktober 1939 – Nr. 14 vom 10. November 1939, Bd. 2, o.O. 1984, S. 403.

28   Ebd.

bzw. das Vorbringen eines ›Ehetauglichkeitszeugnisses‹ vorsah, wurde gewährleistet, dass nur solche Frauen deutsche Soldaten heiraten konnten, die zur ›Volksgemeinschaft‹ zählten und ›erbgesund‹ waren.[29] Die Eheregelungen standen damit in direktem Zusammenhang mit dem Gesetz zur Verhütung erbkranken Nachwuchses und stellten ein selektives Mittel dar, das zum einen die ›Volksgemeinschaft‹ klar nach außen hin abgrenzte, gleichzeitig jedoch auch in dieser exkludierend wirken konnte. Das Gesamtvolumen der staatlichen Ausgaben für den Familienunterhalt schätzt Kundrus auf 30 Mrd. RM.[30] Ein enormer Betrag, der allerdings in Relation zu den Gesamtkosten des Krieges unter 4,5 Prozent lag.[31]

Mit dem Familienunterhalt schuf die nationalsozialistische Regierung ein Instrument, das nicht nur die finanzielle Absicherung der Angehörigen verankerte, sondern bei diesen auch ein neues Selbstverständnis begründete. Dieses Selbstverständnis als ›Kriegerfrau‹ basierte auf dem ›soldatischen Ehrendienst‹ des Ehemannes. Die Versorgung durch den Staat markierte hier kein Defizit, sondern zeichnete vielmehr eine besondere Leistung aus. Dass der Familienunterhalt direkt an die Frauen ausgezahlt wurde, unterstrich dabei dessen Funktion als Vergütung ihrer Leistungen für den Erhalt des ›Volkskörpers‹.[32] Joseph Goebbels nannte den Familienunterhalt in seinem Tagebuch »die große soziale Errungenschaft dieses Krieges«[33]. Eine Vielzahl von Veröffentlichungen informierte zudem bis ins

---

29   Ausführlich zur Ehepolitik im Nationalsozialismus: Czarnowski, Gabriele, »Der Wert der Ehe für die Volksgemeinschaft«. Frauen und Männer in der nationalsozialistischen Ehepolitik, in: Heinsohn, Kirsten/Vogel, Barbara/Weckel, Ulrike (Hg.), Zwischen Karriere und Verfolgung. Handlungsräume von Frauen im nationalsozialistischen Deutschland, Frankfurt a.M., New York, 1997, S. 78-95.

30   Kundrus, Kriegerfrauen, S. 253.

31   Die Berechnungsgrundlage hierfür sind die Zahlen von Fritz Federau, der die Gesamtkosten des Krieges auf 657,38 Mrd. RM bezifferte. Laut ihm entfielen davon 27,53 Mrd. RM auf den Familienunterhalt, was einem Wert von 4,18 % entspricht. Federau, Fritz, Der Zweite Weltkrieg und seine Finanzierung in Deutschland, Tübingen 1962, S. 59f. Bei den von Kundrus angegebenen 30 Mrd. RM ergibt sich ein Prozentsatz von 4,56.

32   Den Familienunterhalt als »kontinuierliche sozialpolitische Bestechung« und damit als »Grundlage des innenpolitischen Zusammenhalts in Hitlers Volksstaat« zu beschreiben, wie Götz Aly es getan hat, mag vielleicht im ersten Moment als einleuchtend erscheinen, setzt aber einen bewussten Widerwillen der Familien von Wehrmachtsangehörigen voraus, den es zu bestechen galt. Vielmehr bildete der Familienunterhalt einen Aspekt von staatlicher Beruhigung mit gesellschaftsstabilisierender Wirkung, insbesondere in den ersten Kriegsjahren. Darüber hinaus war er zu einem selbstverständlichen Teil der nationalsozialistischen Sozialpolitik geworden, der es angesichts des fortschreitenden Krieges und der damit einhergehenden Belastungen der Gesellschaft kaum vermochte, einen innenpolitischen Zusammenhalt aufrecht zu erhalten. Aly, Götz, Hitlers Volksstaat. Raub, Rassenkrieg und nationaler Sozialismus, Frankfurt a.M. 2005, S. 87.

33   Joseph Goebbels, Eintrag vom 12.6.1943, in: Fröhlich, Elke (Hg.), Die Tagebücher von Joseph Goebbels, Teil 2, Bd. 8, 1993, S. 464. Im Zitat spricht Goebbels von der Familienunterstützung,

kleinste Detail über alle Regelungen im Familienunterhaltsrecht. Anhand von Bei-
spielrechnungen und umfangreichen Erläuterungstexten konnten Leserinnen und
Leser die Bestimmungen auf den eigenen Fall anwenden und nachprüfen, ob und
welche weiteren Leistungen sie beantragen könnten.[34] Uwe Lohalm wertete für
seine Monografie *Völkische Wohlfahrtsdiktatur* eine Vielzahl von Familienunterhalts-
fällen in Hamburg aus. Dabei kommt er zu dem Schluss, dass sich mit dem Bezug
des Familienunterhaltes bei den Ehefrauen ein neues, eigenständigeres »Rollenverständnis«[35] entwickelte. Als Indiz hierfür sieht er vor allem, dass die Frauen ihre
Rechte und Ansprüche ganz genau kannten, einforderten und so die möglichen
Leistungen für sich voll ausschöpften.[36] Anhand der Hamburger Quellen konnte
Lohalm zeigen, dass die Angehörigen nicht selten von den Behörden verlangten
für Ausgaben aufzukommen, die in keinem Verhältnis zu den Leistungen standen,
für die der Familienunterhalt eigentlich konzipiert war.[37] Auf diese Praxis verweist
ebenfalls ein zeitgenössischer Artikel über *Fürsorgerische Fragen aus der FU Praxis*[38],
der dies für Berlin feststellt. Im Artikel wird darauf hingewiesen, dass es sich dabei jedoch »um großstädtische Erfahrungen handelt, die keineswegs verallgemei-
nert werden dürfen.«[39] Diese Annahme stützt die Auswertung eines Quellenkorpus im Rahmen dieser Arbeit aus dem Stadtarchiv Winnenden.[40] Im Archiv der
etwa 20 km nordöstlich von Stuttgart gelegenen Kleinstadt sind die Familienun-
terhaltsakten des dortigen Amtes vollständig überliefert. In den untersuchten Verwaltungsakten fand sich kein Vorgang, in dem eine der Frauen explizit gegen ihren Bescheid vorgegangen war oder in der von Lohalm beschriebenen Form die ihr

---

hierbei kann es sich jedoch nur um einen Benennungsfehler handeln, da eben dieser zugunsten des neuen Familienunterhalts zu Kriegsbeginn abgeschafft wurde.

34   Vgl. Krug von Nidda, Familienunterhalt; Kleinsorge, Fürsorge; Deutscher Verein (Hg.), Familienunterhaltswesen; Reuss, W./Koch, F., Führer durch den Familien-Unterhalt, Stuttgart 1940;
Bissinger, Edgar, Das mußt du wissen! Arbeitsrecht, Sozialversicherung, Familienunterhalt
usw. im Kriege, 2. voll. umge. Aufl., Berlin 1941.
35   Lohalm, Wohlfahrtsdiktatur, S. 503.
36   Ebd., S. 503f.
37   Ebd., S. 505. So gab es den Fall einer Familie, die eine »Beihilfe zu Futtermitteln für ihre Tra-
berstute« beantragte.
38   Fürsorgerische Fragen aus der FU-Praxis. Einsatz von Volkspflegerinnen. Erfahrungen mit
großstädtischen FU-Empfängerinnen, in: Nachrichtendienst des deutschen Vereins für öffentliche und private Fürsorge, Nr. 1 (1941), S. 5-7.
39   Ebd., S. 6.
40   Die Auswahl des Stadtarchives in Winnenden erfolgte rein subjektiv. Die Durchsicht der Fa-
milienunterhaltsakten geschah in der Hoffnung – auf Grundlage der Ergebnisse von Lohalm
und Kundrus – einen weiteren Quellenkorpus mit Informationen über die Angehörigen von
Kriegsgefangenen zu erschließen. Ziel war es nicht systematisch deren Ergebnisse nachzu-
vollziehen. Der Befund der Akten aus Winnenden widerspricht zwar Lohalms Befund nicht,
zeigt jedoch, dass die Ergebnisse aus Hamburg nicht eins zu eins auf andere Regionen zu
übertragen sind.

vermeintlich zustehenden Leistungen eingefordert hatte. Untermauert wird dieser Befund durch den Bericht über die Fürsorgeunterhaltspraxis aus einem »bäuerlichen Landkreis der Ostmark«[41], verfasst von Dr. Meister aus Graz, veröffentlicht im März 1941. Darin heißt es: »Die Anträge auf einmalige Beihilfen setzten sich nicht so unbescheidene Ziele wie in den im angeführten Bericht geschilderten Großstädten.«[42] Der Verfasser oder die Verfasserin stellt die eigenen lokalen Erkenntnisse ins Verhältnis zu denen in Berlin und verweist darauf, dass im ländlichen Raum die Kontrolle, aber auch die Unterstützung durch das soziale Umfeld wesentlich größer sei, da sich gegenseitig »mehr auf die Finger geschaut«[43] werde. Diese Befunde lassen darauf schließen, dass in Großstädten und insbesondere unter Angehörigen höherer sozialer Schichten offensichtlich ein anderes Selbstverständnis herrschte als im ländlich geprägten Baden-Württemberg oder der Ostmark, womit eine andere Nutzungspraxis in Bezug auf den Familienunterhalt einherging.

Die Handhabung des Familienunterhalts bei Gefangenschaft oder Verschollenheit des Soldaten wurden im Artikel 4, Absatz 4 und 11 der Verordnung über Familienunterstützung geregelt.[44] In beiden Fällen wurde den Ehefrauen und Kindern die staatliche Unterstützung in vollem Umfang weiter gewährt. Da sich nichts an der Bemessungsgrundlage des Familienunterhaltes änderte, fand die Information über die Gefangenschaft des Soldaten auch keinen Eingang in die entsprechende Verwaltungsakte.[45] Auch in der umfangreichen Ratgeberliteratur wurde das Thema Kriegsgefangenschaft und Verschollenheit kaum thematisiert. Von den sechs exemplarisch untersuchten Ratgebern weisen nur zwei auf die Regelungen für diese Fälle hin und dies auch nur in Form des Gesetzestextes. Eine weiterführende Erläuterung, etwa welche formalen Schritte unternommen werden mussten, findet sich nicht. Dies ist vor allem auf zwei Gründe zurückzuführen. Zum einen entstanden die meisten Ratgeber in den Jahren 1939 und 1940, in denen die Zahl der in Gefangenschaft geratenen Wehrmachtssoldaten noch verhältnismäßig gering war. Zum anderen scheint die finanzielle Absicherung durch den Familienunterhalt dafür gesorgt zu haben, dass das Thema in diesem Kontext keine größere Relevanz besaß.

---

41   Fürsorgerische Fragen, in: Nachrichtendienst des deutschen Vereins, Nr. 3 (1941), S. 99-101, S. 99.

42   Ebd., S. 100.

43   Ebd.

44   § 4 Absatz 11 und 12, in: Verordnung über Familienunterstützung bei besonderem Einsatz der Wehrmacht vom 1.9.1939.

45   Die Kriegsgefangenschaft des Ehemannes und Vaters ließ sich für einzelne Familien nur dann nachvollziehen, wenn diese nach dem Krieg Fürsorgeunterstützung bekamen. In der Fürsorgeakte war der Status des Angehörigen vermerkt und konnte mit der Familienunterhaltsakte abgeglichen werden. Darüber hinaus bestand keine Möglichkeit, Familien anhand der reinen Verwaltungsakten zu identifizieren, in denen der Ehemann in Gefangenschaft geriet.

Hierbei handelt es sich um ein weiteres Indiz dafür, dass es sich bei den Frauen und Kindern um keine spezifische Statusgruppe handelte. Später übernahmen die im Kriegsverlauf eingerichteten Fürsorge- und Versorgungsdienststellen der Wehrmacht die Aufklärung der Angehörigen in finanziellen Fragen.

Wehrsold und Kriegsbesoldung

Der Wehrsold war ein nach Dienstgrad gestaffelter Betrag, den die Soldaten zur »Befriedigung ihrer persönlichen Bedürfnisse«[46] erhielten. Kleidung, Verpflegung, Unterbringung und Heilfürsorge erhielten die Wehrmachtsangehörigen unmittelbar am Einsatzort. Der Wehrsold wurde nicht auf andere staatliche Bezüge angerechnet und hatte daher keinen Einfluss auf die Höhe des Familienunterhalts.[47] Beide waren klar voneinander getrennt und wurden unmittelbar an die entsprechenden Personen ausgezahlt, womit eine gewisse finanzielle Unabhängigkeit entstand. Gelangte der Soldat in Gefangenschaft, zahlte die Wehrmacht seinen Angehörigen die »Friedensgebührnisse nach den Friedensbestimmungen weiter [...]«[48]. Hierin bestand die einzige rechtlich bzw. administrativ sichtbare Statusveränderung für die Soldaten und ihre Angehörigen. In Vermisstenfällen erhielt die Familie für drei Monate die Vermisstengebührnisse in Höhe der Friedensgebührnisse. Darüber hinaus zahlte die Wehrmacht die Vermisstengebührnisse weiter, wenn die Angehörigen »im Fall des Todes Hinterbliebenenfürsorge und -versorgung erhalten«[49] würden. Dies bedeutete, dass Frauen und Kinder von Vermissten praktisch dieselben Bezüge erhielten wie jene von Gefangenen, wobei das Besoldungsrecht der Wehrmacht einen formalen Unterschied zwischen Gefangenen und Vermissten sah. Zusätzlich zu dem Familienunterhalt erhielten die betroffenen Familien während des Krieges den Friedenssold ausgezahlt, der nicht auf die Einkommenshöchstgrenze angerechnet wurde. Die dargestellten rechtlichen Regelungen für den Gefangenen- und Vermisstenfall zeigen, dass diese Soldaten zumindest aus bürokratischer Sicht zwei unterschiedliche Statusgruppen darstellten. In der Praxis wurden diese und ihre Angehörigen jedoch gleich behandelt.

Die Kriegsbesoldung wiederum war eine alternative Vergütungsmöglichkeit für Wehrmachtsangehörige ab dem Dienstgrad des Obergefreiten. Mit diesem Rang hatten die Soldaten die Möglichkeit für sich die Kriegsbesoldung zu beantra-

---

46   Gesetz über die Besoldung, Verpflegung, Unterbringung, Bekleidung und Heilfürsorge der Angehörigen der Wehrmacht bei besonderem Einsatz vom 28.8.1939, §2 (1), in: Reichsgesetzblatt 1939, Teil 1, S. 1531-1533.

47   Ebd., §2 (2).

48   Durchführungsbestimmungen zum Gesetz über die Besoldung, Verpflegung, Unterbringung, Bekleidung und Heilfürsorge der Wehrmacht bei besonderem Einsatz, §1 (11), in: Reichsgesetzblatt 1939, Teil 1, S. 1557-1559.

49   Ebd., §1 (11d).

gen, wobei die Entscheidung zumeist eine Frage der rationalen Abwägung war.[50] Die Kriegsbesoldung war wesentlich höher als der Wehrsold und glich in ihrer Konzeption einem Gehalt, wodurch die Angehörigen ihren Anspruch auf Familienunterhalt verloren. Diese Form der Vergütung ersetzte die finanzielle Versorgung der Familie durch den Staat, übertrug sie wieder auf den Ehemann und war damit in erster Linie für die Versorgung der Familie des Soldaten bestimmt.[51] Etwa die Hälfte der Berechtigten beantragte im Verlauf ihrer Dienstzeit die Kriegsbesoldung für sich. Dies lohnte sich vor allem dann, wenn das letzte Nettogehalt des Soldaten eher gering gewesen war und die Familie durch die Kriegsbesoldung insgesamt einen höheren Betrag erhielt.[52] Damit stellte das Erreichen eines höheren Dienstgrades insbesondere für die Soldaten einen größeren Anreiz dar, deren Familien nur einen geringen Familienunterhalt bezogen, um so deren finanzielle Situation zu verbessern. Für die Ehefrauen bedeutete die Umstellung von Familienunterhalt auf Kriegsbesoldung jedoch einen Verlust von Autonomie. Während sie die Anspruchsberechtigten des Familienunterhaltes waren und ihnen dieser unmittelbar ausgezahlt wurde, bedeutete die Kriegsbesoldung ein gewisses Abhängigkeitsverhältnis von den Zahlungen des Ehemannes und/oder Vaters.[53] Der Anteil des Betrages, den die Familien von der Kriegsbesoldung erhielten, war – abgesehen von der Pflichtversorgung – nicht festgelegt und lag im alleinigen Ermessen des Wehrmachtsangehörigen. Verweigerte er seiner Familie die Zahlungen, so konnten sie nur juristisch gegen ihn vorgehen. Vor allem bei in Trennung lebenden Eheleuten kam es hier nicht selten zu Konflikten. Die Kriegsbesoldung bot dem Ehemann finanzielle Sanktionsmöglichkeiten gegenüber seiner Familie, während der Familienunterhalt die Unabhängigkeit der Ehefrauen gestärkt hatte.

Die positive Haltung der gesamten Bevölkerung gegenüber dem Familienunterhalt konnte bereits belegt werden. Dennoch gab es auch negative Stimmen, die insbesondere die Unabhängigkeit der Ehefrauen kritisierten. Die Frauen und Kinder hatten einen uneingeschränkten rechtlichen Anspruch auf den Familienunterhalt, solange der Soldat einberufen war und keine Kriegsbesoldung beantragt hatte. Die Bezüge konnten ihnen nicht entzogen werden und auch der Ehemann hatte theoretisch keinen direkten Zugriff auf das Geld.[54] Diese finanzielle Unabhängig-

---

50 Eine Frage der Abwägung war es vor allem für Soldaten mit einem Anspruch auf Familienunterhalt. Alleinstehende Wehrmachtsangehörige profitierten natürlich am meisten von der Kriegsbesoldung.

51 Meldungen aus dem Reich Nr. 303, 27.7.1942, in: Boberach (Hg.), Meldungen, Bd. 11, S. 4008.

52 Ebd.

53 Die hier beschriebene Abhängigkeit bezieht sich auf die grundlegende Konzeption; inwieweit es zur tatsächlichen alltäglichen Abhängigkeit, kam lässt sich nicht bestimmen, da sich dies von Einzelfall zu Einzelfall unterschied.

54 Legten die Frauen dieses jedoch auf einem gemeinsamen Konto an, hatte der Ehemann diesen hingegen schon.

keit der Ehefrauen wurde insbesondere von Fürsorgestellen beanstandet, da sie zusammen mit der Abwesenheit des Ehemannes bei vielen der Frauen zu einem »unsoliden Lebenswandel«[55] führe. Birthe Kundrus hat diesen Diskurs sehr ausführlich am Beispiel Hamburgs untersucht. Dort äußerte man sich besorgt über den »Zuwachs [...] [an] gestrauchelten Frauen, die unter normalen Bedingungen zweifellos ein geordnetes Leben geführt«[56] hätten. Spezifische moralische Verhaltensvorstellungen für die Frauen von Kriegsgefangenen und Vermissten gab es hingegen nicht. Weder in der *NS-Frauen-Warte*[57] noch in der Sekundärliteratur ließen sich Hinweise finden. Vielmehr muss auch dies darauf zurückgeführt werden, dass diese Frauen in der Gesellschaft keine eigene Statusgruppe darstellten. Für sie galten dieselben moralischen Vorstellungen wie für alle ›Kriegerfrauen‹ und zu diesen gehörte Treue ebenso wie die Erfüllung der mütterlichen Pflichten. Verhielt sich eine Frau nicht den gesellschaftlichen Erwartungen entsprechend, so bot sich den staatlichen Stellen bis 1942 kaum eine Chance der Intervention oder Maßregelung. Die lokalen Arbeitsämter hatten lediglich die Möglichkeit, Frauen ohne kleine Kinder in die Erwerbsarbeit einzuweisen.[58] Von einer Tätigkeit versprach man sich eine erzieherische Wirkung. Widersetzten sich die Frauen dieser Maßnahme, so konnte die Verwaltung ihnen einen geringen Teilbetrag der Unterstützung streichen. Hierbei handelte es sich jedoch mehr um eine theoretische Möglichkeit, die nur in sehr wenigen Fällen tatsächlich durchgeführt wurde. Passierte dies zudem nicht im Einverständnis mit dem Ehemann, riskierte die entsprechende Stelle eine Beschwerde von Seiten der Wehrmacht. Wie besorgniserregend die durch den Familienunterhalt entstehende Unabhängigkeit von staatlicher Seite betrachtet wurde und wie sehr dadurch bestehende Vorstellungen von Weiblichkeit und Mütterlichkeit als gefährdet angesehen wurden, zeigt die Änderung der Gesetzesgrundlage im Mai 1942.[59] Von nun an war es möglich, den Frauen den Familienunterhalt zu kürzen oder ganz zu entziehen. Gründe für den Entzug konnten

---

55   Kundrus, Kriegerfrauen, 1995, S. 374. Kundrus geht dabei jedoch nicht darauf ein, ob es ein spezifisches Verhalten bzw. spezifische Verhaltensvorstellungen für die Frauen von Kriegsgefangenen gab.

56   Ebd.

57   Von der Autorin wurden alle Ausgaben der *NS-Frauen-Warte* zwischen 1940 und Kriegsende durchgesehen. Die Kriegsgefangenschaft deutscher Soldaten wird in keiner der Ausgaben thematisiert, ebenso wenig wie die Situation deren Angehöriger. Dabei konnten Kirsten Döhring und Renate Feldmann belegen, dass »weit mehr als zwei Drittel aller Artikel in der N.S. Frauen Warte zur Konstruktion von Weiblichkeit« beitrugen. Dies., Von »N.S. Frauen-Warte« bis »Victory«. Konstruktionen von Weiblichkeit in nationalsozialistischen und rechtsextremistischen Frauenzeitschriften, Berlin 2004, S. 100.

58   Frauen, die kleine Kinder zu betreuen hatten, waren von der Aufnahme einer Erwerbsarbeit entbunden.

59   Esther Lehnert hat diesen Aspekt sehr ausführlich am Beispiel der zeitgenössischen Diskurse von Fürsorgerinnen zum Thema dargestellt und analysiert. Dies., Die Beteiligung von Fürsor-

ehrloses und unsittliches Verhalten sowie die Vernachlässigung der Kinder sein. Bevor solche Maßnahmen jedoch ergriffen werden konnten, mussten die Frauen zuerst verwarnt werden, um die Möglichkeit zu bekommen ihr Verhalten zu ändern.[60] Die Gesetzesänderung beschnitt die Unabhängigkeit der Ehefrauen durch die Möglichkeit der staatlichen Sanktionierung bei abweichendem Verhalten. In gewisser Weise übernahm der Staat damit eine Regulierungsmöglichkeit, die zuvor nur der Ehemann in der Kleinfamilie besessen hatte. Während der Familienunterhalt zu einer Entkoppelung familiärer Abhängigkeitsverhältnisse geführt hatte, die auf einem patriarchalen Familiengefüge basierten, machte die Gesetzesänderung dies zumindest theoretisch rückgängig, womit der Staat die Rolle des abwesenden Familienoberhauptes übernahm. Damit versorgte er die Familien nicht mehr nur, sondern definierte erwünschtes und abweichendes weibliches Verhalten auch im Privaten. Birthe Kundrus beschreibt für das Beispiel der Treue: »Im ›Dritten Reich‹ wurde ›Treue‹ nicht mehr nur als sozialer Wert verstanden, sondern als genuines Merkmal der ›arischen‹ Frau. Wer sich hier versündigte, versündigte sich gegen die ›Volksgemeinschaft‹.«[61] Während die erste Form des Familienunterhaltswesens grundsätzlich zu einer gewissen weiblichen Emanzipation durch den Abbau finanzieller Abhängigkeiten geführt hatte, beschnitt die Chance der staatlichen Sanktionierung diese mehr als jemals zuvor. Der Staat hatte damit nicht mehr nur die Möglichkeit, dass öffentlich und gesamtgesellschaftlich erwünschte weibliche Rollenideal zu definieren, sondern bis in die Kleinfamilie hinein normierend und regulierend einzugreifen.

Sowohl der Familienunterhalt als auch die Kriegsbesoldung bedeutete für die Familien der Soldaten im Normalfall eine umfassende finanzielle Absicherung, wobei der Familienunterhalt gleichzeitig eine Wertschätzung ihrer Position und ihrer Leistungen darstellte. Insgesamt waren die Bevölkerung und vor allem die Frauen mit dieser Form der staatlichen Versorgung zufrieden. Bemerkenswert vor allem im Kontext dieser Arbeit ist, dass sich diese mit der Internierung des Soldaten nicht veränderte bzw. die Familien sogar durch die Friedensgebührnisse geringfügig mehr Geld bekamen. Dies zeigt, dass die Versorgung nicht unmittelbar an die Kampfleistung des Soldaten gebunden war, sondern an den grundsätzlichen ›Ehrendienst des Soldatentums‹. Eine Einschränkung stellten jedoch gefallene Soldaten dar, deren Angehörige zwar über Rentenzahlungen ausreichend versorgt waren, jedoch nicht in dem Umfang wie zuvor. Dass dieses Vorgehen vor allem zwischen dem OKW und der Regierung Hitlers zum Gegenstand von Diskussionen

---

gerinnen an der Bildung und Umsetzung der Kategorie »minderwertig« im Nationalsozialismus, Frankfurt a.M. 2003, S. 264-277.

60   Kundrus, Kriegerfrauen, S. 391.

61   Dies, »Die Unmoral deutscher Soldatenfrauen«. Diskurs, Alltagsverhalten und Ahndungspraxis 1939-1945, in: Heinsohn u.a. (Hg.), Karriere, S. 96-110, S. 107.

geworden war, zeigt folgendes Zitat aus dem Tagebuch von Joseph Goebbels. Er schrieb am 29. Januar 1942:

> »Ich habe jetzt durchgesetzt, daß die Fürsorge für Vermißten-Angehörige nicht der der Angehörigen von Gefallenen gleichgestellt wird. Im übrigen bin ich der Meinung, daß während des Krieges die Angehörigen Gefallener ebenso gut versorgt werden müssen wie die Angehörigen kämpfender Soldaten. Ich habe mich auf diesem Gebiet nicht durchsetzen können; aber meine Absicht entspricht dem Willen des Führers. Es ist merkwürdig, daß das OKW bisher noch nicht auf den naheliegenden Gedanken gekommen ist.«[62]

Deutlich wird hier zudem die Bedeutung der gleichbleibenden Versorgung der Angehörigen für Goebbels, weshalb es sich hierbei vermutlich um eine politische Entscheidung handelte, losgelöst von den Interessen der Wehrmacht. Die Versorgungspolitik ermöglichte es, dass sich die Frauen der Gefangenen und Vermissten weiterhin als vollwertiger Teil der ›Volksgemeinschaft‹ verstanden. Damit stellte die Gefangenschaft des Ehemannes und Vaters vor allem ein persönliches Schicksal dar, mit dem keine finanziellen Einschränkungen verbunden waren. Psychische und physische Belastungen der betroffenen Frauen entstanden nicht durch eine finanzielle Versorgungsunsicherheit, sondern z.B. aus Angst um den Verbleib des Vermissten. Um die emotionale Beanspruchung der Angehörigen kümmerte sich der Staat nicht, vermutlich da sich hieraus für das Regime kein Mehrwert ergeben hätte. Diese Form der Sozialstaatlichkeit entsprach vollkommen dem nationalsozialistischen Verständnis von Sozialpolitik als untergeordnetem Teil der Staatspolitik, die sich auf das ganze Volk und nicht auf vermeintlich individuelle Schicksale konzentrierte. Da der Staat die finanzielle Sicherheit gewährleistete, erwartete die Regierung von der deutschen ›Kriegerfrau‹, die Situation zu meistern. Die nationalsozialistische Versorgungspolitik in Bezug auf die Frauen der Wehrmachtssoldaten verdeutlicht, welch hoher Stellenwert ihnen in der ›Volksgemeinschaft‹ beigemessen wurde. Das Regime benötigte nicht nur ihre Arbeitskraft, sondern auch ihren Rückhalt, sowohl für die eigene Politik als auch in der Unterstützung der Soldaten an der Front.[63] Diese Funktion, die den Frauen in der Gesellschaft zukam, prägte insbesondere deren Selbstverständnis als wichtigem Teil der ›Volksgemeinschaft‹. Umso belastender war es daher für die Frauen von Kriegsgefangenen und Vermissten, als sie feststellen mussten, wie rigide die Informationspolitik in der Kriegsgefangenenfrage war und dass diese quasi gegen sie verwendet wurde.

---

62   Goebbels, Joseph, Eintrag vom 29.1.1942, in: Fröhlich, Goebbels, Teil 2, Bd. 3, S. 211.

63   Zum Arbeitseinsatz von Frauen bzw. deren Nutzung als Arbeitskräftereserve während des Krieges vgl.: Schmuhl, Hans-Walter, Arbeitsmarktpolitik und Arbeitsverwaltung in Deutschland 1871-2002. Zwischen Fürsorge, Hoheit und Markt, Nürnberg 2003, S. 338f.

2.2   Die Informationspolitik der nationalsozialistischen Regierung in Bezug auf die russische Gefangenschaft und die informellen Handlungsräume der Angehörigen

Mit dem Beginn des Russlandfeldzuges im Jahr 1941 stieg die Anzahl der gefangenen Wehrmachtssoldaten stetig an. Kriegsgefangenschaft war jedoch nicht gleich Kriegsgefangenschaft – vielmehr spielte das Land der Internierung für den staatlichen Umgang mit den Gefangenen, insbesondere die Informationspolitik, eine ebenso große Rolle wie für die Umstände der Gefangenschaft. Dazu zählte die Bereitschaft des Landes, die Internierung des Wehrmachtssoldaten bekannt zu geben sowie die Erlaubnis zum Briefverkehr mit der Heimat, aber auch die Haltung der nationalsozialistischen Regierung. Unter der rigiden Informationspolitik Adolf Hitlers litten insbesondere die Angehörigen der Ostvermissten. Da sowohl das Deutsche Reich als auch die Sowjetunion das Abkommen zur Behandlung von Kriegsgefangenen von 1929 nicht ratifiziert hatten, unterlag ihre Kriegsgefangenenpolitik nicht den völkerrechtlichen Bestimmungen. Der Versuch des Internationalen Komitees vom Roten Kreuz (IKRK), nach Beginn der Russlandoffensive gemeinsam mit der deutschen und der russischen Regierung Richtlinien für die Behandlung der Kriegsgefangenen, den Austausch der Namen der Gefangenen und die Organisation des Briefverkehrs festzulegen, scheiterte.[64] Für Stalin waren Rotarmisten in Kriegsgefangenschaft Verräter, Hitler lehnte jegliche Vereinbarung mit der Sowjetunion ab.[65] Die nationalsozialistische Propaganda erklärte die Sowjetunion zum einzig Schuldigen für diesen Umstand. Es sei allein die Moskauer Regierung, die sich weigere, die Namen der Internierten bekannt zu geben, Briefkontakt oder deren Versorgung zu ermöglichen. Damit verstoße die Sowjetunion gegen alle »Gesetze soldatisch-ritterlichen Handelns«[66], wie der geschäftsführende Präsident des DRK dies noch im März 1944 benannte. Mit den westlichen Alliierten tauschte das Deutsche Reich indes die Namen der Gefangenen aus und erlaubte ihnen den Briefkontakt mit ihren Angehörigen. Soldaten an der Ostfront, deren Tod nicht einwandfrei belegt werden konnte, erklärte man hingegen als vermisst. Für deren Familien bedeutete dies Ungewissheit darüber, ob ihr Angehöriger tot war oder sich in Gefangenschaft befand. Der Ostfeldzug der Wehrmacht wurde begleitet von einer propagandistischen Offensive gegen die Rote Armee, den

---

64   Wylie, Neville, Das »Internationale Komitee vom Roten Kreuz« und die Kriegsgefangenen, in: Bischof, Günter/Karner, Stefan/Stelzl-Marx, Barbara (Hg.), Kriegsgefangene des Zweiten Weltkrieg. Gefangennahme – Lagerleben – Rückkehr, Wien, München 2005, S. 249-266.

65   Morgenbrod, Birgitt/Merkenich, Stephanie, Das Deutsche Rote Kreuz unter der NS-Diktatur. 1933-1945, Paderborn, München u.a. 2008, S. 365.

66   Geschäftsführender Präsident des DRK in: Mitteilungen für die Angehörigen deutscher Kriegsgefangener, Nr. 1 (1944), S. 1.

Kommunismus und den Bolschewismus, in der auch die Kriegsgefangen eine Rolle einnahmen.[67] So wurde die Information verbreitet, dass die russische Armee keine Verwundeten gefangen nehme bzw. diese erschießen würde, nachdem man sie verhört hätte.[68] Ein weiterer vermeintlicher Beweis für die ›Unmenschlichkeit und Barbarei‹ der Roten Armee. Von staatlicher Seite wurde den Familien daher keine Hoffnung auf eine Rückkehr des Vermissten gemacht. Trotzdem wünschten sich die Angehörigen, dass sich ihr Vermisster in russischer Kriegsgefangenschaft befände. Die Meinungen und Verlautbarungen in der Bevölkerung und der Wehrmacht hierzu waren heterogen, wie folgende Beispiele zeigen. So schrieb die Frau eines Vermissten im Februar 1943, sie habe gehört, dass »die Russen sehr, sehr viele Gefangene machen«[69] würden, und im Fall des Vermissten Rudolf L. machten alle Kameraden der Familie Hoffnung, dass der Verwundete sich in Gefangenschaft befände und irgendwann heimkehren würde.[70] Völlig anders verhält es sich mit folgendem Auszug aus einem Brief, den dessen Kompaniechef im März 1944 an die Ehefrau schickte. »Ihr Mann ist also bestimmt in russische Hände geraten, jedoch ist mit großer Wahrscheinlichkeit anzunehmen, dass er nicht mehr lebt. Erfahrungsgemäß nehmen die russischen Bestien keine Schwerverwundeten gefangen. Sie nehmen sie nur zunächst mit, um sie zu vernehmen und dann zu erschießen.«[71] Während die Kriegsgefangenschaft unter den Angehörigen vor allem Hoffnung bedeutete und sie sich untereinander Mut zusprachen, reproduzierte

---

67   Zur rassenideologischen Propaganda des Russlandfeldzuges vgl: Wette, Wolfram, Das Rußlandbild in der NS-Propaganda. Ein Problemaufriß, in: Volkmann, Hans-Erich (Hg.), Das Russlandbild im Dritten Reich, Köln u.a. 1994, S. 55-78; Hilger, Kriegsgefangene, S. 71-81.

68   Viele der sowjetischen Propagandaflugblätter griffen dieses Thema auf und versuchten über die »Wirklichkeit in der russischen Gefangenschaft« aufzuklären, um so Wehrmachtssoldaten von der Kapitulation zu überzeugen. »Was erwartet Euch in russischer Gefangenschaft? 1. Garde-Armee (?), 4. Ukrainische Front, Code: 6.4.45 – 469, abgedruckt in: Düsel, Hans Heinrich, Die sowjetische Flugblattpropaganda gegen Deutschland im Zweiten Weltkrieg. Frontflugblätter, Leipzig 1998, S. 196f.

69   Sofie T. an Mina, 17. 2. 1943, in: DTA, 1284,2.

70   DTA, 965,4. Briefwechsel der Familie mit anderen Angehörigen und Kameraden des Vermissten. Andreas Hilger schreibt hierzu über die Soldaten: »Die extreme deutsche Gruselpropaganda, wonach die Rote Armee überhaupt keine Gefangenen mache, schlug sich somit nicht dauerhaft in der Erwartungshaltung der meisten deutschen Soldaten nieder. Doch kaum einer glaubte an einen halbwegs zivilisierten Umgang mit deutschen Kriegsgefangenen seitens der UdSSR, ihrer Dienststellen oder ihrer Bevölkerung. Haß oder Rachsucht des sowjetischen Gegners konnte man unabhängig von der individuellen Verquickung mit Verbrechen vermuten, und es kursierten auch glaubwürdige Berichte über Untaten von Rotarmisten gegen Kriegsgefangene.« Ders., Kriegsgefangene, S. 79.

71   Brief vom 7.3.1944, zitiert nach: Schumann, Klaus, »Jeder einzelne Mensch ist schon eine Welt«, in: Pielhoff, Stephen (Hg.), Kindheit und Jugend zwischen Zerstörung und Aufbruch. Wuppertal in den vierziger und fünfziger Jahren. Autobiographische Annäherungen, Remscheid 2014, S. 139-168, S. 141f.

der Kompaniechef die nationalsozialistische Propaganda. Ein erstes Beispiel dafür, wie persönliche Betroffenheit und Anteilnahme dazu führen konnten, die staatliche Propaganda zu hinterfragen bzw. sie nicht als bedingungslos anzusehen.

Das folgende Unterkapitel fokussiert die staatliche Informationspolitik, insbesondere im Hinblick auf die vermissten Wehrmachtssoldaten im Osten und den Umgang der Angehörigen mit der ungewissen Situation, wobei diese nicht von der generellen Kriegsgefangenenpolitik der Regierung zu trennen ist. Zum besseren inhaltlichen Verständnis werden zuerst die administrativen Organisationen und ihre Aufgaben im Kriegsgefangenenwesen erläutert. Diese Informationen bilden die Grundlage für das Verständnis der Funktionsweise der Informationspolitik, deren Aufgabe es auch war, die Angehörigen zu beruhigen. Anschließend zeigen ausgewählte Beispiele, wie die Angehörigen der Ostvermissten auf einzelne Handlungen reagierten sowie informelle Informationskanäle und Handlungsräume aufbauten und nutzten, um Gewissheit über den Verbleib des Vermissten zu erlangen.

Die Informationspolitik in der Kriegsgefangenenfrage

Verantwortlich für die administrativen Vorgänge rund um das Kriegsgefangenenwesen war die am 26. August 1939 gemäß dem Artikel 77 der Genfer Konventionen gegründete Wehrmachtauskunftstelle für Kriegsverluste und Kriegsgefangene (WASt).[72] Sie unterstand unmittelbar dem OKW und gehörte zur Abteilung Wehrmachtsverlustwesen. Neben der Verwaltung der Kriegsgefangenenfälle erfasste die WASt die Verlustmeldungen der Truppe, bearbeitete die Lazarettmeldungen, registrierte Kriegsgräber und gab diese Informationen weiter an Angehörige und Verwaltungsstellen. Die WASt untergliederte sich in acht Abteilungen, wobei zwei davon unmittelbar mit den deutschen Kriegsgefangenen befasst waren. Abteilung 3 verwaltete die von den Alliierten übermittelten Namenslisten deutscher Kriegsgefangener und die Abteilung 6 war für die »Vermißtennachforschung« verantwortlich.[73] Allerdings stellte dies nur eine der Aufgaben der Abteilung 6 dar, was den geringen Stellenwert dieses Auftrages verdeutlicht. Die schlechten internationalen Beziehungen machten die Nachforschungen in Vermisstenfällen fast unmöglich. Einzig das DRK verfügte als zumindest offiziell unabhängige Institution über wenige Möglichkeiten solche im Ausland anzustellen. Aus diesem Grund übergab die WASt die Nachforschungen zumeist an das DRK.[74] Mit dem verheerenden Verlauf des Krieges stieg die Menge der zu bearbeitenden Meldungen und Anfragen

---

72   Remmers, Wolfgang, Deutsche Dienststelle (WASt) 1939-1999. 60 Jahre im Namen des Völkerrechts einschließlich Arbeitsbericht der deutschen Dienststelle (WASt) 1997/1998, Berlin 1999, S. 13.

73   Geschäftsordnung für den inneren Dienst der WASt vom 10.2.1942, abgedruckt in: Remmers, Deutsche Dienststelle, S. 17.

74   Morgenbrod/Merkenich, Das Deutsche Rote Kreuz, S. 360.

extrem an, sodass auch die Anzahl von Mitarbeitenden bei der WASt ständig anstieg.[75] Bereits im Sommer 1944 war die WASt aus »arbeitsmässigen Gründen [...]
nicht mehr in der Lage [...] Anfragen einzelner zu beantworten«[76], wie es in dem
Antwortschreiben an die Ehefrau eines Vermissten hieß. Dabei stellte die Behörde
als offizielle Auskunftsstelle der Wehrmacht häufig die erste Anlaufstelle für die
Familien der Vermissten dar. Dass sie von dort keine Auskunft erhielten, war für
viele der Angehörigen unverständlich und schwer zu akzeptieren. Die WASt verwies die Angehörige zumeist an die nächste DRK-Dienststelle, damit diese dort
Informationen über nötige verwaltungsrechtliche Schritte erhielten.[77]

   Örtliche DRK-Beratungsstellen wurden von Kreis- und Ortsgruppen eingerichtet und unterhalten. Sie stellten die lokalen Anlaufstellen für die Familien von
Kriegsgefangenen und Vermissten dar, informierten und unterwiesen diese. Die
Beratenden des DRK mussten Mitglied in der NSDAP sein, um sicherzustellen,
dass sie im Sinne der nationalsozialistischen Ideologie agierten. Die Dienststellen hatten zudem die Funktion, das Arbeitsaufkommen der WASt zu reduzieren,
indem Angehörige davon abgehalten werden sollten, sich zu häufig oder in unnöti-
gen Fällen dort zu melden.[78] Leider lässt sich auf Grund fehlender Archivalien der
DRK- Kreis- und Ortsverbände nicht rekonstruieren, ob und wie die Beratungsstellen von den betroffenen Angehörigen genutzt wurden.[79] In den ausgewerteten Egodokumenten wurden die Stellen nicht erwähnt, was jedoch nicht bedeutet,
dass Angehörige diese nicht aufsuchten. Vielmehr ist davon auszugehen, dass die
Beratungsstellen den Familien keine Informationen liefern konnten, die den Angehörigen nicht bereits anderweitig bekannt waren, und sie dies daher nicht in
ihren Aufzeichnungen vermerkten. Denn in der Regel nutzten die Familien der
Vermissten jede sich ihnen bietende Möglichkeit, um etwas über den Verbleib ihrer Angehörigen zu erfahren. Ein internes DRK-Dokument belegt zudem, dass die
Angehörigen die Beratungsstellen auch nutzten, um sich über die Informationspolitik der Regierung zu beschweren.[80] Die öffentlich propagierte Unabhängigkeit
des DRK von der Regierung förderte offensichtlich, dass die Familien dort »offen und ungehemmt«[81] ihre Bedenken äußerten, und bot damit für das Regime

---

75   Bei Gründung der WASt waren es 236 Mitarbeitende, 1943 bereits etwa 4.000. Remmers,
     Deutsche Dienststelle, S. 16.
76   Antwortschreiben der WASt an Sofie T. vom 20.9.1944, in: DTA, 1284, 1+2 Anlagen.
77   Schreiben der WAST an Sofia T. vom 20.9.1944, in: DTA, 1284/1+2 Anlage.
78   Ausführungsbestimmungen Nr. 1 und Nr. 2 zur Anordnung vom 4.9.1939, DRK Verordnungs-
     blatt, Sept. 1939.
79   Im DRK Archiv in Berlin befinden sich ebenfalls keine Unterlagen, die Auskunft über die Bera-
     tungsstellen geben. Lediglich Informationsmaterialen wie Bestimmungen des Postverkehrs
     sind erhalten.
80   Aktenvermerk, Betr.: Deutsche Kriegsgefangene in Sowjet-Russland vom 13.5.1943, in: DRK
     ARch., RK 43.
81   Ebd., S. 5.

einen besonders wertvollen Einblick in die Stimmungen und Gerüchte in der Bevölkerung. Aus Köln wurde etwa berichtet, dass dort »erhebliche Schwierigkeiten zu überwinden« gewesen seien und es zu »unerfreulichen Auftritten, ja zu heftigen Beschimpfungen gekommen [sei].«[82] Die Mitarbeitenden der Beratungsstellen sollten die Angehörigen in solchen Fällen »durch freundliches Entgegenkommen und geduldiges Anhören aller Klagen, auch durch freundliche Duldung von schweren Entgleisungen«[83] unterstützen, um so die Widerstandskraft der Bevölkerung zu stärken und zu sichern.[84] Diese Zitate zeigen zum einen die Unzufriedenheit der Angehörigen, zum anderen aber auch, dass ihrem Verhalten eine gewisse Form von Verständnis entgegengebracht wurde. Im staatlich kontrollierten Raum wurde den Familien somit in gewisser Weise zugestanden Kritik zu äußern.

Bei Fragen zur finanziellen Versorgung, also dem Familienunterhalt bzw. Wehrsold und der Kriegsbesoldung, mussten sich die Angehörigen an die Fürsorge- und Versorgungsdienststellen der Wehrmacht wenden. Diese berieten in Zusammenarbeit mit der Nationalsozialistischen Kriegsopferfürsorge.[85] Da die Betreuung und Beratung ausschließlich von staatlichen Stellen und dem DRK durchgeführt wurde, erhielten die Angehörigen von diesen lediglich Informationen, die der nationalsozialistischen Propaganda entsprachen. Wie bereits dargestellt, sorgte die Regierung zudem dafür, dass es keinen öffentlichen Diskurs über die Kriegsgefangenenproblematik, insbesondere über die Vermissten in der Sowjetunion gab.

Die Informationspolitik des nationalsozialistischen Regimes in Bezug auf Kriegsgefangene und Vermisste war sehr rigide und die wenigen Auskünfte, die gegeben wurden, verfolgten den Zweck, die Angehörigen zu beruhigen. Die geringe mediale Präsenz des Themas stand im deutlichen Gegensatz zu dem Wunsch der Familien, mehr über das Schicksal der Kriegsgefangenen zu erfahren. Wie sehr die Angehörigen sich Informationen wünschten und wie groß der Stellenwert war, den sämtliche Nachrichten für sie besaßen, verdeutlicht folgendes Zitat aus einem SD-Bericht zu Sicherheitsfragen vom 26. Juli 1943. Dieser bezog sich auf einen Artikel über die Lebensumstände internierter Wehrmachtsangehöriger in amerikanischer und australischer Gefangenschaft. Im Bericht hieß es: »Es werde begrüßt, daß solche Fragen, mit denen sich viele Angehörige von Vermißten tagtäglich beschäftigen, glaubwürdig behandelt würden, weil die herrschende Unklarheit über das Schicksal der deutschen Gefangenen dadurch zu einem großen Teil beseitigt worden sei.«[86] Für die nationalsozialistische Propaganda waren Meldungen über in Gefangenschaft geratene Wehrmachtsoldaten zweischneidig. Zum

---

82   Ebd., S. 2.
83   Ebd., S. 5.
84   Ebd.
85   Morgenbrod/Merkenich, Das Deutsche Rote Kreuz, S. 360.
86   SD-Bericht zu Inlandsfragen vom 26.7.1943, in: Boberach (Hg.), Meldungen, Bd. 14, S. 5531f.

einen erwartete die Bevölkerung informiert zu werden, gleichzeitig bedeuteten Kriegsgefangene auch militärische Niederlagen und schadeten dem propagierten Bild der deutlich überlegenen und ›unbesiegbaren‹ deutschen Armee. Der nicht stattfindende öffentliche Diskurs drückte somit nicht nur die Bedeutungslosigkeit dieser Gruppe für das Regime aus, sondern hatte auch propagandistische Gründe. Erst mit der massiv ansteigenden Zahl von betroffenen Familien musste das Hitlerregime seine Informationspolitik verändern, denn es herrschte »eine tiefgreifende Beunruhigung der Bevölkerung über das Schicksal der in sowjet-russische Hand gefallenen Soldaten und über die Unmöglichkeit, authentische Nachrichten über diese zu erhalten«[87], wie es in einem Bericht des DRK von 1943 hieß. Während in den ersten Kriegsjahren lediglich Informationen zu administrativen Vorgängen wie der Regelung des Postverkehrs herausgegeben worden waren, stand nun die Beruhigung der Angehörigen im Vordergrund. Im März 1944 gab das Präsidium des DRK erstmals »im Einvernehmen mit dem Oberkommando der Wehrmacht«[88] die Zeitschrift *Mitteilungen für die Angehörigen deutscher Kriegsgefangener* heraus.[89] Im Abstand von vier Monaten erschienen die Ausgaben, wobei insgesamt jedoch nur drei Hefte entstanden. Die ersten beiden hatten einen Umfang von 16 Seiten, das letzte nur acht. In der ersten Ausgabe erläuterte der geschäftsführende Präsident des DRK Ernst-Robert Grawitz[90] die Funktion des Mitteilungsblattes wie folgt:

> »Diese Mitteilungen sollen den Familien-Angehörigen unserer kriegsgefangenen Kameraden in Abständen von einigen Monaten zugehen. Sie werden regelmäßig darüber berichten, was über die Lage unserer Kriegsgefangenen in den Feindesländern mit Ausnahme der Sowjetunion bekannt ist. Sie werden darüber Rechenschaft legen, was im Dienst unserer kriegsgefangenen Kameraden geleistet wird als Dank für die harten Opfer, die in der jahrelangen Trennung von der Heimat in ihrem größten Schicksalskampf beschlossen liegt.«[91]

Interessant an diesem Zitat ist zum einen die Formulierung, die im Zusammenhang mit der UdSSR gewählt wurde. Verweist sie doch nicht darauf, dass grundsätzlich keine Informationen bekannt seien, sondern allein, dass über die Sowjetunion nicht berichtet werden würde. Zum anderen betonte Grawitz das Opfer der

---

87   Aktenvermerk, Betr.: Deutsche Kriegsgefangene in Sowjet-Russland vom 13.5.1943, in: DRK ARch., RK 43.

88   Mitteilungen für die Angehörigen deutscher Kriegsgefangener, Nr. 1 (1944), S. 1.

89   Im Archiv des DRK in Berlin befinden sich keine Unterlagen, die Rückschlüsse auf den Entstehungsprozess des Mitteilungsblattes geben. Ebenso wenig wie über die Auflagenstärke oder die Versendung bzw. Verteilung der Mitteilungsblätter.

90   Eckart, Wolfgang U., SS-Obergruppenführer und General der Waffen-SS Prof. Dr. med. Ernst Grawitz, in: Ueberschär, Gerd R. (Hg.), Hitlers militärische Elite. Vom Kriegsbeginn bis zum Weltkriegsende. Bd. 2, Darmstadt 1998, S. 63-71.

91   Mitteilungen für die Angehörigen deutscher Kriegsgefangener, Nr. 1 (1944), S. 1.

Kriegsgefangenschaft und bezog implizit auch die Angehörigen in dieses mit ein. In den Heften lassen sich drei thematische Schwerpunkte ausmachen, die alle für sich das Ziel verfolgten die Angehörigen zu beruhigen: Erstens die Darstellung der Lebensumstände der Gefangenen, zweitens die Arbeit des DRK sowie drittens administrative Regelungen. Dabei waren es vor allem die Lebensumstände der Gefangenen, die die Angehörigen am meisten interessierten. Die Artikel waren insgesamt bemüht, ein möglichst sorgenfreies Bild der Kriegsgefangenschaft zu zeichnen. So wurden etwa Listen abgedruckt, die alle amerikanischen Kriegsgefangenenlager aufzählten und deren jeweilige klimatischen und landschaftlichen Besonderheiten beschrieben. Aus heutiger Perspektive befremdlich anmutend hieß es dort zum Beispiel: »Hafenstadt [...] am Golf von Mexiko zwischen Gärten und Palmen, wie im Badekurort«[92] oder »landschaftlich ähnlich Schleswig-Holstein. Gesunde Gegend.«[93] Zudem wurde ausführlich dargestellt, mit welchen Mitteln die Regierung und das DRK versuchten, den Wehrmachtsangehörigen die Gefangenschaft erträglicher zu gestalten bzw. wie sie diesen ihr Opfer vergüteten. Während es für die Frauen und Kinder der Kriegsgefangenen keine spezifischen Angebote gab, wurde ein unverhältnismäßig großer Aufwand unternommen, um die Internierten der westlichen Alliierten zu versorgen. Dazu gehörten Lebensmittel- und Warenlieferungen nach Übersee sowie die Organisation spezifischer Unterstützungsangebote wie Fernstudiengänge und Weiterbildungen.[94] Die Internierten konnten in der Gefangenschaft Schulabschlüsse nachholen sowie eine Berufsausbildung oder ein Studium absolvieren. Darüber hinaus wurden Bibliotheken in den Lagern eingerichtet, Kinovorführungen organisiert und Musik- und Sportgeräte zur Freizeitgestaltung dorthin geliefert. Besonders gut ging es den Internierten in Amerika, nicht nur, weil sie von Deutschland aus bestens versorgt wurden, sondern auch, weil die amerikanische Regierung all diese Aktivitäten unterstützte, was sich erst mit Kriegsende änderte.[95] Die Internierten versuchten »an Körper und Geist gesund zu bleiben [...], um in der Heimat später eine vollwertige Arbeitskraft«[96] zu sein, wie ein Internierter im Dezember 1943 seiner Frau schrieb. Die Mühe und der Aufwand, den die nationalsozialistische Regierung in die Versorgung der Kriegsgefangenen in Übersee investierte, entsprachen

---

92 Kriegsgefangenenlager in USA, in: Mitteilungen an die Angehörigen, Nr. 3 (1944), S. 4.

93 Ebd.

94 Clemens, Berufliche Betreuung, in: Mitteilungen für die Angehörigen deutscher Kriegsgefangener, Nr. 2 (1944), S. 1-10.

95 Ausführlich zu den Inhaftierungsbedingungen vor und nach dem Kriegsende 1945. Reiß, Matthias, Keine Gäste mehr, sondern die Besiegten – die deutschen Kriegsgefangenen in den USA zwischen Kapitulation und Repatriierung, in: Hillmann, Jörn/Zimmermann, John (Hg.), Kriegsende 1945 in Deutschland, München 2002, S. 157-177.

96 Die Frau eines Kriegsgefangenen an das Präsidium des DRK, 26.12.1943, abgedruckt in: Mitteilungen für die Angehörigen deutscher Kriegsgefangener, Nr. 1 (1944), S. 10.

dem Verantwortungsgefühl, das man diesen gegenüber empfand. Ihr ›Opfer für die Volksgemeinschaft‹ wollte man angemessen entlohnen. Darüber hinaus bestärkte dies die Internierten in ihrem Glauben an den ›Endsieg‹, da dies alles ihnen und ihren Angehörigen das Gefühl gab, bestmöglich auf die Rückkehr nach Deutschland vorbereitet zu werden. Damit eröffnete sich für die Kriegsgefangenen eine Art »Zukunftsweg«[97], der gleichzeitig die Familien beruhigte. Mit der Herausgabe des Mitteilungsblattes beugte sich die Regierung im März 1944 den Forderungen der Angehörigen und der Bevölkerung, mehr über die Kriegsgefangenen zu erfahren. Die Glaubwürdigkeit des Regimes in der Kriegsgefangenenfrage hatte zu diesem Zeitpunkt bereits gelitten. Die Mitteilungen enthielten keine Informationen über die Gefangenen in der Sowjetunion, bei deren Angehörigen jedoch die größte Ungewissheit und Unzufriedenheit herrschte. Die Beruhigung der Familien der Vermissten an der Ostfront durch diese propagandistischen Maßnahmen funktionierte somit nicht, da die Mitteilungen für sie keine Neuigkeiten enthielten und ihre Ängste und Befürchtungen nicht abschwächen konnten. Neben dieser selektiven Auswahl der Informationen griff das Regime in noch umfangreicherer Weise in die Kommunikation zwischen den Angehörigen und den Internierten ein, indem es Briefe von Kriegsgefangenen aus der UdSSR systematisch verheimlichte und unterschlug.

Bei diesen handelte es sich um Briefe und Postkarten deutscher Kriegsgefangener aus Russland, die vor allem über den Roten Halbmond in Ankara nach Deutschland übermittelt wurden. Aus den Aufzeichnungen von Joseph Goebbels geht hervor, dass es im Juli 1943 etwa 3.000 Briefe waren, wobei er im November desselben Jahres bereits von Zehntausenden berichtet.[98] Die deutsche Regierung veranlasste anfangs, diese Briefe und die Empfangenden einer Überprüfung zu unterziehen, bevor die Nachricht zugestellt wurde. Die Schwierigkeit und Umständlichkeit dieser Praxis führten letztendlich jedoch dazu, dass keine der Sendungen weitergeleitet wurde. Trotzdem erreichten einige der Briefe von Internierten ihr Ziel, da sie zum Beispiel von Frontsoldaten regulär aufgegeben wurden oder in der Auslandsbriefprüfstelle Fehler passierten. Das Regime sah in den Briefen vor allem eine Propagandaaktion der sowjetischen Regierung, die nicht aus »Gründen der Menschlichkeit«[99] versendet worden seien, wie die WASt auf Nachfrage einer Angehörigen mitteilte.[100] In einer standardisierten Antwort hieß es: »Nachrichten,

---

97   Clemens, Berufliche Betreuung, in: Mitteilungen für die Angehörigen deutscher Kriegsgefangener, Nr. 2 (1944), S. 2.

98   Vgl. Goebbels, Einträge vom 6.7.1943 und 7.11.1943, in: Fröhlich, Goebbels, Teil 2, Bd. 9 u. 10, S. 211, 246.

99   Schreiben der WAST an Sofia T. vom 20.9.1944, in: DTA, 1284/1+2 Anlage.

100   Hierzu Joseph Goebbels: »Ich vermute, daß die Sowjets mit solchen Briefschreibereien nur eine Propaganda in das deutsche Volk hineintreiben wollen. Das muß unter allen Umständen verhindert werden.« Ders., Eintrag vom 10.8.1943, in: Fröhlich, Goebbels, Teil 2, Bd. 9, S. 249.

die über das Schicksal der Kriegsgefangenen umlaufen, sind unkontrollierbar. Es besteht daher der Anlaß zu der Annahme, daß sie zur Irreführung sowie Beunruhigung weiter Volkskreise als feindliche Zweckpropaganda in die Welt gesetzt [worden] sind.«[101] Tatsächlich nutzte die sowjetische Regierung die Postsendungen sowie Flugblätter zur eigenen Propaganda. Insbesondere die Nachrichten deutscher Kriegsgefangener an ihre Angehörigen stellten dabei ein wirkmächtiges Mittel dar. Auch Flugblätter wurden für die Verbreitung solcher Lebenszeichen genutzt und ganze Serien mit abgedruckten Briefen deutscher Kriegsgefangener an der Front verbreitet.[102] Die Briefe und Postkarten untergruben die Glaubwürdigkeit der nationalsozialistischen Propaganda zum einen durch ihre bloße Existenz und zum anderen durch ihren Inhalt, da sich die Verfasser meist positiv über ihre Internierung und die Sowjetunion äußerten. Ab 1943 wurden diese propagandistischen Aktivitäten vom Nationalkomitee Freies Deutschland (NKFD) unterstützt.[103] Beim NKFD handelte es sich um einen Zusammenschluss deutscher Exilkommunisten und Kriegsgefangener. Die Mitglieder agierten aus der russischen Kriegsgefangenschaft heraus und riefen in der russischen Propaganda zum Sturz Hitlers auf. Das gleiche Ziel verfolgte der ebenfalls 1943 gegründete Bund Deutscher Offiziere (BDO). Beide Organisationen wurden von der sowjetischen Regierung geduldet.[104] Mit gezielten Propagandamaßnahmen versuchten sie das Vertrauen in die Hitlerregierung sowohl an der Front als auch im Reich zu unterwandern. Sie bildeten eine Form der Gegenpropaganda, die eine weitaus größere Glaubwürdigkeit besaß als die der sowjetischen Regierung, da sie von Deutschen betrieben wurde.

Das Wissen über die Existenz der Briefe und Postkarten aus russischer Gefangenschaft sowie einige der Nachrichten zirkulierten in der Bevölkerung und erschütterten das Vertrauen in die Regierung. Das DRK fasste die Situation Anfang Juli 1943 in einem vierseitigen Papier zusammen, in dem es sehr deutlich auch die negativen Auswirkungen des bisherigen Vorgehens schilderte und in verhaltener

---

101 Arbeitsstab Stalingrad im Wehrkreiskommando III an Margarete M, Vermißtenerklärung vom 17.1.1943, in: BArch, DO 1/8365.

102 Vgl. Verzeichnis zur sowjetischen Flugblattpropaganda. Düsel, Sowjetische Flugblattpropaganda. Weiterführend zur Entstehung, Verbreitung und Wirksamkeit von Flugblättern vgl. Kirchner, Klaus, Flugblattpropaganda – das nichtgewaltsame Kriegsmittel, in: Bliembach, Eva, Flugblattpropaganda im 2. Weltkrieg, Berlin 1980, S. 31-54.

103 Das NKFD unterhielt sowohl einen eigenen Radiosender als auch eine eigene Zeitung, die zusammen mit Flugblättern an der Front verbreitet wurde. Besonders wirkmächtig an dieser Form der Propaganda war, dass sich namhafte deutsche Offiziere aus der russischen Gefangenschaft direkt an die Soldaten und die Bevölkerung wendeten und zum Sturz Hitlers und zur Kapitulation aufriefen.

104 Vgl. zum NKFD bzw. BDO z. B: Scheurig, Bodo, Freies Deutschland. Das Nationalkomitee und der Bund Deutscher Offiziere in der Sowjetunion 1943-1945, Köln 1985; Bungert, Heike, Das Nationalkomitee und der Westen. Die Reaktionen der Westalliierten auf das NKFD und die Freie Deutsche Bewegung 1943-1948, Stuttgart 1997.

Form Kritik daran äußerte. So hieß es dort: »Die Annahme, dass die verhältnismäßig geringe Zahl ständig durchkommender Karten erlaube, die Sache als bedeu-
tungslos zu nehmen, ist grundfalsch.«[105] Die Rückfrage in allen DRK-Dienststellen
hatte ergeben, dass ein Großteil der Bevölkerung vermutete, dass »Reichsregierung
und Wehrmacht verhindern wollen, daß die Angehörigen etwas von den deutschen
Kriegsgefangenen in der UdSSR erfahren.«[106] Die Quellen zeigen sehr deutlich,
dass die Sorge des Roten Kreuzes in diesen Fällen nicht den Angehörigen galt, sondern es vor allem über den Schaden an der eigenen Glaubwürdigkeit besorgt war.[107]
Das DRK büßte jedoch nicht nur gegenüber der deutschen Bevölkerung an Ansehen
ein, sondern das Vorgehen beschädigte dieses auch international. Der »Fall Schönhals«[108] führte 1943 dazu, dass auch das Internationale Komitee vom Roten Kreuz
von der Zurückhaltung von Briefen durch das nationalsozialistische Regime unter
Beteiligung des DRK erfuhr. Ein »Schaden«[109], der laut DRK durch den »Sinn der
Zurückhaltung der Postkarten«[110] nicht aufzuwiegen sei. Der Fall Schönhals bzw.
das Zurückhalten der Nachrichten zeigt dabei zwei Dinge sehr deutlich: zum einen die vollständige Abhängigkeit des DRK vom Hitlerregime und zum anderen
die geringe Relevanz der Thematik für die Regierung sowie die Konsequenzen, die
aus diesem Fall resultierten. Zwar äußerte sich Joseph Goebbels in seinen Tagebüchern immer wieder sorgenvoll zu den Briefen, eine systematische Lösung in

---

105   Nachrichten über deutsche Kriegsgefangenen, 1.7.1943, in: DRK ARch, RK 43, S. 1.
106   Ebd., S. 2. Hervorhebungen im Original.
107   Ebd.
108   Ebd. Über den Roten Halbmond in Ankara gelangten etwa 400 Postkarten deutscher Kriegs-
      gefangener in Russland zum IKRK nach Genf. Dieses überstellte die Briefe über den deut-
      schen diplomatischen Weg an das DRK, welches die Briefe nicht weiterleitete. Die Schwester
      von Frau Schönhals, deren Sohn in Russland interniert war, lebte in Zürich und wandte sich
      dort direkt an das IKRK. Dieses teilte ihr mit, dass eine Postkarte ihres Neffen an das DRK
      überstellt worden sei. Frau Schönhals schrieb daraufhin direkt an das DRK, um sich nach der
      Postkarte ihres Sohnes zu erkundigen. Das DRK beantragte daraufhin zumindest diese eine
      Karte auszuhändigen, um »dem IKRK gegenüber die Zurückhaltung der Karten nicht erkenn-
      bar werden zu lassen.« Dies lehnte das OKW jedoch ab und teilte Frau Schönhals mit, es sei
      keine Karte vorhanden. Daraufhin wandte sich die Schwester von Frau Schönhals erneut an
      das IKRK, wodurch dieses beim DRK nachfragte, was mit den Postkarten passiert sei.
109   Ebd.
110   Ebd.

dieser Frage resultierte daraus jedoch nicht.[111] Die Staatsmacht nahm sowohl den Ansehensverlust des DRK als auch den Schaden an Glaubwürdigkeit und Vertrauen in der Bevölkerung hin und behielt das Vorgehen bei. Ein weiteres Beispiel für die Totalität des Regimes, dessen Allmachtstellung zu diesem Zeitpunkt durch solche Vorfälle nicht zu erschüttern war. Für die Angehörigen der Vermissten blieben jedoch sowohl die Handhabung als auch der Umgang der Regierung mit den Postkarten unverständlich. Sie sehnten sich nach einer Nachricht oder einer Information zum Verbleib der Vermissten. Aus diesem Grund besaßen die wenigen Briefe von Gefangenen eine solch enorme Wirkmächtigkeit. Dass sie auch einen propagandistischen Zweck erfüllten, war für die Angehörigen unerheblich.

Die Informationspolitik der nationalsozialistischen Regierung in Bezug auf die deutschen Kriegsgefangenen war lediglich dazu gedacht, deren Angehörige und die übrige Bevölkerung zu beruhigen. Gleichzeitig wurden Nachrichten deutscher Gefangener aus der Sowjetunion zurückgehalten und damit eine Kontaktaufnahme zwischen diesen und ihren Familien in Deutschland verhindert und unterbunden. Der persönliche Wunsch, etwas über den Verbleib des Angehörigen zu erfahren, führte zusammen mit dem Unverständnis für die Haltung der Regierung dazu, dass viele der Familien versuchten, über andere zum Teil auch illegale Wege etwas in Erfahrung zu bringen und für dieses Vorgehen auch eine staatliche Verfolgung riskierten.

Informelle Informationskanäle und Handlungsräume

Familien und Freunde der vermissten Soldaten standen zumeist untereinander im Austausch, um sich gegenseitig Mut über den Verbleib des Vermissten zuzusprechen. In vielen Fällen kontaktierten sie Kameraden oder die Familien anderer Vermisster aus derselben Einheit in der Hoffnung, mehr über den Verbleib des eigenen Angehörigen zu erfahren. Diese Form von Erkundigungen bewegte sich innerhalb des rechtlichen Rahmens und wurde von staatlicher Seite nicht unterbunden, solange keine geheimen militärischen Informationen weitergegeben wurden. Die Kriegsgefangenschaft stellte für die Familien die größte Hoffnung auf eine Rückkehr ihres Vermissten dar. Aus diesem Grund besaßen die wenigen Postkarten aus Russland eine solche Wirkmächtigkeit. Sie waren der Beweis, dass es deutsche Soldaten in russischer Gefangenschaft gab und dass theoretisch die Möglichkeit be-

---

111   Goebbels notierte, dass er vorhabe Hitler vorzuschlagen, die Briefe durch einen Amtsträger der Partei zustellen zu lassen. »Ich werde in dieser Frage noch einmal an den Führer herantreten und ihm den Vorschlag machen, er möge diese Briefe durch Amtsträger der Partei an die Angehörigen ausliefern lassen. Die Amtswalter der Partei haben dann immer die Möglichkeit, die in ihnen enthaltene propagandistische Wirkung abzumildern und die Anverwandten auch davor zu warnen, alles für bare Münze zu nehmen.« Ders., Eintrag vom 7.11.1943 in: Fröhlich (Hg.), Goebbels, Teil 2, Bd. 10, S. 246. Diesem Vorschlag stimmte Hitler offensichtlich jedoch nicht zu. Nach diesem Eintrag äußerte sich Goebbels nicht mehr zu dem Thema.

stand, mit diesen in Kontakt zu treten. Daher ist es nicht überraschend, dass sich in kürzester Zeit die Inhalte dieser Nachrichten im gesamten Reichsgebiet verbreiteten. In einem Bericht des DRK von 1943 heißt es: »Häuser, auch in den abgelegenen Dörfern, in denen auch nur eine Postkarte angekommen ist, werden zu Wallfahrtstätten, an denen Schlange gestanden wird. Darüber übereinstimmende Berichte aus Augsburg, Heidelberg, Orten im Rheinland usw. Fotokopien der Postkarten sind weithin verbreitet. Darüber sind Unterlagen zu Tausenden vorhanden.«[112] Das Zitat beschreibt ein Phänomen, das darauf schließen lässt, dass sich in der Bevölkerung, aber vor allem unter den Angehörigen der Kriegsgefangenen und Vermissten Kommunikationssysteme bildeten, in denen spezifische Informationen zirkulierten. Berichte des DRK belegen zudem, dass es lokale Netzwerke gab, die gezielt russische Sender abhörten und die dort veröffentlichten Namen von Kriegsgefangenen anonym an deren Angehörige weitergaben.[113] »Aus westfälischen Dörfern wird berichtet, dass nachts an die Fenster geklopft und die Mitteilung zugerufen wird, ›euer Sohn ist in russischer Kriegsgefangenschaft, es geht ihm gut‹.«[114] Die Mutter eines anderen Kriegsgefangenen erhielt 40 Zuschriften darüber, dass der Name ihres Sohnes in einer Sendung genannt worden war.[115] Die Schutzstaffel (SS) schlussfolgerte in ihrem Sicherheitsbericht vom April 1943, dass vor allem die Namenslisten der Gefangenen ein »starkes Anziehungsmoment«[116] für die Bevölkerung darstellten, Fremdsender zu hören. Über Radio Moskau gab die sowjetische Regierung Namen von gefangenen und toten Wehrmachtssoldaten bekannt und rief unter Angabe der Heimatadresse dazu auf, diese Informationen an die Familien weiterzuleiten.[117] Obwohl das Hören solcher Sender und die Weitergabe von Informationen verboten und unter Strafe gestellt war, hörten viele Menschen diese und leiteten die empfangenen Nachrichten weiter. Dieses Verhalten spricht für eine große Solidarität in der Bevölkerung den Angehörigen der Kriegsgefangenen gegenüber. Offensichtlich setzten sich Personen dem Risiko einer Verurteilung aus, nur um anderen die frohe Botschaft mitteilen zu können, dass ihr Angehöriger am Leben sei. Die Gefahr, hierfür bestraft zu werden, war durchaus gegeben. In einer internen Mitteilung des Reichssicherheitshauptamtes (RSHA) vom Juli 1944 hieß

---

112   Nachrichten über deutsche Kriegsgefangene, 1.7.1943, in: DRK ARch, RK 43, S. 1. Unterstreichung im Original.

113   Das DRK wies in seinem Bericht auch darauf hin, dass »Not und Sorge Mütter und Ehefrauen in Massen dazu treiben, den Moskauer Sender zu hören, um dabei Namen der Vermissten zu erfahren.« Ebd., S. 4.

114   Aktenvermerk, Betr.: Deutsche Kriegsgefangene in Sowjet-Russland vom 13.5.1943, in: DRK ARch, RK 43, S. 4.

115   Nachrichten über deutsche Kriegsgefangene, 1.7.1943, in: DRK ARch, RK 43, S. 4.

116   Meldungen aus dem Reich (Nr. 377) vom 19.4.1943, in: Boberach (Hg.), Meldungen, Bd. 13, S. 5149.

117   Püttner, Conrad, Rundfunkpropaganda der Alliierten im 2. Weltkrieg, in: Bliembach, Flugblattpropaganda, S. 55-68, S. 63.

es: »Derartige Schreiben sind deshalb einzuziehen. Gegen die Verfasser und Verbreiter ist staatspolizeilich vorzugehen, wenn eine staatsfeindliche Absicht nachgewiesen oder das Verbreiten von Nachrichten ausländischer Sender festgestellt ist.«[118] Auch der Erhalt solcher Benachrichtigungen konnte für die Angehörigen bedeuten, unter Beobachtung des Sicherheitsdienstes gestellt zu werden. Das Regime vermutete, dass die Sowjetunion vor allem Überläufern und Sympathisanten erlaubte, sich zu melden, und stellte deren Familien daher unter Generalverdacht. Dies schildert der Sohn eines Kriegsgefangenen 1951 in seiner Eingabe an Wilhelm Pieck, den damaligen Präsidenten der DDR:

> »Von mehreren Seiten erhielten wir die Nachricht, daß er [Anm. A.K.; sein Vater] selbst durch den Moskauer Rundfunk gesprochen hat und darin andere Kameraden aufforderte, sich gleichfalls in Gefangenschaft zu begeben. Wir erhielten mehrmals illegale Nachrichten von Rundfunkhörern, die die Sendung abhörten, unter anderem bis von Wien. – Daraufhin machte die Gestapo bei uns Hausdurchsuchungen, da sie vermutete, mein Vater sei an der Ostfront übergelaufen.«[119]

Hatten die Familien eine Postkarte ihres Angehörigen erhalten, so verfügten sie zumeist auch über dessen Lagernummer und versuchten ihm eine Antwort zu schicken. Das Wissen über mögliche Kommunikationswege war dabei weit verbreitet. Anfangs hatte die Regierung den wenigen Empfangenden von Postkarten geraten, eine Antwort an die WASt zu schicken, welche die Nachricht dann weiterleiten würde. Da die WASt jedoch über keinerlei Möglichkeiten verfügte, mit Internierten in russischer Gefangenschaft in Kontakt zu treten, ist davon auszugehen, dass so von staatlicher Seite versucht wurde, die Kommunikationsaufnahme zu kanalisieren bzw. zu unterbinden. Dass es sich hierbei um eine Art Trick handelte, erkannten die Angehörigen jedoch schnell.[120] Die meisten versuchten daher auf privatem Weg über das Ausland eine Nachricht in die Sowjetunion zu schicken. Die beste Voraussetzung hierfür war, dass sie eine Person im Ausland kannten, mit der sie über den normalen Postbrief in Kontakt treten konnten. Dieser Kontaktperson sendeten sie die Nachricht an den Internierten zu, die diese wiederum direkt an das Lager in der Sowjetunion schickte. Alternativ versuchten viele Angehörige, die Nachrichten über ausländische Botschaften weiterleiten zu lassen.[121] Das türkische Generalkonsulat in Wien gab etwa kostenlos Nachrichten an den Roten Halbmond weiter, was die nationalsozialistische Regierung wiederum zu unterbinden versuchte. »Das Auswärtige Amt wurde [...] zum Abstellen des Mißstandes veranlaßt«, da »die

---

118 Meldungen wichtiger staatspolizeilicher Ereignisse, Nr. 2 vom 14.7.1944, S. 2, in: BArch, R 58/213, Reg. 101.

119 Achim J. an Wilhelm Pieck, 24.2.1951, in: BArch, DO 1/8363.

120 Nachrichten über deutsche Kriegsgefangene, 1.7.1943, in: DRK ARch, RK 43, S. 3.

121 Aktenvermerk, Betr.: Deutsche Kriegsgefangene in Sowjet-Russland vom 13.5.1943, in: DRK ARch, RK 43, S. 3.

Nachforschungstätigkeit – abgesehen von der Beunruhigung der Bevölkerung – aus verkehrs- und abwehrmäßigen Gründen nicht tragbar«[122] war, wie es in den *Meldungen wichtiger staatspolizeilicher Ereignisse* 1944 hieß. Postsendungen, die über solche Wege Deutschland verließen, durchliefen nicht die staatliche Zensur und stellten daher in den Augen des Regimes ein erhebliches Sicherheitsrisiko dar. Diese vermeintlichen Möglichkeiten der Kontaktaufnahme waren offensichtlich in der Bevölkerung so bekannt, dass sogar staatliche und militärische Stellen Angehörige auf diese Option aufmerksam machten. Ein Beleg dafür, dass die Kontaktaufnahme mit Internierten in Russland in weiten Bevölkerungskreisen durchaus als ein Anrecht der Familien verstanden wurde, insbesondere wenn diese ein Lebenszeichen erhalten hatten.

Doch auch Angehörige, die bisher keine Nachricht ihres Vermissten bekommen hatten, versuchten über verschiedene Wege etwas über dessen Verbleib zu erfahren. Hierbei handelte es sich jedoch zumeist um weniger bekannte Handlungsoptionen. Die Quellen lassen darauf schließen, dass solche Informationen in kleineren Netzwerken zirkulierten. Ein Beispiel für ein solches wird im Folgenden dargestellt. Zum einen verrät der Fall eines gewissen Dr. Dreager aus Chemnitz etwas über die Funktionsweise dieser Systeme, zum anderen zeigt diese spezielle Begebenheit, wie sehr sich die Angehörigen an jede noch so kleine Hoffnung klammerten, etwas herauszufinden. Aus den Quellen geht hervor, dass Dr. Dreager über verschiedene Wege den Versuch unternommen hatte, Informationen über Vermisste in der UdSSR zu erhalten. Andere »Leidensgefährten«[123] hielt er postalisch über seine Erkenntnisse und Fortschritte auf dem Laufenden. Eines dieser Schreiben vom Mai 1944 befindet sich unter den Privatkorrespondenzen der Familie L., die im Deutschen Tagebucharchiv in Emmendingen aufbewahrt werden. Darin heißt es: »Ich kann Ihnen heute eine erfreuliche Mitteilung machen. Durch meine Ausdauer ist es mir geglückt, einen Weg für Nachforschungen freizubekommen und heute hielt ich von der maßgebenden Stelle die Erlaubnis, darüber auch meine Bekannten in Kenntnis zu setzen.«[124] Das weitere Vorgehen beschrieb Herr Dreager wie folgt: Die Angehörigen sollten ein angehängtes Formular ausfüllen und dieses zusammen mit einigen Bescheinigungen an die WASt übersenden. Die WASt würde die Nachricht dann an Generaloberst Heitz weiterleiten, der sich selbst in russischer Kriegsgefangenschaft befände. Laut Dr. Dreager habe Heitz die Erlaubnis der sowjetischen Regierung, in allen Lagern Nachforschungen nach Vermissten anzustellen. Zwar gäbe es keine Garantie für den Erfolg, aber es wären schon einige Nachrichten auf diesem Weg angekommen. Familie L. schickte

---

122   Meldungen wichtiger staatspolizeilicher Ereignisse, Nr. 2 vom 14.7.1944, S. 2, in: BArch, R 58/213, Reg. 101.

123   Brief von Dr. Dreager vom 22.5.44, in: DTA, 965/1,4.

124   Ebd.

im August 1944 ein entsprechendes Schreiben an die WASt, wie eine Kopie in den Unterlagen beweist.[125] Dass es überhaupt Angehörige gab, die die WASt zu diesem Zeitpunkt noch für einen vertrauenswürdigen Kooperationspartner in dieser Frage hielten, ist aus heutiger Perspektive verwunderlich, aber wahrscheinlich mit dem berühmten Klammern an jeden greifbaren Strohhalm zu erklären. Im Juli 1944 berichtete das RSHA in seinen *Meldungen wichtiger staatspolizeilicher Ereignisse* über denselben Fall. Dabei stellte das Hauptamt fest, dass es sich bei diesen Fragebögen nicht um Feindpropaganda handele, es jedoch auch keine Möglichkeit gäbe, über diesen Weg Auskunft zu erhalten. »Generaloberst Heitz ist weder mit der Vermittlung solcher Ersuche beauftragt, noch wurde ihm von der SU. eine derartige Vermittlertätigkeit gestattet.«[126] Auch im Archiv der WASt finden sich keine Hinweise darauf, dass dieses Vorgehen mit der Auskunftstelle abgestimmt war.[127] Zudem war zu diesem Zeitpunkt offensichtlich allen Beteiligten unbekannt, dass Generaloberst Heitz bereits im Februar 1944 in Gefangenschaft verstorben war.

Das Nutzen solch informeller Netzwerke konnte für die Angehörigen zu Repressionen führen. In den Dokumenten der Familie H. befindet sich das Protokoll einer polizeilichen Befragung wegen der Weitergabe solcher inoffiziellen »Briefschaften«[128]. Als Begründung für sein Handeln gab der Vater eines Vermissten an, er »habe angenommen dass es wirklich nicht verboten ist, auf diese Art u. Weise sich wenigstens eine kleine Beruhigung zu verschaffen u. schließlich auch an Freunde, die als Leidensgenossen dasselbe Schicksal traf, etwas Erleichterung zu geben.«[129] Das Zitat verdeutlicht nochmals, dass die betroffenen Angehörigen nicht verstanden, warum die Regierung Nachforschungen nach den Vermissten untersagte. In ihren Augen hatten sie ein Anrecht darauf, jede Möglichkeit zu nutzen, etwas über deren Verbleib zu erfahren. Dies war ihnen ein so großes Bedürfnis, dass sie sich über alle staatliche Reglementierung hinwegsetzten, wenn sich ihnen die Möglichkeit bot. Die Solidarität der Angehörigen von Kriegsgefangenen und Vermissten untereinander sowie in der Bevölkerung führte zu der Entwicklung der hier dargestellten Fälle als Beispiele für informelle Netzwerke und Kommunikationswege. Illegale Handlungen und der Aufbau dieser Informationsnetzwerke müssen als Reaktion der Menschen auf die Informationspolitik der Regierung verstanden werden.

Die rigide Informationspolitik rund um die Frage der Vermissten und Kriegsgefangenen in der Sowjetunion prägte in den letzten Kriegsjahren den Lebensalltag

---

125 Margot L. an die WASt, 9.8.1944, in: DTA, Reg. 965/1,4.
126 Meldungen wichtiger staatspolizeilicher Ereignisse, Nr. 2 vom 14.7.1944, S. 2, in: BArch, R 58/213, Reg. 101.
127 Leider gibt es im Archiv der WASt kaum Bestände, die die eigene Arbeitsweise der Behörde während des Nationalsozialismus bzw. während des Krieges dokumentieren.
128 Abschrift der Aussage von Dr. H. vom 22.4.1944, in: DTA, 3046, 1–3.
129 Ebd.

tausender betroffener Familien. Während die Kontrolle und Täuschung der Bevölkerung durch eine gezielt gelenkte und gefälschte Propaganda charakteristisch für
die nationalsozialistische Herrschaft war, stellte die Situation der Kriegsgefangenen einen Sonderfall dar. Zum einen war deren Handeln ideologisch und nicht
strategisch begründet und zum anderen richtete sich die Regierung damit indirekt gegen die eigene Bevölkerung. Diese Form der Informationspolitik bezog sich
in der hier dargestellten Form fast ausschließlich auf die Vermissten und Gefangenen in der Sowjetunion und nicht auf die der westlichen Alliierten. Die Ablehnung,
in irgendeiner Form mit der russischen Regierung zusammenzuarbeiten, war der
eigentliche Grund für das Vorgehen des Regimes in dieser Frage. Die Bedürfnisse
und Wünsche der eigenen Bevölkerung spielten für diese Entscheidung keine Rolle.
Zwar versuchte die nationalsozialistische Regierung lange Zeit, die eigene Verantwortung an dieser Situation geheim zu halten, der Fall Schönhals belegt jedoch,
dass es für sie bereits im Sommer 1943 zweitrangig war, ob die Bevölkerung ihr
in der Kriegsgefangenenfrage glaubte. Vielmehr scheint das totalitäre Regime zu
diesem Zeitpunkt davon ausgegangen zu sein, dass der Unmut der Bevölkerung
gegenüber der Kriegsgefangenenproblematik die eigene Legitimität nicht gefähr-
den konnte. Dabei beeinflusste diese Haltung das Leben der Familien in einer nicht
zu unterschätzenden Weise. Der emotionalen Betroffenheit der Angehörigen ist es
letztendlich zuzuschreiben, dass sich viele von ihnen über staatliche Vorgaben hinwegsetzten und nach eigenen Handlungsmöglichkeiten suchten. Bemerkenswert
ist dabei, dass diese Familien aus der Mitte der Gesellschaft stammten. Nachforschungen nach ihren Angehörigen durchzuführen, empfanden sie als ihr Recht,
ebenso wie sie von ihrer Regierung erwarteten, sich für sie einzusetzen und sie zu
unterstützen. Es ist ein Beispiel dafür, wie sich die nationalsozialistische Ideologie
gegen die Interessen eines Teils der Bevölkerung richten konnte, deren Angehörige gleichzeitig weiterhin als vollwertige Mitglieder der ›Volksgemeinschaft‹ galten.
Die Konsequenzen dieser Handlungen im Gesamtkontext des Zweiten Weltkrieges
und des Zusammenbruchs der nationalsozialistischen Herrschaft lassen sich kaum
bewerten bzw. sollten nicht als zu hoch eingeschätzt werden. Dennoch ist davon
auszugehen, dass die Haltung und das Handeln der Regierung in dieser Frage Einfluss auf ihre allgemeine Glaubwürdigkeit hatten.

3. 1945-1950: Die Nachkriegszeit in Ost und West

Die bedingungslose Kapitulation des Deutschen Reichs am 8. Mai 1945 stellt eine der wichtigsten Zäsuren der deutschen Geschichte dar. Mit der Kapitulation geriet ein Großteil der Wehrmachtssoldaten vorerst in Gefangenschaft, wodurch die Anzahl der deutschen Kriegsgefangenen kurzzeitig den Spitzenwert von geschätzten elf Millionen erreichte.[1] Die Gefangenschaft wurde damit zu einem Massenphänomen, von dem statistisch betrachtet jede deutsche Familie zumindest temporär betroffen war. Das folgende Kapitel der Arbeit untersucht die Entwicklungen in den ersten fünf Jahren nach Kriegsende bis zum Frühjahr 1950. Bevor die verschiedenen Entwicklungen in der britischen Besatzungszone sowie in der SBZ detailliert dargestellt und analysiert werden, folgt ein in dieser Arbeit besonderes Kapitel, da es die unterschiedlichen Besatzungszonen nicht getrennt voneinander betrachtet, sondern vielmehr Effekte der Kriegsgefangenschaft auf die Familien untersucht, die unabhängig vom politischen System für alle Besatzungszonen Deutschlands nachweisbar sind.

3.1 Ungewissheit, Selbstdefinition und Handlungsstrategien der Frauen und Kinder von Kriegsgefangenen nach der Kapitulation

Die Familien der Kriegsgefangenen unterschieden sich nicht nur in soziokultureller und finanzieller Hinsicht, sondern auch die Familiengeschichte hinsichtlich der Internierung des Angehörigen muss differenziert betrachtet werden, da sie beeinflusst war von Faktoren wie beispielsweise dem Internierungsland und dem Zeitpunkt der Gefangennahme. So gab es einerseits Familien, die erst mit der Kapitulation der Wehrmacht von der Kriegsgefangenschaft betroffen waren, andererseits jene, deren Ehemänner und Väter bereits während der Kampfhandlungen interniert worden waren und/oder als vermisst galten. Insbesondere letztere hofften nach dem Ende des Krieges auf ein Lebenszeichen des Vermissten bzw. auf

---

1   Smith, Heimkehr, S. 11.

die zeitnahe Heimkehr der Gefangenen. Vorherrschend in der Lebenswirklichkeit der deutschen Bevölkerung war jedoch die Ungewissheit. Im Allgemeinen durch die ungeklärte Zukunft des Landes nach der Kapitulation, aber vor allem in Bezug auf den Verbleib der Kriegsteilnehmer. Bedingt durch die chaotischen Zustände der letzten Kriegswochen wussten die meisten Familien nicht, ob ihre Angehörigen noch am Leben waren oder wo sie sich befanden. Das galt sowohl für die Soldaten an der Front als auch für die Bevölkerung in Deutschland, da der Kontakt und die Kommunikation aufgrund von Evakuierungen, Bombenschäden, Flucht und Vertreibung erschwert oder kaum möglich waren. Mit der Kapitulation veränderte sich, wenn auch nur langsam, das Verhältnis zwischen den Angehörigen von Kriegsgefangenen und jenen von Vermissten. Kapitel zwei hat gezeigt, dass beide Gruppen vollständige Mitglieder der ›Volksgemeinschaft‹ waren und das Regime nicht systematisch zwischen ihnen unterschied. Mit dem Ende des Krieges begann jedoch die Ausdifferenzierung beider Gruppen, sowohl in der Fremd- als auch in der Selbstwahrnehmung, wobei dies mit unterschiedlichen Geschwindigkeiten verlief. Vor allem das neue sozialstaatliche Versorgungssystem unterschied zwischen den Angehörigen von Vermissten und jenen von Kriegsgefangenen und teilte sie in zwei Statusgruppen mit verschiedenen Leistungsansprüchen. Problematisch war, dass viele der Vermisstenangehörigen sich selbst als Angehörige eines Kriegsgefangenen verstanden. So bewahrten sie sich zwar die Hoffnung auf die Rückkehr des Vermissten, gleichzeitig entstand jedoch eine Differenz zu ihrem offiziellen Status.[2] Mit der Übermittlung der Namen der Gefangenen durch die Alliierten und den ersten Postkarten der in der Sowjetunion Internierten schwand die Hoffnung darauf, dass der Vermisste noch am Leben sei. Solange es jedoch keine eindeutige Gewissheit gab, wollten und konnten die meisten Familien die Zuversicht nicht aufgeben. Während sich beide Gruppen in einem Stadium des Wartens befanden, bestand der entscheidende Unterschied in der Gewissheit, den die Familien der Kriegsgefangenen über den Verbleib des Ehemannes und Vaters hatten. Sie wussten, dass er am Leben war und konnten auf eine gemeinsame Zukunft hoffen.

Das folgende Kapitel stellt eine Besonderheit dar, da auf die getrennte Untersuchung der britischen und der Sowjetischen Besatzungszone verzichtet wird, die ansonsten den weiteren Verlauf der Arbeit kennzeichnet. Grund hierfür sind systemunspezifische Thematiken, Effekte und Praktiken, welche die Angehörigen von Kriegsgefangenen in den ersten Nachkriegsjahren betrafen. Während staatliche Reglementierungen und politische Weltansichten das Leben der Angehörigen in beiden Teilen von Deutschland entsprechend prägten, belegen vor allem die

---

2   Die Gerüchte um Schweigelager oder Schreibverbote lieferten diesen Angehörigen zudem mögliche Erklärungen dafür, warum sie bisher noch keine Lebenszeichen aus der Gefangenschaft erhalten hatten. Hierzu: Borchard, Kriegsgefangenen, S. 53.

untersuchten Egodokumente, dass es im Privaten und im emotionalen Umgang keine Rolle spielte, in welcher Besatzungszone eine Familie lebte. Im Folgenden stehen daher diese Gemeinsamkeiten im Fokus der Betrachtung. Sie resultierten vor allem aus der emotionalen Verbundenheit zum Ehemann und Vater sowie aus dem Gefühl der Ungewissheit. Gleichzeitig waren auch diese beeinflusst und geprägt durch gesellschaftliche Vorstellungen von Weiblichkeit und Mütterlichkeit und müssen im Kontext der Nachkriegszeit bzw. in Kontinuität zum Nationalsozialismus verstanden werden. Ziel dieser Betrachtung ist es, anhand der Quellen zu zeigen, wie die Frauen und Kinder diese schwierige Anfangszeit empfanden und welchen Stellenwert die Rückkehr des Kriegsgefangenen für sie hatte. Hierzu werden die untersuchten Egodokumente hinsichtlich der Selbstkonstruktionen der Verfasserinnen analysiert.[3] Die Tagebücher und Briefe werden dabei nicht als Ausdruck der Realität verstanden, sondern vielmehr wird durch sie die Selbstkonstruktion der Verfasserinnen nachvollzogen. Die theoretische Grundlage hierfür bildet die von Susanne von Nieden beschriebene Funktion von Tagebüchern zur »Konzeptualisierung des Ichs«[4]. Hierbei wird das Tagebuchschreiben als eine »Selbsttechnik«[5] der Autorin bzw. des Autors zur eigenen »Ich-Konturierung«[6] verstanden. Dies ermöglicht es Tagebücher hinsichtlich ihrer Funktionen und Strategien zur Selbststilisierung, Kompensation und Orientierung für die Verfasserin bzw. den Verfasser zu analysieren.[7] In der Selbstkonstruktion der Frauen der Kriegsgefangenen zeigten sich zum einen die deutlichen Kontinuitäten zum Nationalsozialismus und zum anderen, wie sie das eigene Selbstverständnis an die neuen gesellschaftlichen Umstände anpassen mussten.

Die Quellengrundlage bildet ein Korpus von Tagebüchern und Briefen, die Ehefrauen und Töchter[8] ehemaliger Wehrmachtssoldaten geschrieben haben und stammt fast ausschließlich aus dem Deutschen Tagebucharchiv in Emmendingen. Während manche der hier ausgewählten Autorinnen ein privates Tagebuch führten, entschieden sich andere hingegen für ein Brief- oder Berichtstagebuch. Diese waren adressiert an den abwesenden Ehemann, zu dem nur sehr selten oder gar

---

3   Zur »Selbstkonstruktion und Weltkonstruktion« in Tagebüchern: Steuwer/Graf, Selbstkonstitution.

4   Nieden, Susanne zur, Alltag im Ausnahmezustand. Frauentagebücher im zerstörten Deutschland 1943 bis 1945, Berlin 1993, S. 32.

5   Ebd.

6   Ebd.

7   Ebd. S. 27-33.

8   Im Tagebucharchiv in Emmendingen finden sich auch Lebenserinnerungen von Söhnen, deren Vater sich in Kriegsgefangenschaft befand. Tagebücher konnten hingegen nicht ausgemacht werden.

kein postalischer Kontakt mehr möglich war.[9] Obwohl die Brieftagebücher häufig mit der Absicht verfasst wurden, dass der Abwesende die Eintragungen nach seiner Rückkehr lesen sollte, stellten beide Formen einen persönlichen Zufluchtsort für die Verfasserinnen dar. Wichtig zu berücksichtigen ist, mit welcher Intention die Frauen das Tagebuch oder Brieftagebuch[10], über das Berichten hinaus, verfassten. Die Funktion dieser Tagebücher bestand nach Philippe Lejeune vor allem im »Widerstehen«[11] und »Sich-Anvertrauen«[12]. Diese beiden hat dieser, neben sechs weiteren, als die zentralen Motive des Tagebuchschreibens von Autorinnen und Autoren benannt.[13] Das erste, das Widerstehen, kennzeichnet das Tagebuch als eine Form, »um auf eine Bewährungsprobe zu reagieren«[14]. So konnte die Tagebuchforschung zeigen, dass Tagebücher des 20. Jahrhunderts vor allem in Zeiten politischer und gesellschaftlicher Krisen und Umbrüche entstanden. Laut Peter Fritzsche stellten sie somit »a literary response to the violence of war and revolution, to the requirement to build an increasingly autonomous self, and to the proliferation of technologies of self-observation«[15] dar. Eine der Verfasserinnen der hier untersuchten Quellen begann ihre Aufzeichnungen zum Beispiel genau an dem Tag, an dem die Post in ihrem Ort aufhörte Briefe auszutragen.[16] Das zweite Motiv des »Sich-Anvertrauens« hingegen stellt das Tagebuch als einen Raum dar »in dem das Ich für Augenblicke dem sozialen Druck entgeht, wo es in einer Blase Unterschlupf findet [...].«[17] Ein Beispiel hierfür ist das folgende Zitat aus dem Tagebuch von Renate P., deren Vater nach Kriegsende vermisst wurde und von dem sie zu diesem Zeitpunkt noch keine Nachricht erhalten hatte. »Ich brauche ein Ventil, u. wenn Alles andere versagt, gibt es nur dieses letzte Mittel: schreiben, was mich rette durch die kleine geistige Ablenkung als Hilfe und Trost bringt.«[18]

---

9   DTA, 1802, »Am 29.4.45 habe ich zum letzten Mal an meinen Pappi schreiben können. Die Sorge und Sehnsucht nach ihm raubt mir alle Ruhe. Für ihn schreibe ich dieses Büchlein.« Pappi ist der Kosename, den die Frau hier für ihren Ehemann verwendet.

10   Hierbei handelt es sich um eine spezifische Form des Tagebuchs, dessen Einträge an eine abwesende Person adressiert sind. Kathryn Sederberg nennt diese Form des Tagebuchs Brieftagebuch. Die Begriffe Berichtsbücher oder auch Berichtstagebücher meinen dabei dasselbe. Sederberg, Kathryn, »Als wäre es ein Brief an dich« Brieftagebücher 1943-1948, in: Steuwer/Graf (Hg.), Selbstreflexion, 2015, S. 143-162.

11   Lejeune, Philippe, Datierte Spuren in Serie. Tagebücher und ihre Autoren, in: Steuwer/Graf (Hg.), Selbstreflexion, 2015, S. 37-46, S. 43.

12   Ebd., S. 44.

13   Ebd., S. 43-45.

14   Ebd., S. 45.

15   Fritzsche, Peter, The turbulent world of Franz Göll. An ordinary Berliner writes the twentieth century, Cambridge 2011, S. 12.

16   DTA, 1530/1, Eintrag vom 31.3.1945.

17   Lejeune, Spuren, S. 44.

18   DTA, 59/4, Eintrag vom 18.3.1946.

Das Schreiben an sich lässt sich damit ganz im Sinne der Konzeptualisierung des Ich's als reflexive Praxis des Selbst für die Autorinnen verstehen.

Die weiteren Darstellungen folgen einem chronologischen Ablauf und beschäftigen sich zuerst mit der für die Angehörigen ungewissen Zeit zwischen dem letzten Lebenszeichen des Soldaten und seinem ersten Lebenszeichen aus der Gefangenschaft. Die Bedeutung und Funktion dieser ersten Nachricht wird daraufhin detailliert anhand der Quellen dargestellt und untersucht. Abschließend werden Beispiele aus dem Lebensalltag der Frauen und Kinder dargestellt, an denen ihre Selbstkonstruktion und das damit einhergehende Rollenverständnis als Angehörige eines Kriegsgefangenen nachvollzogen werden kann.

»Wüßt ich doch, daß er noch lebt!«[19] – die Ungewissheit bis zum ersten Lebenszeichen

»Lieber das Schlechteste wissen, als in Ungewissheit leben.«[20] Dies schrieb Elisabeth K. 1945 in ihr Berichtsbuch. Zu diesem Zeitpunkt hatte sie bereits ein Lebenszeichen ihres Ehemannes erhalten, wartete aber noch immer auf Informationen über den Verbleib ihres Bruders. Die Ungewissheit ertragen zu müssen und nichts anderes tun zu können als zu warten, belastete die Angehörigen der Vermissten schwer.[21] Zwar hatten die Familien der Soldaten im Krieg tagtäglich mit der Angst gelebt, dass dieser fallen könnte, doch die anhaltende Unwissenheit bedeutete für sie eine ganz neue, andere Form von Angst. Während der vorherigen Kriegsjahre waren es vor allem die stabilen staatlichen Strukturen, die den Frauen und Kindern der Soldaten Halt und Kraft gegeben hatten. Die gesicherte finanzielle Absicherung sowie das Gefühl, ein wichtiger und fester Bestandteil der ›Volksgemeinschaft‹ zu sein, trugen unmittelbar dazu bei, dass die Frauen die schwierigen Umstände meisterten. Die nationalsozialistische Politik zur Aufrechterhaltung der ›Heimatfront‹ erfüllte ihre Funktion in vollem Umfang. Der bevorstehenden Ankunft der Alliierten – insbesondere der Roten Armee – und dem Zusammenbruch der staatlichen und gesellschaftlichen Strukturen fühlten sich die meisten der Frauen jedoch nicht gewachsen. Ganz auf sich allein gestellt hatten sie vor allem Angst vor der ungewissen Zukunft. Eine der Frauen notierte in ihrem Tagebuch: »Ein richtiges Hundeleben ist es. Mitunter möchte ich dem allem ein Ende machen. Da sieht und hört man dann nichts mehr.«[22] Dies war nicht das erste Mal, dass sie Selbstmordgedanken notierte und damit war sie bei weitem nicht die Einzi-

19   DTA, 1530/1, Eintrag vom 30.9.1945.
20   DTA, 2108/2, Eintrag aus dem Jahr 1945, S. 23.
21   Echternkamp, Jörg, Kriegsschauplatz Deutschland 1945. Leben in Angst – Hoffnung auf Frieden: Feldpost aus der Heimat und von der Front, Paderborn u.a. 2006, S. 50-56.
22   DTA, 528, Eintrag vom 3.4.1945.

ge.[23] Im Frühjahr 1945 kam es zu einer regelrechten »Selbstmordepidemie«[24], wie Christian Goeschel feststellte. Dabei benennt auch er die »Unsicherheit über das Schicksal von Familienangehörigen«[25] als einen der wichtigsten Gründe für Selbstmorde in der Zivilbevölkerung. Dass viele der Autorinnen der hier ausgewerteten Tage- und Berichtsbücher in dieser Zeit mit dem Schreiben begonnen hatten, lässt sich somit vor allem mit den äußeren Umständen erklären, die ihren bisherigen gefestigten Kriegsalltag erschütterten. Gleichzeitig zeigen zeitliche Korrelationen zwischen Schreibpraxis und Vermisstmeldung oder ersten Lebenszeichen, dass die Ungewissheit eine ebenso große Rolle spielen konnte. Den Büchern vertrauten die Verfasserinnen an, wie schwer sie die Ungewissheit empfanden und wie sie unter den veränderten Lebensumständen litten. Besonders das Alleinsein bzw. auf sich allein gestellt zu sein bereitete vielen große Sorge. Charlotte R. notierte immer wieder, wie sehr sie sich wünschte ihre Sorgen und Probleme mit ihrem Ehemann besprechen zu können.[26]

Aufgrund der vielen vermissten Personen – sowohl aus der zivilen Bevölkerung als auch unter den Wehrmachtsangehörigen – gründeten sich bereits kurz nach Kriegsende verschiedene Suchdienste. Bei diesen handelte es sich um institutionalisierte Anlaufstellen, an die sich Menschen wenden konnten, wenn sie auf der Suche nach einer oder einem Verwandten waren. Der Suchdienst des DRK sowie der Evangelische Suchdienst und der Suchdienst des Caritasverbandes agierten überregional und verfügten über die größten Sammlungen von Personendaten.[27] Suchende, die den Aufenthaltsort einer Person erfahren wollten, stellten z.B. beim Suchdienst des DRK einen Suchantrag. Das DRK überprüfte daraufhin die eigene Datenbank, ob sich darin Informationen zur vermissten Person befanden. Besonders erfolgreich war dieses Vorgehen, wenn beide Seiten jeweils einen Suchantrag gestellt hatten und das DRK so den Kontakt herstellen konnte. Da der Suchdienst des DRK jedoch keine Möglichkeit hatte, Nachforschungen nach Vermissten in Russland anzustellen, und die dort Internierten ihren Aufenthaltsort nicht mitteilen konnten, hatten Suchdienstanfragen nach möglichen Kriegsgefangenen

---

23   Ebd., Eintrag vom 23.1.1945. Vgl.: Goeschel, Christian, Suicide at the End of the Third Reich, in: Journal of Contemporary History, Jahrg. 41, Nr. 1, S. 153-173.

24   Ebd., S. 246.

25   Ebd.

26   Vgl. DTA, 1802, Eintrag vom 3.2.1946, 6.2.1946, 22.2.1946ff.

27   Im Januar 1946 schlossen sich die oben genannten drei großen Suchdienste zusammen, sodass Anfragen auf Grundlage aller drei Karteien bearbeitet werden konnten. Doch auch diese Suchdienste agierten vorrangig in der britischen und der amerikanischen Besatzungszone. 1946 wurde ein eigener Suchdienst in der SBZ eingerichtet. Ebd., S. 60f. Zum Suchdienst des DRK vgl.: Böhme, Kurt W., Gesucht wird... Die dramatische Geschichte des Suchdienstes, München 1965; Ampferl, Monika, Verschollen im Zweiten Weltkrieg. Die Entwicklung des Suchdienstes des Deutschen Roten Kreuzes, in: Zeitschrift für Geschichtswissenschaft, Jg. 50 (2002), S. 527-542.

in den ersten Nachkriegsmonaten kaum Chancen auf Erfolg. Der Wunsch, etwas über den Verbleib des Vermissten zu erfahren, war so drängend, dass viele der Frauen sogar Wahrsagerinnen oder Kartenlegerinnen besuchten, wie die Quellen belegen. Charlotte R. vermerkte, dass sie mit einer Freundin zu einer Kartenlegerin ging. »Karten legen. Was man jetzt alles macht!«[28] notierte sie nach diesem Besuch in ihrem Tagebuch. Einige der Kinder berichteten zudem später davon, dass ihre Mutter eine Kartenlegerin oder Wahrsagerin aufsuchte, um Gewissheit über den Verbleib ihres Mannes zu erlangen. Die Verzweiflung über die Ungewissheit führte dazu, dass die Frauen nach jedem Strohhalm griffen, und das, obwohl manche der Kartenleserinnen bis zu 50 RM pro Sitzung berechneten.[29] Charlotte R. prophezeite die Frau, dass ihr Ehemann in Gefangenschaft sei, was für diese eine gute Nachricht darstellte und ihr weiter Hoffnung schenkte. Tatsächlich erhielt Charlotte R. zwei Wochen später die langersehnte erste Nachricht von ihrem Ehemann. »Eine Nachricht vom Pappi!!! Niemand kann ermessen, was das für mich bedeutet, die ganze Welt könnte ich umarmen.«[30] schrieb sie an diesem Tag in ihr Tagebuch.

Das erste Lebenszeichen – ein Wendepunkt

Die Nachricht, dass der Vermisste noch am Leben war und sich in Kriegsgefangenschaft befand, kennzeichnete für deren Familien einen entscheidenden Wendepunkt. Zwar bedeutete dies weiterhin zu warten, jedoch mit der Gewissheit, dass ein normales Leben nach der Rückkehr des Internierten möglich war. Wie groß die Freude bei den Frauen und Kindern war, verdeutlicht folgender Tagebucheintrag einer jungen Ehefrau: »Der glücklichste Tag meines Lebens. Vati lebt! Vati lebt! In alle Welt möchte ich es schreien. [...] Nun ist alles hell und sonnig für uns. [...] Nun ist unser Glück erst vollkommen. Nun kann mich nichts mehr erschüttern. Vati lebt! Vati kommt! Wer kann mein Glück fassen und verstehen. Das ganze Haus soll lachen und singen heute.«[31] So beschrieb die Mutter von drei kleinen Töchtern im November 1945 ihre Freude über die Nachricht der Kriegsgefangenschaft ihres Ehemannes. Die wichtigste Information für sie war, dass ihr Mann lebte und die

---

28   DTA, 1802, Eintrag vom 22.2.1946; Vom Besuch der Mutter bei einer Wahrsagerin berichtete auch Bärbel W., abgedruckt in: Lorenz, Kriegskinder, S. 257.

29   Hiervon berichtete Frau V. aus Arsten, abgedruckt in: Meyer-Braun, Renate, Frauen ohne Männer, in: Dies./Beate Hoecker, Bremerinnen bewältigen die Nachkriegszeit. Frauenarbeit, Frauenalltag, Frauenpolitik, Bremen 1988, S. 166-174, S. 169.

30   DTA, 1802, Eintrag vom 7.3.1946. Der Ehemann von Charlotte R. hatte sich in englischer Gefangenschaft befunden und meldete sich nun nach seiner Entlassung. Zu diesem Zeitpunkt befand sich die Ehefrau östlich der Neiße auf dem landwirtschaftlichen Besitz der Familie. Der Heimkehrer war bei Verwandten in Sachsen. Bis die Familie in Westfalen wieder vereint war, vergingen noch Monate.

31   DTA, 528, Eintrag vom 13.11.1945. Die Verfasserin schrieb insgesamt 44 Einträge zwischen Dezember 1944 und November 1945 in ihr Buch. Es handelt sich nicht um tagtägliche Einträge, die auch in ihrer Länge variieren. Vgl.: DTA, 1530/1, Eintrag vom 12.12.1945.

Hoffnung auf eine gemeinsame Zukunft bestand, wie der letzte Satz ihres Eintrags zeigt: »22 Monate eine entsetzliche und schwere Zeit liegt hinter uns. Nun scheint die liebe Sonne wieder für uns.«[32] Obwohl sich mit dieser Nachricht nichts an den Lebensumständen der Familie änderte, hörte die Verfasserin nach diesem Eintrag mit dem Schreiben ihres Tagebuches auf. Ganz offensichtlich sah sie keine Notwendigkeit mehr darin ihre Stimmungen, Sorgen und Nöte zu notieren. Dies lässt darauf schließen, dass die in ihren Augen schwerste Zeit hier endete. Bei einer anderen jungen Mutter markierte hingegen die Heimkehr des Ehemannes das Ende ihrer Aufzeichnungen.[33] Welchen Wert dieses Lebenszeichen für die weitere Zukunft der Familien hatte, zeigt zudem folgendes Zitat aus dem Tagebuch der bereits zitierten Elisabeth K. Sie schrieb:»das ist heute ein Festtag und es soll immer einer bleiben in unserem Familienfestkalender«[34].

Die Auszüge aus den Tagebüchern verdeutlichen, welche große Bedeutung dieser Wendepunkt für das Leben der Frauen und Kinder darstellte. Das erste Lebenszeichen markierte den Anfangspunkt für ihren Status als Angehörige eines Kriegsgefangenen und gleichzeitig das Ende der Ungewissheit. Sie hatten nun wieder eine Zukunftsperspektive, was sich positiv auf ihr Selbstverständnis auswirkte. In diesem konnten sie sich klar abgrenzen von den Angehörigen der Vermissten sowie von Witwen und Waisen. Folgendes Zitat vereint sehr anschaulich sowohl den emotionalen Stellenwert des Vaters für die Angehörigen als auch dessen sozioökonomische Bedeutung für die Familie. Die bereits zitierte Renate P. schrieb 1946, nach dem Erhalt der ersten Nachricht von ihrem Vater, in ihr Tagebuch:»Erst wenn man seines [Anm. ihres Vaters] Verlustes gegenwärtig sein kann [...] weiß man, was einem ein Vater bedeutet. Er ist der feste Rückhalt, die treue Stütze, ein ewiger Quell [...] u. einsatzbereite Hilfe, etwas worauf man immer wieder zurückgreifen kann, und solange er besteht, ist man nicht verloren.«[35] Obwohl Renate P. zu diesem Zeitpunkt bereits eine erwachsene Frau war, macht sie hier deutlich, wie groß für sie der Stellenwert des Vaters in der Familie war. In ihrer Formulierung bezieht sie dies nicht nur auf ihren eigenen Vater, sondern vielmehr stellvertretend auf alle Väter. Hierin spiegelt sich die immense Bedeutung des Familienoberhauptes wider, die diesem in der Gesellschaft zugeschrieben wurde. Beispiele hierfür sind etwa seine Funktion beim Erwerb des Lebensunterhalts oder die Anerkennung als ›vollständige‹ Familie durch das soziale Umfeld.

---

32   Ebd.
33   DTA, 2108/II.
34   DTA, 1530/1, Eintrag vom 4.5.1946.
35   DTA, 59/4, Eintrag vom 18.3.1946. Unterstreichung im Original.

Das Warten auf die Rückkehr

Die bisherige Betrachtung hat anhand der Tage- und Berichtsbücher einen Eindruck davon vermittelt, wie die Angehörigen die Ungewissheit empfanden und welchen Stellenwert für sie die erste Nachricht des Internierten besaß. Der folgende Teil geht ausführlich auf den Lebensalltag als Angehörige eines Kriegsgefangenen ein. In gewisser Weise stellte dieser für die Frauen und Kinder weiterhin eine Verlängerung des Ausnahmezustandes dar. So beschrieben die Angehörigen mitunter, dass für sie der Krieg erst wirklich zu Ende gewesen sei, als der Vater und Ehemann heimkehrte. Dieses Phänomen beschrieb Wilhelm Roessler bereits 1957 in seiner Monografie *Jugend im Erziehungsfeld*.[36] Darin verweist er darauf, dass für jede Familie der Krieg zu unterschiedlichen Zeitpunkten geendet habe und zitiert ein Mädchen, für das nicht die Kapitulation, sondern die Rückkehr des Vaters den Endpunkt des Krieges markierte.[37]

Die Ehefrau eines Kriegsgefangenen zu sein ging für die Frauen mit dem Selbstverständnis einher, welche Aufgaben sie in der Abwesenheit des Ehemannes zu erfüllen hatte. Die Quellen zeigen, dass dieses Verhalten vorrangig intrinsisch motiviert war, wobei es sich zum Großteil um erlernte Vorstellungen handelte. Dabei lassen sich diese gesellschaftlichen Erwartungen bezüglich Weiblichkeit und Mütterlichkeit ebenso auf andere Frauengruppen in der Nachkriegszeit übertragen, die Interpretation durch die Ehefrauen von Kriegsgefangenen war jedoch spezifisch. Dass es sich hierbei vor allem um Betätigungen und Aufgaben im Privaten bzw. in der Kleinfamilie handelte, spiegelt das traditionelle zeitgenössische Verständnis des nach innen gerichteten Aufgabenbereichs der Ehefrau und Mutter in der Familie wider. Bei den im Folgenden betrachteten Aufgabengebieten der Frauen von Kriegsgefangenen handelte es sich erstens um das Treffen gewisser Vorbereitungen für die Heimkehr des Internierten. Zweitens bemühten die Frauen sich, trotz des wenigen Kontaktes die gemeinsame Paarbeziehung aufrechtzuerhalten. Gab es gemeinsame Kinder, so übernahmen die Frauen drittens die Rolle einer Vermittlerin zwischen Vater und Kind und versuchten dafür zu sorgen, dass beide Seiten die Verbindung zueinander nicht verloren. Vor allem für die letzten beiden Punkte zeigen sich in den Quellen Handlungsweisen und Praktiken, welche die Frauen anwendeten, um diesen Aufgaben gerecht zu werden. Alle drei waren in gewisser Weise eine Vorbereitung auf die Heimkehr des Ehemannes, da sie dafür sorgen sollten, dass die Familie möglichst schnell in ein normales, geregeltes Leben zurückkehren würde. Während andere Familien, in denen der Vater vor Ort war und einer Arbeit nachging, bereits ihr neues Leben aufbauen

---

36   Roessler, Wilhelm, Jugend im Erziehungsfeld. Haltung und Verhalten der deutschen Jugend in der ersten Hälfte des 20. Jahrhunderts unter besonderer Berücksichtigung der westdeutschen Jugend der Gegenwart, Düsseldorf 1957.

37   Ebd., S. 309f.

konnten, war dies für die Angehörigen der Internierten nur bedingt möglich. Die Probleme, welche die Heimkehr eines Kriegsgefangenen häufig für dessen Familie mit sich brachte, wird den Frauen und vor allem älteren Kindern durchaus klar gewesen sein. Der oftmals schlechte Gesundheitszustand der Heimkehrer und die Schwierigkeit, einen entsprechenden Beruf zu finden, bedeuteten für die Familien zumeist deutlich höhere Belastungen als zuvor.[38] Zudem wurde über die hohen Scheidungszahlen der ersten Nachkriegsjahre medial ausführlich berichtet und diese häufig mit der jahrelangen Trennung und einer damit einhergehenden Entfremdung erklärt.[39] Viele der Männer fanden sich in ihrer Familie und der Gesellschaft nicht mehr zurecht und fühlten sich fremd. Die lange Abwesenheit war zudem besonders schwierig für das Verhältnis zwischen Vätern und Kindern.[40] Aus Angst vor dem Scheitern der Ehe versuchten die Frauen die Zeit der Trennung bestmöglich zu überbrücken und für die Rückkehr des Ehemannes alles so gut wie möglich vorzubereiten. So hofften sie, dass dessen Heimkehr für ihre eigene Familie einen Erfolg und den Start in eine gute, gemeinsame Zukunft bedeuten würde.

Die Vorbereitungen der Ehefrauen begannen bereits bei so grundlegenden Dingen wie der Garderobe des Internierten. Die Heimkehrer, vor allem jene aus der Sowjetunion, trugen bei der Rückkehr meist sehr alte und abgetragene Kleidungsstücke, die zum Teil noch zur Wehrmachtsuniform gehört hatten und den Träger sichtbar als Heimkehrer kennzeichneten.[41] Neue Kleidung besaß somit nicht nur einen pragmatischen, sondern auch einen symbolischen Wert. Hilde M. etwa hielt eine ganze Garnitur Kleidung für ihren Mann bereit. Für die Familie war jedoch besonders wichtig, dass der Internierte möglichst schnell wieder einer Erwerbsarbeit nachging. Henny M. fragte ihren Mann, der vor dem Krieg als Fischer gearbeitet hatte, in ihren Briefen immer wieder danach, was er nach der Rückkehr arbeiten wolle.[42] Im September 1946 schrieb sie: »Ich denke gerade daran: Hast Du nicht Lust Lehrer zu werden? Es herrscht doch gerade so ein großer Lehrermangel und vielleicht besteht für Dich die Möglichkeit. Stell Dir mal so eine kleine Landstelle vor. Wohnung dabei und Garten, wie schön es dann unsere Kinder hätten. Soviel ich weiß, muß man da eine Aufnahmeprüfung bestehen und bekommt

38   Hierzu ausführlich: Niehuss, Familie, S. 106-115.
39   Ebd., S. 98-105; ebenso Willenbacher, Barbara, Zerrüttung und Bewährung der Nachkriegs-Familie, in: Henke, Klaus-Dietmar/Broszat, Martin/Woller, Hans, Von Stalingrad zur Währungsreform. Zur Sozialgeschichte des Umbruchs in Deutschland, 3. Aufl., München 1990, S. 595-618, S. 599ff.
40   Hierzu z.B.: Stargardt, Kinder, S. 396-398.
41   Schwelling, Heimkehr, 2010, S. 34.
42   Die Fischerei bot zu diesem Zeitpunkt keine ausreichenden Arbeitsplätze und Henny wünschte sich, dass ihr Mann zukünftig nicht mehr zur See fahren würde.

dann ein halbes Jahr Ausbildung.«[43] Den Beginn einer Ausbildung im Handwerk hielt Henny hingegen nicht für umsetzbar, da es für die Familie nicht möglich wäre, von einem Lehrlingsgehalt zu leben. Sie schloss ihre Ausführungen zu diesem Thema mit dem Satz: »Wie denkst du darüber? Um der Kinderwillen lohnt sich schon eine Überwindung, wenn es sein muß.«[44] Dieses Beispiel zeigt zum einen, wie intensiv die Gedanken waren, die Henny M. sich über die Zukunft der Familie machte. Zum anderen verdeutlicht es, wie stark diese Überlegungen mit der Rückkehr des Ehemannes verbunden waren und damit gleichzeitig auch eine gewisse Erwartungshaltung einherging. Der wiederkehrende Hinweis auf die Zukunft der Kinder lässt sich in diesem Zusammenhang wie ein Appell lesen, sich bereits jetzt Gedanken über die berufliche Zukunft zu machen. Für den Arzt Wolfgang M. stand hingegen fest, dass er nach seiner Rückkehr wieder als solcher arbeiten würde. Hilde M. versuchte daher bereits während seiner Abwesenheit eine Ausstattung an medizinischen Geräten zu beschaffen, damit er unmittelbar nach der Heimkehr eine eigene Praxis eröffnen konnte. Tatsächlich war es insbesondere in den ersten Nachkriegsjahren für viele der ehemaligen Kriegsgefangenen nicht einfach eine Arbeit zu finden. Zum einen dauerte es einige Zeit, bis die deutsche Wirtschaft sich soweit erholt hatte, dass es genug Arbeit gab und zum anderen fehlten vor allem jungen Kriegsgefangenen häufig die Berufsausbildung, da sie diese nicht hatten abschließen können oder sich direkt für eine Laufbahn in der Wehrmacht entschieden hatten.

Das Aufrechterhalten der Paarbeziehung war während der Kriegsgefangenschaft besonders schwierig und problematisch. Das Hauptproblem stellten die komplizierten und sehr begrenzten Möglichkeiten der Kommunikation dar. Bereits während des Militärdienstes des Ehemannes hatten die Eheleute nur per Feldpost miteinander kommunizieren können.[45] Das deutsche Feldpostsystem hatte jedoch einen unbeschränkten Briefverkehr ermöglicht, weshalb die Briefwechsel meist sehr umfangreich gewesen waren und Raum für Privatheit gelassen hatten. Durch die Feldpostbriefe versuchten beide Partner die Distanz zu überbrücken, indem sie sich gegenseitig vom Alltag berichteten und so versuchten einander nah zu bleiben. Die meisten Soldaten unterhielten zudem weitere Korrespondenzen, zum Beispiel mit Verwandten oder Freundinnen und Freunden. Dies änderte sich mit der Kriegsgefangenschaft, in der der Briefverkehr – wenn

---

43   DTA, 3266/1, 13.9.1946.
44   Ebd.
45   Zum »Beziehungsmedium« Feldpostbrief während des Zweiten Weltkriegs vgl. Hämmerle, Beziehungen. Außerdem: Dies, Gewalt und Liebe – ineinander verschränkt. Paarkorrespondenzen aus zwei Weltkriegen: 1914/18 und 1929/1945, in: Bauer, Ingrid/Dies., Liebe schreiben. Paarkorrespondenzen im Kontext des 19. und 20. Jahrhunderts, Göttingen 2017, S. 171-230; Humburg, Martin, Das Gesicht des Krieges. Feldpostbriefe von Wehrmachtssoldaten aus der Sowjetunion 1941-1944, Wiesbaden 1998.

denn überhaupt möglich – strikten Regulierungen unterlag.[46] Häufigkeit und Umfang der Kommunikationsmöglichkeiten wurden von der Gewahrsamsmacht bestimmt und waren deutlich beschränkter. Die westlichen Alliierten erlaubten erst ab dem Jahr 1946 wieder ausformulierte Briefe, die jedoch in Druckschrift oder auf der Schreibmaschine geschrieben sein mussten. Zuvor war auch hier über die Doppelpostkarten des DRK kommuniziert worden, auf die lediglich 25 Worte geschrieben werden durften und die so nur für das Nötigste ausreichten. Ein Beispiel für eine solche Karte ist die erste Nachricht, die Hilde M. ihrem Mann in die englische Kriegsgefangenschaft schickte. Der Text lautete: »Lieber Wolfgang! Brief, Karte erhalten. Grüße von Gruber. Geld genug. Unterstützung nur für Mittellose. Sparkasse noch genug. Satt sind wir noch geworden. Deine Drei.«[47] Es zeigt, dass die Doppelkarten im Grunde lediglich die Möglichkeit boten Informationen auf eine funktionale Art und Weise mitzuteilen. Die Angehörigen von Internierten in der Sowjetunion waren über Jahre hinweg allein auf solche Postkarten angewiesen, da Briefe nicht erlaubt waren. In der Regel beschränkte sich der Briefverkehr auf eine Karte pro Monat, die die Kriegsgefangenen seit dem Frühjahr 1946 verschicken durften.[48] Zu der formalen Reglementierung kam die inhaltliche Zensur des Postverkehrs durch die Gewahrsamsmacht.[49] Nicht nur aus diesem Grund war Privatheit in den Briefen kam möglich, denn erschwerend kam hinzu, dass die Briefe der Internierten zumeist in der ganzen Familie herumgereicht und so nicht nur von der eigentlichen Adressatin gelesen wurden. Dies erklärt, warum die Briefe der Internierten in der Regel keine Intimitäten oder sehr persönliche Thematiken enthalten. Insgesamt schrieben die Frauen in den hier untersuchten Briefen häufig emotionaler als die Männer und ihre Briefe weisen einen höheren Grad an Privatheit auf.[50] Dies wird auf der einen Seite daran

46 Briefwechsel zwischen Internierten und ihren Angehörigen in Deutschland wurden bisher zudem eigentlich nur als Quelle über die Gefangenschaft bzw. über den Kriegsgefangenen systematisch untersucht. Hierin spiegelt sich zum einen die Überbetonung der Geschichte der Kriegsgefangenen in der deutschen Erinnerungskultur und der geschichtswissenschaftlichen Bearbeitung dieser Thematik wider. Zum anderen entspricht dies der vorrangigen Konzentration auf männliche Akteure, wie dies Christina Hämmerle bereits für Arbeiten zu Feldpostbriefen im Ersten und Zweiten Weltkrieg festgestellt hat. Dies, Beziehungen.
47 Hilde M. an Wolfgang M., 7.4.1946, Privatbesitz.
48 Borchard, Kriegsgefangenen, S. 52.
49 Feldpostbriefe waren zuvor stichprobenweise auch von der nationalsozialistischen Regierung bzw. der Wehrmacht kontrolliert worden und unterstanden einer gewissen Form der Zensur. Da es sich hierbei jedoch um eine kriegswichtige Maßnahme der eigenen Regierung gehandelt hatte, ist anzunehmen, dass beide Formen von den Verfasserinnen und Verfassern verschieden bewertet wurden und damit zu einer unterschiedlichen Schreibpraxis führten.
50 Henny M. sprach in einem ihrer Briefe offensichtlich das Thema Verhütung an und äußerte sich zu Kondomen, wie aus diesem Brief ihres Mannes hervorgeht. Der Originalbrief ist nicht vorhanden. DTA, 3265/7-10, 7.3.1948, S. 3.

gelegen haben, dass sie wussten, dass nur ihr Ehemann den Brief lesen würde. Auf der anderen Seite entsprachen die Frauen damit gewissen erlernten und erwarteten Rollenvorstellungen. Stellte doch einer der größten Kritikpunkte an diesen Frauen dar, dass sie im Krieg zu hart und männlich geworden seien.[51] Auch über die Form der Kommunikation bestätigten die beiden Partner auf diese Weise ihre jeweiligen Geschlechterrollen. Zusätzlich erschwert wurde die Verständigung dadurch, dass vor allem die Ehemänner, nicht selten jedoch auch die Ehefrauen, in einem vollkommen veränderten Umfeld lebten, dass für beide nur schwer vorzustellen und zu vermitteln war. Hinzu kam, dass ein tatsächliches »Briefge-spräch« kaum möglich war, da die Sendungen zum Teil mehrere Wochen oder Monate unterwegs waren, nicht in der richtigen Reihenfolge ihr Ziel erreichten oder einzelne Briefe verloren gingen.[52] So konnten zwar Gedanken zu manchen Themen ausgetauscht werden, direkte Rückmeldungen oder schnelle Hilfestellungen für aktuelle Themen waren jedoch nicht möglich. Dies führte dazu, dass die Frauen ihren Männern häufig gar nicht von eigenen Erkrankungen oder denen von Familienangehörigen berichteten, um dem Empfänger unnötige Sorgen zu ersparen.[53] So hielten sich die Frauen auch nach Kriegsende weiterhin an den Grundsatz, den Soldaten bzw. Internierten nicht mit eigenen Sorgen zu belasten. Diese Schreibpraxis war den Frauen der Soldaten bereits während des Krieges immer wieder nahegelegt worden.[54] Das Selbstverständnis der Ehefrauen in den hier untersuchten Quellen orientierte sich sehr stark an bestehenden gesellschaft-lichen geschlechterspezifischen Rollenvorstellungen. Ob es sich hierbei jedoch um ein bewusstes Reproduzieren und Anpassen an diese handelte, um zugeschriebene Erwartungen zu erfüllen, oder ob die Frauen dies unbewusst taten, lässt sich auf Grundlage dieser Quellen nicht abschließend klären. Wahrscheinlich handelte es

---

51 Vgl., Treber, Mythos, 2015, S. 105.
52 Vgl. hierzu etwa den vollständigen Briefwechsel der Familie M. Privatbesitz.
53 »Jetzt kann ich es Dir ja schreiben, es geht ihr schon wieder bedeutend besser.« Brief von Hil-de M. an Wolfgang M., 10.1.1947, Privatbesitz. Oder auch Wolfgang M. an Hilde M., 25.4.1948, Privatbesitz.
54 Unter der Überschrift »Verzagte Briefe schreibt man nicht: Die Front erwartet Zuversicht!« wurde Frauen z.B. anhand kleiner Zeichnungen und eines dazugehörigen Gedichts erläu-tert, dass sie in ihren Briefen nicht von ihren alltäglichen Sorgen berichten sollten. So hieß es dort: »Wenn euch die Träne mal im Auge steht und euch vor Unmut alle Lust vergeht, so hütet euch, ihr Mädchen und ihr Frauen, dies einem Feldpostbrief anzuvertrauen. [...] Dem Mann da draußen, der sich drauf gefreut, bereitet er statt Frohsinn Sorg und Leid. Was ihr inzwischen längst schon überwunden, schafft ihm, der hart im Felde steht, dunkle Stunden. Drum unterlaßt im Frontbrief eure Klagen, beschwert ihn nicht mit Alltagsnot und Zagen und werft nicht Feldpostbriefe in den Kasten, die auf dem Kämpfenden wie Alpdruck las-ten.« Verzagte Briefe schreibt man nicht«, in: NS-Dokumentationszentrum der Stadt Köln, Bp 40673; Wie schreibe ich einem Kriegsgefangenen? in: Mitteilungen für die Angehörigen deutscher Kriegsgefangener, Nr. 2 (1944), S. 12.

sich um eine Kombination aus beidem, da die Frauen intuitiv erlernte Praktiken reproduzierten und gleichzeitig ganz bewusst versuchten die Paarbeziehung möglichst positiv zu gestalten.

Zudem scheinen die Frauen ihre eigene Situation als weniger schwierig und belastend empfunden zu haben als eine Kriegsgefangenschaft. So schrieb Elisabeth K. in ihr Tagebuch, in dem sie Einträge an ihren Ehemann sammelte: »Wenn Du erst da bist, will ich Dir mit meiner Liebe alles vergelten, was Du für mich, für uns alle, für das ganze betrogene Vaterland umsonst die letzten sechs Jahre und noch länger erdulden mußtest.«[55] Die persönliche Ebene vermischt sich in diesem Satz mit der der gesellschaftlichen Wahrnehmung. Elisabeth K. verlieh damit sowohl ihrer persönlichen sowie einer gesamtgesellschaftlichen Dankbarkeit Ausdruck, die ihrem Mann in ihren Augen offensichtlich zustand. In dieser Sichtweise wurden die Kriegsgefangenen zu Opfern des Nationalsozialismus und des Krieges.[56] Pauschal lässt sich sicherlich keine Aussage darüber treffen, ob die Kriegsgefangenschaft oder das Leben der auf ihre Ehemänner und Väter wartenden Angehörigen schwerer war bzw. wer die größeren Opfer brachte. Die Quellen offenbaren jedoch, dass die Frauen ihre eigenen Lebensumstände im Vergleich zur Kriegsgefangenschaft als nicht so hart und belastend empfanden. Für sie waren es ihre Männer, die ein schlechteres Leben führten. Gleichzeitig belegen die Briefe, dass die Ehemänner, insbesondere jene in britischem und amerikanischem Gewahrsam, dies genau andersherum empfanden. So schrieb Wolfgang M. aus englischer Gefangenschaft an seine Ehefrau:

> »Seit dem vorherigen Jahr haben wir eigentlich die Rollen vertauscht. Wir liegen hier untätig in Ruhe, während Ihr vorne an der Front seid. Und der Kampf ist für Euch ja so viel schwerer und bitterer [...]. Und darum bitte ich Dich, mach es genauso, wie ich es 1944 gemacht habe: Erleichtere Dein Herz ruhig in einem Brief, schreibe ruhig alles, was Dich bedrückt. Wenn ich auch nicht helfen kann, aber vielleicht finde ich mal wieder irgend ein aufmunterndes Wort, das Dir weiterhilft.«[57]

Das Zitat zeigt nicht nur, dass Wolfgang M. seine Gefangenschaft deutlich anders einschätzte als seine Frau, es unterstreicht zudem den Stellenwert der Briefe als

---

55   DTA, 2108/2, Undatierter Eintrag vom Ende 1945.
56   Echternkamp, Jörg, Von Opfern, Helden und Verbrechern – Anmerkungen zur Bedeutung des Zweiten Weltkriegs in den Erinnerungskulturen der Deutschen 1945-1955, in: Hillmann, Jörn/Zimmermann, John (Hg.), Kriegsende 1945 in Deutschland, München 2002, S. 301-318; Heukenkamp, Ursula (Hg.), Schuld und Sühne? Kriegserlebnis und Kriegsdeutung in deutschen Medien der Nachkriegszeit (1945-1961), Amsterdam, Atlanta 2001.
57   Wolfgang M. an Hilde M., 5.1.1947, Privatbesitz. Auch Wolfram M. formulierte in seinen Brieftagebüchern den eigenen Anspruch, dass er auf diesem Weg seiner Frau Trost spenden möchte und sie deshalb auch ihre Sorgen mit ihm teilen soll. DTA, 3265/5-6, Brief vom 1.5.1947.

Mittel des gegenseitigen Austausches und der Unterstützung. Wenig später formulierte er jedoch auch seine Befürchtungen, inwieweit die neue Situation seine Frau
verändert habe und was dies für ihre Partnerschaft bedeuten würde. »Wie verändert ich Dich wohl wiederfinden werde und ob ich mich Deiner Selbstständigkeit
gegenüber überhaupt behaupten kann.«[58] Etwas drastischer drückt sich Wolfram
M. aus. Er schrieb an seine Frau: »Entweder bin ich Deine Selbstständigkeit schon
gewöhnt oder ich muss sie mir angewöhnen. Mindestens solange ich noch hier bin
und wenn ich wieder bei dir bin wird es auch nicht gleich am ersten Tag gehen
bis ich die Befehlsgewalt in unserem Haushalt übernehmen kann.«[59] Doch auch er
schrieb: »Das Aufziehen der Kinder, überhaupt das Durchhalten der ganzen letzten Jahre, das sind doch Dinge auf die du stolz sein kannst.«[60] Die gewonnene
Selbstständigkeit ihrer Ehefrauen war somit für die Internierten keine Überra-
schung. Vielmehr ist davon auszugehen, dass sie wahrscheinlich bereits während
ihres Kriegseinsatzes entsprechende Veränderungen bei ihren Frauen festgestellt
hatten. Dass dies ein Problem für die Zeit nach der Rückkehr darstellen konnte, war
beiden Partnern durchaus bewusst und wurde offen angesprochen und besprochen. Obwohl beide Ehemänner deutlich machten, dass sie nach ihrer Rückkehr
wieder die Verantwortung und die Entscheidungsgewalt in der Familie übernehmen wollten, sahen sie die neue Selbstständigkeit der Frauen während ihrer Abwesenheit offensichtlich nicht als problematisch an. Vielmehr scheint für sie klar
gewesen zu sein, dass ihre Ehefrauen die Zeit ihrer Abwesenheit nur durch eine größere Selbst- und Eigenständigkeit meistern konnten. Wolfgang M. brachte
seine Bewunderung für die Leistungen seine Frau mit folgendem Satz zum Ausdruck: »Solche Frauen dürfte es nicht mehr viele in Deutschland geben.«[61] Dies
stellte einen entscheidenden Unterschied zur öffentlichen Debatte um Weiblichkeit, die Rollenverteilung in der Familie und die Gefährdung der Ehe dar. Dort
wurde die Selbstständigkeit der Frauen als einer der entscheidenden Gründe für
das Scheitern von Ehen nach der Rückkehr des Ehemannes betrachtet.

Wie das obere Beispiel zeigt, wurde die Ehe bzw. die Paarbeziehung eigentlich
nur thematisiert, wenn eine der beiden Seiten Sorgen oder Befürchtungen formulierte oder diese bereits im Vorfeld versuchte abzuschwächen. So schrieb Wolfgang
M. seiner Frau: »Daß die POW's jetzt englische Mädels heiraten dürfen, weißt Du
wohl auch schon. Aber das kommt für mich nun nicht mehr in Frage. Ganz davon
abgesehen hätte ich auch noch keine gesehen, die meinem Geschmack entsprechen würde. Ich hoffe, Du wirst Dir deswegen genau so wenig Gedanken machen
wie ich.«[62] In der anderen Familie waren es die wiederkehrenden Besuche eines

---

58   Dies., 29.1.1948.
59   DTA, 3265/5-6, 4.4.1947, S. 6a.
60   DTA, 3265/7-10, 3.5.1948, S. 14.
61   Wolfgang M. an Hilde., 20.10.1947, Privatbesitz.
62   Wolfgang M. an Hilde M., 10.7.1947, Privatbesitz.

alten Freundes, die ihren Mann Wolfram M. dazu veranlassten, sich zum Thema Treue zu positionieren. Er tat dies nicht in einem normalen Brief an seine Frau, sondern in einem Briefbuch, in dem er längere Antworten auf Briefe seiner Ehefrau sammelte und ihr von seinem Alltag in einem Lager in Ägypten berichtete. Diese Briefbücher gab er Heimkehrern mit, denen er vertraute, die diese dann in Deutschland seiner Frau zukommen ließen. Henny nutzte in ihren Briefen an ihren Ehemann offensichtlich immer wieder bewusst Formulierungen, um ihn zu beruhigen und davon zu überzeugen, dass er sich über die Besuche des alten Freundes keine Sorgen zu machen brauche. Auf diesen Kontakt seiner Frau reagierte Wolfram sehr verständnis- und vertrauensvoll. Er habe sich sogar über ihre Bemühungen gefreut, ihn »von eventuellen Hintergedanken zu befreien«[63]. Befürchtungen habe er nur, wenn sie sich in einer Phase »geringen Widerstandskraft«[64] befinde, die durch einen »seelischen Tiefpunkt hervorgerufen wäre«[65]. Und selbst wenn etwas passiert wäre, so schrieb er: »bin ich gewiß, daß Du es später mindestens ebenso bedauert hättest wie ich und wenn es mir auch nicht leicht gefallen wäre, darüber weggekommen wäre ich bestimmt.«[66] Trotz all des Vertrauens und der Zuversicht, die Wolfram M. in seiner Antwort zum Ausdruck brachte, wies er seine Frau auch darauf hin, dass »ein weniger zuversichtlicher und sicherer Mann«[67] ihre Briefe falsch interpretieren könne. Bei den Zitaten handelt es sich lediglich um einen sehr kleinen Ausschnitt aus der Antwort von Wolfram M. Insgesamt füllte er sechs Seiten mit seinen Überlegungen zu diesem Thema. In diesen bezieht er sich immer wieder auf die starke Verbindung zwischen ihnen beiden und dass gerade das Davon-Berichten für ihn das wahre Vertrauen zwischen ihnen ausdrückte. Bei dem geschilderten Fall handelte es sich sicherlich um ein besonderes Beispiel, da das Briefbuch Wolfram M. einen anderen Rahmen bot, sich mit diesem Thema zu befassen und seine Gedanken seiner Frau mitzuteilen. Dennoch gibt es einen sehr deutlichen Einblick, wie fragil und anfällig für Missverständnisse und Mutmaßungen die Kommunikation zwischen den beiden Ehepartnern war. Im normalen Briefverkehr finden sich kleinere Intimitäten und Hinweise auf die private Paarbeziehung der Ehepartner fast ausschließlich in der Gruß- und Abschiedsformel. Hier wurden häufig der Kosenamen der Partnerin oder des Partners oder personalisierte Abschiedsformeln, wie »1004 Küsse«[68], verwendet. Dass die Ehepartner bewusst auf intime Thematiken verzichteten, sie diese aber dennoch beschäftigten, zeigt wieder der Vergleich mit dem Briefbuch von Wolfram M. Dort schildert

---

63   DTA, 3265/7-10, 12.7.19.47, S. 5.
64   Ebd.
65   Ebd.
66   Ebd.
67   Ebd.
68   DTA, 3266/1, 13.9.1946.

er detailliert, wie er sich das Wiedersehen mit seiner Frau vorstellte und wie sie den ersten gemeinsamen Tag und die Nacht miteinander verbringen würden.[69] Die Kriegsgefangenschaft erschwerte im Vergleich zur Kriegszeit nochmals die Kommunikation zwischen den beiden Ehepartnern. Die Abwesenheitserfahrung, die die Angehörigen durch die Kriegsgefangenschaft des Internierten erlebten, lässt sich auch aus diesem Grund nicht mit der Kriegszeit vergleichen. Die Funktion, die die Briefe bei der Aufrechterhaltung der Paarbeziehung einnahmen, ist kaum zu überschätzen, da sie die einzige Möglichkeit zur Kommunikation darstellten. Dass die tatsächliche Schreibpraxis jedoch vor allem im Hinblick auf die private Paarbeziehung von gewissen äußeren Faktoren bestimmt war, zeigt insbesondere der Vergleich zu dem Briefbuch von Wolfram M. Dennoch lassen sich auch in den Briefen die Versuche, die Verbindung der Paarbeziehung zu bewahren, erkennen.

Neben der Aufrechterhaltung der eigenen Paarbeziehung zum abwesenden Ehemann versuchten die Frauen auch die Verbindung zwischen den Kindern und ihrem Vater aktiv zu gestalten.[70] Bei älteren Kindern bedeutete dies, die Erinnerung an ein normales Familienleben aufrecht zu erhalten bzw. dieses weiterzuführen. Kinder, die zu Kriegsbeginn noch sehr jung waren oder erst während des Kriegs geboren wurden, kannten jedoch kein gemeinsames ›normales‹ Familienleben. Nicht selten waren Soldaten in Gefangenschaft geraten, ohne dass sie ihr jüngstes Kind auch nur einmal gesehen hatten. Die Frauen der Kriegsgefangenen übernahmen hier eine doppelte Funktion, indem sie sowohl dem Vater seine Kinder als auch den Kindern ihren Vater nahe brachten bzw. sie dafür sorgten, dass sie im Lebensalltag des jeweils anderen eine Rolle spielten. Dies muss auch vor dem Hintergrund betrachtet werden, dass die Beziehung zwischen Vätern und ihren Kindern zu dieser Zeit grundsätzlich anders aussah und anderen gesellschaftlichen Vorstellungen unterlag, als dies heute der Fall ist. Einer tiefen emotionalen Verbundenheit wurde etwa nicht so großer Stellenwert beigemessen. Gleichzeitig wurden die Ehefrau und die Kinder öffentlich als die wichtigsten Gründe für das Durchhalten der Kriegsgefangenen betrachtet. Dies

---

69 DTA, 3265/7-10, 12.7.1947, S. 17f.

70 Gehltomholt und Hering sprechen davon, dass die Frau »dazu ausersehen gewesen war, in den Kindern die Erinnerung und Ehrfurcht gegenüber dem abwesenden oder toten Vater aufrecht zu erhalten – und Kraft ihres ›Amtes‹ nicht als bemitleidenswerte Alleinerziehende galt, sondern als Symbolfigur der Tapferkeit neben die Trümmerfrau trat.« Gehltomholt, Eva/Hering, Sabine, Das verwahrloste Mädchen. Diagnostik und Fürsorge in der Jugendhilfe zwischen Kriegsende und Reform (1945-1957), Opladen 2006, S. 47. Während der erste Teil dieser Aussage sich absolut mit den hier untersuchten Quellenfunden deckt, erscheint der zweite Teil doch fraglich. Die Ergebnisse dieser Arbeit weisen vielmehr darauf hin, dass es sich bei dieser Sichtweise ebenfalls um sehr viel später entstandene Erinnerungskonstruktionen handelte, wie Leonie Treber dies auch für den Begriff der Trümmerfrau belegen konnte.

war bereits während des Krieges postuliert worden. Der hohe Stellenwert, welcher der Ressource Familie in der Nachkriegszeit zugeschrieben wurde, stand im Zusammenhang mit den Kriegsgefangenen und in direkter Kontinuität zu den Vorstellungen aus der Kriegszeit.

In den hier untersuchten Fällen, verstanden es die Ehefrauen der Kriegsgefangenen als ihre Aufgabe, den abwesenden Vater als Teil der Familie zu behandeln und in den Lebensalltag der Familie zu integrieren. Eva Gehltomholt und Sabine Hering bezeichneten diese Form des Familienlebens als eines, »das trotz der Abwesenheit des Ernährers keineswegs mutterzentriert, sondern auf die nunmehr symbolische Präsenz des Vaters ausgerichtet war.«[71] Dies traf ebenfalls auf Witwen zu, die ebenso versuchten das Andenken an den Verstorbenen zu wahren und in seinem Sinne die Kinder zu erziehen. Der größte Unterschied zu diesen bestand jedoch darin, dass der Internierte zurückkehrte und das Ergebnis der Bemühungen beurteilen würde – so muss es zumindest den Frauen vorgekommen sein. Offensichtlich erwarteten sie in gewisser Weise, dass der Ehemann bei seiner Rückkehr ihre Leistungen bei der Erziehung der Kinder überprüfen oder bewerten würde. Und wie bereits beschrieben wussten sie, dass insbesondere das Verhältnis zwischen dem Heimkehrer und den Kindern sehr problematisch sein konnte. Daher überrascht es nicht, dass die Ehefrauen ganz bewusst an diesem Verhältnis arbeiteten und versuchten es zu prägen. Sehr klar formulierte dies eine der Autorinnen eines sogenannten Klassenbuches, in dem sie ihren Freundinnen schilderte, wie sie ihrem Sohn den Vater in englischer Kriegsgefangenschaft möglichst nah brachte. »Wir sprechen viel von unserem Vati [...]. So hängt das Kind mit rührender Liebe an seinem Vater, und er wird dem Kind nicht fremd.«[72] Gleichzeitig berichteten die Frauen in den Briefen an ihre Männer sehr häufig von den Kindern, insbesondere von den Episoden, die mit dem Vater selbst zu tun hatten. In ihren Briefen erzählte Hilde M. ihrem Mann besonders gerne solche kleinen Anekdoten wie folgende: »Helga ist unser Klettermax. Kein Stuhl ist zu hoch. Reden wir vom Papa, dann ist sie trotz ihrer ›Körperfülle‹ eins, zwei, drei auf der Couch, um Dein Bildchen runterzuholen. ›Papa‹ und dann werden Küßchen gegeben.«[73] Wolfgang M. hatte seine Tochter Helga, die zu diesem Zeitpunkt erst 16 Monate alt war, noch nicht ein einziges Mal gesehen. Rituale aus der Kriegszeit wie das gemeinsame abendliche Beten für den Vater wurden zudem in den Familien nach der Kriegszeit weitergeführt. Sowohl Hilde als auch Henny ließen für den Ehemann von sich und den Kindern Fotos machen, die sie ihnen in die englische Gefangenschaft schickten.

---

71   Gehltomholt/Hering, Mädchen, 2006, S. 47.
72   Auszug aus einem Brief vom 10.4.1944, in: Jantzen, Eva/Niehuss, Merith (Hg.), Das Klassenbuch. Chronik einer Frauengeneration. 1932-1976, Köln 1994, S. 136-138, S. 137.
73   Brief von Hilde M. an Wolfgang M., 23.4.1946, Privatbesitz.

Doch nicht nur das Schaffen einer Nähe zwischen Kind und Vater verstanden die Frauen als ihre Aufgabe, sondern auch die Erziehung der Kinder. Hierbei handelte es sich um eine Aufgabe, bei der die Frauen offensichtlich nicht nur Angst hatten, den eigenen Ansprüchen und denen des Ehemannes nicht zu genügen, sondern auch das soziale Umfeld formulierte sehr klare Erwartungen. Charlotte R., Mutter von zwei Söhnen, notierte im Februar 1946 in ihr Tagebuch: »Pappi könnet mir nun auch bald helfen, die Jungs [zu] erziehen. Ich mache es nämlich nicht richtig. Meine Mutter sagt, ich haue zu wenig, [...] Oma sagt, ich haue zu viel, Müller-Lene meint, ich laß den Jungs zu viel durchgehen, und Kleiner-Erna meint, ich rede zu viel an den Kerlen rum. [...] Pappi komm du und mach's besser!«[74] Ihre Befürchtungen in Bezug auf die Erziehung ihrer beiden Töchter formulierte Hilde M. im November 1947 in einem Brief an ihren Mann wie folgt: »Hoffentlich bist Du nachher nicht enttäuscht von dem Erfolg. Ich habe mir alle Mühe gegeben, und solange ich mit den Beiden alleine bin, klappt die Sache, bis auf Kleinigkeiten, reibungslos.«[75] Henny M. versicherte ihrem Mann in ihren Briefen immer wieder, dass sie ihren Kindern viel und »wirklich nur Gutes« von ihm erzähle, »obwohl sie keine Vorstellung von ihrem Papa haben.«[76] Auch er, der in Ägypten in Gefangenschaft war, hatte seine jüngste Tochter bisher nicht kennengelernt.

Hilde M. nutzte die Abwesenheit ihres Ehemannes zudem bewusst in der Erziehung ihrer Kinder. Wenn ihre Töchter ihr Essen nicht aufessen wollten, dann wurde »für den Papi gegessen, damit er recht bald gesund nach Hause kommt«[77]. Stolz berichtete sie ihrem Mann davon, wie gut die beiden Mädchen dann essen würden. In ihrer kindlichen Vorstellung glaubten die beiden Mädchen der Aussage ihrer Mutter, dass es einen Zusammenhang zwischen der Heimkehr des Vaters und dem Aufessen geben würde. Dieses Beispiel zeigt, wie Hilde M. das von ihr imaginierte Bild des Vaters nutzte, um bei den Töchtern das gewünschte Verhalten hervorzurufen. Sie nutzte somit die Abwesenheit von Wolfgang M. in schwierigen Situationen bewusst als Mittel zur Erziehung. Obwohl sich Hilde M. alle Mühe gab, den Kindern den Vater möglichst präsent zu halten bzw. ein positives und emotionales Verhältnis zwischen beiden zu schaffen, war der eigene Vater zumindest für die jüngere Tochter Helga bei seiner Heimkehr ein Fremder. Sie erinnert sich noch heute daran, wie sehr sie in den ersten Tagen diesem unbekannten Mann gegenüber gefremdelt habe.[78]

Entscheidend für den Stellenwert des Vaters war, welches Bild und welche Funktion die Ehefrauen ihm in der Familie versuchten zuzuschreiben. Im Fall von

---

74 DTA, 1802, Eintrag vom 26.2.1946.
75 Hilde M. an Wolfgang M., 12.11.1947, Privatbesitz.
76 DTA, 3266/1, Brief von Henny M. an Wolfram M. vom 14.6.1946.
77 Brief von Hilde M. an Wolfgang M., 9.9.1946, Privatbesitz.
78 Interview mit Helga M. geführt am 13.7.2015, Aufzeichnung bei der Autorin.

Familie M. war dies die Rolle des klassischen patriarchalen Familienoberhauptes. Durch ihre Erziehung, familiäre Rituale, seine Briefe und in der Wohnung platzierte Erinnerungsstücke war der Vater für die beiden Töchter omnipräsent und ein fester Bestandteil der Familie, auch wenn er physisch nicht anwesend war. Es lässt sich somit feststellen, dass die Ehefrauen aktiv das Bild des Vaters vor allem jüngerer Kinder prägten und gestalteten. In den hier untersuchten Quellen war dies immer ein positives und liebevolles Bild, was jedoch nicht als selbstverständlich betrachtet werden sollte. Die alleinige Erziehung der Kinder durch ihre Mütter wurde zeitgenössisch durchaus ambivalent gesehen. Während im heutigen Diskurs dem Vater eine entscheidende Rolle in der Entwicklung und Erziehung der eigenen Kinder zugesprochen wird, wurde der abwesende Vater in der Nachkriegszeit hingegen nicht immer als entwicklungsschädigend verstanden, wie folgendes Zitat verdeutlicht: »Das Zusammensein mit den Kindern ist nicht nach der Quantität, sondern nach der Qualität zu werten – und die Vollständigkeit einer Familie ist nicht so wichtig wie ihre Vollkommenheit.«[79] Mit dieser Aussage unterstützte die als Expertin befragte Ärztin die Stellung alleinerziehender Mütter, gleichzeitig beinhaltet das Zitat auch eine gesellschaftliche Erwartungshaltung gegenüber den Frauen, nämlich jene, das Familienleben für die Kinder vollkommen zu gestalten.

Im bisherigen Fokus der Betrachtung standen vor allem die Ehefrauen der Kriegsgefangenen. Doch nicht nur sie entwickelten spezifische Handlungsweisen, die mit ihrem Status als Angehörige eines Kriegsgefangenen einhergingen. In den Quellen finden sich ebenfalls Hinweise dafür, dass auch die Kinder ihr eigenes Verhalten in spezifischer Art und Weise an die Lebenssituation ihrer Familie anpassten. Besonders charakteristisch zeigt sich dies an Hand von Handlungsoptionen, die die Kinder versuchten für sich zu generieren. Aufgrund der in den Briefen beschriebenen Begebenheiten lässt sich daher der Rückschluss ziehen, dass die Kinder ganz bewusst versuchten etwas an der Kriegsgefangenschaft ihres Vaters zu ändern. Da die Kinder faktisch jedoch keine Möglichkeit hatten, auf diese Tatsache Einfluss zu nehmen, könnte man diese Versuche auch als fiktive Handlungsoptionen bezeichnen, wobei sie aus der Perspektive der Kinder nicht fiktiv waren. Ein anschauliches Beispiel hierfür ist etwa das bereits zitierte schnelle Aufessen der beiden Mädchen der Familie M., wenn ihre Mutter sagte, es werde für Papa gegessen. In der kindlichen Vorstellungswelt der Töchter stellte dies eine tatsächliche Handlungsoption dar, von der sie glaubten, sich aktiv für die Rückkehr des Vaters einsetzen zu können. Besonders ausdrucksvolle Beispiele für eine solche vom Kind gewünschte Handlungsoption stellen folgende zwei Anekdoten dar, die Hilde M. in ihren Briefen an ihren Ehemann Wolfgang schilderte. »Sie [Sigrid, Anm. A.K.]

---

79   Hilfsmittel für die Erziehung, in: Der Heimkehrer, Nr. 17 (1955), S. 3.

sinnt dauernd, wie man Dich nur aus England befreien könnte. Oh welche Fantasie! Sie hat nur den einen Wunsch, Papi soll nach Hause kommen.«[80] Während Hilde M. die Suche ihrer Tochter nach Möglichkeiten, den Vater aus der Gefangenschaft zu befreien, als reine Fantasie betitelte, so lässt sich diese eben auch als den Wunsch Sigrids verstehen, aktiv die Rückkehr ihres Vaters herbeizuführen. Dies gilt ebenfalls für folgende Schilderung: »Als ich sie [Sigrid, Anm. A.K.] vor einigen Tagen ins Bett bringe, sagt sie: ›Mutti, ich möchte gerne das Christkindchen sein!‹ – Och, Sigrid, das muß viel artiger sein, als Du bist. Aber warum willst Du das Christkind sein? – ›Ja, dann würde ich Dir den Papa Weihnachten bringen!‹ Ist das nicht nett von meiner Tochter?«[81] Während der letzte Satz die Funktion dieser Anekdote für Hilde M. veranschaulicht – nämlich die Verbindung zwischen ihrem Ehemann und seinen Töchtern zu stärken – so muss auch Sigrids Wunsch, das Christkind zu sein, als Wunsch nach einer Handlungsoption interpretiert werden. Während das Herbeisehnen von Handlungsoptionen konkret auf die Person des Vaters bezogen war und von Hilde M. auch immer so ausgelegt wurde, offenbart dieses Zitat jedoch eine weitere Dimension, die für Sigrid vielleicht noch wichtiger war. Offensichtlich wünschte sie sich die Rückkehr ihres Vaters nicht um ihrer selbst willen, sondern vor allem für ihre Mutter. Dies verweist darauf, dass bereits sehr junge Kinder verstanden hatten, wie umfangreich und alle Lebensbereiche betreffend sich die Kriegsgefangenschaft ihres Vaters auf die Familie auswirkte. Das Motiv der zu diesem Zeitpunkt vierjährigen Sigrid, aktiv nach eigenen Handlungsoptionen zu suchen, war offensichtlich, dass sie erkannt hatte, wie sehr die eigene Mutter sich die Rückkehr des Vaters wünschte. Da es sich bei der Mutter um ihre wichtigste Bezugsperson handelte, überrascht es nicht, dass sie dieser ihren sehnlichsten Wunsch erfüllen wollte. Es muss davon ausgegangen werden, dass sie verstanden hatte, wie schwer die Abwesenheit des Vaters Hilde M. belastete und durch deren Aussagen hatte sie verinnerlicht, dass mit der Heimkehr des Vaters wieder alles besser werden würde. Die beschriebenen Anekdoten zeigen sehr fantasievolle Beispiele für Handlungsoptionen, wie jüngere Kinder sie sich erdachten. Ältere Kinder und Jugendliche hingegen schrieben zum Beispiel an wichtige Repräsentanten ihrer Regierung und baten diese, insbesondere ab 1949, um Unterstützung oder Hilfe bei der Freilassung ihrer Väter.[82]

Bis zum Kapitel fünf, das nach der Geschichte der Frauen und Kinder deutscher Kriegsgefangener nach der Rückkehr der letzten Spätheimkehrer aus Russland im Januar 1956 fragt, erfolgen die weiteren Untersuchungen dieser Arbeit getrennt

---

80   Brief von Hilde M. an Wolfgang M., 14.8.1947, Privatbesitz.
81   Brief von Hilde M. an Wolfgang M., 13.12.1947, Privatbesitz.
82   Das Format der Bittbriefe bzw. für die DDR der Eingaben tauchte vor allem nach der Gründung der beiden deutschen Staaten auf, da es ab diesem Zeitpunkt wieder Repräsentanten der eigenen Regierung gab.

zwischen der britischen Besatzungszone und der SBZ sowie zwischen der Bundesrepublik und der DDR. Die Ergebnisse dieses Kapitels bilden eine Grundlage für
das weitere Verständnis der Selbst- und Fremdkonstruktion dieser Gruppe in den
jeweiligen politischen Systemen. Auch dafür, wie sie auf sich verändernde gesetzliche Regelungen und gesellschaftliche Wahrnehmungen reagierten und versuchten
das eigene Leben aktiv zu gestalten.

3.2   Die britische Besatzungszone und die frühe Bundesrepublik

Die fünf Jahre zwischen der Kapitulation im Frühjahr 1945 und der TASS-Meldung
im Mai 1950 waren für die Frauen und Kinder der deutschen Kriegsgefangenen
eine Zeit der vollständigen Neuorientierung. Ebenso wie der Rest der deutschen
Bevölkerung mussten sie sich zurechtfinden in einem besetzten Land und in
einem neuen gesellschaftlichen System mit veränderten Werten und Normen.
Unzählige wissenschaftliche Arbeiten, Autobiographien, Romane, Filme und
Dokumentationen beschäftigen sich mit dem Leben der Frauen in der entbeh-
rungsreichen Nachkriegszeit, die in der bundesdeutschen Erinnerungskultur
besetzt ist mit Begriffen wie Hamsterfahrten, Schwarzmarkthandel, Trümmerfrauen und ›Ami-Liebchen‹.[83] Dabei ist diese Nachkriegserzählung vor allem eine
Geschichte von Frauen und Kindern, die allein für sich sorgen mussten, da ihre
Ehemänner und Väter sich noch in Gefangenschaft befand, als vermisst galt oder
gefallen war. Wie sich in dieser bundesdeutschen Kollektiverinnerung jedoch
Realität und Konstruktion vermischt haben zu einer spezifischen Mastererzäh-
lung, konnte Leonie Treber sehr eindrücklich für das Beispiel der Trümmerfrauen
dekonstruieren.[84] Besonders auffällig bei vielen Arbeiten ist die Kontinuitätslinie
zwischen der Kriegs- und der Nachkriegszeit. Die Kapitulation steht hier nicht
als Zäsur, die die Lebensumstände der Frauen grundsätzlich veränderte, sondern
vielmehr als ein Übergang von einer schweren Zeit in die nächste. Die folgenden
thematischen Kapitel untersuchen insbesondere zwei Aspekte: erstens die sozial-
rechtlichen Regelungen, die für Frauen und Kinder der Kriegsgefangenen galten
und damit maßgeblich ihren sozioökonomischen Status bestimmten; zweitens,
welche gesellschaftlichen und institutionellen Vorstellungen von Mütterlichkeit
und Weiblichkeit in Bezug auf die Ehefrauen von Kriegsgefangenen verhandelt
wurden. Exemplarisch geschieht dies am Beispiel des Diskurses um Treue und

---

83   Im Folgenden soll nur eine kleine Auswahl genannt werden: Dörr, Margarete, Durchkommen
      und Überleben. Frauenerfahrungen in der Kriegs- und Nachkriegszeit, Augsburg 2001; Mey-
      er/Schulze (Hg.), Alleinstehende Frauen.
84   Treber, Mythos.

Untreue. Dabei werden grundlegend alle drei westlichen Besatzungszonen betrachtet, der Fokus liegt jedoch auf der britischen Zone bzw. ab 1947 auf der Bizone und im Besonderen auf dem Gebiet von Nordrhein-Westfalen.[85]

3.2.1 Zu wenig zum Überleben – Lebensalltag zwischen staatlicher Wohlfahrtsfürsorge und Eigenverantwortlichkeit

»Seit dem 1. Mai 1945 wird an die Familien bzw. Angehörigen der zum Wehrdienst einberufenen und noch in Kriegsgefangenschaft befindlichen oder als Vermisste geltenden Männer der sogenannte Familienunterhalt nicht mehr gezahlt. Für Hagen kommen hier die Angehörigen von rd. 4.500 Soldaten in Frage. Ein Teil dieser Angehörigen, der nicht über ausreichende eigene Existenzmittel verfügt, ist hilfsbedürftig geworden und muss aus öffentlichen Mitteln unterstützt werden.«[86]

Dies schrieb der Oberstadtdirektor von Hagen in seinem Bericht an den Sozialminister des Landes Nordrhein-Westfalen im Mai 1947. Der Auszug aus dem Dokument bringt auf den Punkt, wie sich die finanzielle Situation der Frauen und Kinder von Kriegsgefangenen mit der Kapitulation veränderte und welche Last die kommunalen Fürsorgeämter plötzlich zu bewältigen hatten. Denn mit dem Ende des nationalsozialistischen Regimes entstand ein Vakuum in der sozialstaatlichen Versorgung, das erst nach und nach geschlossen werden konnte. Neben Geflüchteten und Vertriebenen betraf dies insbesondere die Familien der ehemaligen Wehrmachtsangehörigen. Durch den Wegfall des Familienunterhalts und des Wehrsolds waren plötzlich deutlich mehr Menschen auf staatliche Fürsorgeleistungen angewiesen als zuvor. Die hohe Anzahl an Personen stellte für die kommunalen Verwaltungen ein Problem dar, da sie nach Kriegsende für die Versorgung dieser Menschen verantwortlich waren. Während des Nationalsozialismus war der Beitrag, den die Kommunen an sozialstaatlichen Versorgungsleistungen zahlten, sehr gering gewesen. Ihr Anteil am Familienunterhalt hatte ab 1940 bei zehn Prozent gelegen und der Wehrsold war vollständig von Seiten des Staates finanziert worden. Dementsprechend lagen die Leistungssätze, die die Kommunen einige Wochen nach der

---

85 Ausführlich zum Vereinigten Wirtschaftsgebiet: Pünder, Tilman, Das bizonale Interregum. Die Geschichte des Vereinigten Wirtschaftsgebietes 1946-1949, Waiblingen 1966.

86 Oberstadtdirektor der Stadt Hagen an den Sozialminister NRW vom 10.5.1947, in: LAV NRW R, NW 43 Nr. 465. Die Stadt Hagen hatte zu diesem Zeitpunkt 108.894 Einwohner (Stand 8.5.1945). Quelle: Statistik der Bevölkerung der Stadt Hagen, URL: https://www.hagen.de/web/media/files/fb/stadtkanzlei/statistik/einwohnerzahlen/Einwohnerzahlen_1765_-_2016.pdf, (6.4.2018). Die Stadt Hagen war bereits am 17.4.1945 von den amerikanischen Truppen eingenommen worden, sodass hier bereits im Mai keine Versorgungsleitungen mehr ausgezahlt wurden.

Kapitulation begannen auszuzahlen, deutlich unter den Beträgen, welche die Familien der Wehrmachtsangehörigen bisher erhalten hatten.[87] Der Zugang zu den Fürsorgeleistungen war zudem wesentlich restriktiver als zuvor.

Das folgende Kapitel nimmt zum einen die Funktion ein, die gesetzlichen Grundlagen und Bestimmungen im Hinblick auf die sozialstaatliche Versorgung dieser Personengruppe zu bündeln und darzustellen, da eine solche Zusammenstellung bisher fehlt.[88] Zum anderen werden darüber hinaus auch Vorgänge und Argumentationslinien untersucht, die keinen direkten Eingang in die gesetzlichen Bestimmungen fanden. Dabei sind es eben diese konkreten Aushandlungsprozesse und Praktiken rund um die sozialstaatliche Versorgung dieser Gruppe, die zeigen, wie heterogen deren Wahrnehmung durch die Zeitgenossinnen und Zeitgenossen war und in welchen Kontexten Fragen zu ihrer Versorgung verhandelt wurden. Für ein besseres Verständnis des Gesamtkomplexes wird daher im Folgen auf die Entwicklung des Fürsorgesystems bzw. der Kriegsfürsorge eingegangen, bevor die für die Angehörigen von Kriegsgefangenen entscheidenden Entwicklungen im Fürsorgesystem zwischen 1945 und 1950 nachgezeichnet werden. Eng damit verwoben ist der Prozess der Ausdifferenzierung der unterschiedlichen Betroffenengruppen – Witwen und Waisen, Angehörige von Vermissten sowie Angehörige von Kriegsgefangenen. Wie sehr die sozialstaatliche Versorgung mit der politischen und gesellschaftlichen Haltung gegenüber der Kriegsgefangenenproblematik verbunden war, wird hiernach dargestellt. Abschließend werden die konkreten Lebensumstände der Frauen und Kinder noch einmal in den Fokus der Betrachtung gerückt und gezeigt, welche Auswirkungen die Währungsreform für diese Personengruppe hatte.

Entwicklung der staatlichen Fürsorge und der Kriegsfürsorge ab 1914

In ihrer historischen Entwicklung war die Fürsorge dafür konzipiert, die Existenz mittelloser Personen zu sichern.[89] Die finanzielle Versorgung ging dabei jedoch mit

---

87   Ab welchem Zeitpunkt Fürsorgeleistungen gezahlt wurden und wie hoch der entsprechende Betrag war, unterschied sich von Stadt zu Stadt und ist daher nicht allgemein festzustellen.

88   Zwar gibt es einige sehr gute Arbeiten zur Entwicklung der Fürsorge, der Kriegsfürsorge und der sozialstaatlichen Versorgung insgesamt, diese beziehen sich jedoch nie direkt auf die Angehörigen der Kriegsgefangenen.

89   Im Folgenden werden die wichtigsten Entwicklungslinien der Fürsorgepolitik vor, aber vor allem nach dem Zweiten Weltkrieg nachgezeichnet. Detailliert dargestellt werden diese u.a. in: Heisig, Michael, Armenpolitik im Nachkriegsdeutschland (1945-1964). Die Entwicklung der Fürsorgeunterstützungssätze im Kontext allgemeiner Sozial- und Fürsorgereformen, Frankfurt a.M. 1995. Zur historischen Entwicklung von sozialer Sicherung und Sozialpolitik vgl.: Stolleis, Michael, Historische Grundlagen Sozialpolitik in Deutschland bis 1945, in: Bundesministerium für Arbeit und Sozialordnung und Bundesarchiv (Hg.), Geschichte der Sozialpolitik in Deutschland seit 1945, Bd. 1, Baden-Baden 2001, S. 199-332.

einem gesellschaftlichen Makel einher, für den eigenen Lebensunterhalt nicht sorgen zu können. Bereits 1914 mit der Einführung der »Kriegsfürsorge«[90] trennte die Regierung die »Versorgung von Kriegshinterbliebenen und Familien von Kriegsteilnehmern«[91] von der sonstigen Armenfürsorge und demonstrierte damit eine Form der Wertschätzung für die Leistungen der Soldaten bei der Verteidigung des Landes. Anspruch auf Kriegsfürsorge hatten »die Familien der Mannschaften [...; die] im Fall der Bedürftigkeit Unterstützungen nach näherer Bestimmung dieses Gesetzes«[92] bekommen konnten. Der Erhalt von Kriegsfürsorge legitimierte sich damit fortan über die Kriegsteilnahme und den damit geleisteten Einsatz für die Gesellschaft. Obwohl es sich nur um eine formale Neudefinition und keine finanzielle Besserstellung handelte, bedeutete dies für die Betroffenen eine enorme gesellschaftliche Aufwertung und Anerkennung. Sie gehörten fortan nicht mehr zu dem Empfängerkreis der Armenfürsorge, was sich positiv auf ihr eigenes Selbstbild sowie die gesellschaftliche Fremdkonstruktion auswirkte. Zehn Jahre später wurde mit dem Erlass der »Reichsverordnung über die Fürsorgepflicht«[93] und den »Reichsgrundsätzen über Voraussetzung, Art und Maß der öffentlichen Fürsorge«[94] das bestehende Gesetz reformiert. ›Kriegsbeschädigten‹ und Kriegshinterbliebenen wurden erstmalig privilegierte Fürsorgeleistungen zugesprochen. Sie erhielten damit einen höheren Grundbetrag als andere Gruppen von Fürsorgeempfängerinnen und -empfängern. Durch die vorgenommene Unterteilung fand zum ersten Mal eine ökonomische Klassierung innerhalb des Fürsorgesystems statt. Die verbesserte Versorgung von Kriegsteilnehmern und deren Hinterbliebenen spiegelte auch die gestiegene gesellschaftliche und politische Wertschätzung für diesen Personenkreis wider.[95] Jenes duale Versorgungssystem von einfacher und gehobener Fürsorge aus dem Jahr 1924 bildete nach der Kapitulation den gesetzlichen Handlungsrahmen, an dem sich die Kommunen bei der Wiedereinrichtung der Fürsorge orientierten.[96]

Eine Besonderheit des deutschen Fürsorgesystems bestand und besteht noch heute darin, dass die öffentliche Hand nicht als alleiniger Akteur der Wohlfahrtspflege fungiert. Insbesondere kirchliche und politische Träger nahmen schon im-

---

90   Ausführlich zur Kriegsfürsorge: Ebd., S. 268ff.
91   Zur Geschichte der Fürsorge z.B.: Willing, Matthias/Boldorf, Marcel, Fürsorge/Sozialhilfe
       (Westzone) Sozialfürsorge (SBZ), in: Wengst, Udo (Hg.), 1945–1949. Die Zeit der Besatzungs-
       zone. Sozialpolitik zwischen Kriegsende und der Gründung zweier deutscher Staaten, Bd. 2/1,
       Baden-Baden 2001, S. 587–642, S. 589.
92   Min. Entschl. v. 13. 8. 1914 Nr. 2748b 14 über die Unterstützung von Familien zum Dienst ein-
       gezogener Mannschaften, §1., in: Anonym, Kriegsfürsorge. Reichsgesetzliche Bestimmungen
       nebst Vollzugsbestimmungen und bayer. Ministerialerlasse, Ansbach 1915.
93   Reichsgesetzblatt I, S. 100. Erlassen am 13.2.1924.
94   Reichsgesetzblatt I, S. 765. Erlassen am 4.12.1924.
95   Willing/Boldorf, Fürsorge, S. 590f.
96   Heisig, Armenpolitik, S. 31.

mer eine wichtige Funktion ein. Während im Krieg insbesondere die nichtkirchlichen Vereine und Organisationen aufgelöst oder gleichgeschaltet worden waren,[97] formierten sich diese nach Kriegsende neu, übernahmen wichtige Aufgaben in der Betreuung und Versorgung bedürftiger Menschen und wurden damit zu zentralen Akteurinnen und Akteure neben den kommunalen Verwaltungen.[98] Einige der wichtigsten überregional tätigen Verbände waren die Caritas[99], das Evangelische Hilfswerk[100] und die Arbeiterwohlfahrt. Hinzu kamen unzählige kleinere regionale Initiativen, die ebenfalls versuchten den Menschen zu helfen.

Der Wiederaufbau des deutschen Fürsorgesystems vollzog sich nach Matthias Willing in drei Phasen: Erstens einer »kommunale[n] Phase«[101] in den Jahren 1945 und 1946, zweitens einer »Phase der Länderaktivitäten«[102] vom Frühjahr 1946 bis zur Währungsreform im Juni 1948 und einer dritten Phase bis zur »Gründung der Bundesrepublik im Mai 1949«[103], mit der die Fürsorge eine Festschreibung im Grundgesetz erfuhr.[104] Die Fürsorgepolitik in der amerikanischen und britischen Besatzungszone konzentrierte sich neben der Entnazifizierung der entsprechenden Behörden inhaltlich vor allem auf zwei Schwerpunkte. Zum einen sollte die Sozialfürsorge vorrangig in kommunaler Selbstverwaltung passieren und zum anderen die sogenannte Einheitsfürsorge implementiert werden. Die Einheitsfürsorge löste das aus der Vorkriegszeit übernommene, gestaffelte System der normalen und gehobenen Fürsorge ab und wurde in der britischen Besatzungszone am 5. November 1945 eingeführt.[105] Damit wurde die Staffelung von Beträgen nach Gruppen

97 Vgl. z.B.: Hammerschmidt, Peter, Die Wohlfahrtsverbände im NS-Staat. Die NSV und die konfessionellen Verbände Caritas und Innere Mission im Gefüge der Wohlfahrtspflege des Nationalsozialismus, Opladen 1999; Niedrig, Heinz, Die Arbeiterwohlfahrt in der Zeit von 1933 bis 1945. Spurensuche: Aufbau, Verfolgung, Verbot, Widerstand, Emigration, Marburg 2003.

98 Die kirchlichen Wohlfahrtsverbände hatten während der nationalsozialistischen Herrschaft weiter bestehen können und mussten sich nach Kriegsende nicht gänzlich neu formieren. Ausführlicher hierzu: Zacher, Hans F., Grundlagen der Sozialpolitik in der Bundesrepublik Deutschland, in: Bundesministerium für Arbeit und Sozialordnung und Bundesarchiv (Hg.), Geschichte der Sozialpolitik, S. 333-684, S. 445f.

99 Eine umfassende Arbeit zum Wirken der Caritas während des Krieges und nach dem Kriege fehlt bisher. Andreas Henkelmanns Untersuchung zur Caritasgeschichte bezieht sich insbesondere auf das Seraphische Liebeswerk und beleuchtet daher leider nur einen kleinen Aspekt exemplarisch. Henkelmann, Andreas, Caritasgeschichte zwischen katholischem Milieu und Wohlfahrtsstaat. Das Seraphische Liebeswerk (1889-1971), Paderborn u.a. 2008.

100 Ausführlich zur Gründung des Evangelischen Hilfswerks: Wischnath, Johannes Michael, Kirche in Aktion. Das Evangelische Hilfswerk 1945-1957 und sein Verhältnis zu Kirche und Innerer Mission, Göttingen 1986.

101 Willing, Fürsorge, S. 598.

102 Ebd.

103 Ebd.; Zacher, Sozialpolitik, S. 469f.

104 Willing/Boldorf, Fürsorge, S. 597.

105 Ebd., S. 599.

rückgängig gemacht und alle Personen die Fürsorge empfingen erhielten denselben Betrag, unabhängig von ihrem Status oder dem des Familienoberhaupts.

Die erste Phase der Fürsorgepolitik zeichnete sich durch die starke Vormachtstellung der Kommunen aus. Der Rückgriff auf die lokalen Verwaltungen zur Organisation der Fürsorge hatte dazu geführt, dass die Leistungen insgesamt äußerst heterogen ausfielen. Die örtlichen Unterstützungssätze orientierten sich dabei an den Möglichkeiten der einzelnen Städte und Gemeinden, die bei der Festsetzung der Bemessungsgrundlagen freie Hand hatten.[106] Schnell wurden daher eine Vereinheitlichung und die Einführung eines Richtsatzes gefordert.[107] Mit der Konsolidierung der Landesregierungen in der zweiten Phase ging die Verantwortung in Fürsorgefragen schrittweise in Länderhoheit über, was die Basis für die Umsetzung eines einheitlichen Richtsatzes bildete. In Nordrhein-Westfalen wurde dieser im April 1947 mit einem Erlass des Sozialministers eingeführt. Er empfahl die Festsetzung der Richtsätze auf 36-39 RM[108], ein Betrag der deutlich über den bisherigen Fürsorgesätzen lag. Niedersachsen und Schleswig-Holstein folgten dem Beispiel und legten damit den Grundstein für einen einheitlichen Fürsorgesatz in der britischen Besatzungszone.[109] Die Umstellung beschnitt zudem die Handlungsgewalt der Städte und Kommunen. Konflikte ergaben sich insbesondere aus der Frage der Finanzierung. Da diese zu einem Großteil von den Städten und Gemeinden aufgebracht werden musste, sperrten sie sich gegen die von den Ländern oktroyierten Richtsätze. Zum Ausgleich übernahmen die Länder einen Anteil der Ausgaben für die Fürsorge, insbesondere die darin enthaltene Kriegsfolgenhilfe.

Der Zugang zu Fürsorgeleistungen war besonders restriktiv, da nur ein bestimmter Personenkreis überhaupt berechtigt war. Kein Anrecht auf Versorgung hatten jene Personen, die selbst ihren Lebensunterhalt verdienten, über Besitz und Rücklagen verfügten oder die von Verwandten versorgt wurden. Ein Anspruch ergab sich dann, wenn es Personen aufgrund von Alter, Erkrankungen oder Beeinträchtigungen nicht möglich war, eine entsprechende Arbeit aufzunehmen. Fürsorgeberechtigt waren ebenfalls Frauen, die kleine Kinder zu betreuen hatten. Zudem wurde verstärkt darauf geachtet, noch vorhandenen Privatbesitz anzurech-

---

106 Die Gemeinden orientierten sich an den Möglichkeiten des eigenen Haushaltes, den Einnahmen und sonstigen Ausgaben. Ein niedriger Satz schonte somit vor allem die Kasse der entsprechenden Kommune.

107 Heisig, Armenpolitik, S. 33.

108 Die Erhöhung der Richtsätze gründete vor allem aus alarmierenden Berichten zur Lage der Fürsorgeempfangenden aus unterschiedlichen nordrhein-westfälischen Kommunen, sodass für den zuständigen Ministerialrat die »Erhöhung der Wohlfahrtsrichtsätze […] in Anbetracht der unstrittigen Tatsache, daß mit ihm nicht der notwendigste Lebensbedarf gedeckt werden könne, ein zwingendes Erfordernis« war. Deutscher Städtetag 4/40-00, Richtsätze, Bd. 1, Niederschrift, S. 9.

109 Heisig, Armenpolitik, S. 34.

nen, ebenso wie Verwandte für die Pflichtversorgung heranzuziehen. Damit stellte
die staatliche Fürsorge nach dem Zweiten Weltkrieg in der britischen Besatzungszone zwar eine Absicherung für jene dar, die sich selbst nicht versorgen konnten,
gleichzeitig erfüllte sie diese Aufgabe jedoch mehr als mangelhaft. Zum einen war
der Empfängerkreis durch die vielen Vorgaben sehr eingeschränkt und zum anderen sicherte auch der angehobene Richtsatz kaum die Existenz der Unterstüt-
zungsempfängerinnen und -empfänger. Neben der Auszahlung der Barleistungen
auf Grundlage der Richtsätze wurden daher immer wieder Sachleistungen und
Einmalzahlungen von den Städten vergeben. Allerdings entschieden Personen vor
Ort über den Zugang zu solchen Einzelleistungen, was häufig eine noch höhere
Selektivität bedeutete. Während der Fürsorgesatz gesetzlich geregelt war und ein
rechtlicher Anspruch darauf geltend gemacht werden konnte, war dies bei Sachleistungen und Beihilfen nicht der Fall. Zuerst musste eine Familie von den entsprechenden Verantwortlichen »in den Kreis der bevorzugt zu betreuenden Personen«[110] aufgenommen werden. Nur ihnen gewährte man Beihilfen, mit denen etwa
Hausrat oder sonstige dringende Anschaffungen bezahlt werden konnten.[111] In diesem Bereich engagierten sich ebenfalls die freien Wohlfahrtsträger. Auch sie ver-
gaben Einmalspenden und Sachleistungen an Bedürftige und beschäftigten eigene
Mitarbeitende die in den verschiedenen Städten tätig waren. Dabei ermöglichte
es das System der Einmalhilfen, regulativ auf den Empfängerkreis einzuwirken.
Frauen, die unerwünschtes Verhalten zeigten, konnten so von dieser Form der Unterstützung ausgeschlossen werden, während diejenigen, die sich normkonform
verhielten, gefördert und unterstützt werden konnten. Insbesondere die Hilfen
der nichtstaatlichen Träger richteten sich an eine bestimmte Klientel, die zu der
Ausrichtung der Organisation passte. Beispiele hierfür sind die Caritas oder das
Evangelische Hilfswerk, die sich insbesondere um Personen mit entsprechender
Konfessionszugehörigkeit kümmerten.

In den frühen kommunalen Statistiken zur Fürsorge wurden die Angehörigen
von Kriegsgefangenen nur in wenigen Ausnahmen explizit als eigene Gruppe betrachtet und aufgeführt, was es eigentlich unmöglich macht eine verlässliche Einschätzung zu geben, wie groß der Personenkreis tatsächlich war. Meist wurden die
Angehörigen in Erhebungen mit denen von Vermissten zusammengefasst oder verschwanden ganz in der Gruppe der Fürsorgeleistungen empfangenden Personen.
Eine Ausnahme bildete die Stadt Wanne-Eickel, die die Gesamtzahl der Angehörigen der noch in Kriegsgefangenschaft befindlichen Wehrmachtsangehörigen, die
Fürsorgeleistungen bezogen, in einem Bericht im April 1947 mit 1.208 Personen

---

110   Bericht des Wohlfahrtamtes Immendorf-Würm vom 22.4.1949 zu der Beschwerde der Frau
      Schumacher, in: LAV NRW R, BR 5 Nr. 24463, Teil 2.
111   Ebd.

angab.[112] Erste umfangreiche Daten liefert die Statistik für die offene Fürsorge der britischen Besatzungszone für das Rechnungsjahr 1947/48, auch wenn hier die Angehörigen von Kriegsgefangenen und Vermissten eine gemeinsame Kategorie darstellten.[113] In dieser wurde ab Mitte des Jahres 1947 vierteljährlich die Anzahl von Personen und Parteien die Fürsorgeleistungen erhielten angegeben, ebenso wie die dafür aufgewendeten Mittel in RM. Alle Ergebnisse wurden zudem nach einzelnen Ländern und nach Bezirksfürsorgeverbänden aufgeschlüsselt. Laut dieser Statistik empfingen am Stichtag 30. Juni 1947 in der gesamten britischen Besatzungszone 476.317 Angehörige von Kriegsgefangenen und Vermissten[114] Fürsorge, was 23.71 Prozent der Gesamtanzahl entspricht.[115] Die Summe der Förderungen für diese Gruppe belief sich auf 39.317.000 RM.[116] Höher war lediglich die Anzahl von »Flüchtlinge[n] und Gleichgestellte[n]«[117], ebenso wie der für diese Personengruppe aufgewendete Betrag.[118] Die Statistik weist zudem aus, dass Nordrhein-Westfalen von den Ländern der britischen Besatzungszone mit annähernd einer viertel Millionen Personen die mit Abstand größte Anzahl an Angehörigen von Kriegsgefangenen und Vermissten versorgte.[119] Eine Gesamtzahl von Frauen und Kindern deutscher Kriegsgefangener liefern diese Statistiken allerdings nicht, da sie all jene

---

112   Bericht der Stadt Wanne-Eickel. Verfügung vom 26.4.1947, S. 4, in: LAV NRW R, NW 43 Nr. 474. Bei einem Bevölkerungsstand von 76.171 Personen entspricht dies einem Prozentsatz von 1,59 % der Gesamtbevölkerung von Wanne-Eickel.

113   Die offene Fürsorge in der britischen Zone im Rechnungsjahr 1947/48, in: Statistik der britischen Besatzungszone, Bd. 12 (1950), S. 6f. In der Statistik zur Volkszählung im Oktober 1946 für die britische Besatzungszone wurden die Angehörigen von Kriegsgefangenen und Vermissten nicht als separate Gruppe erfasst. Statistik der britischen Besatzungszone, Volkszählung, Bd. 1 (1946).

114   In der Tabelle steht lediglich »Angehörige von Vermissten usw.« als Bezeichnung der Gruppe. Ebd. Eine Seite zuvor wird diese Beschreibung wie folgt detailliert aufgeschlüsselt: »Angehörige von Vermißten oder von noch in Kriegsgefangenschaft befindlichen ehemaligen Wehrmachtsangehörigen: Die ehemaligen Empfänger von Einsatzfamilienunterhalt und die Angehörigen von ehemaligen Wehrmachtsfriedensgebührnis- und Kriegsbesoldungsempfängern und von ehemaligen Empfängern sonstiger öffentlicher Bezüge, die sich noch in Kriegsgefangenschaft befinden.« Ebd., S. 5.

115   Die Gesamtanzahl wurde in der Statistik mit 2.009.158 Personen angegeben, Ebd., S. 6f.

116   Bei Gesamtausgaben für Fürsorgeleistungen von 148.984.000 RM entsprach dies einem Prozentsatz von 26,39 %, was im Vergleich zum Anteil an Personen bedeutet, dass Frauen und Kinder etwas mehr Leistungen bezogen als andere Gruppen. Ebd., S. 6f.

117   Bei Geflüchteten und denen gleichgestellten Personen handelte es sich zum einen um Vertriebene aus den ehemaligen Reichsgebieten und zum anderen um geflüchtete Personen aus der SBZ. Ihre Gesamtzahl betrug 849.773 Personen (42,30 %). Ebd., S. 6f.

118   Dieser betrug 59.110.000 RM (39,68 %). Statistik der britischen Besatzungszone, Bd. 12 (1950), S. 6f.

119   Ebd., S. 20-25. In ganz Nordrhein-Westfalen befand sich im Landkreis Wittgenstein mit 510 Personen die geringste Anzahl von Angehörigen, die Fürsorgeunterstützung bekamen. Dem gegenüber stand der Stadtkreis Essen mit 11.721 Personen. Stand 31.3.1948.

Angehörigen nicht erfassten, die keine staatlichen Sozialleistungen bezogen bzw. keinen Anspruch auf diese hatten. Trotzdem verdeutlichen die Angaben, dass es sich bei den Frauen und Kindern der Internierten um eine Personengruppe handelte, die in besonderem Maße auf öffentliche Fürsorge angewiesen war. Andere zeitgenössische Erhebungen legen zudem nahe, dass sich Angehörige unterer sozialer Schichten insgesamt häufiger und länger in Kriegsgefangenschaft befanden als Angehörige höherer sozialer Schichten. So war die Anzahl von Bremer Kindern, die eine Volksschule besuchten und deren Vater im Sommer 1947 noch interniert war, signifikant höher als bei jenen, die auf eine Höhere Schule gingen.[120] Dieser Befund verweist darauf, dass Frauen und Kinder deutscher Kriegsgefangener vielfach bereits vor dem Krieg einer niedrigeren sozialen Schicht angehört hatten und prozentual weniger häufig über Besitz oder eine entsprechende Fachausbildung verfügten.

Wie schwer die Angehörigen der Kriegsgefangenen die Umstellung von Familienunterhalt auf Wohlfahrtsfürsorge tatsächlich traf, verdeutlicht folgendes Zitat aus dem Tagebuch von Anne K. Die Mutter von drei kleinen Töchtern notierte im Juni 1945: »Heute habe ich eine Unterstützung bekommen. RM 28 für mich und für jedes Kind RM 11 zusammen RM 61 davon RM 30 Miete, RM 28,50 Lebensversicherung RM 6,50 Krankenkasse zusammen RM 69 hab ich zum Leben wohl genau 0. Ich werde wohl nähen für andere Leute, damit ich unsere Kinder gross bekomme.«[121] Während die finanzielle Versorgung der Familien von Wehrmachtsangehörigen mit dem Ende der nationalsozialistischen Herrschaft aufhörte, blieben die Verbindlichkeiten gegenüber privatwirtschaftlichen Akteurinnen und Akteuren wie Vermieterinnen und Vermietern und Versicherungen bestehen. Der Fürsorgesatz, der Anne K. fortan zugebilligt wurde, war so gering, dass sie nicht einmal die monatlichen Fixkosten davon begleichen konnte. Den Lebensunterhalt der Familie davon zu bestreiten, bedeutete bereits eine Herausforderung. Die Fortführung des bisherigen Lebensstandards war hingegen unmöglich. Darüber hinaus war die Fürsorge wie ein zinsloses Darlehn konzipiert, welches von den Betroffenen zurückgezahlt werden sollte, wenn sie wieder selbst für ihren Unterhalt sorgen konnten.[122] Die Angehörigen, die während der Abwesenheit des Ehemannes monatliche Unterstützung erhalten hatten, mussten diese nach dessen Heimkehr zurückzahlen, wenn er die Versorgung der Familie wieder übernahm. Tat er dies nicht, weil er arbeitsunfähig war oder keine Anstellung fand, wurde die Rückzahlungspflicht ausgesetzt. Der Status des Ehemannes als Kriegsgefangener wirkte sich zu diesem Zeitpunkt in keiner Form aus. Dies änderte sich in Nordrhein-Westfalen mit

---

120   Kurz, Lebensverhältnisse, 1949, S. 15.
121   DTA, 528, Eintrag vom 16.6.45.
122   Der Rückzahlungspflicht unterlagen alle Empfängerinnen und Empfänger von Fürsorgeleistungen.

der Aufhebung der Rückzahlungspflicht für Angehörige von Kriegsgefangenen und Vermissten im Juni 1947.[123] Viele Familien von Heimkehrern hatten Beschwerde eingelegt und sich direkt an den Länderrat bzw. den Kriegsgefangenenausschuss gewandt und für ihren Personenkreis eine Aufhebung der Rückzahlungspflicht verlangt.[124] Die Umsetzung dieser Forderungen durch das Sozialministerium bedeutete eine gewisse Besserstellung der Angehörigen im Fürsorgesystem. An den konkreten Lebensumständen der Ehefrauen und Kinder änderte sich damit jedoch nichts, da sie keine finanzielle Verbesserung bedeutete. Sie erleichterte den Familien lediglich das Leben nach der Rückkehr des Internierten.

Die Ausdifferenzierung von Statusgruppen – Witwen und Waisen, Angehörige von Kriegsgefangenen und jene von Vermissten

Die staatliche Sozialgesetzgebung stellte auch in der Nachkriegszeit ein Ordnungsinstrument der gesellschaftlichen Klassierung dar und eignet sich daher besonders dafür, die Ausdifferenzierung zwischen der Gruppe der Witwen und Waisen sowie der Angehörigen von Vermissten und jenen von Kriegsgefangenen zu untersuchen und darzustellen. Gemeinsam hatten die Frauen und Kinder dieser drei Gruppen, dass ihnen im alltäglichen Leben aufgrund des Krieges der Ernährer und Versorger der Familie fehlte. Das bedeutete jedoch nicht, dass sie alle in gleicher Weise staatliche Bezüge erhielten, da sich der Versorgungsanspruch über den Status des Ehemannes legitimierte und sich dieser bei allen drei Gruppen unterschied. Die Witwen- und Waisenrente wurde aus der Rentenkasse finanziert und bildete daher keinen direkten Teil der Fürsorge. Die Vergleichbarkeit zu den beiden anderen Angehörigengruppen ist daher in Bezug auf die finanzielle Versorgung eigentlich nicht möglich, da sich die gesetzlichen Grundlagen und Verantwortlichkeiten sich maßgeblich unterschieden. Dennoch bildete die Witwen- und Waisenrente den Orientierungs- und Vergleichspunkt in allen Argumentationen und Diskussionen um die angemessene finanzielle Unterstützung für die Frauen und Kinder deutscher Kriegsgefangener. Der zeitgenössische Diskurs sowie die Egodokumente der betroffenen Frauen zeigen zudem, dass in der allgemeinen Selbst- und Fremdwahrnehmung die unterschiedlichen Gruppen miteinander verschwammen und nicht deutlich voneinander abgegrenzt waren. Vielmehr wurden sie beruhend auf subjektiven Einschätzungen und Wahrnehmungen ständig zueinander in Bezug gesetzt und verglichen.[125] Sehr gut lässt sich das an den unterschiedlichen Argumentationslinien nachzeichnen, die auf dem Deutschen Städtetag im Jahr 1946 geführt wurden. In der Diskussion ging es um die Versorgung der Angehörigen von

---

123   LAV NRW R, BR 5 Nr. 24463 Teil 2, Blatt 393.

124   Smith, Heimkehr, S. 111.

125   Diesen Umstand belegen auch die Statistiken, auf die bereits verwiesen wurde und in denen die Gruppen zumeist nicht deutlich unterschieden wurden.

Vermissten und Kriegsgefangenen aus dem Kreis der ehemaligen Angestellten des öffentlichen Dienstes. Diese Männer hatten in Kriegszeiten weiter ihre Bezüge vom Arbeitgeber erhalten und keinen Familienunterhalt bezogen. Da sich einige der Stadtverwaltungen für die Ehefrauen ihrer ehemaligen Mitarbeiter in besonderer Weise verantwortlich fühlten, hatten sie ihren Familien auch nach Kriegsende weiterhin Bezüge gezahlt, ohne dass hierfür eine rechtliche Grundlage bestand. Auf dem Deutschen Städtetag Ende 1946 wurde dieses Vorgehen von den Ländern kritisiert und auf die Unrechtmäßigkeit dieser Zahlungen verwiesen, da die Angehörigen Wohlfahrtsunterstützung erhalten würden, »soweit die Hilfsbedürftigkeit im fürsorgerechtlichen Sinne vorhanden«[126] sei. Die Vertreter der betreffenden Städte bezeichneten diese Regelung wiederum als »Härte«[127] und argumentierten mit der besonderen psychischen Belastung, die mit diesen Fällen einhergehe. Dazu hieß es im Protokoll der Sitzung: »Ihre Frauen und Kinder müssen, da Zahlungen aus dem Dienstverhältnis des Mannes bzw. Vaters nicht mehr in Betracht kommen, das Wohlfahrtsamt in Anspruch nehmen. Der Schritt dorthin ist für sie, deren Männer selbst einmal im Dienst der Stadt gestanden haben, besonders schwer.«[128] Neben dem Argument der sozialen Abwertung durch den Empfang von Fürsorgeleistungen wurde zudem auf die spezielle Belastung dieser Personengruppe hingewiesen, ebenso wie auf die vergleichbare Lebenssituation zu der von Witwen und Waisen. »Unter Berücksichtigung aller Gesichtspunkte erscheint es mir nicht unbillig, wenn die Frauen und Kinder der noch nicht zurückgekehrten Soldaten Pensionsbezüge erhalten wie Witwen und Waisen, zumal viele von ihnen tatsächlich zu dieser Gruppe von bedauernswerten Menschen gehören, ohne es selbst zu wissen.«[129]

Insbesondere das zweite Zitat verdeutlicht, dass die städtischen Vertreter aus einer vergleichbaren Belastung eine finanzielle Gleichstellung ableiteten. Der abwesende und der tote Ehemann und Vater wurden hier als äquivalent betrachtet. Dabei handelte es sich um eine rein subjektive Feststellung der Anwesenden. Zwar basierte die Argumentation vor allem auf dem vermeintlichen Tod der meisten Vermissten, trotzdem belegt die Diskussion die Verantwortung, die ein Teil der Städte offensichtlich gegenüber den Frauen und Kindern von Kriegsgefangenen und Vermissten empfand. Die Militärregierung der britischen Zone lehnte eine solche Regelung dieser Fälle hingegen ab, anders als in der französischen Zone, wo die Dienstbezüge weiterhin von den Städten ausgezahlt wurden.[130] In der Praxis setzte sich eine weit gefasste Auslegung des § 106 DGB durch. Voraussetzung für die Zahlung von Dienstbezügen war demnach, dass sich die vermisste Person seit

126   Deutscher Städtetag in der britischen Zone an den Innenminister NRW, Bezüge für die Angehörigen der Kriegsgefangenen und Vermißten, Abschrift 14.12.1946, in: BArch, Z 2/213.
127   Ebd.
128   Ebd.
129   Ebd.
130   Ebd.

langer Zeit nicht mehr bei ihren Angehörigen gemeldet hatte und bisherige Nachforschungen ohne Erfolg geblieben waren. Zudem mussten die Betroffenen unterschreiben, dass sie das Geld zurückzahlen würden, sollte der Vermisste wieder zurückkehren.[131] Meldete sich der Internierte regelmäßig per Brief bei seiner Familie, wurden somit keine Dienstbezüge gezahlt. Diese Handhabung zog eine klare Grenze zwischen bewiesenermaßen lebenden und höchstwahrscheinlich toten ehemaligen Wehrmachtsangehörigen, wodurch die Frauen und Kinder von internierten Angehörigen des öffentlichen Dienstes nicht anspruchsberechtigt waren. Während die Familien der Vermissten eher den Waisen und Witwen zugeordnet wurden, waren es die schriftlichen Lebensbeweise aus der Gefangenschaft, mit denen der Ausschluss von der Versorgung begründet wurde. Die für die Familien aus emotionaler Sicht so wertvollen Briefe wurden hier zum entscheidenden Ausschlusskriterium. Dieser Vorgang ist ein Beispiel dafür, wie sich letztlich die schrittweise Ausdifferenzierung vollzog, an deren Ende jede der drei Statusgruppen unterschiedlichen Versorgungsregelungen unterlag. Im September des Jahres 1947 wurde in Nordrhein-Westfalen die gesetzliche Grundlage jedoch wieder geändert und die Frauen und Kinder von Beamten und Angestellten des Öffentlichen Dienstes erhielten 50 Prozent der Bezüge.[132]

Die Frauen und Kinder der Kriegsgefangenen schnitten unter finanziellen Gesichtspunkten am schlechtesten ab, da sie weiterhin öffentliche Fürsorgeunterstützung beziehen mussten und ihnen die Behörden im Allgemeinen keine eigene statusbedingte Versorgung zugestanden. Bei den Angehörigen der Kriegsgefangenen sorgte diese unterschiedliche Behandlung zumeist für Unverständnis, wie die Quellen zeigen. Ein Beispiel hierfür ist folgendes Zitat aus dem Brief von Liselotte K. an Konrad Adenauer. »Warum Herr Bundeskanzler, müßen wir Frauen der Wohlfahrt unterliegen? Sind wir nicht, solange unsere Männer noch fern sind in derselben Lage?«[133] Die Frauen sahen sich als ebenso benachteiligt wie Witwen und Waisen oder die Angehörigen von Vermissten. Resultierend aus dieser Selbstwahrnehmung erwarteten die Angehörigen, dass man die Kriegsgefangenschaft ihres Ehemannes und die damit einhergehenden Lebensumstände seiner Familien ebenso als Kriegsfolge anerkannte und ihnen eine bessere finanzielle Versorgung zugestand. Die Gründung der Bundesrepublik Deutschland im Mai 1949 und die Festschreibung von Fürsorgegrundsätzen im Grundgesetz brachte für die Angehörigen von Kriegsgefangenen keine Neuregelung ihres Anspruchs bzw. ihrer Versorgung durch die Fürsorge. Erst Mitte 1950 wurde eine Neuregelung erlassen, die

---

131   Innenminister an den Regierungspräsidenten von Aachen, 4.9.1947, in: LVA NRW R, BR 1047
       Nr. 285.
132   Erl. d. Fin. Min. Nr. B 3000 – 1623/IV u. Inn. Min. Nr. II C I 5374/48 vom 16.4.1948.
133   Liselotte K. an Konrad Adenauer, 29.1.1950, in: PA AA, B 10/2021, A 6000 (Fich 5/D2-3).

rückwirkend zum 1. April 1950 in der Bundesrepublik galt und die Angehörigen der
Kriegsgefangenen dieselbe Versorgung zugestand wie Witwen und Waisen.

Die Versorgung der Angehörigen als Symbol in der Kriegsgefangenenpolitik

Als Angehörige eines ehemaligen Wehrmachtssoldaten hatte die Versorgung der
Frauen und Kinder eines Internierten immer eine politische Dimension, die untrennbar mit der gesamtgesellschaftlichen Wahrnehmung und Entwicklung der
Fragen nach deutscher Opfer- und Täterschaft bzw. der Schuld der Bevölkerung
verbunden war. Für die Nachkriegszeit lässt sich grundsätzlich eine Selbstdefinition der deutschen Bevölkerung als Opfergruppe feststellen. Jörn Rüsen definiert
diesen Prozess als »mentale Strategie der Identitätsbildung«[134] in dem die »Schre-
ckenszüge der Naziperiode in das Anderssein der Täter projiziert [wurde], das jenseits der Grenzen des eigenen Selbst liegt.«[135] Damit einhergehend wurde die nationalsozialistische Elite als sogenannte ›Nazis‹ »exterritorialisiert«[136], wodurch die
vermeintlich normalen Deutschen »als hilflose Opfer teuflischer Verführung«[137] erschienen.[138] Die schrittweise Etablierung einer gesellschaftlichen Wahrnehmung
der deutschen Bevölkerung als Opfer des Nationalsozialismus und des Krieges sowie der Besatzungspolitik ging mit einer verstärkten Forderung nach einer verbes-
serten Versorgung der Angehörigen von Kriegsgefangenen einher. Die gesetzlichen
Vorgaben und Regelungen bilden diese Entwicklung jedoch nur unzureichend ab,
da nicht alle Bemühungen erfolgreich umgesetzt wurden. Auch wenn es letztlich
fünf Jahre dauerte, bis die Angehörigen der Kriegsgefangenen im sozialstaatlichen
Versorgungssystem eine Gleichstellung mit Witwen und Waisen erfuhren, bedeutet dies nicht, dass nicht bereits früher von deutscher Seite versucht wurde eine
Veränderung zu erwirken. Das folgende Beispiel zeigt, wie bereits zwei Jahre zuvor über eine Gleichstellung und damit einhergehende Anerkennung dieser Gruppe
diskutiert wurde.

---

134 Rüsen, Jörn, Holocaust, Erinnerung, Identität. Drei Formen generationeller Praktiken des Er-
     innerns, in: Welzer, Harald (Hg.), Das soziale Gedächtnis. Geschichte, Erinnerung, Tradie-
     rung, Hamburg 2001, S. 243-269, S. 249.
135 Ebd.
136 Ebd.
137 Ebd.
138 Ute Frevert hat zudem den Begriff der »Leidensgemeinschaft« für den identitätsbildenden
     Aspekt des eigenen Opferverständnisses der deutschen Bevölkerung in der unmittelbaren
     Nachkriegszeit verwendet. »Wenn es nach der Niederlage ein Bewußtsein übergreifender
     Gemeinsamkeiten in der deutschen Bevölkerung gab, war es das der Leidensgemeinschaft.
     Man fühlte sich nicht als Täter, sondern als Opfer und lehnte jede persönliche Verantwortung
     ab.« Frevert, Ute, Die Sprache des Volkes und die Rhetorik der Nation. Identitätssplitter in der
     deutschen Nachkriegszeit, in: Bauerkämper, Arnd/Sabrow, Martin/Stöver, Bernd (Hg.), Dop-
     pelte Zeitgeschichte. Deutsch-deutsche Beziehungen 1945-1990, Bonn 1998, S. 18-31, S. 22.

Im Januar 1948 beriet der Sozialpolitische Ausschuss für die britische Besatzungszone erstmals über die Möglichkeit einer statusbedingten Unterstützung für die Familienangehörigen von Kriegsgefangenen.[139] Die Ausschussmitglieder diskutierten, wie eine Gleichstellung der Frauen von Kriegsgefangenen mit Kriegerwitwen erreicht werden könne. In ihren Augen stand außer Frage, dass diese eine bessere Versorgung benötigten und verdienten, wie folgende Äußerung des Mitgliedes Dr. Walter Pahl[140] aus dem Protokoll der Ausschusssitzung belegt: »Dazu kommt, daß doch diese Angehörigen der Kriegsgefangenen, gesehen am Gesamtrisiko des Volkes, hier etwas besonderes zu tragen haben, eine besondere Last zu tragen haben, und es ist deshalb zu überlegen, ob diese besondere Last nicht durch die Gesamtheit übernommen werden sollte, soweit das möglich ist.«[141] Helene Wessel[142] fügte hinzu: »Das ist die Mindestverantwortung, die ein Volk in einer solchen Lage zu tragen hat, diese Schuld in einer materiellen Möglichkeit auszugleichen.«[143] Die Zitate zeigen, dass von deutscher Seite durchaus eine Verbesserung der Unterstützungsleistungen für die Angehörigen von Kriegsgefangenen angestrebt wurde. Die Ursache hierfür lag offensichtlich in einem gewissen Verantwortungsgefühl für die Kriegsgefangenen und ihre Familien, denen gegenüber man eine gesellschaftliche Schuld empfand. In diesem Verständnis stellte die Gefangenschaft ein Opfer dar, welches die Internierten für das deutsche Volk erbrachten. Ihre Teilnahme am Krieg wurde damit auf eine bloße Pflichterfüllung reduziert, losgelöst von den Verbrechen, die von deutschen Soldaten verübt worden waren.[144] Als Dank für dieses Opfer, so die Argumentation, müsse der Staat

---

139 Protokolle der Sitzungen 19. und 20. im Januar 1948, in: BArch, Z 2/89.

140 Hierbei handelte es sich um Dr. Walter Pahl (1903-1969), der im entsprechenden Zeitraum den Zonenbeirat als Sachverständiger für sozialpolitische Fragen beriet. Pahls publizistische Tätigkeiten zur Geopolitik während des Nationalsozialismus wurden nach dem Krieg kritisch diskutiert und sorgten dafür, dass seine Tätigkeiten durchaus problematisch gesehen wurden. Eine Berufung als Sekretär zur Bearbeitung sozialpolitischer und kulturpolitischer Fragen 1946 lehnte er nach erheblichen Bedenken im Zonenbeirat ab. Linne, Karsten, Walter Pahl – Eine Gewerkschafter-Karriere. in: 1999. Zeitschrift für Sozialgeschichte des 20. und 21. Jahrhunderts, Bd. 5 (1990), S. 39-55.

141 Protokoll der 19. Sitzung des Sozialpolitischen Ausschusses am 12.1.1948, Zitat von Dr. Pahl, S. 6, in: BArch, Z 2/89.

142 Hierbei handelte es sich um Helene Wessel (1898-1969), führende Politikerin des Zentrums und seit 1946 Mitglied des Zonenbeirats. Während des Krieges hatte Wessel als Fürsorgerin gearbeitet. Sie gilt als eine der vier »Mütter des Grundgesetzes«. Friese, Elisabeth, Helene Wessel (1898-1969). Von der Zentrumspartei zur Sozialdemokratie. in: Düsseldorfer Schriften zur neueren Landesgeschichte und zur Geschichte Nordrhein-Westfalens, Essen 1993.

143 Protokoll der 19. Sitzung des Sozialpolitischen Ausschusses am 12.1.1948, Zitat von Helene Wessel, S. 7, in: BArch, Z 2/89.

144 Auf diesem Argument beruht letztlich bis heute die Verteidigung und Entschuldigung von Taten deutscher Wehrmachtsangehöriger, wenn es um die Frage der Schuld einzelner Soldaten bzw. der gesamten Wehrmacht geht.

eine bessere finanzielle Absicherung der Frauen und Kinder gewährleisten. Im Februar 1948 wurde daraufhin offiziell versucht die Versorgung der Angehörigen von Kriegsgefangenen aus der Fürsorge herauszulösen und durch eine Rentenzahlung, entsprechend der von Witwen und Waisen, zu ersetzen. Der Zonenbeirat lehnte das jedoch ab und begründete dies vor allem mit der bereits ausgesetzten Rückzahlungspflicht der Fürsorgeleistungen.[145] Zudem erlaube die aktuelle wirtschaftliche Lage nur eine Regelung über Bedürftigkeit und Wohlfahrtsunterstützung, wie es in der Begründung hieß. Die britische Besatzung verwies außerdem darauf, dass Ende 1948 die Repatriierung aller deutschen Kriegsgefangenen abgeschlossen sei und die Problematik sich damit von selbst löse.[146] Zudem wäre es den Internierten in England gestattet, Geldüberweisungen an ihre Angehörigen in Deutschland zu tätigen, um diese finanziell zu unterstützen.[147] All diese Gründe waren zum Zeitpunkt der Ablehnung inhaltlich wie formal vollkommen richtig und somit eine legitime Erklärung für die Entscheidung der britischen Militärregierung. Gleichzeitig verhinderte sie die rechtliche Gleichstellung der Angehörigen von Kriegsgefangenen mit anderen Empfängergruppen der Kriegsfolgenhilfe und damit die Festschreibung ihres Status als anerkannte Opfergruppe.[148] Ob dieser Aspekt ebenfalls eine Rolle bei der Entscheidung des Zonenbeirats spielte, lässt sich aufgrund der Quellen nicht sagen. Gleichwohl hätte eine solch frühe Anerkennung der Angehörigen als Kriegsopfer auch eine starke symbolische Bedeutung besessen, zumal sie der Sichtweise der Siegermächte auf die Kriegsgefangenschaft der ehemaligen Wehrmachtsangehörigen als eine Form des Ableistens einer gewissen Schuld durchaus widersprochen hätte.

An diesem Beispiel zeigt sich sehr eindrücklich, wie sehr die Versorgung der Frauen und Kinder bereits während der Besatzungszeit ständigen politischen Aushandlungsprozessen unterworfen war und immer im Kontext der Kriegsgefange-

---

145   Büro des Stellv. Mil. Gouv. Brit. Verb. Stab beim Zonenbeirat an den Generalsekretär Deutsches Sekretariat Zonenbeirat, Stellungnahme der Kontrollkommission, 21.2.1948, in: BArch, Z 2/213.

146   Ebd., »Es wird dem Zonenbeirat bekannt sein, dass auf dem Außenministerrat in Moskau vereinbart wurde, dass alle Kriegsgefangenen bis Ende 1948 nach Deutschland entlassen werden sollen. Was die Kriegsgefangenen betrifft, so hat es offensichtlich wenig Sinn, jetzt eine neue Regelung einzuführen, die ein erheblichen Quantum an Verwaltungsarbeit mit sich bringen würde.«

147   Auf die Überweisungen deutscher Kriegsgefangener aus England an ihre Angehörigen wird im Folgenden dieses Kapitels noch detaillierter eingegangen.

148   Wolfgang Rüfner verweist ebenfalls auf diesen Aspekt im Kontext der Herausbildung einer Kriegsopferversorgung in den westlichen Besatzungszonen und der Sorge der Besatzungsmächte um ein Wiederaufleben des Militarismus. Rüfner, Wolfgang, Ausgleich von Kriegs- und Diktaturfolgen, in: Schulz, Günther (Hg.), 1949-1957 Bundesrepublik Deutschland. Bewältigung der Kriegsfolgen, Rückkehr zur sozialpolitischen Normalität, Baden-Baden 2005, S. 690-755, S. 692.

nenproblematik diskutiert wurde. Tatsächlich waren die gesetzlichen Bestimmungen auch nicht in allen Ländern gleich bzw. unterschieden sich vor allem zwischen den verschiedenen Besatzungszonen. Während es in der britischen Besatzungszone, wie das obige Beispiel zeigt, zwar Diskussionen über eine spezifische Versorgung der Angehörigen von Kriegsgefangenen gab, wurde eine solche nie eingeführt. Anders sah dies in Bayern[149], Hamburg[150] und Württemberg-Baden[151] aus, wo entsprechende Gesetze bestanden und Frauen und Kinder eine statusbezogen finanzielle Unterstützung erhielten, die der von Kriegshinterbliebenen entsprach.[152]

Das alltägliche Bestreiten des Lebensunterhalts – Tauschgeschäfte und die Währungsreform

Die schlechte Versorgungslage der Nachkriegsjahre und die nur unzureichenden staatlichen Sozialleistungen führten dazu, dass Menschen auf unterschiedlichsten Wegen versuchten für den eigenen Lebensunterhalt zu sorgen. Insbesondere Hamsterfahrten und die Tauschgeschäfte auf dem Schwarzmarkt sind zwei feststehende Begriffe, die die bundesdeutsche Erinnerung an die schwierige Versorgungslage der ersten Nachkriegsjahre noch heute prägen. Tatsächlich war die Versorgung mit Lebensmitteln, Kleidung und Gegenständen des täglichen Gebrauchs insbesondere in den städtischen Gebieten sehr schlecht. Vor allem davon betroffen waren alleinstehende Frauen, alte Personen und Geflüchtete, da sie alleine ihren Lebensunterhalt bestreiten mussten, keiner Erwerbsarbeit nachgehen konnten oder ihr gesamtes Hab und Gut bzw. den Großteil davon verloren hatten.

Die spezifische Situation der Frauen und Kinder von Kriegsgefangenen wirkte sich auch in besonderer Weise auf diese Bereiche des alltäglichen Lebens aus. Auf diese soll im Folgenden eingegangen werden und darüber hinaus ein kurzer Blick darauf geworfen werden, welche Auswirkungen die Währungsreform auf das Leben dieser Personengruppe hatte. Während bisher vor allem beschrieben wurde, inwieweit die Familien durch die Internierung der Gefangenen benachteiligt waren, gab es auch einige wenige Fälle, in denen die Familien von den Umständen der Gefangenschaft ihres Angehörigen in gewisser Weise profitierten. Dies galt etwa, wenn der Gefangene ein ehemaliger Offizier war und in einem Land mit deutlich

---

149   Gesetz über Unterhaltsbeihilfe für Angehörige von Kriegsgefangenen vom 30.5.1949. Bayer. Gestz. U. Verordn. Bl. Nr. 13 vom 10.6.1949, S. 120.

150   Gesetz über die Zahlung von Unterhaltsbeihilfen an Ehefrauen und unterhaltberechtigte Angehörige von Kriegsgefangenen vom 11.6.1949, Hamb. Ges.- u. Verordn. Bl. Nr. 23 vom 14.6.1949.

151   Gesetz Nr. 1034 vom 22.12.1948, Reg. Bl. Nr. 1 vom 11.1.1949, S. 6.

152   Wie es letztendlich dazu kam, dass die Frauen und Kinder der Kriegsgefangenen in diesen Ländern eine spezifische Versorgung erhielten, ließ sich im Rahmen dieser Arbeit leider nicht feststellen bzw. geben die Dokumente im Bundesarchiv darüber keine Auskunft.

besserer Versorgungslage interniert war, wie England oder den USA. Es wurde bereits erwähnt, dass die Internierten in britischer Gefangenschaft ab Dezember 1946 monatlich den Betrag von einem Pfund nach Deutschland überweisen konnten, was 15 RM entsprach.[153] Zwar gelangte das Geld nicht in voller Höhe zu den Angehörigen, da die britische Regierung von diesen Transfers durch den Wechselkurs und die erhobenen Gebühren profitierte, dennoch konnte eine solche Überweisung gerade für bedürftige Familien sehr wichtig sein. Besonders wertvoll waren für die Familien in Deutschland neben Geldsendungen Pakete mit Gebrauchsgegenständen und Kurzwaren, welche die Internierten aus der Gefangenschaft schickten. Wie kostbar diese Sendungen häufig waren, verdeutlicht folgendes Zitat aus einem Brief von Hilde M. an ihren Ehemann aus dem Jahr 1947. »Gestern kamen auch Deine drei Anweisungen hier an. Laß es doch bitte sein, denn Du kannst doch drüben mit dem Geld mehr anfangen als ich hier. Besser ist es, wenn Du kannst, schick mir Sachen her. Denn wenn ich mit einer Tube Zahncreme oder Schuhcreme zu den Bauern komme, dann sind sie viel freigiebiger, als wenn ich mit 10 oder 20 Mark komme.«[154] Natürlich hing diese spezifische Einschätzung von Hilde M. damit zusammen, dass sie selbst über genug Vermögen verfügte[155], aber insbesondere für Tausch- und Schwarzmarktgeschäfte waren Kurzwaren wie Gummiband, Schuhcreme, Bürsten oder Rasierklingen wertvoller als Bargeld. So viel wertvoller, dass die Familie M. sogar überlegte, wie sie Geld nach England transferieren könnte, damit Wolfgang dort davon mehr Waren hätte kaufen können.[156]

Dies änderte sich erst mit der Währungsreform im Juni 1948. Mit der Einführung der D-Mark in den westlichen Besatzungszonen als neue Währung waren dort auch sämtliche Güter wieder zu erhalten.[157] Die Bevölkerung konnte alle Waren gegen Geld erwerben, was gleichzeitig das Ende der Schwarzmarktgeschäfte bedeutete. Jede Person erhielt ein sogenanntes »Kopfgeld«, für das 60 RM im Verhältnis 1:1 gegen 60 DM getauscht wurden. Dieses Verhältnis galt ebenfalls für »Verbindlichkeiten wie Löhne und Gehälter, Miet- und Pachtzinsen, Pensionen und Ren-

---

153   Hilde M. an Wolfgang M., Brief vom 24.11.1946, Privatbesitz.

154   Hilde M. an Wolfgang M., Brief vom 23.9.1947, Privatbesitz.

155   Es ist davon auszugehen, dass Hilde M. auch nach der Währungsreform noch über ausreichende finanzielle Mittel verfügte, da ihr Vater eine Papierfabrik besaß und Produktivvermögen (Aktien, Haus- und Grundbesitz sowie alle privaten Lagerbestände) unangetastet blieb.

156   Hilde M. an Wolfgang M., Brief vom 19.11.1947, Privatbesitz.

157   Abelshauser, Werner, Deutsche Wirtschaftsgeschichte seit 1945, München 2004, S. 120ff. Bereits vor der Währungsreform war es Handwerk und Industrie wieder möglich gewesen, Waren in größerem Umfang zu produzieren, die sie jedoch aufgrund des geringen Wertes des Geldes nicht in den Verkauf gegeben hatten. Zeitgleich mit der Währungsreform boten die Einzelhändler diese Waren auch wieder an. Zeitzeugen und Zeitzeuginnen erinnern sich noch heute an die über Nacht vollen Schaufenster und die Möglichkeit, plötzlich alle Waren wieder erhalten zu können.

ten.«[158] Sonstiges Vermögen wurde im Verhältnis 10:1 getauscht, wodurch Sparvermögen deutlich reduziert wurde.[159] Viele Frauen, die zuvor noch von Reserven gelebt hatten, gerieten nun in finanzielle Schwierigkeiten.[160] Zum einen durch die teilweise Entwertung des privaten Vermögens, zum anderen durch den Wegfall der Schwarzmärkte, auf denen mit Dingen wie Hausrat oder Schmuck Lebensmittel oder Bekleidung hatten ertauscht werden können. Elisabeth K. schrieb nur drei Tage nach der Währungsreform in ihr Tagebuch: »Unsere Ladeneinnahme beträgt von 3 Tagen 1,80 DM. Ja, mein Jupp muß kommen. Wie schaffen wir sonst die vor uns liegende schwere Zeit? Preise, Löhne, alles bleibt und wir haben kein Geld.«[161] Die Besitzerin eines Uhrengeschäftes im Sauerland berichtete an diesem Tag zum ersten Mal über finanzielle Schwierigkeiten. Zuvor hatten sie und ihr Schwiegervater von Tauschgeschäften gelebt. Mit der neuen stabilen Währung fiel besonders schwer ins Gewicht, dass in den Familien der Kriegsgefangenen der Hauptverdiener fehlte.[162] Denn gleichwertige Einnahmen konnten nur über Lohn oder Eigentum erwirtschaftet werden, doch eine entsprechend ausreichend bezahlte Anstellung zu finden war, wie bereits erwähnt, für viele der Frauen kaum möglich.[163] Der Deutsche Verein schätzte den Anstieg der Personen, die durch die Währungsreform Fürsorge empfingen auf etwa zehn bis fünfundzwanzig Prozent.[164] Die mit der Währungsreform einhergehenden Preiserhöhungen trafen vor allem die unteren sozialen Schichten. Gleichzeitig erlangten aber mit der neuen Währung auch die Fürsorgesätze wieder ihre »Existenz sichernde Funktion«[165] zurück. Die Re-

---

158 Ebd., S. 125.
159 Ebd.
160 Auch die Caritas beschrieb die Zeit nach der Währungsreform als besonders schwierig für die Angehörigen der Kriegsgefangenen. »Besonders trat diese Not zutage, als nach der Währungsreform die kleinen Ersparnisse entwertet worden waren und die geringen Unterstützungssätze und Renten, die ein Teil der Frauen erhielt, nicht ausreichten, um die Familie durchzubringen.« Protokoll über die 10. Vollversammlung der Landesgemeinschaft für Kriegsgefangenenfragen Württemberg-Baden, 6.8.1949, in: BArch, B150/4409.
161 DTA, 1530/1, S. 60.
162 Ruhl, Klaus-Jörg, Verordnete Unterordnung. Berufstätige Frauen zwischen Wirtschaftswachstum und konservativer Ideologie in der Nachkriegszeit (1945-1963), München 1994, S. 90.
163 Meier, Sibylle/Schulze, Eva, »Alleine war´s schwieriger und einfacher zugleich.« Veränderung gesellschaftlicher Bewertung und individueller Erfahrungen alleinstehender Frauen in Berlin 1943-1955, in: Freier/Kuhn (Hg.), Frauen, S. 348-385, S. 366. Das Land Württemberg-Baden hatte aus diesem Grund direkt bei der Währungsreform die Angehörigen von Kriegsgefangenen mit einmaligen Zahlungen zwischen 50 und 150 DM bedacht. Insgesamt wurde dafür ein Betrag von 240.000 DM aufgewendet. Insgesamt hatten 3.914 Familien Zahlungen erhalten. Abschlußbericht der Landesarbeitsgemeinschaft für Kriegsgefangenenfragen Württemberg-Baden e. V., 30.9.52, in: BArch, B122/639.
164 Heisig, Armenpolitik, S. 39.
165 Willing/Boldorf, Fürsorge, S. 612.

form wirkte sich jedoch nicht nur auf die Empfängerinnen und Empfänger der Leistungen negativ aus, sondern auch auf die Kommunen und die freien Wohlfahrtsverbände. Da diese ebenfalls von der Teilentwertung bestehenden Vermögens betroffen waren, wurde das gesamte Wohlfahrtswesen zumindest kurzfristig geschwächt.

Betrachtet man die Versorgungslage der Frauen und Kinder von Kriegsgefangenen im Zeitraum zwischen Mai 1945 und Mai 1950 muss feststellt werden, dass die meisten von ihnen finanziell schlechter gestellt waren als der Großteil der Bevölkerung. Ausgenommen waren davon nur jene Frauen, die über eine berufliche Fachausbildung[166] verfügten, eigenes Vermögen oder Besitz hatten und/oder von ihren Familien unterstützt wurden. Doch selbst in diesen Fällen mussten die Frauen nach dem Ende der nationalsozialistischen Herrschaft auf die vorherigen Unterhaltszahlungen verzichten und verfügten insgesamt über geringere finanzielle Möglichkeiten. Die Frauen, die sich und eventuelle Kinder ausschließlich durch den Familienunterhalt oder den Wehrsold des Ehemannes finanziert hatten, waren nun auf Fürsorgeleistungen angewiesen, was für sie auch eine gesellschaftliche Abwertung bedeutete. Zum einen gehörten sie damit fortan zu einem Personenkreis ohne gesellschaftliches Ansehen, was in deutlichem Gegensatz zu ihrem vorherigen Status als ›Kriegerfrau‹ stand. Dies bedeutete zum anderen, dass das bisherige Selbstverständnis und Selbstbild dieser Frauen nicht mehr kongruent war mit dem, was ihre Umwelt ihnen widerspiegelte. Vom Prozess der zunehmenden Ausdifferenzierung der Betroffenengruppen – Witwen und Waisen, Angehörige von Vermissten und Angehörige von Kriegsgefangenen – profitierten die Familien der Internierten am wenigsten. Vielmehr empfanden die Frauen diese als eine Form der Herabsetzung ihrer eigenen Position und der vermeintlichen Leistungen ihres Ehemannes als Soldat. Auch wenn das im vorherigen beschriebene Beispiel des Sozialpolitischen Ausschusses zeigt, dass sich das gesellschaftliche Verständnis für diese Personengruppe wandelte, führte dies letztlich nicht zu einer tatsächlichen gesetzlichen Änderung. Trotzdem liegt in der sich hier langsam abzeichnenden Entwicklung einer westdeutschen Kriegserinnerung als Opfergeschichte des ›deutschen Volkes‹ und einer Viktimisierung der ehemaligen Wehrmachtsangehörigen der Grundstein für die schrittweise Verbesserung der Situation der Angehörigen von Kriegsgefangenen. Denn die Frauen und Kinder standen in diesem Diskurs stellvertretend für ihre internierten Angehörigen – eine Funktion, die sich in der

---

166   Frauen, die ein Studium oder eine Fachausbildung absolviert hatten, verdienten zwar mehr als eine ungelernte Arbeiterin, allerdings deutlich weniger als ein Mann in einer vergleichbaren Tätigkeit. Der durchschnittliche Lohnabstand zwischen Männern und Frauen lag im September 1948 bei 44 Pf. Drohsel, Petra, Die Entlohnung der Frau nach 1945, in: Freier/Kuhn, Frauen in der Geschichte, S. 202-230, S. 211ff.

Bundesrepublik nach der Meldung der TASS im Mai 1950 immer stärker verfestigte.

3.2.2 Mütterlichkeit und ›natürliche Weiblichkeit‹ in den Diskursen um Treue und Untreue der Ehefrauen von Kriegsgefangenen

Die vermeintliche Untreue deutscher Frauen in der Nachkriegszeit war ein Thema, über das öffentlich viel geschrieben und gesprochen wurde. Auch wenn es bis heute keine wissenschaftlichen Arbeiten gibt, die diesen Aspekt der deutschen Nachkriegsgeschichte ausführlich untersuchen, so ist das Bild der untreuen Ehefrau eines Kriegsgefangenen doch Teil der deutschen Nachkriegserinnerung. Der Heimkehrer, der nach seiner Rückkehr feststellen muss, dass seine Ehefrau ihn betrogen, ein Kind von einem anderen Mann hat oder in einer neuen Beziehung lebt, sind klassische Bilder, die Eingang gefunden haben in Romane, Filme und Theaterstücke.[167] Über die Themen Treue und Untreue tauschte sich auch das Ehepaar M. in ihren Briefen aneinander aus. Hilde M. schrieb an ihren Mann: »Die wenigsten sind stark genug, um sich selbst und dem Auserwählten treu zu bleiben. Was man heute vielfach sieht, ist sehr traurig. Glückliche Familien sind fast selten geworden. [...] Mir selbst ist es leicht gefallen, sich selbst, Dir und den Kindern treu zu bleiben. ... anders sieht es bei vielen anderen aus.«[168] Während die Untreue deutscher Soldatenfrauen in Kriegszeiten nicht öffentlich diskutiert und ihre Treue und ›Ehre‹ nicht in Zweifel gezogen wurde, sah dies nach Kriegsende anders aus.[169] Dabei gibt es kaum Quellen, die diese Untreue explizit beweisen. In Tagebüchern und Briefen finden sich quasi nur die Beschreibungen und Aussagen von Zeitgenossinnen und Zeitgenossen, die über die Untreue und den Ehebruch von anderen Frauen schreiben.[170] Es handelte sich hierbei also vielmehr um eine Wahrnehmung der Zeitge-

---

167 Ein Beispiel hierfür ist Rainer Werner Fassbinders Spielfilm »Die Ehe der Maria Braun« aus dem Jahr 1979; Zu der Untreue der Ehefrauen in Theaterstücken: Trinks, Ralf, Zwischen Ende und Anfang. Die Heimkehrerdramatik der ersten Nachkriegsjahre (1945-1949), Würzburg 2002, S. 110-113.

168 Brief von Hild M. an Wolfgang M. vom 10.8.1946, Privatbesitz.

169 Bei der Durchsicht der wichtigsten nationalsozialistischen Frauenzeitschrift, der *NS-Frauen-Warte*, konnte kein Artikel gefunden werden, der sich explizit oder auch nur implizit mit der Thematik der Untreue von Kriegerfrauen auseinandersetzte.

170 Dies ist vermutlich darauf zurückzuführen, dass die Frauen zumeist Stillschweigen über diese Beziehungen halten wollten und dass auch die Egodokumente, die sich heute in Archiven und Sammlungen befinden, einer gewissen Selektion unterliegen. Es ist davon auszugehen, dass eine Verfasserin, ein Verfasser oder nahestehende Angehörige Tagebücher oder Briefe, die eine Untreue belegen, aufgrund des Inhaltes vermutlich nicht so einfach an Dritte weitergaben, da sie fürchteten, für das vermeintliches Fehlverhalten moralisch verurteilt zu werden. Diesen Befund stütz der Beitrag von Sabine Grenz, die für ihre Untersuchung nur zwei Tagebücher auswerten konnte, in denen auch nur über die Untreue anderer Frauen ge-

nossinnen und Zeitgenossen. Allerdings weisen die hohen Scheidungszahlen und die bei Gerichtsverfahren angegebenen Scheidungsgründe darauf hin, dass Ehebruch in den ersten Nachkriegsjahren durchaus weit verbreitet war.[171] Statistische Aussagen darüber lassen sich hingegen nicht treffen und auch die Thematisierung dieses Sachverhalts in Zeitungen und Zeitschriften erlaubt keine verlässlichen Aussagen darüber, ob die Ehefrauen von Kriegsgefangenen ihren Ehemännern treuer oder untreuer waren als andere Gruppen von Frauen. Tatsächlich steht diese Frage auch nicht im Fokus der folgenden Betrachtung. Es wird vielmehr untersucht, welche gesellschaftlichen und staatlichen Diskurse im Zusammenhang mit Treue und Untreue geführt wurden, da diese viel darüber aussagen, welche Erwartungen die Gesellschaft und das soziale Umfeld an diese Frauen stellten, welche Handlungsweisen akzeptiert oder toleriert bzw. welches Verhalten sanktioniert wurde, da es außerhalb normativer Grenzen lag. Die Thematik der Untreue von Ehefrauen von Kriegsgefangenen eignet sich zum einen sehr um daran aufzuzeigen, wie sich mit der Kapitulation und aufgrund der schlechten Verhältnisse der Nachkriegsjahre die bisher vorherrschenden gesellschaftlichen Wert- und Normvorstellungen veränderten. Zum anderen lässt sich an diesem Beispiel nachvollziehen, wie aktiv von außen versucht wurde diese zu beeinflussen und spezifische Beurteilungen und Lesarten zu etablieren.

Als Quellen hierfür werden vor allem administrative und publizistische Quellen verwendet. Diese zeigen, wie Fürsorgerinnen und Fürsorgeorganisationen in der Praxis Fälle von Untreue beurteilten und welche normativen Vorstellungen bei ihnen vorherrschten. Darüber hinaus lässt sich anhand einiger Artikel aus den Zeitschriften *Der Heimkehrer*[172] und *Der junge Mann* analysieren, aus welcher Sichtweise heraus Organisationen den Ehebruch in Familien von Heimkehrern beurteilten und welche Handlungsempfehlungen sie ihren Leserinnen und Lesern gaben.

Dass bei der Bewertung von Ehebruch Unterscheidungen gemacht wurden und die Zeitgenossinnen und Zeitgenossen die katastrophalen Umstände der Nachkriegsjahre berücksichtigten, verdeutlicht folgender Auszug aus der Antwort, die Wolfgang M. seiner Frau Hilde schickte: »Was Du über den Niedergang von Sittlichkeit und Moral schreibst, ist uns im Großen und Ganzen bekannt, verwundert uns bei der augenblicklichen Situation auch nicht weiter. Aber trotz allem haben wir alle den festen Glauben, daß es sich um den kleineren Teil der deutschen Frauen

---

schrieben wurde. Grenz, Sabine, Prostitution: Dorn im Auge oder unterstützender Mechanismus für die Entwicklung einer neuen nationalen Identität? Tagebuchaufzeichnungen von Frauen an der besiegten »Heimatfront«, in: Frietsch, Elke/Herkommer, Christina (Hg.), Nationalsozialismus und Geschlecht. Zur Politisierung und Ästhetisierung von Körper, »Rasse« und Sexualität im »Dritten Reich« und nach 1945, Bielefeld 2009, S. 415-432.

171   Smith, Heimkehr, S. 107ff.

172   Hierbei handelt es sich um eine andere Zeitschrift als das spätere Vereinsorgan des VDH *Der Heimkehrer*, die ab 1950 von diesem herausgegeben wurde.

handelt.«[173] Während die Untreue von Frauen in der Nachkriegszeit insgesamt ein präsentes Thema war, unterlag die Diskussion im Fall der Ehefrauen von Kriegsgefangenen spezifischen Aspekten. Neben der grundsätzlichen moralischen Verurteilung von Untreue und Betrug wog dieser offensichtlich in den Augen der Zeitgenossinnen und Zeitgenossen besonders schwer. Grund dafür war die Funktion, die den Ehefrauen für das Überleben ihres internierten Mannes zugeschrieben wurde.[174] Viele Heimkehrer hatten immer wieder berichtet, dass der Gedanke an die Rückkehr zu ihrer Familie sie habe durchhalten lassen und so wurden die Frauen der Kriegsgefangenen auch in der Wahrnehmung der Bevölkerung zu deren wichtigstem Ankerpunkt. Welche Tragweite für einen Internierten die Nachricht von der Untreue seiner Ehefrau habe, wurde 1947 auch in der Zeitschrift *Der Heimkehrer* beschrieben. Dort hieß es: »[...] für einen Mann in der Gefangenschaft [gibt es] keine größere Enttäuschung als die, daß der Mensch, dem alle Liebe und Sehnsucht gehört hat, inzwischen seine Liebe einem anderen geschenkt, sich weggeworfen, das Band der Ehe zerrissen und den Mann in der Fremde so gut wie heimatlos, wurzellos, hoffnungslos gemacht hat.«[175] Obwohl in diesem Zitat nicht unterschieden wird zwischen einer kurzen Affäre oder einer neuen, langfristigen Beziehung, wird sehr deutlich, welche Konsequenzen und damit einhergehende Schuld der Ehefrau zugeschrieben wird. Der Betrug eines Kriegsgefangenen erhielt in dieser Sichtweise eine weitaus größere Dimension als das private Scheitern einer Ehe. So wurde immer wieder davon berichtet, dass ein Internierter über die Nachricht der Untreue seiner Ehefrau allen Lebensmut verloren habe und gestorben sei.[176] Damit erhielt die Treue der Ehefrau eine Bedeutung, die weit über den Erhalt der Familie hinaus ging; war sie aus Sicht der Bevölkerung damit implizit auch für das Überleben des Internierten verantwortlich.

Eine entscheidende Rolle für die öffentliche Bewertung des Ehebruchs spielte der Zeitpunkt der Untreue. Während ein größeres Verständnis dafür herrschte,

---

173 Brief von Wolfgang M. an Hilde M. vom 30.4.1947, Privatbesitz. Auf welche Äußerungen Hilde M´s. zu Sittlichkeit und Moral lässt sich leider nicht genau rekonstruieren.

174 Ela Hornung konnte in ihrer Arbeit für Österreich zudem zeigen, dass diese Zuschreibung auch nach der Heimkehr der Internierten ihre Gültigkeit behielt. »Im psychologisch-ärztlichen Diskurs der Nachkriegsjahre wurde das Frauenideal der treuen, geduldig wartenden, passiven, mütterlich-fürsorglichen Frau propagiert, welche die Männer wieder gesund machen sollten. [...] Die Frau tauchte immer wieder in der zugewiesenen Zuständigkeit für die Wiederherstellung des Wohlbefindens des Heimkehrers auf.« Hornung, Warten, S. 11.

175 D., Ein Wort zum Ehebruch. Soll der Mann seiner Frau vergeben?, in: Der Heimkehrer, Nr. 9 (1947), S. 2.

176 Eines Tages aber stand er vor der Tür..., in: Kameradendienst. Spezialmitteilungs- und Anzeigenblatt für Rußland-Heimkehrer, Zivilverschleppten-, und kriegsgefangenen und Vermißten-Angehörige im Bundesgebiet und Westberlin, 1950, Nr. 7, in: LAV NW R, BR 1058/1130, Bl. 259.

wenn Frauen außereheliche Beziehungen eingingen, um Notsituationen zu lin-
dern, sank die Toleranz für solches Verhalten mit der wirtschaftlichen Konsolidierung. Ein weiterer Unterschied bestand darin, ob der Mann sich bereits aus der
Gefangenschaft gemeldet oder ob die Familie bisher noch kein Lebenszeichen erhalten hatte. Je länger die Frau kein Lebenszeichen von ihrem Ehemann bekommen
hatte, desto wahrscheinlicher war sein Tod, womit eine gewisse Akzeptanz für eine
neue Partnerschaft der Frau einherging. Zusätzlichen Einfluss auf die Bewertung
hatte auch der Umstand, mit wem sie eine außereheliche Beziehung einging. Die
Bezeichnung ›Ami-Liebchen‹ drückte bereits die gesellschaftliche Herabwürdigung
solcher Beziehungen aus, ebenso wie die Betitelung ›Veronikas‹, die eine Anspie-
lung auf sexuell übertragbare Krankheiten enthielt.[177] Die intime Beziehung zu den
Siegern verletzte den Nationalstolz eines Teils der deutschen Bevölkerung und of-
fenbarte aus dem Nationalsozialismus vorherrschende rassistische Vorstellungen
gegenüber Ausländern im Allgemeinen und afroamerikanischen Soldaten im speziellen.[178] Im wissenschaftlichen Diskurs wird zudem immer wieder auf die Deutung
verwiesen, dass die sexuelle Eroberung der deutschen Frauen durch die alliierten
Soldaten eine weitere Dimension der deutschen Unterwerfung darstellte und das
Verhalten der Frauen in diesem Kontext als Niederlage interpretiert wurde.[179]

Neben den zwei gerade beschriebenen Parametern – dem Zeitpunkt und der
Person, mit der der Ehebruch stattfand, – gibt es noch zwei weitere, aufgrund
derer Untreue beurteilt wurde. Bei diesen beiden handelt es sich um die Ursache
für die Untreue und deren Form, die zur besseren Verständlichkeit im Folgenden
anhand von zwei Gegensatzpaaren untersucht werden sollen. Die beiden Antony-
me müssen dabei als zwei Gegenpole auf einer Skala verstanden werden und zeigen, wie das soziale Umfeld letztlich ein und dasselbe Verhalten unterschiedlich
interpretierte. Während die eine Ausprägung Akzeptanz erfuhr, führte die andere
wiederum zu Sanktionierung und Ausgrenzung. Beim ersten Paar handelt es sich

---

177 »Der Begriff »Veronika« leitet sich aus dem bei den GI´s gebräuchlichen Kürzel VD (veneral
disease/Geschlechtskrankheit) für »Veronikas Dankeschön« ab.« Gehltomholt/Hering, Verwahrloste Mädchen, S. 31, Fußnote 61; Roelfs, Almuth, »Ami-Liebchen« und »Berufsbräute«.
Prostitution und Geschlechtskrankheiten und Besatzungsverhältnisse in der Nachkriegszeit,
in: Kronenbitter, Günther/Pöhlmann, Markus/Walter, Dierk (Hg.), Besatzung. Funktion und
Gestalt militärischer Fremdherrschaft von der Antike bis zum 20. Jahrhundert, Paderborn
2006, S. 201-209; Steinbacher, Sybille, Wie der Sex nach Deutschland kam. Der Kampf um
Sittlichkeit und Anstand in der frühen Bundesrepublik, München 2011.

178 Hoecker, Beate/Meyer-Braun, Renate, Bremerinnen bewältigen die Nachkriegszeit. Frauenarbeit, Frauenalltag, Frauenpolitik, Bremen 1988, S. 35.

179 Grenz, Prostitution; Nieden, Susanne zur, Erotische Fraternisierung. Der Mythos von der
schnellen Kapitulation der deutschen Frauen im Mai 1945, in: Hagemann, Karen/Schüler-
Springorum, Stefanie (Hg.), Heimat-Front. Militär und Geschlechterverhältnisse im Zeitalter
der Weltkriege, Frankfurt a.M. 2002, S. 313-325.

um Hungerprostitution und ›moralische Verkommenheit‹, beim zweiten um Promiskuität und ›Onkelehen‹. Hierfür wurden vor allem administrative Quellen wie Berichte von staatlichen, kommunalen Fürsorgerinnen aus dem Ruhrgebiet untersucht.

Hungerprostitution und ›moralische Verkommenheit‹

Unter Hungerprostitution wird gemeinhin der Austausch von sexuellen Handlungen gegen Nahrung und andere überlebenswichtige Dinge verstanden. Im Folgenden soll dieser Begriff sowohl für einmalige als auch für wiederkehrende sexuelle Handlungen genutzt werden, also auch, wenn Frauen eine Affäre mit einem Mann hatten, für die er sie mit Lebensmitteln oder vergleichbaren Dingen versorgte. Die schlechte Versorgungslage in den ersten Nachkriegsjahren führte verstärkt dazu, dass Frauen sexuelle Dienstleistungen gegen eine entsprechende Bezahlung in Naturalien anboten. Vielfach handelte es sich bei diesen Männern um Angehörige der alliierten Besatzungstruppen, da sie über einen besseren Zugang zu Lebensmitteln und anderen Versorgungsgütern verfügten.[180] Gertrud K., Fürsorgerin in Krefeld, beschrieb in einem Bericht vom Mai 1947 diese Form von Beziehungen und das Motiv der Frauen wie folgt: »Verwitwete und noch auf ihre Männer wartende Frauen geben mir zur Antwort, wenn ich sie frage, warum sie Beziehungen zu anderen Männern oder Ausländern haben, dass sie so mit ihren Kindern besser leben können und an Lebensmittel und Kleidung kämen, was sonst unmöglich wäre.«[181] In fast allen Berichten, die Fürsorgerinnen aus dem Ruhrgebiet im Jahr 1947 verfassten, tauchen Formulierungen wie diese auf. Alleinstehende Frauen gingen während der Abwesenheit des Ehemannes eine Zweckbeziehung ein, um die eigene und die Lebenssituation ihrer Kinder zu verbessern. Insbesondere jene Frauen mit kleinen Kindern, die ausschließlich von den geringen staatlichen Fürsorgeleistungen leben mussten, konnten so eine bessere Versorgung gewährleisten. Die Fürsorgerinnen formulierten in ihren Berichten zwar keine Zustimmung zu diesem Verhalten, aus den Quellen lässt sich aber durchaus ein Verständnis dafür herauslesen, dass Frauen solche Beziehungen eingingen. Kritisiert wurden diese zumeist nur dann, wenn die Fürsorgerinnen im Verhalten der Mutter eine sittliche Gefahr für die Kinder sahen. In einem Bericht hieß es: »Oft sind es die Mütter, die in intimen Beziehungen zu den Besatzungssoldaten stehen, ihre Kinder vernachlässigen und ihnen ein schlechtes Beispiel geben. Die Väter sind dann meist noch in Kriegsgefangenschaft.«[182] Die Kindesgefährdung markierte den Punkt, ab dem das Verhalten der Mutter eine normative Grenze überschritt und staatliche Stellen

---

180 Meier/Schulze, Veränderung, S. 356.
181 Gertrud K, Fürsorgebericht vom 27.5.47, in: LAV NRW R, NW 42 Nr. 232, Bl. 164.
182 Notlage der Bevölkerung – Bericht der Familienfürsorgerinnen, Stadt Soest, 28.5.1947, in: Ebd., Bl. 38.

einschritten.[183] Dabei wurde jedoch auf Maßregelungen wie den Entzug von staatlichen Leistungen verzichtet. Denn, so schrieb eine der Familienfürsorgerinnen: »Gewährt man diesen Frauen keine Unterstützung, treibt man sie erst recht auf die Straße.«[184] Vielmehr wurden die Fürsorgeleistungen als letzte Stütze dieser Frauen verstanden. Eine Fürsorgerin des Wohlfahrtsamtes Mönchengladbach schrieb zur Funktion der Leistungen: »Es handelt sich nicht nur um die Gesunderhaltung eines fleißigen und tüchtigen Volkes, sondern um die Rettung vor einem vollständigen sittlichen Verfall, der die unausbleibliche Folge der völlig unzureichenden und trostlosen Verhältnisse auf allen Lebensgebieten sein muß.«[185] Die Verfasserin bringt hier sehr deutlich auf den Punkt, wie katastrophal in ihren Augen die damalige Situation war. Der von ihr angesprochene »sittliche Verfall«[186] kennzeichnete dabei aus staatlicher und kirchlicher Sicht die größten gesellschaftlichen Probleme der Nachkriegszeit. Als deren Symptome galten etwa die gestiegene Anzahl von Infektionen mit Geschlechtskrankheiten sowie jene von Scheidungen. Dahinter stand die Angst, dass die Bedingungen der Nachkriegszeit zu gesellschaftlichen Auflösungsprozessen führen könnten. Die Institution der Ehe und die Familie als wichtige Pfeiler der bestehenden Gesellschaftsordnung sah man durch diese Entwicklungen bedroht. In der Praxis setzte sich jedoch eine Handhabung durch, die die Frauen nicht sanktionierte, solange sie das Kindswohl nicht gefährdeten oder in anderer Form auffälliges Verhalten zeigten.[187] Denn auch das macht das vorhergegangene Zitat deutlich: Die Ursache für die Verhaltensweisen der Frauen wurde nicht in ihrer Person, sondern vielmehr in den Lebensumständen gesehen. Diese gewisse Form der Akzeptanz von staatlicher Seite bedeutet aber gleichzeitig nicht, dass diese Handlungsweise aus moralischer Sicht toleriert wurde. Vorwiegend andere Frauen betrachteten dieses Verhalten als nicht-ehrbar.[188] Vor allem rückblickend brachten sehr viele der Zeitzeuginnen jedoch Verständnis für die Handlungen der Frauen auf.[189] Der fehlende Mann wurde als Belastung verstanden, an der die Frauen besonders schwer zu tragen hatten.[190] Die folgende Aussage einer Bremer Polizistin verdeutlicht diese ambivalente Haltung gegenüber den Frauen, die sich aus der Not heraus prostituierten; auf der einen Seite eine Form der rationalen Akzeptanz, auf der anderen hingegen eine Form der moralischen Ablehnung.

183   Bericht betreffend Wohnungs-, Ernährungs- und Bekleidungsverhältnissen der Bevölkerung des Zoo-Viertels, in: Ebd., Bl. 86.
184   Ebd.
185   L.,M., Fürsorgebericht des Wohlfahrtsamt Mönchen-Gladbach, in: Ebd., Bl. 26.
186   Ebd.
187   Ein Beispiel hierfür wäre gewesen, wenn man die Frau nachts auf der Straße aufgegriffen hätte oder eine Geschlechtskrankheit bei ihr diagnostiziert worden wäre.
188   Hoecker/Meyer-Braun, Bremerinnen, S. 26.
189   Vgl. ebd. S. 25ff.
190   Thoneick, Bericht über Rheindahlen, 24.5.1947, in: LAV NRW R, NW 42 Nr.232, Bl. 32.

»Prostitution – ja. Aber Prostitution aus Not. Die meisten von denen waren keine echten Prostituierten. Keinesfalls! Das waren einfach Gelegenheitsprostituierte. Es waren Notzeiten. Man kann es nicht mit normalen Zeiten vergleichen. Es gab auch Frauen dabei, die hier in Bremen wohnten, einen festen Wohnsitz hatten, wo die Männer wiedergekommen oder nicht wieder zu Hause waren. Die nahmen sich auch Amis als Freunde, und die Kinder bekamen was zu essen. Ich will das nicht entschuldigen, für uns kam das gar nicht in Frage, obgleich wir auch Hunger hatten. Das war einfach ein Tabu. Aber wir haben oft gesagt: ›Das kann man nicht als Prostitution bezeichnen, wie wir sie dann später in der Helenenstraße erlebt haben.‹ Das waren mildernde Umstände damals.«[191]

Dass es zudem Unterschiede in der Bewertung von Untreue zwischen Männern und Frauen gab, lässt folgendes Zitat aus dem Text *Unterhaltung am Schienenstrang* von Hans Werner Richter vermuten. Richter schildert das Gespräch zweier Männer über Verhältnisse zwischen ›deutschen Mädchen‹ und amerikanischen Besatzungssoldaten.

»Eine alte Frau [...] mischt sich ein: ›Was reden Sie da. Hunger tut weh. Und schließlich, es gibt auch noch anständige Mädchen. Auch die Männer die etwas taugen, sind schon sechs Jahr fort. Nun sitzen sie in Gefangenschaft. Wer will das den Mädchen da übel nehmen!‹ Der alte Mann [...] wird etwas erregt. ›Aber bedenken Sie, für einen Kaugummi, für Schokolade, für Zigaretten, nein, das ist unmöglich.‹ – ›Warum denn nicht‹, sagt der Jüngere, ›schließlich stehen die Sachen hoch im Kurs auf dem Schwarzmarkt.‹ Die alte Frau sieht zum Fenster hinaus. ›Das verstehen Sie nicht‹, sagt sie, ›nein, das verstehen Sie nicht.‹«[192]

Auch wenn nicht davon ausgegangen werden kann, dass dieses Gespräch tatsächlich so stattgefunden hat, benennt Richter es in seiner Beschreibung doch als eines der zentralen Themen, über die die Menschen in der Nachkriegszeit sprachen. Inhaltlich verweist es zudem darauf, dass Frauen einem solchen Verhalten anderer Frauen gegenüber toleranter waren, da es sich um ein rein weibliches Phänomen handelte. Wendet man diesen Gedankengang auf die bisher untersuchten Quellen an, so fällt tatsächlich auf, dass es vor allem Frauen waren, die in der Praxis über den Umgang mit diesen Frauen entschieden, wie etwa Fürsorgerinnen. Leider gibt es keine ausreichenden Quellen, um diese Vermutung abschließend zu klären. Es ist jedoch ein weiterer Hinweis darauf, welche große Bedeutung geschlechterspezifische Rollenvorstellungen und Geschlechterverhältnisse in diesem Kontext spielten.

---

191   Zitiert nach: Hoecker/Meyer-Braun, Bremerinnen, S. 30.

192   Richter, Hans Werner, Unterhaltungen am Schienenstrang, 1949, in: Rausching, Hans (Hg.), Das Jahr ´45 in Dichtung und Bericht. Dichtung Bericht, Protokoll deutscher Autoren, München 1985, S. 241-246, S. 243.

Demgegenüber stand die ›moralisch verkommene Frau‹, die mit ihrem Verhalten sich und ihre Kinder gefährdete. Wie bereits beschrieben spielte die Bedrohung der Kinder eine entscheidende Rolle für die Beurteilung des Verhaltens der Mutter. Die gesellschaftlichen Erwartungen in Bezug auf die Versorgung der Kinder und ihrer Erziehung waren bei alleinstehenden Frauen deutlich höher als bei ›vollständigen‹ Familien. Von ihnen wurde erwartet, dass sie sowohl die Rolle der Mutter als auch die des Vaters übernahmen, wobei man annahm, dass der fehlende Vater mit einem erhöhten Risiko für Entwicklungsschäden und Verwahrlosung bei Kindern und Jugendlichen einhergehe.[193] Gefährdete die Frau durch ihre Beziehung das Kindeswohl, so wog dies deutlich schwerer und es gab keine Entschuldigung für ihr Verhalten. Dasselbe galt, wenn Frauen sich durch ihre sexuellen Kontakte einen Lebensstandard ermöglichten, der weit über dem Notwendigen lag. Wenn also der Eindruck entstand, dass diese Frauen sexuelle Dienste nicht nur anboten, um lebenswichtige Dinge zu erhalten, sondern etwa gegen Luxusgüter wie Nylonstrumpfhosen tauschten. Während Hungerprostitution zur Versorgung von Kindern, also im Dienste der Mütterlichkeit, geduldet war, wurde sie verurteilt und geahndet, wenn die Frauen aufgrund dieser ihre mütterlichen Pflichten vernachlässigten oder ihr nur zu ihrem persönlichen Vorteil nachgingen. Im moralischen Verständnis der Nachkriegsgesellschaft standen damit in Ausnahmesituationen Mütterlichkeit und mütterliche Pflichten über ehelicher Treue, womit sich die gewisse Akzeptanz für das Handeln dieser Frauen erklären lässt.

›Onkelehe‹ und Promiskuität

Während das erste Gegensatzpaar die Ursachen für die Untreue von Ehefrauen dargestellt und ihre Beurteilung durch das soziale Umfeld untersucht hat, geht es im Folgenden um die Form dieser Beziehungen und damit verbunden um die Frage der normativen Vorstellungen in Bezug auf weibliche Sexualität. Das zweite Gegensatzpaar bilden die beiden Begriffe ›Onkelehe‹ und Promiskuität. Unter Onkelehen wurden in der Nachkriegszeit gemeinhin eheähnliche Beziehungen von Frauen mit zumeist deutschen Männern verstanden. Es handelte sich dabei um feste und monogame Beziehungen, die nicht vor dem sozialen Umfeld geheim gehalten wurden.[194] Bereits in den Berichten von 1947 verwiesen die Fürsorgerinnen auf den sogenannten »Onkel«[195] im Kontext von Frauen von Kriegsgefangenen. Die politische

---

193   Notlage der Bevölkerung, 27.5.1947, Castrop-Rauxel, in: LAV NRW R, NW 42 Nr. 232, S. 132.

194   Unter dem Begriff der Onkelehe sind heute vor allem die Beziehungen zwischen Witwen und ihren neuen Lebenspartnern bekannt. Dabei lehnten die Witwen eine erneute Eheschließung ab, um weiterhin ihre Witwenrente zu beziehen und sich damit eine gewisse finanzielle Unabhängigkeit zu bewahren. Zur Onkelehe ausführlich: Schnädelbach Kriegerwitwen, S. 168-252.

195   Lichtschlag, L., Fürsorgebericht für Düren vom 27.5.1947, in: LAV NRW R, NW 42 Nr. 232, Bl. 61.

Debatte um die Onkelehe in Bezug auf staatliche Versorgung und sittliche Normvorstellungen begann hingegen erst 1950, wie Anna Schnädelbach in ihrer Arbeit
zeigen konnte.[196] Promiskuität beschreibt auf der anderen Seite Geschlechtsver-
kehr mit wechselnden Partnerinnen oder Partnern ohne feste Bindung. Insbesondere Frauen mit vielen Sexualpartnern galten in der Nachkriegszeit als ›sittliche
Gefährdung‹ für ihre eigenen Kinder. In der gesellschaftlichen Bewertung erfuhr
eine feste, monogame Beziehung wesentlich mehr Akzeptanz, erweckte sie doch
implizit den Eindruck einer tiefen und emotionalen Verbindung zwischen beiden
Menschen. Nicht selten wünschten sich Frauen tatsächlich die Scheidung von ihrem in Gefangenschaft befindlichen Ehemann, um ihren neuen Partner zu heiraten
und damit die neue Partnerschaft zu legitimieren. Solche Scheidungen konnten jedoch nur dann durchgeführt werden, wenn der Internierte aus der Gefangenschaft
einem Rechtsbeistand die Bevollmächtigung zur Vertretung der eigenen Interessen
erteilte und dieser dann für ihn die Scheidung durchführte. Aufgrund der schwierigen praktischen Durchführung eines solchen Verfahrens mussten die meisten Paa-
re darauf warten, bis der Gefangene heimkehrte. Das bedeutete wiederum, dass die
Frau eigentlich keine andere Möglichkeit hatte, als in ›wilder Ehe‹ mit ihrem neuen
Partner zusammen zu leben, selbst wenn beide die Absicht hatten zu heiraten. Die
vorherige Ehe mit dem Internierten konnte so im weitesten Sinne als eine geschei-
terte Ehe betrachtet werden, die an den Umständen der Zeit zerbrochen war. Zwar
wog der Betrug der Ehefrau am Gefangenen schwer, aber auch in solchen Fällen
brachte das soziale Umfeld den Frauen ein gewisses Verständnis entgegen. Das Erklärungsmuster, das hier angewendet wurde, war denkbar einfach und argumentierte mit der ›natürlichen Schwäche‹ des weiblichen Geschlechts. Demnach seien
Frauen nicht stark genug, um alleine das Leben zu meistern und hätten sich daher
eine »männliche Stütze«[197] gesucht, woraus eine intime Beziehung entstanden sei.
Das natürliche Zusammenleben von Männern und Frauen in einer festen Partnerschaft und die Schutzbedürftigkeit von Frauen wurden in dieser Sichtweise überbetont und damit letztlich für Verständnis gegenüber diesen Ehefrauen geworben.
Auf diese Art und Weise spielte die sexuelle Komponente des Ehebruchs nur eine
untergeordnete Rolle, wodurch die Sittlichkeit der betreffenden Frau nicht in Frage
gestellt wurde. Anders verhielt sich dies bei Frauen, die wechselnde Intimpartner
hatten. Ihr promiskuitives Verhalten stellte in den Augen der Zeitgenossen eine besondere Gefährdung der gesellschaftlichen Ordnung dar. Ihre Untreue wurde als
Ausdruck einer unnatürlichen sexuellen Lust interpretiert, die zumindest öffentlich strikt abgelehnt wurde und einer staatlichen Regulierung unterworfen werden

---

196 Schnädelbach, Kriegerwitwen, S. 181.
197 Bericht betreffend Wohnung-, Ernährungs- und Bekleidungsverhältnissen der Bevölkerung
     des Zoo-Viertels, in: LAV NRW R, NW 42 Nr. 232, Bl. 86 Rückseite.

konnte.[198] Der bereits angesprochene ›sittliche Verfall‹ spiegelte sich nach deren Ansicht vor allem in einer eigenständigen und unabhängigen weiblichen Sexualität wieder, die von Frauen auch jenseits der Ehe ausgelebt wurde. In ihren Augen war der enorme Anstieg von Geschlechtskrankheiten Ausdruck dieser neuen, zügellosen Sexualität. Dass es vor allem jedoch Heimkehrer und Besatzungssoldaten waren, die für die Ansteckung und Verbreitung von Syphilis und Gonorrhoe verantwortlich waren, wurde gesellschaftlich nicht diskutiert und auch gesundheitspolitische Maßnahmen galten insbesondere Frauen und jungen Mädchen.[199] Wie im Fall des anderen Gegensatzpaares gab es auch hier Abstufungen im gesellschaftlichen Diskurs und der Wahrnehmung von Ehebruch von Frauen. Entscheidend war die Dimension der Untreue zwischen reiner sexueller Lust und einem natürlich weiblichen Bedürfnis nach Schutz und Unterstützung in einer partnerschaftlichen Beziehung.

Bei genauer Betrachtung zeigen sich somit feine Unterschiede in der öffentlichen Bewertung, wenn die Frau eines Kriegsgefangenen Ehebruch beging. Unter gewissen Umständen wurde die Notwendigkeit einer solchen Handlung durchaus toleriert, während sie jedoch moralisch verurteilt wurde. Dies lässt sich grundsätzlich auf alle hier beschriebenen Bewertungen anwenden. Während die Handlungen der Frauen auf der moralischen Ebene immer verurteilt wurden, bezogen sich Akzeptanz und Toleranz auf die grundsätzliche Handlung. Der Grat zwischen Verständnis und Ablehnung blieb sehr schmal und der genaue Sachverhalt unterschied sich von Einzelfall zu Einzelfall. Die oben genannten Beispiele zeigen, dass Untreue in Notsituationen oder aufgrund einer neuen Liebe eine größere Akzeptanz in der Gesellschaft erfuhr. Dies lässt sich zurückführen auf die unterschiedliche Wertigkeit vorherrschender gesellschaftlicher Normen und Werte, in denen Mütterlichkeit und ›natürliche Weiblichkeit‹ schwerer wogen als Ehebruch. Es lässt sich argumentieren, dass dies letztlich darauf zurückzuführen ist, dass die Institution der Ehe und damit einhergehend die Treue an Bedeutung für die Bevölkerung verloren hatte und die Nachkriegszeit das moralische und sittliche Empfinden der westdeutschen Gesellschaft nachhaltig geprägt und liberalisiert hatte. Gestützt

198 Die staatliche und gesellschaftliche Regulierung muss in diesem Zusammenhang mit dem von Michel Foucault beschriebenen Sexualitätsdispositiv gesehen werden. Die gesellschaftliche und staatliche Definition abweichender und falscher weiblicher Sexualität wurde damit zu einem Mittel der Festschreibung und Festigung bestehender Machtverhältnisse. Foucault, Michel, Der Wille zum Wissen, Frankfurt 1987. Vgl. zu diesem Mechanismus im Kontext anderer geschichtswissenschaftlicher Arbeiten: Herzog, Dagmar, Politisierung der Lust. Sexualität in der Geschichte des 20. Jahrhunderts, München 2005; Coché, Stefanie, Psychiatrie und Gesellschaft. Psychiatrische Einweisungspraxis im »Dritten Reich«, in der DDR und in der Bundesrepublik 1941-1963, Göttingen 2017, S. 129-137.
199 Lindner, Ulrike, Gesundheitspolitik in der Nachkriegszeit. Großbritannien und die Bundesrepublik Deutschland im Vergleich, München 2004, S. 283-397.

wird diese Argumentation durch die Ergebnisse einer 1953 erschienenen Studie zur Intimsphäre, für die 1.000 Personen befragt worden waren.[200] In einem Item wurden die Teilnehmenden nach ihrer Einstellung zu »außerehelichen intimen Beziehungen verheirateter Menschen«[201] befragt. Während 24 Prozent diese rundweg verurteilten und sich elf Prozent unentschieden äußerten, gaben 26 Prozent an, »sie würden, bei ›schwerwiegenden Gründen‹ Ausnahmen gelten lassen.«[202] Noch höher war lediglich der Wert derjenigen, die außereheliche Beziehungen in »weiten Grenzen«[203] billigten. Diese Ergebnisse überraschen besonders vor dem Hintergrund der politischen und kirchlichen Maßnahmen zur Förderung der intakten und sittlich geordneten Kleinfamilie, lassen sie doch den Rückschluss zu, dass die tatsächliche gesellschaftliche Wahrnehmung und Einstellung zu Untreue und Treue wesentlich liberaler war als der öffentliche Diskurs vermuten ließ. Die Erlebnisse der unmittelbaren Nachkriegszeit hatten offensichtlich zu einer gewissen Liberalisierung in der Wahrnehmung von Ehebruch geführt, die aus der Lebensrealität der Kriegs- und Nachkriegsjahre resultierte. Im Folgenden wird dargestellt, wie von verschiedenen Akteurinnen und Akteuren versucht wurde auf die Sichtweise der Untreue von Frauen von Kriegsgefangenen Einfluss zu nehmen, insbesondere die der betroffenen Männer. Hierzu werden einige Artikel aus der Zeitschrift *Der Heimkehrer*, die später in *Der junge Mann* umbenannt wurde, detailliert analysiert. Die Zeitschrift richtete sich insbesondere an evangelisch-christliche Kriegsgefangene und Heimkehrer und deren Familien.

Die Ehe um jeden Preis erhalten – Geschlechtsspezifische Argumentationsmuster im christlichen Diskurs

Im hier relevanten Untersuchungszeitraum von 1947 bis 1956 befassten sich in den Zeitschriften *Der Heimkehrer* bzw. *Der junge Mann* insgesamt 25 Beiträge mit den Themengebieten Ehe, Treue und Familie. Da beide Zeitschriften vom CVJM herausgegeben wurden, betrachteten die Artikel die Thematiken aus einer christlich-protestantischen Perspektive.[204] Besonders viele der Beiträge befassten sich in den Jahren 1947 bis 1949 mit der Ehe der Heimkehrer, da in diesem Zeitraum ein Großteil der deutschen Kriegsgefangenen aus englischer und amerikanischer Gefan-

---

200 Entnommen aus: Bohne, Regina, Das Geschick der zwei Millionen. Die alleinlebende Frau in unserer Gesellschaft, Düsseldorf 1960. Die Ergebnisse im Original in: Friedeburg, Ludwig v., Die Umfrage in der Intimsphäre, in: Beiträge zur Sexualforschung, Bd. 4, Stuttgart 1953.
201 Bohne, Geschick, S. 142.
202 Ebd.
203 Ebd.; 31 % der Befragten gaben dies an. Was genau mit »weiten Grenzen« gemeint war, wurde nicht weiter ausgeführt.
204 Vgl. zur katholischen Perspektive: Rölli-Alkemper, Lukas, Familie im Wiederaufbau. Katholizismus und bürgerliches Familienideal in der Bundesrepublik 1945-1965, Paderborn u.a. 2000.

genschaft entlassen wurde bzw. gerade heimgekehrt war.[205] Inhaltlich beschäftigen sich die Artikel vorrangig damit, wie der Heimkehrer nach seiner Rückkehr mit
der Untreue seiner Ehefrau umgehen sollte. Die verwendeten Beschreibungen und
Argumentationslinien spiegeln gleichzeitig wider, wie die Untreue von Ehefrau-
en von Kriegsgefangenen von der Zeitgenossinnen und Zeitgenossen beurteilt und
bewertet wurde. In der Oktoberausgabe 1947 erschien unter der Überschrift »Ein
Wort zum Ehebruch. Soll der Mann seiner Frau vergeben?«[206] erstmals ein Artikel,
der die Untreue von Ehefrauen während der Gefangenschaft des Mannes thematisierte. Inhaltlich ist der Artikel vergleichbar mit einer Handlungsanleitung, in
welcher der Autor als eine Art moralischer Instanz fungiert. Nach eigener Aussage
möchte dieser dem Leser aus der christlichen Perspektive heraus einige »Finger-
zeige«[207] für sein Handeln geben. Konkret werden drei unterschiedliche Szenarien
diskutiert. Im Ersten hat sich die Frau für einen anderen Mann entschieden und
möchte nicht in die Ehe mit dem Heimkehrer zurückkehren. Bei der zweiten Situa-
tionsbeschreibung tut die Ehefrau nach der Rückkehr so, als wäre nichts gewesen,
das soziale Umfeld berichtet dem Heimkehrer jedoch von ihrer Untreue. Das dritte
Szenario ist jenes, in dem die Ehefrau ihre Untreue offen gesteht und ihren Mann
um Vergebung bittet. Überraschenderweise plädiert der Autor in allen drei Fällen
dafür, zu versuchen, die Ehe zu retten. Selbst in der ersten Situation setzt er sich
dafür ein, der Ehemann möge den Versuch unternehmen seine Frau zur Reue vor
Gott zu bewegen und sie so für die Ehe zurückzugewinnen. Für das zweite Szenario empfiehlt er eine offene Aussprache, damit der Heimkehrer seiner Ehefrau
verzeihen und so ein neues Fundament für die Ehe geschaffen werden kann. Am
ausführlichsten wird der dritte Fall besprochen, in dem die Frau ihrem Ehemann
die Untreue gesteht und sich wünscht weiterhin mit ihm zusammen zu leben. Der
Autor wird an dieser Stelle sehr deutlich und schreibt: »Lieber Freund, gegenüber
einer reuigen Bitte um Vergebung gibt es nur die Vergebung, und zwar rückhalt-
los. Selbst dann, wenn ein Kind da ist! Du sagst, Du könntest das nicht? Deine
Frau habe dich enttäuscht; das Idealbild, daß du von ihr gehabt hast, sei zerstört.
Ich bitte dich, steige herunter von Deinem stolzen Thron der moralischen Überlegenheit.«[208] Im Folgenden argumentiert der Verfasser, dass 50-80 Prozent der
Männer während des Krieges, selber ihre Frau betrogen hätten und sie sich daher
nicht von diesen unterscheiden würden.[209] In der Bewertung der Untreue dürfe

---

205   Insgesamt waren es neun Artikel, die sich in diesem Zeitraum mit dem Thema beschäftigten.
       Die weiteren 16 Artikel waren hingegen etwa gleich verteilt über die übrigen Jahre.
206   D., Ein Wort zum Ehebruch, in: Der Heimkehrer, Nr. 9 (1947), S. 2f.
207   Ebd., S. 2.
208   Ebd., S. 2.
209   Zur Sexualität von Soldaten während des Krieges: Mühlhäuser, Regina, Eroberungen. Sexu-
       elle Gewalttaten und intime Beziehungen deutscher Soldaten in der Sowjetunion, 1941-1945,
       Hamburg 2010.

nicht mit zweierlei Maß gemessen werden und selbst jene Ehemänner, die die gesamte Zeit über treu gewesen seien, wären sicherlich nicht frei von Schuld. Damit beruht die gesamte Argumentation des Artikels auf dem christlichen Motiv der Vergebung von Sünden, wie folgendes Zitat noch einmal sehr eindrücklich zusammenfasst: »Du, lieber Kamerad, dessen Frau nach ihrem Ehebruch als ein Bettler vor Dir steht, Du hast einen großen Reichtum zu vergeben – Deine Vergebung. Gib Deiner Frau ihre Ehe wieder! Die anderen Menschen können sie ihr nicht wieder geben, Du allein kannst es. Vergib ihr um Christi willen, so wie Du selbst um Christi willen Vergebung begehrst!«[210] Über das Argument der christlichen Vergebung versucht der Autor sehr pragmatische Argumentationslinien zu ziehen, um dem Ehemann andere Blickwinkel auf die Bewertung der Untreue seiner Ehefrau aufzuzeigen. Gleichzeitig ermöglicht er dem Heimkehrer, gegenüber seinem sozialen Umfeld den Erhalt seiner Ehe zu legitimieren, denn all diese Artikel hatten vor allem die Funktion, die Ehen der Heimkehrer zu erhalten. Allgemein wurde von den Autoren der Artikel im sozialen Umfeld eine der größten Gefahren für die Heimkehrerehe gesehen. Insbesondere Falschanschuldigungen, die im Heimkehrer erst den Verdacht von Untreue weckten, wurden kritisiert.[211] Einer der Autoren unterstellte den betreffenden Personen sogar böse Absichten und schreibt: »Es gibt immer wieder Menschen, die eine Freude an der Sensation haben und gern eine gute Ehe auseinander bringen möchten. Sie können den anderen neben sich nicht glücklich sehen.«[212]

Überraschend und bemerkenswert an den Artikeln zum Thema Ehebruch aus diesen drei Jahren ist, in welch liberaler Form diese Themen verhandelt wurden. Insbesondere da es sich um christlich geprägte Zeitschriften handelt und der ehelichen Treue zumindest kurzfristig eine untergeordnete Rolle in Hinblick auf den Erhalt der Ehe zugesprochen wurde. Die Erklärung hierfür liegt in den gesellschaftlichen Umständen der Zeit und nicht in einer grundsätzlichen Liberalisierung der Werte der christlichen Kirche. In den ersten Nachkriegsjahren waren die Scheidungszahlen sowohl in den westlichen Besatzungszonen als auch in der SZB rasant angestiegen und es wurde allgemein befürchtet, dass es zu gesellschaftlichen Auflösungsprozessen kommen könnte.[213] Dabei wurde die Ehe vor allem im

---

210 Ebd.
211 Haug, Theodor, Ein Auge zudrücken?, in: Der Heimkehrer, Nr. 2 (1948), S. 3.
212 Ebd.
213 Das Statistische Jahrbuch für das Jahr 1952 gibt folgende Daten zu »Gerichtlichen Ehelösungen« für das Jahr 1939 und die ersten Nachkriegsjahre an. Zur besseren Vergleichbarkeit wird die Anzahl der »Ehelösungen auf 100.000 Einwohner« gegenübergestellt. 1939 betrug diese 89,1, 1946 112,1, 1947 bereits 168,0 und erreicht schließlich 1948 den höchsten Wert mit 187,7. Statistisches Jahrbuch für die Bundesrepublik Deutschland 1952, 1953, S. 45; Schneider, Franka, Ehen in Beratung, in: Kaminsky Annette (Hg.), Heimkehr 1948, München 1998, S. 192-216, S. 193-201; Schneider, Franka, »Einigkeit im Unglück«? Berliner Eheberatungsstellen zwischen

konfessionellen und bürgerlichen Lager als einer der zentralen Grundpfeiler der Gesellschaft verstanden, den es um jeden Preis zu erhalten galt.[214] Diese Funktion, die der Institution Ehe von staatlicher Seite zugeschrieben wurde, beschreibt folgendes Zitat aus einem Aufsatz der Frauenrechtlerin Agnes von Zahn-Harnack[215] von 1946.

> »Wer legt den Menschen die monströse Forderung der lebenslänglichen unauflöslichen Ehe auf? Da ist zuerst der Staat, der hier als Fordernder auftritt und auftreten muß. Die Ehe ist eine staatliche Ordnung, *die* Ordnung, in der der Staat sich selbst in seinen Bürgern schützt. Denn der Staat hat nur soweit Bestand, als seine Ehen in Ordnung sind. Die Ehe ist für ihn eine Lebensnotwendigkeit [...]. Eine Fülle von Verantwortung in kleinen Rahmen gibt der Staat an die Ehe ab und sichert ihr dafür seinen besonderen Rechtsschutz zu. In jeder Ehe steckt ein konservatives Element, ohne das auch der liberalste Staat nicht bestehen kann.«[216]

Dass in den ersten Nachkriegsjahren von staatlicher und kirchlicher Seite nicht versucht wurde, regulativ gegen die Untreue von Frauen vorzugehen, sondern vielmehr darauf hingearbeitet wurde, Ehen mit allen Mitteln aufrecht zu erhalten, liegt in der Funktion und Wirkung der Ehe begründet, wie sie Zahn-Harnack hier beschreibt. Die Institution Ehe sollte nicht durch steigende Scheidungszahlen geschwächt werden, sondern weiterhin als erstrebenswerte gesellschaftliche Norm vorherrschen.

Im Folgenden wird noch einmal auf das Motiv der ›natürlichen Weiblichkeit‹ eingegangen, da dieses ebenfalls von den Autorinnen und Autoren dieser Artikel verwendet wurde. Auch sie bedienten sich des Bildes der ›naturgegebenen Schwäche‹ des weiblichen Geschlechts und erklärten damit die Untreue der Ehefrau. Theodor Haug beschrieb in seinem Artikel »Ein Auge zudrücken?«[217] die Frau als »schwachen Mensch, der eines Haltes durch den Mann bedarf.« Dieser Halt habe »Jahre hindurch gefehlt. Mancher Frau gebrach es an seelischer und leiblicher

---

Ehekrise und Wiederaufbau, in; Naumann, Klaus (Hg.), Nachkrieg in Deutschland, Hamburg 2001, S. 206-226; Melchert, Monika, Mann und Frau nach dem Krieg. Wie die Heimkehr der Männer die Geschlechterverhältnisse veränderte, in: Heukenkamp, Schuld, S. 275-282.

214 Zur Einstellung der katholischen Kirche zur Frage der Stabilität und Funktion von Ehe und Familie in der Nachkriegszeit vgl.: Ruhl, Verordnete Unterordnung, S. 135-138.

215 Agnes von Zahn-Harnack (1884-1950) war eine deutsche Schriftstellerin und Frauenrechtlerin. Zahn-Harnack war in der Weimarer Republik sowie in der Nachkriegszeit eine der führenden Persönlichkeiten der bürgerlich-protestantischen Frauenbewegung. Vgl. Bauer, Gisa, Kulturprotestantismus und frühe bürgerliche Frauenbewegung in Deutschland. Agnes von Zahn-Hanack (1884-1950), Leipzig 2006.

216 Zahn-Harnack, Agnes v., Um die Ehe, in: Anders, Marga/Reicke, Ilse (Hg.), Agnes v. Zahn-Harnack. Schriften und Reden 1914-1950, Tübingen 1964, S. 49-57, S. 51f. Der Artikel erschien erstmal 1946 in den Berliner Heften.

217 Haug, Ein Auge zudrücken?, S. 3.

Widerstandskraft, sodaß sie sehr bald dem ersten besten Mann verfiel, der ihr ein wenig in den äußeren Nöten half und ihre Lage ausnützte.«[218] Im Artikel heißt es weiter: »Auch die Frau leidet unter der unnatürlichen Trennung vom Mann und hat immer wieder Zumutungen abzuweisen, die je nachdem mit starker Gewalt an sie herankommen.«[219] Die Zeitschrift Constanze schrieb in einem ähnlichen Duktus: »Der biologische Fortpflanzungstrieb rebelliert ›von Natur aus‹ gegen jegliche moralische Hemmungen. Die ›natürliche‹, ›kreatürliche‹ Moral siegt, wo es um die Erhaltung der Art geht, schneller und leichter über die ›geistige‹ Moral, als umgekehrt.«[220] Beide Artikel stellen Frauen dar, als würden sie – insbesondere im Fall der Untreue – nicht selbstbestimmt handeln, sondern lediglich ihren ›natürlichen Instinkten‹ folgen. Diese ›naturgegebenen Schwächen‹ werden zur Erklärung für ihre Untreue und die Frauen der Kriegsgefangenen in diesem Sinnbild gleichgesetzt mit der biblischen Eva. Die Untreue der Ehefrau eines Kriegsgefangenen wurde in diesem Sinne dahingehend interpretiert, dass diese Frauen in der Nachkriegszeit immer wieder in Versuchung geführt wurden und aufgrund ihrer ›natürlichen Sündhaftigkeit‹ dieser nicht widerstehen konnten. Dieses Bild steht in Bezug zu einer Rezeptions- und Wirkungsform der Schöpfungsgeschichte, die letztlich Eva verantwortlich für den Sündenfall machte und Ausdruck einer Gleichsetzung von Weiblichkeit und Sündhaftigkeit war.[221] Durch den Akt der Vergebung erlöst der Heimkehrer in dieser Interpretation seine Frau von der Schuld und zeigt damit wahrhaftige christliche Nächstenliebe.

Gleichzeitig galt das ›natürlich Weibliche‹ in der Nachkriegszeit grundsätzlich als etwas sehr Positives und Erhaltenswertes und stellte die gesellschaftliche Norm dar, die sich in Form von geschlechterspezifischen Rollen- und auch Körpervorstellungen manifestierte. Im öffentlichen Diskurs wurde immer wieder davon gesprochen, wie hart die Frauen durch ihre Kriegserlebnisse und die Nachkriegszeit geworden waren. In einem Sonderdruck der Zeitschrift Gesundheitsfürsorge hieß es noch 1954:

»Die Mutter hat im Kriege ihren ›Mann‹ stehen müssen (d.h. sie hat dabei all ihre ihr innewohnenden männlichen Wesenseigentümlichkeiten aus dem ›Hintergrund‹ in den ›Vordergrund‹ holen müssen, da der Mann fort war und die Umstände einen ›ganzen Mann‹ forderten; dabei ist ihr Frau-Sein nicht nur innerlich,

218 Ebd.
219 Ebd.
220 Pelz, Gerda, Kann eine Frau zwei Männer lieben?, in: Constanze, Nr. 7 (1950), S. 42.
221 Auga, Ulrike, Sünde und Laster. Erfindungen von Sünde und Geschlecht. URL: www.bpb.de/apuz/197973/erfindungen-von-suende-und-geschlecht?p=0 (21.5.2018)

sondern *sogar äußerlich* weit in den Hintergrund getreten), sie hat auch nach dem Krieg nicht schnell genug zurückfinden können oder dürfen.«[222]

Diese Form der ›Vermännlichung‹ wurde als besonders unattraktiv empfunden und häufig auch als einer der Gründe von Scheidungen angegeben. Dem gegenüber stand die ›natürliche Weiblichkeit‹ mit all ihren Schwächen, die jedoch als natur-gegebener Zustand betrachtet wurde, zu dem alle Frauen zurückfinden sollten. Mit diesen Argumentationslinien war es möglich, den Ehebruch einer Frau mit den äu-ßeren Umständen und ihrer ›natürlichen, weiblichen Schwäche‹ zu erklären, ohne der einzelnen Frau Absicht, Gemeinheit oder sexuelle Zügellosigkeit zu unterstel-len. Die Individualschuld der Ehefrau konnte so in eine kollektive Schwäche ihres Geschlechts umgedeutet werden.

In den weiteren Ausgaben des *Jungen Mannes* nach 1948 gab es immer wieder Berichte zur Ehe und Partnerwahl, allerdings beschäftigten sich diese nie wieder so dezidiert mit der Untreue der Frauen von Kriegsgefangenen wie in den drei ersten Jahren. Vielmehr postulierten die Artikel der späteren Jahrgänge die Treue wieder als unumstößliche Basis einer Ehe.[223] Die im Vorherigen beschriebenen, durchaus toleranten Ansichten verschwanden aus den Beiträgen. Dies lässt sich insbeson-dere mit einer Konsolidierung staatlicher und gesellschaftlicher Instanzen, aber auch Normen und Werten erklären, die dazu führten, dass die Institution der Ehe gestärkt aus der Staatsgründung der Bundesrepublik Deutschland hervorging.

In den westlichen Besatzungszonen wurde die Untreue von Ehefrauen deut-scher Kriegsgefangener ausführlich in der Öffentlichkeit diskutiert. Die Debatte in diesen Fällen war untrennbar verknüpft mit dem Status des Ehemannes als Gefan-genem, was einherging mit besonderen gesellschaftlichen Erwartungen an diese Ehefrauen. Der Ehebruch in diesen Familien war daher nicht nur eine private An-gelegenheit der beiden Partner, sondern besaß vielmehr eine gesamtgesellschaft-liche Wirkmächtigkeit. Wie die Untersuchungen in diesem Kapitel gezeigt haben, folgten die Beurteilung und der Umgang mit diesen Vorkommnissen in der Praxis keinen eindeutigen Regeln, sondern waren vielmehr sehr ambivalent und unter-schieden sich von Einzelfall zu Einzelfall. Es gab jedoch bestimmte Umstände, un-ter denen ein solches Verhalten der Frauen tendenziell eher toleriert wurde, z.B. im Fall der ›Hungerprostitution‹. Es lässt sich nicht feststellen, dass diese Frauen von ihrem sozialen Umfeld ausgeschlossen wurden, was sicherlich auf die Alltäglichkeit des Phänomens und die schwierigen Umstände der Zeit zurückzuführen ist. Zwar

---

222   Fischer, J., Eheliche Elternschaft als Grundlage einer frühkindlichen Erziehung zum Ge-schlecht, in: Gesundheitsfürsorge, Nr. 1 (1954), S. 5. Herv. i.O.

223   Knirck, Erich, Die Ehe wie sie wirklich ist, in: Der junge Mann, Nr. 5 (1954), S. 4-6. Das Er-klärungsmotiv des »natürlich Weiblichen« als Ursache und Entschuldigung für Untreue von Frauen von Kriegsgefangenen taucht später wesentlich expliziter noch einmal in der Darstel-lung des VdH auf.

verurteilte man moralisch ihr Verhalten, eine gewisse Akzeptanz herrschte jedoch allgemein vor. An diesen Fällen wird deutlich, wie sich nach Kriegsende kurzfristig eine Wandlung und Veränderung der bestehenden Wert- und Normvorstellungen vollzog. Hierzu bedurfte es eines gesellschaftlichen Aushandlungsprozesses, in dem abweichendes Verhalten und der Umgang damit neu definiert werden mussten. Die Parameter, die in der Bewertung entscheidendes Gewicht erlangten, waren Mütterlichkeit und die ›natürliche Schwäche des weiblichen Geschlechts‹. Mit der Konsolidierung der politischen und gesellschaftlichen Institutionen verloren diese beiden jedoch an Wirkmächtigkeit, was darauf zurückzuführen ist, dass auch Wert- und Normvorstellungen wieder verstärkt staatlichen Einflüssen unterlagen. Das Beispiel der im Kapitel untersuchten Artikel zum Thema Ehebruch aus den christlichen Zeitschriften des CVJM zeigt, wie Akteurinnen und Akteure – in diesem Fall des christliche Milieus – gezielt versuchten Einfluss auf gesellschaftliche Norm- und Wertvorstellungen zu nehmen. Die liberale Haltung der Beiträge aus den Jahren 1947 und 1949 hatte vor allem die Funktion, Heimkehrerehen zu bewahren, und gewichteten daher das Moment der Vergebung stärker als die eheliche Treue. Die Argumentationslinien, die in den Artikeln nachgezeichnet wurden, sollten die gesellschaftliche und persönliche Toleranz des sozialen Umfeldes und der Betroffenen fördern und es so dem Paar ermöglichen seine Ehe aufrechtzuerhalten. Die dabei verwendeten Erklärungsansätze, die vorrangig auf den hierarchischen Geschlechterverhältnissen und dem klassischen, bürgerlichen Naturverständnis der unterschiedlichen Geschlechtscharaktere von Mann und Frau basierten, hatten die Funktion, das Fehlverhalten der Frauen zu rechtfertigen. Sie befreiten die Frauen in gewisser Weise von einer persönlichen Individualschuld, was es sowohl dem Ehemann als auch dem sozialen Umfeld und der Gesellschaft ermöglichte, den Frauen ihren Ehebruch zu verzeihen. Die inhaltlichen Veränderungen der Artikel in derselben Zeitschrift verdeutlichen, wie mit der staatlichen Konsolidierung deutlich klassischere Wertvorstellungen von Ehe und Treue zurückkehrten und erneut vermittelt wurden.

3.3 Die SBZ und die frühe DDR

»Jetzt ist seit einem Jahr Waffenstillstand. Unsere Männer, die mit Entsetzen seinerzeit ihre Einberufung erhielten, deren junges Leben sowieso zerstört ist, auch wenn sie leben würden, sitzen irgendwo in Gefangenschaft. [...] Wir wissen und erkennen es an, dass die Soldaten drüben aufbauen, vielleicht sogar noch 1-2 Jahre in Russland bleiben müssen, aber haben wir Soldatenfrauen denn kein Recht auf das Armeseligste, was man uns in unserer grenzenlosen, seelischen Not geben kann? Warum kommt nicht eine Nachricht von unseren Männern, die paar klaren Worte: ›Wir leben‹. Warum können wir diesen wirklichen Opfern des Faschismus nicht einmal schreiben, dass auch wir noch leben, dass noch ein Haus auf die wartet, wenn sie vielleicht nach Jahren müde und krank ankommen? Die bisher von Russland eingegangene Post ist so minimal, dass sie in keinem Verhältnis zur Gefangenenzahl steht. [...] Sie können sich ja das Leid unserer Frauenwelt nicht vorstellen und auch nicht wissen, was in primitiven Gemütern das Thema ›Kriegsgefangene‹ auslöst. Die Gerüchte besagen eigentlich alles, in denen es allen Ernstes heisst, unsere Gefangenen kämen nie mehr wieder, man würde sie in Russland vernichten, Russland hätte einen ›eisernen Vorhang‹, durch den keine Kunde von unseren Gefangenen kommt.«[224]

Das Zitat ist ein Auszug aus einem Brief von Gertrud M., den sie am 15. Mai 1946 an die Redaktion der Tageszeitung *Neues Deutschland* schickte, da sie hoffte, dass »Sie als Presse wenigstens etwas dazu beitragen, unser Los zu ändern«[225]. Gertrud M. wandte sich bewusst nicht an die politische Führung der SBZ, da sie sich von dieser im Stich gelassen fühlte. Die Redaktion der *Neues Deutschland* veröffentlichte den Brief jedoch nicht, sondern übergab ihn an das Sekretariat der SED, welches den Brief wiederum an Wilhelm Pieck persönlich weiterleitete.

Für das bessere Verständnis der Prozesse rund um die Kriegsgefangenenproblematik in der SBZ bzw. DDR ist es wichtig verschiedene politische und staatliche Zusammenhänge dort zu kennen. Aus diesem Grund wird im Folgenden zunächst auf das Verhältnis der drei wichtigsten Akteurinnen und Akteure eingegangen – der KPD bzw. SED, der Sowjetischen Militäradministration und der Bevölkerung bzw. den Angehörigen der Kriegsgefangenen – sowie ihr Verhältnis zueinander dargestellt.

Das Zitat zeigt eindrücklich, wie schwer die Angehörigen der Kriegsgefangenen unter ihrer Ungewissheit litten und welche Belastung diese darstellte. Gleichzeitig offenbart der Brief, wie sehr die Kriegsgefangenenproblematik die Einstellung und das Verhältnis der Bevölkerung der SBZ zur politischen Führung und zur Sowjetunion störte. Insbesondere der letzte Absatz verdeutlicht, wie groß die Vorbehalte gegenüber der Sowjetunion waren und dass die Angehörigen das Handeln der russischen Regierung in dieser Frage nicht verstanden. Die KPD bzw. die SED geriet in der Kriegsgefangenenproblematik in einen Interessenskonflikt zwischen der eigenen Bevölkerung und der sowjetischen Regierung, der prägend wurde für ihre Politik in dieser Frage. Auf der einen Seite stand die Abhängigkeit von der Sowjetunion, auf der anderen Seite die eigene Bevölkerung, deren Unterstützung

---

224   Gertrud M. an die Redaktion »Neues Deutschland«, 15.5.1946 in: BArch, NY 4036/745, DokNr. 14-16. Abgedruckt in: Plato, Alexander von/Leh, Almut, Ein unglaublicher Frühling. Erfahrene Geschichte im Nachkriegsdeutschland 1945-1949, Bonn 2011, S. 232-234.
225   Ebd.

man sich erhalten wollte. In diesem Zwiespalt befand sich die Führung der SED jedoch nicht nur in der Kriegsgefangenenproblematik, sondern auch in vielen anderen Fragen von politischer Brisanz.[226] Die Nähe und Abhängigkeit zur Sowjetunion und deren Darstellung als Verbündeter und Unterstützer der SBZ und späteren
DDR weckte in der Bevölkerung die Hoffnung, dass die Internierten zeitnah aus
Russland zurückkehren bzw. dass sie dort gut behandelt würden. Tatsächlich durften die in Russland Internierten jedoch erst sehr viel später an ihre Angehörigen
schreiben als die Internierten der westlichen Alliierten.[227] Außerdem mussten sie
dafür die Postkarten des Roten Kreuzes nutzen, auf die nur 25 Worte geschrieben
werden durften und das auch nur einmal im Monat. Vor allem diese strikte Einschränkung des Briefverkehrs blieb für die Angehörigen weitgehend unverständlich, wie der Auszug aus dem Brief von Gertrud M. zeigt. Während ein gewisses
Verständnis für die Notwendigkeit der Kriegsgefangenschaft zum Ableisten einer
Wiederaufbauhilfe vorherrschte, blieb für die Bevölkerung unverständlich, warum
die Bedingungen so schlecht waren, obwohl es sich bei der Sowjetunion um einen
propagierten ›Freund‹ der SBZ bzw. DDR handelte.[228] Für die SED-Führung ging
es in der Kriegsgefangenenfrage daher sowohl um die Beruhigung der Bevölkerung
als auch um die eigene Glaubwürdigkeit.

Die enge Verbindung der SED zur Regierung Stalins führte dazu, dass ein negatives Russlandbild der Bevölkerung auch deren Sicht auf die Partei beeinflusste.
Für die Bevölkerung war mehr als offensichtlich, dass die Sowjetische Militäradministration (SMAD) die politische Macht in der SBZ ausübte. Diese hatte am 9.
Juni 1945 die Regierungsgewalt in der SBZ übernommen und regelte bis zur Gründung der DDR alle Belange des öffentlichen Lebens. Politische und administrative
Entwicklungen erfolgten auf ihr Geheiß und benötigten ihre Zustimmung. Zwar
führten in der Öffentlichkeit prominente Parteimitglieder die Diskussionen zu ge-
sellschaftsrelevanten Themen, die politische Kontrolle lag jedoch vollständig in den

---

226   Dies galt etwa für die Vertreibung von Deutschen aus den ehemaligen Gebieten östlich der
       Oder-Neiße-Grenze oder auch für das Verhalten sowjetischer Besatzungssoldaten gegen-
       über der deutschen Bevölkerung.
227   Die erste Post von Kriegsgefangenen in der Sowjetunion erreichte Deutschland Weihnachten
       1945. Vgl. Fischer, Jörg-Uwe, »Die Heimat ruft.« Sendungen zur Kriegsgefangenen- und Heim-
       kehrproblematik im Rundfunk der Sowjetischen Besatzungszone, in: Kaminsky, Heimkehr,
       S. 96-116, S. 100. Andreas Hilger spricht hingegen davon, dass der Postverkehr grundsätzlich
       ab Juli 1945 möglich war, es jedoch noch Monate dauerte, bis er einwandfrei und ohne Pro-
       bleme funktionierte. Hilger, Kriegsgefangene, S. 138-140.
228   Die Bevölkerung verglich die Heimkehrer aus den unterschiedlichen Internierungsländern
       miteinander und stellte schnell fest, dass es den Heimkehrern aus Russland deutlich schlech-
       ter ging als jenen aus westlicher Gefangenschaft. In folgendem Zitat vom Juli 1947 beschreibt
       Ida J. diesen Eindruck: »Aus allen Ländern kommen sie gesund und sauber gekleidet und mit
       großem Gepäck an. Nur von Rußland kommen sie so krank und elend wieder.« Zitiert nach:
       Fischer, Heimat, S. 107.

Händen der Besatzungsmacht.[229] Da diese nicht allen Forderungen und Wünschen der SED folgte, kam es immer wieder vor, dass sich trotz der Bitten der SED nichts veränderte. Monika Kaiser drückt diesen Zwiespalt sehr anschaulich aus, indem sie schreibt: »Die sowjetischen Besatzungsorgane waren [...] weder willens noch fähig, das Praktizieren demokratischer Gepflogenheiten zu dulden, wenn es um das Durchsetzen von in Moskau beschlossenen Maßnahmen ging. Demokratischer Anspruch und antidemokratische Praxis gerieten somit permanent in Widerspruch zueinander.«[230] Gleichwohl betonte die SED stets die eigene Rolle in politischen Entwicklungsprozessen, die auf einem Selbstverständnis und einer Selbstinszenierung als gleichberechtigter Partner der SMAD beruhte. Während die SED öffentlich das eigene Bild pflegte, unterwanderten Themen wie die Kriegsgefangenenproblematik gleichzeitig ihre Glaubwürdigkeit.

Zusätzlich erschwerend wirkten die problematischen Gründungsumstände der SED als eine Art Zwangszusammenschluss aus KPD und SPD, die das öffentliche Bild weiter schädigte. Die KPD mit ihrer engen Verbindung zur sowjetischen Regierung hatte versucht sich in der SBZ als »Arbeiterpartei mit Massencharakter«[231] zu positionieren. Die SPD stellte die stärkste Gegnerin um die politische Vormachtstellung in der SBZ dar. Um den eigenen Machtanspruch zu festigen strebte die KPD daher die Gründung einer sozialistischen Einheitspartei an, in der sich KPD und SPD vereinen sollten. Dies gelang schließlich im April 1946 mithilfe der SMAD, jedoch unter erheblichen Zwängen und propagandistischem Aufwand. Die Gründung der SED bedeutete einen deutlichen Schritt in der Abkehr vom Westen und der Hinwendung zur Sowjetunion. In ihrer Arbeit versuchte die Partei sowohl den Wünschen der Bevölkerung nachzukommen, während sie sich gleichzeitig den sowjetischen Vorgaben unterordnen musste. Insbesondere die Legitimation durch die eigene Bevölkerung war aufgrund der schwierigen Gründungsgeschichte der SED wichtig für diese. Da die Partei um die Bedeutung der Kriegsgefangenenfrage wusste, war sie auch hier bemüht in der Öffentlichkeit ein Selbstbild zu konstruieren, das den Bürgerinnen und Bürgern Vertrauen vermitteln und den Eindruck erwecken sollte, die SED träfe autonome Entscheidungen ganz im Sinne der eigenen

229 Vgl. zur Rolle der SED-Führung in diesen ersten Jahren: Kaiser, Monika, Die Zentrale der Diktatur – organisatorische Weichenstellungen, Strukturen und Kompetenzen der SED Führung in der SBZ/DDR 1946 bis 1952, in: Kocka, Jürgen, Historische DDR-Forschung. Aufsätze und Studien, Berlin 1993, S. 57-86.
230 Kaiser, Monika, Sowjetischer Einfluß auf die ostdeutsche Politik und Verwaltung 1945-1970, in: Jarausch, Konrad/Siegrist, Hannes (Hg.), Amerikanisierung und Sowjetisierung in Deutschland 1945-1970, Frankfurt a.M., New York 1997, S. 111-133, S. 118.
231 Malycha, Andreas/Winters, Peter Jochen, Geschichte der SED. Von der Gründung bis zur Linkspartei, Bonn 2009, S. 19.

Bevölkerung und setze sich aktiv für die Repatriierung der Internierten ein.[232] Ein Beispiel für diese Politik sind etwa die wenigen Fälle, in denen das Frauensekretariat konkret die Anliegen der Frauen und Kinder der deutschen Kriegsgefangenen unterstützte. Dabei war das Frauensekretariat der SED eigentlich die Institution, die sich speziell um die Anliegen der weiblichen Bevölkerung kümmern sollte. Hierbei handelte es sich allerdings nicht um breit angelegte Hilfskonzepte, sondern um Aktivitäten, die dazu dienen sollten, die öffentliche Meinung gegenüber der SED zu verbessern. Ein Beispiel hierfür ist die Anfrage des Frauensekretariats an Generalleutnant Bockow von der SMAD, in der darum gebeten wurde, wieder Grußsendungen der Kriegsgefangenen über den Moskauer Sender zu verbreiten.[233] Die sowjetische Regierung hatte aus propagandistischen Gründen bereits während des Krieges damit begonnen, Grußsendungen deutscher Kriegsgefangener über den Moskauer Radiosender zu verbreiten. Diese Praxis hatte man nach Kriegsende noch eine Zeit lang beibehalten, die Sendungen dann jedoch eingestellt. Im Frühsommer hatte der Berliner Rundfunk dann damit begonnen, solche Grußmeldungen auszustrahlen. Diese Sendungen waren vor allem von den Familien von Vermissten und Kriegsgefangenen gehört worden, da sie hofften, auf diesem Weg eine Nachricht ihrer Angehörigen zu empfangen. Das Frauensekretariat bat jedoch nicht nur um die Wiederaufnahme dieser Sendungen, damit die Familien Lebenszeichen ihrer Angehörigen empfangen konnten, sondern auch, weil es durch die Übermittlung in Kontakt mit den Frauen, Müttern und Kindern kommen und die positive Nachricht in einen Zusammenhang mit der Arbeit der SED setzen wollte. Die Radioabhörstelle sollte dazu die angegebenen Heimatadressen der Familien aus den Grußsendungen mitschreiben, diese weitergeben an das SED Frauensekretariat, das die Grüße dann direkt den Familien übermitteln wollte.[234] In dem entsprechenden Dokument heißt es: »Diese Benachrichtigungen durch und unter Hinweis auf die Bekanntgabe im Moskauer Sender würde die Frauen und Mütter der Kriegsgefangenen beruhigen und ihnen zeigen, daß die Sowjetunion für die Lage Verständnis aufbringt und die Sozialistische Einheitspartei sich bemüht, ihnen zu helfen.«[235] Als weiteres Argument brachte das Frauensekretariat vor, auf diese Weise auch das sowjetische Ansehen in der Bevölkerung stärken zu können.

---

232 Vgl. zu den Heimkehrerverhandlungen zwischen der SBZ und der sowjetischen Regierung: Ihme-Tuchel, Beate, Zwischen Tabu und Propaganda. Hintergründe und Probleme der ostdeutsch-sowjetischen Heimkehrerverhandlungen, in: Kaminsky, Annette, Heimkehr 1948, München 1998, S. 38-54.

233 Frauensekretariat SED an Generalleutnant Bockow (SMA), 12.6.1946, in: BArch, NY 4182/1191, DokNr. 115.

234 Ebd.

235 Ebd.

>»Mit Rücksicht darauf daß die Ungewißheit über das Schicksal ihrer Männer und
Söhne viele Frauen und Mütter in hohem Maße seelisch belastet, würde auch die
geringste Hilfe der SMA von großer Bedeutung sein und ihr die Sympathie weiter
Bevölkerungsschichten gewinnen. Die Vermittlung, insbesondere der Nachrichten, durch die SED unter Berufung auf die SMA würde darüber hinaus das Prestige
der Sowjetunion ungeheuer stärken und vermehren.«[236]

Da die Sympathie der deutschen Bevölkerung jedoch keinen besonderen Stellenwert für die sowjetische Regierung besaß, blieb die Bitte ohne Erfolg. Dass die
SED versuchte die Kriegsgefangenen und Heimkehrer für ihre Interessen und die
Aufwertung der eigenen Arbeit zu nutzen, blieb den Bürgerinnen und Bürgern allerdings nicht verborgen und wurde auch öffentlich kritisiert, wie folgendes Zitat
aus einem Verwaltungsdokument der Abteilung für Sozialwesen belegt.

>»Aus der Bevölkerung sind Beschwerden laut geworden, dass neuerdings nur die
SED und keine andere, auch keine Stelle des Magistrats, die Angehörigen der aus
russischer Kriegsgefangenschaft zurückkehrenden Berliner von der bevorstehenden Heimkehr durch anliegende Mitteilung in Kenntnis setzt. Dieses Verfahren
wird kritisiert. Besonders wird die politische Einflussnahme, die von der SED aus
diesem Anlass versucht wird, abgelehnt.«[237]

Es war vor allem diese Politisierung des Themas, die bei den Angehörigen auf Unverständnis stieß, da für sie die Kriegsgefangenenproblematik vielmehr eine Frage
der Menschlichkeit war, geknüpft an ihr eigenes privates Schicksal. Der eingangs
zitierte Brief von Gertrud M. offenbart, neben der deutlich formulierten Kritik an
der Sowjetunion und der eigenen politischen Führung, wie sehr die ungewisse Situation das alltägliche Leben der wartenden Ehefrauen belastete. »Mich haben die
Zweifel und Wahnvorstellungen um meinen Mann bereits an den Rand des Ab-
grundes gebracht [...]. Wie mir geht es aber Tausenden, alleine in meinem Bekann-
tenkreis wollen vier Frauen am kommenden Sylvesterabend den Freitod wählen,
weil sie die Ungewissheit nicht mehr ertragen können.«[238] Die Verzweiflung Gertrud M´s über ihre und die Situation so vieler anderer Frauen wird in diesem Zitat
greifbar. Es heißt weiter: »Wir Frauen können es einfach nicht fassen, dass diese
Unmenschlichkeit uns gegenüber jahrelang dauern soll.«[239]

In den folgenden Kapiteln werden drei thematische Schwerpunkte betrachtet,
die sich entscheidend auf das Leben der Frauen von Kriegsgefangenen in der SBZ
auswirkten. Zuerst wird auf die sozialstaatliche Versorgung der Frauen und Kinder deutscher Kriegsgefangener eingegangen. Die neue produktive Sozialfürsor-

---

236   Ebd., DokNr. 116.
237   Dokument Abteilung für Sozialwesen, 13.7.1948, in: LA Berlin, C Rep. 118 Nr. 53.
238   Malycha/Winters, Geschichte der SED, S. 19.
239   Ebd.

ge benachteiligte insbesondere alleinstehende Frauen und berücksichtigte die hier vorrangig untersuchte Gruppe nicht in besonderer Weise, was sich wiederum auf ihr alltägliches Leben und ihre gesellschaftliche Position auswirkte. Gleichzeitig eröffnete die Frauenarbeitsmarktpolitik der SED diesen Frauen jedoch auch Möglichkeiten. Diese standen in enger Verbindung zu den neuen Idealen der sozialistischen Politik im Hinblick auf Frauen, Familie und Ehe, die im zweiten Kapitel ausführlicher dargestellt werden. Denn der politische Wunsch nach Gleichberechtigung und Erwerbstätigkeit der Frauen in der SBZ wirkte sich auch in spezifischer Weise auf die Angehörigen von Kriegsgefangenen aus. Diese beiden Aspekte der frühen Geschichte der SBZ bzw. DDR sind zudem in besonderer Weise miteinander verzahnt, da die Frauenpolitik dieser Zeit vor allem eine Frauenarbeitsmarktpolitik war. Da die Integration der Frauen in den Arbeitsmarkt jedoch als vorrangiges Ziel dieser Politik betrachtet werden sollte, folgt die Darstellung des neuen sozialistischen Frauenideals erst im zweiten Kapitel in diesem Teil der Arbeit. Zuletzt wird der Umgang der Regierung mit der Problematik der Kriegsgefangenen betrachtet und welche spezifischen Auswirkungen diese für die Ehefrauen und Kinder der Internierten hatte. Es wird analysiert, mit welchen kommunikativen Strategien von Seiten der SED versucht wurde, dem Konfliktpotenzial der Thematik zu begegnen und die eigene Position zu festigen.

3.3.1 Produktive Sozialfürsorge – die strukturelle Benachteiligung von alleinstehenden Frauen und der vermeintliche Ausweg der Frauenarbeitsmarktpolitik

Die Lebensbedingungen nach dem Ende des Krieges waren im gesamten ehemaligen Reichsgebiet vergleichbar schlecht. In der SBZ lebte ebenso wie in den Sektoren der westlichen Besatzungszonen eine Vielzahl von Frauen und Kindern von Kriegsgefangenen und Vermissten, deren Lebensunterhalt vorher insbesondere von nationalsozialistischen Versorgungsleistungen gesichert worden war. Nachdem diese Zahlungen mit der Kapitulation endeten, stellte sich für viele Familien die Frage, wie sie sich zukünftig versorgen sollten. Doch nicht nur Angehörige der ehemaligen Wehrmachtssoldaten, sondern auch viele andere Personengruppen waren in der unmittelbaren Nachkriegszeit auf die Unterstützung durch öffentliche Fürsorge angewiesen. Die Sozialfürsorge bildete dabei einen wichtigen Aspekt im Sozialleistungssystem der SBZ bzw. der DDR, die die eigene Sozialpolitik in der Tradition der deutschen Arbeiterbewegung sah.[240] Dabei wurde die Fürsorge jedoch als

---

240 Barthel, Horst, Anfänge einer neuen Sozialpolitik, in: Manz, Günter/Sachse, Ekkehard/Winkler, Gunnar (Hg.), Sozialpolitik in der DDR. Ziele und Wirklichkeit, Berlin 2001, S. 35-44, S. 35; Hoffmann, Dierk, Sozialpolitische Neuordnung in der SBZ/DDR. Der Umbau der Sozialversicherung 1945-1956, München 1996, S. 158-166.

eine »aktive bzw. produktive Fürsorge«[241] verstanden und konzipiert. Dies bedeutete, dass das System darauf ausgerichtet war, die Betroffenen möglichst schnell
wieder in den Arbeitsmarkt zu integrieren. Hierin wurde ein wesentlicher Fort-
schritt und entscheidender Unterschied zum westdeutschen Versorgungssystem
gesehen. Trotzdem galt nach Kriegsende für Fürsorgeleistungen in der SBZ ebenso eine Rückzahlungspflicht, wie dies in der britischen Besatzungszone der Fall
war, auch wenn diese schließlich ebenfalls aufgehoben wurde.[242] Die Konzeption
als zinsloses Darlehen betonte nochmals den gesellschaftlichen Makel, der mit der
Abhängigkeit von staatlichen Leistungen für die Empfangenen einherging. Gleichzeitig erschwerte die Rückzahlungspflicht es diesen, wieder selbst für den eigenen
Lebensunterhalt aufzukommen. Anders als im Westen Deutschlands war die Sozialfürsorge der SBZ/DDR zwischen 1945 und 1950 nicht durch Brüche und verschiedene Phasen gekennzeichnet. Marcel Boldorf, der sich in seiner Dissertation ausführlich mit der Sozialfürsorge in der SBZ und DDR auseinandergesetzt
hat, beschreibt die Zeit von 1945 bis 1949 vielmehr als eine »Phase der Konstituie-
rung«[243].[244]

Funktion und Umsetzung des Sozialfürsorgesystems

Die Sozialfürsorge wurde in der unmittelbaren Nachkriegszeit von den einzelnen
kommunalen Verwaltungen organisiert und finanziert. Eine einheitliche Lösung
der sehr verschiedenen Regelungen und Verantwortlichkeiten in den unterschiedlichen Regionen zeichnete sich zunächst nicht ab. Die Versorgungslage war insgesamt sehr schlecht, insbesondere in den Provinzen und Gebieten, die eine große Anzahl von Geflüchteten und Vertriebene aufgenommen hatten, was wiederum zu einer Senkung der dortigen Leistungen führte.[245] Zusätzlich war vermieden worden Vertriebene und Geflüchtete in den urbanen Zentren anzusiedeln, da
dort deren Versorgung vor allem mit Wohnraum noch problematischer gewesen
wäre. Insgesamt waren im Dezember 1946 über eine halbe Million Menschen als
Empfangende von Unterstützungsleistungen registriert, was einer Quote von 6,1
Prozent entsprach.[246] Für statistische Aussagen zur tatsächlichen Anzahl der Fürsorgeempfängerinnen und Fürsorgeempfänger und der darin enthaltenen Gruppe

---

241 Willing/Boldorf, Fürsorge/Sozialhilfe, S. 589.
242 Barthel, Anfänge, S. 39.
243 Willing/Boldorf, Fürsorge, S. 621.
244 Boldorf, Marcel, Sozialfürsorge in der SBZ/DDR 1945-1953. Ursachen, Ausmaß und Bewälti-
     gung der Nachkriegsarmut, Stuttgart 1998.
245 Geflüchtete und Vertriebene meint hier sowohl Personen die in Deutschland vor Bombardie-
     rungen oder der näher rückenden Front geflohen waren, ebenso wie vertriebene Menschen
     aus den ehemaligen Ostgebieten im heutigen Polen. Willing/Boldorf, Fürsorge, S. 623f.
246 Boldorf, Sozialfürsorge, 1998, S. 19.

von Angehörigen von Kriegsgefangenen in der SBZ ergeben sich ähnliche Probleme wie in den westlichen Besatzungszonen. Eine Fürsorgestatistik für die gesamte Zone wurde erstmals im Juni 1946 erstellt. Zuvor gab es nur Statistiken, die sich auf einzelne Regionen bzw. Länder beschränkten.

Zuerst orientierte sich die Handhabung in den Kommunen und Ländern nach 1945 an der Reichsfürsorgeverordnung von 1924. Abgelöst wurden deren Handlungsgrundlagen erst mit dem SMAD-Befehl Nr. 92/1947 »Maßnahmen zur Verbesserung der Sozialfürsorge für die deutsche Bevölkerung in der sowjetischen Besatzungszone Deutschlands«[247]. Diese von der SMAD erlassene Maßnahme lässt annehmen, dass die Sowjetische Militäradministration, wie in anderen politischen Bereichen in der SBZ, auch in der Sozialpolitik tonangebend war. Boldorf konnte hingegen zeigen, dass gerade im Bereich der staatlichen Fürsorge der sowjetische Einfluss vergleichsweise gering blieb, da die sowjetische Militärregierung kein besonderes Interesse an der Sozialfürsorge hatte.[248] Lediglich dort, wo es etwa Überschneidungen mit der Arbeitsmarktpolitik gab, sah dies anders aus. Hauptakteur in den Entscheidungsprozessen um die Ausgestaltung der Sozialfürsorge war die im Herbst 1945 gegründete Deutsche Zentralverwaltung für Arbeit und Sozialfürsorge.[249] Bereits der Name verdeutlicht die starke Verbindung zwischen der Sozial- und der Beschäftigungspolitik. In der Grundannahme sollte jede Bürgerin und jeder Bürger sich selbst durch geleistete Arbeit versorgen können. Hauptziel der Sozialfürsorge war es daher, die Unterstützungsleistungen empfangenden Personen in den Arbeitsmarkt zu integrieren, sodass sie ihren Lebensunterhalt eigenständig erwirtschaften konnten. Die höhere Gewichtung von Erwerbsarbeit im Verhältnis zur Fürsorge zeigt sich auch im Festhalten am Lohnabstandsgebot. Dieses setzte fest, dass die vergebenen Sozialleistungen unter dem monatlichen Mindestlohn eines ungelernten Arbeiters liegen mussten.[250]

Viele erwerbslose Ehefrauen von Kriegsgefangenen und Vermissten hatten zudem das Problem, dass sie nicht immer auf angespartes Vermögen zurückgreifen konnten, da die SMAD Sparvermögen eingefroren hatte. Wenn das Sparbuch alleine auf den Namen des Ehemannes eingetragen war – wie dies häufig der Fall war –, konnte dessen Frau im Fall der Gefangenschaft oder des Vermisstenfalls nicht auf das Geld zugreifen. Zwar erlaubte die sowjetische Militärregierung die Auszahlung von Raten in Höhe von 300 RM, jedoch nur wenn der Eigentümer bzw. die

247 Willing/Boldorf, Fürsorge, S. 621.
248 Boldorf, Sozialfürsorge, 1998, S. 11.
249 Der Name dieser Einrichtung wurde im Sommer 1946 in Deutsche Verwaltung für Arbeit und Sozialfürsorge und zu Beginn des Jahres 1948 in Hauptverwaltung für Arbeit und Sozialfürsorge geändert. Bei letzter Namensänderung wurde sie zudem in die Deutsche Wirtschaftskommission eingegliedert. Ebd., S. 11. Leitungsfunktionen waren natürlich mit SED-Funktionären besetzt.
250 Willing/Boldorf, Fürsorge, S. 625.

Eigentümerin des Sparbuches diese persönlich abhob. Darum bat die Abteilung Frauensekretariat des Zentralsekretariates der SED im August 1946 die SMAD zu prüfen, »ob nicht wenigstens Frauen mit Kleinkindern, die noch ohne Nachricht auf die Vermißtenmeldung ihres Mannes geblieben sind, die freigegebene Ratenzahlung erhalten können.«[251] Dies ist einer der bereits angesprochenen wenigen Fälle, in denen das Frauensekretariat sich eigens für diese Frauen einsetzte und daher auch eine der seltenen Gelegenheiten, in denen diese Gruppe überhaupt explizit in den Quellen sichtbar wird.

Fortentwicklungen in der Konzeption der Sozialfürsorge setzten sich im Verlauf des Jahres 1947 durch. Die Unterstützungsleistungen wurden zukünftig aus dem Haushalt der Länder bzw. Provinzen bezahlt und nicht mehr wie zuvor aus Gemeindemitteln. Zudem wurde in diesem Zeitraum parteiintern auch über eine bessere Versorgung der Familien von Kriegsgefangenen und Vermissten beraten.[252] In einem ersten Schritt wurde die Rückzahlungspflicht der Sozialunterstützung rückwirkend aufgehoben.[253] Dies hatte jedoch nicht nur humanitäre Gründe, sondern auch rein pragmatische, denn »die durch die Eintreibung entstandenen Verwaltungskosten waren durchweg grösser als die Rückzahlung.«[254] Zukünftig wurde so verfahren, »daß Art und Höhe derselben [Mittel] nach dem notwendigen Lebensbedarf der Hilfebedürftigen [Frauen] zu berechnen sind.«[255] Zur Feststellung des Grades der Bedürftigkeit wurden Beratungsausschüsse gebildet, die bei der Entscheidung über Art und Höhe der Unterstützung mitwirkten.[256] All diese Veränderungen beschrieb die Abteilung für Sozialpolitik als »großer Dienst«[257] für die Angehörigen von Kriegsgefangenen und Vermissten. Die Situation der Frauen wurde damit nicht mehr nur als reiner Fürsorgefall betrachtet, sondern vielmehr als eine Übergangsphase bis zur Rückkehr des Ehemannes, in der man diese Frauen unterstützte. Zumal auch die politische Führung der SBZ davon ausging, dass alle Kriegsgefangenen bis Ende 1948 zurückkehren würden.[258] Hiermit trug die SBZ

---

251   Zentralsekretariat Abt. Frauensekretariat, 2.8.46, in: BArch, NY 4182/1190, DokNr. 134.

252   Abteilung 3 – Sozialpolitik, Betr.: Unterhalt für die Familien von Kriegsgefangenen und Vermißten, 6.5.1947, in: BArch, DY 34/20124, DokNr. 336.

253   SMA-Befehl Nr. 92 vom 22.4.1947 und Verordnung des Präsidenten der Deutschen Verwaltung für Arbeit und Sozialfürsorge vom gleichen Tag; Neuordnung der Sozialfürsorge für die Ostzone (Gemäß Befehl 92) von Maria Hartung, 19.9.1947, S. 5, in: BArch, DY 30/IV 2/17/6, DokNr. 127.

254   Ebd., S. 3.

255   Abteilung 3 Sozialpolitik, Betr.: Unterhalt für die Familien von Kriegsgefangenen und Vermißten, 6.5.1947, in: BArch, DY 34/20124, Dok.Nr. 336.

256   Ebd.; Quellen zu den hier genannten Beratungsausschüssen konnten in den Regionalarchiven leider nicht ausfindig gemacht werden.

257   Ebd.

258   Deutscher Volksrat, Sozialpolitischer Ausschuss, 3.3.1949, in: BArch, DO 2/33, DokNr. 73. Man bezog sich hier auf die Ergebnisse der Moskauer Außenministerkonferenz im Jahr 1947. Dort

ein Stück weit der besonderen Situation dieser Personengruppe Rechnung, jedoch ohne die westdeutsche Konnotation einer gesellschaftlichen Schuld gegenüber den Internierten und ihren Ehefrauen.[259]

In der Praxis führte diese Neuregelung nicht dazu, dass der Staat für den Lebensunterhalt dieser Frauen und Kinder aufkam. Vielmehr versuchte die SED die hohen Ausgaben für Fürsorgeleistungen zu senken. Bei 82 Prozent der im Oktober 1948 als Fürsorgeempfängerinnen und Fürsorgeempfänger registrierten Personen handelte es sich um Frauen. Zweieinhalb Mal so viele Frauen gehörten zudem zur Gruppe der freigestellten Fürsorgeempfängerinnen.[260] Um die Ausgaben für die Sozialfürsorge zu reduzieren, wurden die Freistellungsregelungen verschärft, sodass mehr Frauen als bisher zum Arbeitseinsatz verpflichtet waren. Freigestellt wurden Frauen nur noch, »wenn in der Familie keine andere Person zur Wartung eines Kindes im Alter bis zu 3 Jahren oder wenn zwei oder mehr Kinder im Alter bis zu 8 Jahren vorhanden und ihre Unterbringung in Kindergärten und Tagesstätten nicht gegeben« war.[261] Diese Maßnahme führte tatsächlich zu einem deutlichen Absinken der in der Fürsorgestatistik erfassten Personen, jedoch gleichzeitig zu einem Anstieg der Arbeitslosenzahlen. Die nicht in den Arbeitsmarkt integrierbaren Frauen hatten damit lediglich ihren Status gewechselt.[262] Betrachtet man dieses Vorgehen unter besonderer Berücksichtigung der Frauen von Kriegsgefangenen wird deutlich, dass sie nur dann als problematisch für das System galten, wenn sie nicht in den Arbeitsmarkt zu integrieren waren bzw. ihre Arbeitskraft nicht für staatliche Zwecke eingesetzt werden konnte. So kosteten sie nicht nur staatliche Mittel, sondern beteiligten sich auch nicht am Aufbau des sozialistischen Staates. Da der Ehemann und Vater zudem nicht für tot erklärt werden konnte, erfolgte

---

hatten sich die Alliierten darauf geeinigt, alle deutschen Kriegsgefangenen bis zum 31. 12. 1948 zu repatriieren.

259   Wie groß hier der Unterschied vor allem auch zu der Politik der britischen Besatzungszone und der BRD war verdeutlicht das Beispiel der Kriegerwitwen. Zu dem Umgang mit diesen in der SBZ schreibt Elizabeth Heineman: »War widows and their defenders understood that the matter of a special status was closed. There was no point in lobbying for women whose husband hat died trying to eliminate Communism and who hat caused unprecedented suffering in the Soviet Union.« Ebd, Difference, S. 201.

260   Fürsorgestatistik der Hauptverwaltung für Arbeit und Sozialfürsorge (Stand Oktober 1948), in: BArch, DQ 2/3788, DokNr. 7. Als freigestellte Fürsorgeempfängerinnen »arbeitsfähig, aber nicht einsatzfähig« wurden solche Frauen bezeichnet, die aufgrund von Kindern oder einer chronischen gesundheitlichen Einschränkung keiner Tätigkeit nachgehen konnten. Die Gesamtzahl der arbeitsfähigen Fürsorgeempfangenden belief sich auf 62.102 Personen und 152.512 freigestellten Frauen. Die Richtlinien für eine Freistellung berücksichtigten ausschließlich Frauen.

261   ZVOBl. (Zentralverordnungsblatt) 1948, § 2(5) der Anordnung, Dokument 224, S. 469.

262   Willing/Boldorf, Fürsorge, S. 630.

auch keine Versorgung durch Rentenzahlungen.[263] Die besondere Lebenssituation dieser alleinlebenden Frauen verhinderte somit in gewisser Weise eine erfolgreiche produktive Fürsorgepolitik, wie sie von der SED und der SMAD angestrebt war.

Mit der Gründung der DDR gingen keine gesetzlichen Reformen oder Neuregelungen der Fürsorge einher. Bis 1956 bildete die Fürsorgeverordnung von 1947 die Grundlage für die staatliche Sozialfürsorge.[264] Da die Anzahl der Fürsorge empfangenden Menschen im Zeitraum von 1946 bis 1949 deutlich gesunken war, wurde ab 1950 angestrebt die Sozialfürsorge gänzlich aufzulösen. Dahinter stand die Vorstellung, dass in einem vollendeten Sozialismus keine Fürsorge existieren müsse.[265] An der sozialpolitischen Versorgung der Frauen und Kinder von Kriegsgefangenen änderte sich mit der Staatsgründung nichts. Die politische Haltung zu diesem Personenkreis war, wie zur gesamten Gruppe der Kriegsgefangenen, in den ersten Monaten des jungen Staates nicht durch eine negative Haltung geprägt.

Frauenarbeitsmarktpolitik

In der angestrebten kompletten Ausschöpfung der Arbeitskraft der gesamten Bevölkerung spiegelte sich deutlich die von sowjetischen Vorstellungen geprägte Arbeitsmarktpolitik wider. Zu dieser gehörte, Frauen gleichberechtigt in den Arbeitsmarkt zu integrieren.[266] Das klassische Familienmodell von Versorger und Hausfrau, das in Westdeutschland immer mehr zum politisch gewünschten und geförderten Ideal avancierte, wurde in der SBZ zumindest von den Entscheidungsinstanzen abgelehnt. Hinter der Einbindung der Frauen in den Produktionsprozess standen jedoch nicht nur ideologische Gesichtspunkte, sondern vor allem auch ökonomische. Die SBZ benötigte Frauen als Wirtschaftsfaktor für den erfolgreichen Wiederaufbau und die Erfüllung der ehrgeizigen Entwicklungspläne. Die Reparationszahlungen und die damit einhergehende systematische Abrüstung industrieller Anlagen durch die Sowjetunion schwächten die wirtschaftliche Lage der SBZ enorm und erschwerten den Aufbau. Hinzu kam ein Fachkräftemangel, der verstärkt wurde durch die Abwanderung von Personen in die westlichen Besatzungszonen. Die arbeitsfähigen Frauen bildeten eine Reserve, auf die die SBZ mehr als angewiesen war und die es mit allen Mittel zu aktivieren galt. Lediglich Frauen, die ein Kind unter sechs Jahren oder zwei Kinder unter 15 Jahren zu

263 Die Rentenzahlungen für Kriegsinvalide und deren Hinterbliebene setzten jedoch auch erst im Juli 1948 ein. Ebd., S. 632.
264 Boldorf, Marcel, Sozialfürsorge, in: Hoffman, Dierk/Schwartz, Michael (Hg.), 1949-1961. Deutsche Demokratische Republik, Bd. 8, Baden-Baden 2004, S. 475-494, S. 477.
265 Ebd., S. 481.
266 Bühler, Grit, Mythos Gleichberechtigung in der DDR. Politische Partizipation von Frauen am Beispiel des Demokratischen Frauenbundes Deutschland, Frankfurt a.M., New York, 1997; Kleßmann, Christoph, Arbeiter im »Arbeiterstaat« DDR. Deutsche Tradition, sowjetisches Modell, westdeutsches Magnetfeld. 1945 bis 1979, Bonn 2017, S. 233-242.

betreuen hatten, wurden von der Arbeitspflicht entbunden. Gleichzeitig wurden jedoch Maßnahmen gefördert, die es auch Müttern erleichtern sollten, wieder eine Beschäftigung aufzunehmen. Dazu zählte die »Einrichtung von Werkkrippen, Stillstuben, Kindergärten, Horten für Schulkinder, Näh- und Flickstuben, Schuhreparaturwerkstätten, Waschküchen und Kantinen in den Betrieben«, aber auch die Einführung des monatlichen Haushaltstages.[267] Die angestrebte Integration und Nutzbarmachung der gesamten Arbeitskraft der Bevölkerung differenzierte somit nicht zwischen Frauen, die in einer sogenannten ›Vollfamilie‹ lebten und alleinstehenden Frauen, wie Witwen oder den Frauen von Kriegsgefangenen. Vielmehr argumentiert Elisabeth Heineman sogar, dass die SED alleinstehende Frauen in gewisser Weise präferierte, da sie zu deren Lebenswelt einfacher Zugang fand und sie auf diesem Weg für die neue sozialistische Gesellschaftsform gewinnen und Einfluss auf sie ausüben konnte.[268] Während es Hausfrauen einfacher fiel, sich aus dem politischen und öffentlichen Raum zurückzuziehen, erreichte die SED die Frauen vor allem durch ihre Tätigkeit am Arbeitsplatz. Und auf eine solche Tätigkeit waren insbesondere alleinstehende Frauen angewiesen. »Heute ist die überwiegende Mehrheit der Frauen auf den Verdienst als Existenzgrundlage angewiesen. In den Fällen, in denen der Ehemann im Krieg gefallen ist oder sich noch in Gefangenschaft befindet, muss die Frau mit ihrem Lohn den Haushalt aufrecht erhalten und sich und die Kinder ernähren.«[269] Trotzdem machte es in der Lebensrealität einen entscheidenden Unterschied, ob zwei Erwachsene einer Erwerbsarbeit nachgingen oder ob eine Familie von nur einem Einkommen lebte. Zumal das Lohnniveau der meisten Frauen es kaum ermöglichte, davon eine gesamte Familie zu versorgen. Das vorhergegangene Zitat stammt aus dem Brief, mit dem die Erhöhung der Frauenlöhne bei der Alliierten Kommandantur in Berlin gefordert wurde und thematisiert diese Problematik. Um die gleichwertige Entlohnung von Frauen und Männern zu erreichen, erließ die SMAD am 17. August 1946 den Befehl Nr. 253, zur Festschreibung des Prinzips gleicher »Lohn bei gleicher Arbeit«. Dieser löste die Problematik jedoch kaum, da vor allem die schlechtere Qualifizierung der Frauen die Ursache dafür war, dass sie mit ihrem Einkommen sich und ihre Kinder kaum versorgen konnten. Viele der Frauen verfügten nicht über eine Fachausbildung, die ihnen eine entsprechende Vergütung zur Absicherung des eigenen Lebensunterhaltes ermöglicht hätte. So konnten sie meist nur schlecht bezahlte Arbeiten ausüben.[270] Die angestrebte produktive, staatliche Fürsorge, die dazu führen sollte, dass sich jeder in den Arbeitsmarkt integrieren und so für sich selber sorgen konnte, funktionierte somit kurz nach der Systemumstellung für Frauen

---

267 Helwig, Gisela, Familienpolitik in der SBZ, in: Wengst, Udo (Hg.), 1945-1949. Die Zeit der Besatzungszonen, Bd. 2.1, Baden-Baden, 2001, S. 664-672, S. 670.

268 Heineman, Difference, S. 189.

269 Schreiben an die Alliierte Kommandantur Berlin, 27.6.1946, in: BArch, DY 34 19160.

270 Ebd., S. 31.

noch nicht. Förderangebote wie ein Ausbildungs- und Weiterbildungsprogramm und Studienangebote für Frauen brauchten ihre Zeit, um effektiv zu wirken.[271] Die Freistellung von der Arbeitspflicht zur Versorgung der Kinder wurde zudem nicht durch eine staatliche Leistung aufgefangen. Das hier zugestandene Privileg stellte nur dann eines dar, wenn die Frau nicht die alleinige Verantwortung für die finanzielle Versorgung der Familie trug. Die politische Fokussierung auf den Aspekt der Erwerbsarbeit benachteiligte insbesondere jene, die nicht daran partizipierten – die Ursache hierfür war jedoch unerheblich. Grundlegend lässt sich feststellen, dass die neuen Regelungen und Angebote vor allem für Frauen aus der Arbeiterklasse attraktiv waren. Besonders sie waren von der bisherigen Arbeitsmarktpolitik vor und während des Krieges benachteiligt worden und erhielten nun neue Entwicklungschancen und Perspektiven.[272]

Für die Frauen und Kinder von Kriegsgefangenen bedeutete die neue Frauenarbeitsmarktpolitik, dass die Partei von allen Frauen erwartete, ihre neue Gleichberechtigung auch in ökonomische Unabhängigkeit umzusetzen. In dieser Sichtweise war es nicht notwendig, dass der Ernährer der Familie vor Ort war bzw. zum Lebensunterhalt beitrug. Vielmehr sollte das sozialistische System die Grundlage dafür schaffen, dass sich auch diese Frauen selber versorgen konnten. Wie sehr hierin auch eine Notwendigkeit der Zeit gesehen wurde, verdeutlich folgendes Zitat aus der *Berliner Zeitung* von Dezember 1945:

> »Die eigene wirtschaftliche Not, in vielen Fällen die Verantwortung für die vaterlos gewordene Familie, für arbeitsunfähige oder unversorgte ältere Angehörige zwingt unzählige Frauen mit zunehmender Abnahme ihrer Bargeldreserve in den Arbeitsprozeß hinein. Für viele das soll man ruhig aussprechen —, die in normalen Zeiten nur bis zur Ehe berufstätig waren, ist diese Umstellung hart und schwer. Dennoch müssen sich alle darüber völlig klar sein; daß die Eingliederung von unzähligen Frauen in den Produktionsprozeß mindestens für unsere Generation Dauerzustand werden wird und werden muß.«[273]

Dieses Verständnis widersprach vollkommen den nationalsozialistischen Vorstellungen der Geschlechterrollen bzw. dem Lebensmodell der Hausfrau und Mutter, in dem die Frauen bis zur Kapitulation gelebt hatten. Zwar hatte eine Vielzahl der Frauen bereits während des Krieges gearbeitet und damit eigenes Geld verdient, die grundsätzliche finanzielle Absicherung hatte jedoch mit dem Familienunterhalt

---

271   Vgl. Betram, Barbara, »Nicht zurück an den Kochtopf« – Aus- und Weiterbildung in Ostdeutschland, in: Helwig, Gisela/Nickel, Hildegard Maria (Hg.), Frauen in Deutschland 1945-1992, Berlin 1993, S. 191-214, S. 196-199.

272   Heineman, Difference, S. 191.

273   Wolff, I., Die Majorität der Frauen, in: Berliner Zeitung, Nr. 183 vom 15.12.1945, S. 1.

bzw. dem Wehrsold der Staat übernommen. Und auch wenn der Soldat in Gefangenschaft geraten war, war dessen Familie bis zum Kriegsende in gleicher Weise weiterhin versorgt worden. Das nationalsozialistische Regime hatte von den Frauen zwar den Arbeitseinsatz erwartet, jedoch nicht aus einem Gedanken der Gleichberechtigung und finanziellen Unabhängigkeit heraus, sondern als ›Dienst am Vaterland‹ in Kriegszeiten. Hierin liegt der elementare ideologische Unterschied zwischen beiden Systemen hinsichtlich der Frauenarbeit. Die Selbstständigkeit, die in der SBZ von den Frauen erwartet wurde, negierte ein Anrecht auf staatliche Versorgung. Eben dieses Anrecht wurde jedoch von vielen Frauen, insbesondere jenen von Kriegsgefangenen, als unumstößlich angesehen. Der fehlende Ernährer war in ihren Augen eine Benachteiligung, die der Staat ausgleichen musste. Diese Auffassung teilten sie im Übrigen mit den Angehörigen von Kriegsgefangenen, die in den westlichen Besatzungszonen lebten.

Grundsätzlich muss für die Sozial- und Arbeitsmarktpolitik in der SBZ und frühen DDR in Bezug auf die Angehörigen von Kriegsgefangenen festgestellt werden, dass sie als Gruppe nicht stärker benachteiligt waren als andere alleinstehende Frauen mit ihren Kindern. Während zwar die Versorgungsleistungen durch die Sozialfürsorge allgemein schlechter waren als im Westen, bot die Möglichkeit der Integration der Ehefrauen in die Erwerbsarbeit für diese auch neue Handlungschancen bzw. die Möglichkeit, ein in gewisser Weise unabhängiges Leben zu führen. Allerdings muss betont werden, dass es sich hierbei nicht um eine freie und unabhängige Entscheidung der Frauen handelte. Vielmehr übte die politische Führung über ökonomische Maßnahmen Druck auf alle Frauen aus, eine Erwerbstätigkeit aufzunehmen.[274] Frauen, die in einer ›vollständigen Familie‹ lebten, deren Ehemann ebenfalls ein Einkommen erwirtschaftete, konnten sich diesem Druck deutlich einfacher entziehen.

Die neue Frauenarbeitspolitik rief auch Kritik hervor, die sich vor allem gegen die vermeintlichen Auswirkungen der weiblichen Berufstätigkeit richtete. Besonders hierin zeigt sich die enge Verzahnung von Sozial- und Arbeitsmarktpolitik auf der einen und Frauen- und Familienpolitik auf der anderen Seite. Hilde Marchwitzs begegnete diesen Befürchtungen in ihrem Artikel »Ist die Ehe in Gefahr?«, der im Februar 1950 in der Zeitung *Neues Deutschland* erschien, mit folgender Argumentation: »Die Argumente variieren: der Beruf mache unweiblich, die Intelligenz der Frau vermindere ihre Seelenwärme, die Abwesenheit der Frau zerstöre das Heim, treibe den Mann — und auch die Frau — dazu, sich in fremde Arme zu werfen. Bei alledem wird zusätzlich so getan, als sei die Erwerbstätigkeit der Frau eine neue teuflische Erfindung der antifaschistisch-demokratischen Ordnung.«[275] Im

---

274 Katrin Schäfgen geht sogar soweit, diesen Druck als »ökonomischen Zwang« zu bezeichnen. Dies, Die Verdopplung der Ungleichheit, Opplaen 2000, S. 97.

275 Marchwitza, Hilde, Ist die Ehe in Gefahr?, in: Neues Deutschland, Nr. 43 vom 19.2.1950, S. 4.

folgenden Kapitel wird die andere Seite – die Frauen- und Familienpolitik – genauer untersucht und vor allem geschaut, welche neuen Ideale in der Gesellschaft verankert werden sollten, welche Strategien und Wege dazu genutzt wurden und inwieweit sich dies umsetzten ließ.

3.3.2   Frauen, Familie und Ehe. Neue Ideale – alte Denkmuster?

Familie, Ehe und die Gleichberechtigung von Mann und Frau gehörten zu den zentralen Themengebieten, in denen sich die neuen, sozialistischen Ideale der SBZ ausdrückten. Sie sollten sich gänzlich von dem im Nationalsozialismus vorherrschenden, patriarchal geprägten Gesellschaftsmuster abgrenzen und damit das gemeinschaftliche Miteinander weiterentwickeln. Gleichzeitig muss die Neuausrichtung auch als klare Distanzierung von den westlichen Besatzungszonen verstanden werden. »Elementarer Bestandteil«[276] der Forderungen war die Gleichberechtigung von Mann und Frau, die die Grundlage für ein neues Verständnis des Frauseins, der Familie und der Ehe bereitete.[277] Gleichberechtigung wurde als Ausdruck wahrer Demokratie verstanden. Die Bemühungen, eine gleichberechtigte Gesellschaft zu erschaffen, sollten einen Beweis für die demokratischen Bestrebungen in der SBZ darstellen. Dies bedeutete etwa, Frauen im Bereich der Erwerbsarbeit verstärkt in den Produktionsprozess einzubinden und sie nach dem Credo ›Gleicher Lohn für gleiche Arbeit‹ äquivalent zu entlohnen. Aber auch an gesellschaftspolitischen Aktivitäten sollten Frauen zukünftig gleichberechtigt partizipieren und ihr Wirkungskreis somit vom klassisch privaten Betätigungsfeld – Haushalt und Familie – auf Politik, staatliche Organisationen und den Arbeitsplatz ausgedehnt werden.[278] Rainer Geißler beschreibt diese Form der Gleichstellungspolitik als »Emanzipation

---

276   Schneider, Ute, Hausväteridylle oder sozialistische Utopie? Die Familie im Recht der DDR, Köln 2004, S. 24.

277   An dieser Stelle wurde bewusst der Begriff des Frauseins gewählt, in Abgrenzung zur klassischen Verwendung des Begriffs Weiblichkeit. Das Frausein umfasst hier mehr als die klassische geschlechtsbezogene Weiblichkeit von Frauen.

278   Heike Trappe beschreibt die Frauen- und Familienpolitik der SBZ zwischen 1945 und 1949 als erste Phase in der »versucht wurde, Frauen durch die Integration in gesellschaftliche Vereinigungen in das öffentliche Leben einzubeziehen und politisch zu beeinflussen.« Dies., Emanzipation oder Zwang? Frauen in der DDR zwischen Beruf, Familie und Sozialpolitik, Berlin 1995, S. 37. Hierzu auch: Gerhard, Ute, Die staatliche institutionalisierte »Lösung« der Frauenfrage. Zur Geschichte der Geschlechterverhältnisse in der DDR, in: Keable, Hartmut/Kocka, Jürgen/Zwahr, Hartmut (Hg.), Sozialgeschichte der DDR, Stuttgart 1994, S. 383-402; Fulbrook, Mary, Ein ganz normales Leben. Alltag und Gesellschaft in der DDR, Darmstadt 2008, S. 160-194; Budde, Gunilla-Friederike, Der Körper der »sozialistischen Frauenpersönlichkeit«. Weiblichkeitsvorstellungen in der SBZ und der frühen DDR, in: Geschichte und Gesellschaft, Jg. 26 (2000), S. 602-628.

von oben«[279], da sie »paternalistisch-autoritär«[280] vollzogen wurde. Bereits kurz nach der Wiedervereinigung erschienen die ersten Studien, die die Geschlechterverhältnisse bzw. die Rolle der Frau in der SBZ und DDR untersuchten und bis heute ist das Thema noch immer aktuell.[281] Dabei sind es vor allem die Geschichtswissenschaft und die Sozialwissenschaften, die die verschiedenen Entwicklungen zwischen der DDR und der Bundesrepublik miteinander vergleichen.[282]

Zur Einführung wird im Folgenden am Beispiel der Verfassung und ihrer verschiedenen Entwürfe nachgezeichnet, welchen Aushandlungsprozessen und Veränderungen die Gleichberechtigung von Frauen und Männern in den Jahren zwischen 1946 und 1949 unterworfen war. Im November 1946 war ein erster Verfassungsentwurf des Verfassungsausschusses der SED veröffentlicht worden. Bereits in diesem war die Gleichberechtigung von Männern und Frauen als Bestandteil des ersten Artikels zu Grundrechten und Grundpflichten der Bürgerinnen und Bürger aufgenommen worden.[283] Zudem hieß es im Artikel 26, dass »die Frau [...] auf allen Gebieten des staatlichen, wirtschaftlichen, gesellschaftlichen Lebens dem Manne gleichgestellt«[284] sei und zugleich wurden alle Regelungen aufgehoben, die dieser Gleichstellung zuwiderliefen.[285] Der Entwicklungsprozess der Verfassung wurde in der SBZ als partizipativer Akt inszeniert, an dem die gesamte Bevölkerung sollte mitwirken können. Der Aushandlungsprozess dauerte schlussendlich etwa zweieinhalb Jahre, bis der Volkskongress die Verfassung am 30. Mai 1949 bestätigte und sie am 7. Oktober von der provisorischen Volkskammer in Kraft gesetzt wurde, womit sich die DDR gründete. Tatsächlich wurden beide Festschreibungen zur Gleichberechtigung von Frauen und Männern aus dem ersten Entwurf fast wortgleich in die Verfassung der DDR übernommen.[286] Hiermit wurden das neue Ideal der Gleichberechtigung der Geschlechter und damit einhergehende Vorstellungen von

---

279 Geißler, Rainer, Die Sozialstruktur Deutschlands, 7., grundl. überarb. Aufl., Wiesbaden 2016, S. 373f.

280 Ebd., S. 374.

281 Bei der Vielzahl von Arbeiten sollen hier nur einige wenige genannt werden: Trappe, Emanzipation; Schmidt, Heike, Frauenpolitik in der DDR. Gestaltungsspielräume und -grenzen in der Diktatur, Berlin 2007; Harsch, Donna, Revenge of the Domestic. Women, the family, and communism in the German Democratic Republic, Princeton 2007; Kaminsky, Anna, Frauen in der DDR, Berlin 2016.

282 Exemplarisch: Budde, Gunilla-Friederike (Hg.), Frauen arbeiten. Weibliche Erwerbstätigkeit in Ost- und Westdeutschland nach 1945, Göttingen 1997; Schäfgen, Katrin, Die Verdopplung der Ungleichheit. Sozialstruktur und Geschlechterverhältnisse in der Bundesrepublik und in der DDR, Opladen 2000; Geißler, Sozialstruktur, 2016.

283 »Männer und Frauen sind gleichberechtigt.« Art. 7, Entwurf einer Verfassung für die Deutsche Demokratische Republik, in: Neues Deutschland, 16.11.1946, Nr. 176, S. 3.

284 Ebd., Art. 25.

285 Ebd.

286 »Mann und Frau sind gleichberechtigt.« und »Alle Gesetze und Bestimmungen, die der Gleichberechtigung der Frau entgegenstehen, sind aufgehoben.« Art. 7, in: Verfassung der

Frausein, Familie und Ehe auch rechtlich als Grundsätze des neuen Staates verankert. Ehen sollten demnach gleichberechtigte Partnerschaften sein und Frauen durch die Berufstätigkeit in den wirtschaftlichen Aufbau der SBZ integriert werden. Das neue angestrebte Ideal waren verheiratete, berufstätige Mütter, die von staatlichen und gesellschaftlichen Strukturen bestmöglich unterstützt werden sollten.[287] Diese Familien- und Geschlechterpolitik muss als eine Form des »social engineering‹ [verstanden werden,] mit dem Ziel einer gesellschaftspolitischen Transformation, die im Bereich der Familie einen vollständigen Normwechsel von der Hausfrau zur berufstätigen Mutter intendierte«[288], wie Ute Schneider es in ihrer Arbeit feststellt. Insbesondere die Tatsache, dass nicht nur eine Gleichwertigkeit, sondern vielmehr eine Gleichheit der Geschlechter im gesellschaftlichen Leben angestrebt wurde, kennzeichnete die unterschiedlichen gesellschaftspolitischen Vorstellungen zwischen Ost und West. Doch auch in der SBZ bzw. der DDR kritisierten insbesondere konservative Kreise diese neue angestrebte Gleichheit, da befürchtet wurde, dass sie eine Gefahr für die Institution der Ehe und der Familie darstellen könnte. Vor allem weite Teile der Bevölkerung befürchteten, dass die sowjetische Familienpolitik eins zu eins auf die SBZ übertragen werden sollte.[289] Dieser wurde vorgeworfen, dass sie auf die Abschaffung der Familie abziele, ein Argument, das insbesondere von der Bundesrepublik immer wieder verbreitet wurde. Von politischer Seite versuchte man in der SBZ bereits sehr früh die Bedenken der Bevölkerung zu zerstreuen. Ein Beispiel hierfür ist ein Artikel mit dem Titel »Das Familienleben in der Sowjetunion«, der im August 1945 in der *Berliner Zeitung* veröffentlicht wurde und die Vorbehalte der Bürgerinnen und Bürger widerspiegelt. Darin heißt es: »Immer wieder erreichen uns [...] Fragen wie: ›Gibt es in der UdSSR ein Familienleben?‹, ›Kennt der Sowjetrusse Begriffe wie Ehe, Liebe oder Treue?‹ oder ›Was haben Eltern in der UdSSR für Rechte und Pflichten?‹«[290] Aus diesen Fragen lassen sich die Ängste der Bevölkerung herauslesen, mit denen sie auf die neuen und veränderten staatlichen Wert- und Normvorstellungen reagierten. Gleichzeitig spiegeln die Fragen auch propagandistische Darstellungen aus der Zeit des Nationalsozialismus wider, die augenscheinlich noch immer in der

---

Deutschen Demokratischen Republik vom 7.10.1949. Amt für Information der Regierung der Dt. Demokratischen Republik, Verfassung der DDR, Dresden 1949.

287   Schneider, Hausväteridylle, 2004, S. 23.

288   Schneider, Ute, Das Familienrecht als Instrument der Gesellschaftsgestaltung in der DDR, in: Becker, Michael/Ruth Zimmerling (Hg.), Politik und Recht. Politische Vierteljahresschrift, Sonderheft 36 (2006), S. 601-620, 601f. Vgl. z.B. zum social engineering: Etzemüller, Thomas (Hg.), Die Ordnung der Moderne. Social Engineering im 20. Jahrhundert, Bielefeld 2009.

289   Dabei stellte sich die gesamte Familienpolitik der Sowjetunion im Zeitraum von 1917 bis 1955 sehr widersprüchlich dar. Vgl. hierzu: Schneider, Hausväteridylle, S. 30f. Außerdem zur Familienpolitik in Russland: Stein-Redent, Rita, Zum Wandel der Familie in Russland. Eine Bestandsaufnahme ihrer Veränderungen seit 1917, Hamburg 2008.

290   Das Familienleben in der Sowjetunion, in: Berliner Zeitung, Nr. 72 vom 7.8.1945, S. 3.

Bevölkerung verwurzelt waren. Von staatlicher Seite wurde daher aktiv versucht gegen diese alten Vorurteile vorzugehen, etwa durch entsprechende Berichterstattungen, wie oben beschrieben. Tatsächlich bildete die sowjetische Familienpolitik für die SED vielmehr einen Orientierungspunkt, auf den als positiver Bezugspunkt immer wieder verwiesen wurde. Das russische System sollte jedoch nie vollständig adaptiert werden. Das grundlegende Verständnis für diese neue und andere Form der Gleichberechtigung, wie die SED sie sich für die DDR vorstellte, musste jedoch der Bevölkerung erst vermittelt werden.[291]

Im weiteren Verlauf dieses Kapitels stehen folgende Schwerpunkte im Zentrum der Betrachtung. Erstens das Frauenbild unter dem Aspekt der Mütterlichkeit, anschließend die Entwicklung des Verhältnisses von Familie und Ehe, gefolgt von einem Untersuchungsschwerpunkt zu Scheidungen und dem damit verbundenen Diskurs zu Treue und Untreue in der SBZ bzw. DDR. Abschließend wird ein Blick darauf geworfen, inwieweit sich die neuen Ideale tatsächlich durchsetzen konnten oder ob nicht doch alte Denkmuster in der Bevölkerung weiterhin vorherrschten. Im Mittelpunkt der Untersuchung steht die Frage, welche konkreten Erwartungen im öffentlichen Diskurs an Frauen im allgemeinen und im Besonderen an die Ehefrauen von Kriegsgefangenen formuliert wurden und welche Funktion diese erfüllen sollten. Anhand der untersuchten Quellen wird gleichzeitig herausgearbeitet, welche Argumentationsstrategien hierzu genutzt wurden. Die Grundlage bilden Artikel aus drei großen Tageszeitungen sowie der ersten Frauenzeitschrift der SBZ, die erste Verfassung der DDR und ihre vorherigen veröffentlichten Entwürfe.[292] Bevor mit der thematischen Analyse begonnen wird, sollen jedoch die im Folgenden als Quellen genutzten Zeitungen ausführlich dargestellt und eingeordnet werden.

Die Zeitung *Neues Deutschland* war die zentrale Parteizeitung der SED.[293] Sie erschien erstmals am 23. April 1946 als erste überregionale Tageszeitung in der SBZ bzw. der DDR. Mit einer Auflage von anfangs 400.000 Zeitungen war die *Neues Deutschland* eines der wichtigsten Propagandawerkzeuge der SED. Die *Berliner Zeitung* wiederum war offiziell kein direktes Propagandaorgan der Partei. Die Zeitung erschien bereits seit dem 21. Mai 1945 wieder täglich als eine von zwei Berliner

---

291 Der erste Artikel einer ganzen Reihe zur Gleichberechtigung erschien im Mai 1945 mit dem Thema »Zweierlei Recht für Mann und Frau«. Foerstner, Majabert, Zweierlei Recht für Mann und Frau, in: Neues Deutschland, Nr. 11 vom 5.5.1946, S. 2.

292 Für das folgende Kapitel wurde vor allem auf die Auswertung von Zeitungen zurückgegriffen, da sich die Quellenlage als äußerst schwierig herausgestellt hat. Quellen, wie sie für das entsprechende Kapitel im Abschnitt zur britischen Besatzungszone genutzt wurden, waren in dieser Form nicht zugänglich.

293 Malycha/Winters, SED, S. 44. Hierbei handelt es sich um die *Berliner Zeitung*, *Neues Deutschland* und die *Neue Zeit*.

Tageszeitungen.[294] Geschaffen wurde sie als Organ der Berliner Stadtverwaltung und war damit kein unabhängiges Medium, sondern berichtete zweckgebunden.[295] Peter de Mendelssohn beschrieb 1959 das Verhältnis zwischen Magistrat und Berliner Zeitung wie folgt: »Sie war so deutsch wie der Magistrat, dessen Sprachrohr sie war; sie war ebenso sowjetisch kontrolliert wie dieser Magistrat; und sie war ebenso auf Befehl entstanden wie dieser Magistrat.«[296] Die Forschung konnte zudem belegen, dass die *Berliner Zeitung* »bis zur Gründung der SED [...] jedoch faktisch unter Kuratel der SMAD und der KPD«[297] stand. Die Kontrolle übernahm anschließend die Berliner SED-Bezirksleitung sowie die Abteilung Agitation im SED-Zentralkomitee. Herausgegeben wurde die Zeitung zudem von einem SED-eigenen Berliner Verlag.[298] Gunter Holzweißig verweist jedoch darauf, dass es der *Berliner Zeitung* gelang, »einen Großteil ihrer Leser durchaus erfolgreich zu täuschen [...], kein Parteiorgan zu sein.«[299] Genauso wie die *Neues Deutschland* erschien auch die *Berliner Zeitung* im hier untersuchten Zeitraum in einer Auflage von 400.000.[300] Bei der dritten Zeitung, der *Neue Zeit*, handelte es sich um die am 22. Juli 1945 gegründete Parteizeitung der CDU. Sie sprach vor allem eine konservativere Leserschaft an als die beiden anderen Zeitungen. Da sich die Parteien in der SBZ bereits kurz nach ihrer Gründung im Juli 1945 zum »Block der antifaschistischen-demokratischen Parteien« (Block) zusammenschlossen, berichtete auch die *Neue Zeit* nicht unabhängig oder setzte sich kritisch mit den politischen Entwicklungen in der SBZ auseinander. Der Zusammenschluss von KPD, SPD, CDU und LPD im Block entsprach den kommunistischen Bestrebungen zur Beherrschung und Gleichschaltung des Parteiensystems. Und spätestens mit dem Zusammenschluss von KPD und SPD zur SED im April 1946 verloren CDU und LPD ihre politische Bedeutung.[301] Im thematischen Zusammenhang fällt auf, dass sich insbesondere das CDU-Organ *Neue Zeit* häufiger mit den Themen Frauenbild, Familie und Ehe

---

294   Informationen zur Berliner Zeitung, in: Internetseite der Staatsbibliothek zu Berlin, URL: ht tp://zefys.staatsbibliothek-berlin.de/ddr-presse/berliner-zeitung/(5.7.2016)

295   Zametzer, Eva, Die Anfänge des Ost-West-Konflikts in der deutschen Sprache. Argumentationsstrategien in Tagesspiegel und Berliner Zeitung von 1945 bis 1949, Frankfurt a.M. 2006, S. 140.

296   Mendelssohn, Peter de, Zeitungsstadt Berlin. Menschen und Mächte in der Geschichte der deutschen Presse, Berlin 1959, S. 437.

297   Holzweißig, Gunter, Die schärfste Waffe der Partei. Eine Mediengeschichte der DDR, Köln, Weimar, Wien 2002, S. 75. Dort auch weitere Informationen zu wichtigen Akteuren bei der Berliner Zeitung.

298   Ebd.

299   Ebd., S. 75.

300   Ausführlichere Informationen auch zum Inhalt und dem Aufbau der Berliner Zeitung im Zeitraum von 1945 bis 1949 in: Zametzer, Die Anfänge.

301   Malycha/Winters, SED, S. 25.

beschäftigte als die beiden anderen Zeitungen. Dies lässt sich darauf zurückführen, dass es vor allem für konservative Bevölkerungskreise schwer war, die neuen
sozialistischen Gesellschaftsvorstellungen in diesem Bereich zu akzeptieren und
umzusetzen. Offensichtlich war es hier nötig, intensiver Einfluss zu nehmen und
zu versuchen neue Wert- und Normkonzepte aktiv zu verankern. Die Artikel spiegeln deutlich den Versuch wider, die neuen sozialistischen Ideale mit bürgerlich-
konservativen Familienvorstellungen und Geschlechterrollen zu vereinen. Grundsätzlich lässt sich feststellen, dass die Themen Familie und Geschlechterrollen verhältnismäßig wenig in den Zeitungen vertreten waren. Artikel, die sich mit der
besonderen Situation von Frauen von Kriegsgefangenen beschäftigten, gab es gar
nicht.[302] Aufgrund der Einstellung der SMAD und SED zur Unabhängigkeit von
Frauen und der Kriegsgefangenschaft im Allgemeinen ist dieser Befund allerdings
nicht überraschend. Und auch in der einzigen untersuchten Frauenzeitschrift *Für
Dich* fand sich kein Beitrag zu diesem speziellen Themengebiet, darüber hinaus jedoch umso mehr zu vermeintlichen Frauenfragen und im speziellen zur Fragen der
Gleichberechtigung und der Ehe.[303] Die *Für Dich* erschien erstmals im August 1946,
deutlich früher als die ersten Frauenzeitschriften in der westlichen Besatzungszone. Mit einer Auflage von 300.000 Exemplaren richtete sich die *Für Dich* speziell an
die Frauen in der SBZ und transportierte ebenso wie die anderen Zeitungen und
Zeitschriften parteikonforme Inhalte.

Das Frauenbild – Mütterlichkeit für Familie und Staat

Das neue Frauenbild, das im öffentlichen Raum der SBZ bzw. DDR propagiert wurde, stellte vor allem deren Funktion als aktives Mitglied der Gesellschaft in den Vordergrund.[304] Von den Frauen wurde politische und gesellschaftliche Partizipation
erwartet. Beispiele hierfür waren das Engagement in der SED oder das Mitwirken in einer der staatsnahen Organisationen. Indem versucht wurde mit der Vor-

---

302 Verschiedene Zeitungen aus der SBZ bzw. der späteren DDR wurden auch in die sowjetischen
     Kriegsgefangenenlager gebracht, damit die Internierten sich informieren konnten. Auch dies
     kann ein möglicher Grund dafür sein, warum über dieses Thema nicht berichtet wurde. Vgl.,
     Borchard, Kriegsgefangenen, S. 55.
303 Ina Merkel hat am Beispiel der Darstellungen von Frauen auf Bildern in der *Für Dich* den Wan-
     del des Bildes der DDR-Frauen untersucht. Dies., Leitbilder und Lebensweisen von Frauen in
     der DDR, in: Kealble/Kocka/Zwahr, Sozialgeschichte, S. 359-382.
304 Im Folgenden soll insbesondere nach den Aspekten des Leitbildes im Allgemeinen, program-
     matischen Vorstellungen und den kollektiven kulturellen Wahrnehmungs- und Deutungs-
     mustern gefragt werden. Zu den theoretischen Grundannahmen in Bezug auf Frauenbilder:
     Dölling, Irene, Gespaltenes Bewußtsein – Frauen- und Männerbilder in der DDR, in: Hel-
     wig/Nickel, Frauen, S. 23-52, S. 23f.

stellung von Politik als »selbstverständliche Männerdomäne«[305] zu brechen, wollte
die SBZ »die Überlegenheit des sozialistischen Systems nach innen und nach außen«[306] beweisen, wie Irene Dölling es in ihrem Aufsatz zu Frauen- und Männer-
bildern in der DDR beschreibt. Die Bandbreite der hierfür genutzten Argumentationen war sehr groß und unterschied sich in verschiedenen Kontexten, orientierte
sich aber immer am grundsätzlichen Ziel der Einbeziehung von Frauen in das Politische. Die *Neue Zeit* charakterisierte 1945 diese neue, sozialistische Frau wie folgt:
»Die Frau ist nicht zuletzt die Erzieherin des Volkes. Mag sie die Erfüllung ihres
Lebens in der Ehe oder außerhalb der Ehe finden — das letztere wird nach diesem
männermordenden Krieg mehr denn je der Fall sein — immer wird die große Erzie-
hungsaufgabe im Volk zu ihrem Lebenskreis gehören«[307]. Das Zitat verdeutlicht die
frühe Bereitschaft und den Wunsch der politischen Führung, Frauen zu einem gewissen Maße auch in gesellschaftspolitische Prozesse einzubeziehen.[308] Dies war
besonders schwierig, da Politik bisher immer als reine Männerdomäne gegolten
hatte. Wollte man die Frauen dazu bringen, sich in der Politik zu engagieren und
zu partizipieren, war es daher unerlässlich das gesellschaftliche Rollen- sowie das
Selbstverständnis der Frauen dahingehend zu verändern, dass dies nicht weiterhin
als ›unweiblich‹ oder ›unnatürlich‹ galt. Das obige Zitat zeigt besonders eindrücklich einen solchen Versuch der Neudefinition weiblicher Rollenbilder. Der klassisch
weibliche Wirkungskreis der Sorge um die Familie wird erweitert um ihre Aufgaben gegenüber der Gesellschaft. Mit dem Bild der ›Erzieherin des Volkes‹ wird eine
klassisch weibliche Aufgabe mit den neuen Erwartungen verknüpft. Interessant ist
zudem der Bezug auf die schwierige Heiratssituation vieler Frauen, bedingt durch
den Mangel an Männern im heiratsfähigen Alter. Die Argumentation lässt sich an
dieser Stelle als das Aufzeigen einer sinnvollen alternativen Lebensaufgabe interpretieren. Die *Neue Zeit* führte diese Neuinterpretation weiblicher Wirkungskreise
nur einige Monate später sogar noch weiter, indem sie schrieb, dass jede Frau zum
Wohle des Volkes wieder das natürlich Weibliche in sich wecken müsse. »Sie muß
einen Dornenweg gehen, einen Tiefenweg — vom fraulich Triebhaften, vom an-
erzogen Bürgerlichen, das Dickicht durchbrechend, muß sie sich zur tiefsten Bestimmung hindurchringen, winden und finden: zur Mütterlichkeit! Gleichgültig,
ob sie kinderlos ist oder Kinder hat, das Fraulich-Mütterliche ist das Urbild.«[309]
Während das Zitat auch die private Mütterlichkeit in der Familie anspricht, ist es

305 Dölling, Bewußtsein, S. 29. Leider geht Dölling nur sehr knapp auf die Frauenbilder in der
      frühen DDR ein. Der Aufsatz konzentriert sich hauptsächlich auf die Zeit vor und nach der
      Wende.
306 Ebd.
307 Die Frau von 1945, in: Neue Zeit, Nr. 44 vom 11.9.1945, S. 1.
308 Auch die politische Elite der DDR blieb letztlich vorrangig männlich, politische Partizipation
      von Frauen war hier bis zum Ende der DDR nur bedingt möglich.
309 H. K., Der Gang zu den Müttern, in: Neue Zeit, Nr. 116 vom 5.12.1945, S. 2.

vor allem die Erweiterung des Mütterlichen um den Aspekt der gesellschaftlichen Teilhabe, der sich im folgenden Zitat aus demselben Artikel noch einmal expliziter ausdrückt. Dort heißt es weiter:

>»Wenn es einst wieder Mütter geben wird, die wie die griechische Göttin Deme-
> ter [...] Mutter der Erde sind, wird es Politikerinnen geben, Demokratinnen, wahl-
> berechtigte frauliche Mütter, Mütter ihrer Kinder, Mütter der Ideen, Mütter ihres
> Volkes, Mütter des deutschen Volkes. Mütter, die behüten und schützen, die len-
> ken und opfern, die helfen und führen und, führend auch als Frauen, Vorbilder
> der Liebe und Güte, der Freiheit und der Gerechtigkeit sein werden und den Weg
> gehen und finden werden.«[310]

Die argumentative Darstellung gesellschaftspolitischen Engagements als ›natürli-che Mütterlichkeit‹ nimmt den Aktivitäten damit das eigentliche Verständnis einer unweiblichen Tätigkeit. Diese Erweiterung bzw. Neuinterpretation des klassisch Weiblichen übertrug den Frauen damit gesellschaftspolitisches Engagement qua-si per Geschlecht. Mit der hier verwendeten Argumentationsstruktur erhofften die Herausgeberinnen und Herausgeber sich die größtmögliche Zustimmung der bür-gerlich-konservativen Lesendenschaft für diese neuen Geschlechterrollen. Dies ist auch der Grund dafür, warum in den anderen untersuchten Zeitungen die Neudefi-nition der weiblichen Geschlechterrolle in der Argumentation deutlich moderater ausfiel. Während die hier zitierten Aussagen für die CDU in den westlichen Be-satzungszonen undenkbar gewesen wären, spiegeln sich in diesen Beiträgen auch die frühen staatlichen Einheitsbestrebungen des Parteiensystems der SBZ wider, in der die CDU nur mit entsprechenden politischen Zugeständnissen existieren konnte.

Familie und Ehe

Im Folgenden wird detaillierter auf das Verhältnis von Familie und Ehe zueinan-der eingegangen, da sich an diesen beiden Begriffen gesellschaftliche Aushand-lungsprozesse hinsichtlich des neuen Ideals der Gleichberechtigung von Frauen und Männern nachzeichnen lassen. Dies geschieht am Beispiel der ersten Verfas-sung und deren vorhergegangener Entwürfe. Während Heike Schmidt in ihrer Dis-sertation schreibt, »die erste Verfassung der DDR von 1949 wich kaum von dem schon im November 1946 verabschiedeten Verfassungsentwurf ab«[311], legt die vor-liegende Arbeit den Fokus genau auf diese kleinen Veränderungen, die im Hinblick auf Familie und Ehe besonders aussagekräftig sind. Zeigen sie doch, dass es eine sprachliche Verschiebung in der Verwendung der Begriffe gab, die Rückschlüsse

310 Ebd.
311 Schmidt, Frauenpolitik, S. 46. Schmidt vergleicht in ihrer Arbeit die drei Verfassungen der
     DDR miteinander.

auf die Veränderung gesellschaftlicher und politischer Wert- und Normvorstellungen zulässt.

»In den Verfassungen aller Kulturstaaten ist die Familie als tragende Säule der staatlichen Gesellschaft geschützt.«[312] Dieses formulierte die SED in ihrem ersten Verfassungsentwurf, veröffentlicht am 16. November 1946. Im Artikel 25 stand: »Die Familie steht unter dem besonderen Schutz der Verfassung. Die Ehe beruht auf der Gleichberechtigung der beiden Geschlechter.«[313] Während dieser erste Entwurf den großen Stellenwert der Familie in der politischen Gesellschaftsauffassung der SED widerspiegelt, fällt gleichzeitig auf, dass Familie und Ehe in zwei voneinander getrennten Artikeln behandelt werden. Diese Aufteilung muss so interpretiert werden, dass beide Begriffe nicht als Synonym verstanden wurden und einen unterschiedlichen Stellenwert besaßen, wobei die Familie deutlich als der wichtigere Begriff hervortritt. Mit diesem Entwurf und der offensichtlichen Unterscheidung zwischen beiden Formen schrieb die SED das sozialistische Verständnis der Familie losgelöst von der Institution der Ehe fest. Eine Auffassung, die sich zum Beispiel auch in der Einbeziehung von »Lebenskameraden« in die Familienangehörigenregelung für die soziale Pflegeversicherung ausdrückte.[314] Ein Schritt, der insbesondere von der CDU scharf kritisiert wurde, da eine »Lockerung der Ehe den Verfall des gesunden Staatslebens«[315] bedeuten würde. Dagegen argumentierte die Redaktion der *Für Dich*, dass im »gesunden Familienleben, die Kraftquelle jedes Staatsgedankens«[316] liege und nicht in der Ehe.

Im Gegensatz zum ersten Entwurf standen zweieinhalb Jahre später in der ersten rechtsgültigen Verfassung der DDR beide Begriffe – Familie und Ehe – gleichberechtigt nebeneinander. Dort heißt es: »Ehe und Familie bilden die Grundlage des Gemeinschaftslebens. Sie stehen unter dem Schutz des Staates.«[317] Auch wenn Ehe und Familie hier nicht synonym verwendet werden, hatte vor allem die Institution der Ehe eine deutliche Aufwertung erfahren. Hinzugekommen war ebenfalls die Bedeutung der Familie als »Grundlage des Gemeinschaftslebens« bzw. als »Grundpfeiler der demokratischen Gesellschaft«[318]. Weiter heißt es, dass die Familie den »naturgegebenen Lebenskreis«[319] verkörpere und »Familiensinn notwendig zum geordneten Weiterführen der Gesellschaft aus der natürlichen Ord-

---

312   Marx, Ingeborg, Um das Recht der Frauen, in: Neue Zeit, Nr. 246 vom 21.10.1947, S. 1.

313   Entwurf einer Verfassung für die Deutsche Demokratische Republik, in: Neues Deutschland, Nr. 176 vom 16.11.1946, S. 3.

314   Ab dem 1. Februar 1947 hatten mit dieser Neuregelung auch nicht angetraute Lebenspartnerinnen und -partner ein Anrecht auf Versorgungsleistungen durch die Pflegeversicherung.

315   Lebenskameradin – oder?, in: Für Dich, Nr. 20 vom 18.5.1947, S. 8.

316   Ebd.

317   Artikel 30, Absatz 1, in: Verfassung der DDR vom 7.10.1949.

318   § 12, in: Gesetz über den Mutter- und Kinderschutz und die Rechte der Frau vom 27.9.1950, in: Gesetzblatt der DDR 1950 S. 1037.

319   Marx, Recht, S. 1.

nung«[320] sei. Damit bekannte sich die DDR schlussendlich zu einem Familien- und Eheverständnis, das sehr viel konservativer geprägt war als das in den frühen Jahren angestrebte Ideal. Damit entsprach die SED den offensichtlich konservativeren Wertvorstellungen eines Großteils der Bevölkerung und erhob Familie und Ehe durch die Formulierung gleichbedeutend zu einem zentralen Wert der neuen sozialistischen Gesellschaftsordnung.[321] Gleichzeitig regulierte die SED die gesetzlichen Rahmenbedingungen der Ehe so, dass die Rechte der Frauen durch die Eheschließung keine Einschränkungen erfahren durften.[322] Diese sollte zukünftig eine »Kameradschaftsehe« sein, da vor allem durch die ökonomische Selbstständigkeit der Frau »die wirtschaftliche Notwendigkeit der reinen Versorgungsehe«[323] wegfallen sollte. Auch hier gingen die neuen Vorstellungen der idealen sozialistischen Ehe mit der Notwendigkeit einher, dass die Partei die Arbeitskraft der Frauen für den wirtschaftlichen Aufbau und die Erreichung des Zweijahresplanes dringend benötigte. Mit den neuen rechtlichen Bestimmungen implementierte die SED die Gleichberechtigung von Frauen und Männern in der Ehe und profitierte zugleich von der Integration der Frauen in den Arbeitsmarkt.[324] Gleichzeitig schuf sie die Grundlage für schrittweise Veränderungen der Institution Ehe aus sich selbst heraus. Und auch wenn die Gleichsetzung von Familie und Ehe aus der heutigen Perspektive wie ein Rückschritt bei der Etablierung neuer gesellschaftlicher Wert- und Normvorstellungen wirkt, insbesondere im Vergleich zur Bundesrepublik zeigt sich die herausragende Bedeutung dieser neuen Gesetzgebung für die Gleichberechtigung von Frauen und Männern.

Zeitgleich attestierten staatliche Stellen im öffentlichen Diskurs der ersten Nachkriegsjahre dem Familienleben immer wieder eine schwere Krise, ausgelöst durch die Politik des nationalsozialistischen Regimes. In der Zeitung *Neue Zeit*

---

320 Ebd.

321 Budde, Gunilla-Friederike, Alles bleibt anders. Die Institution der »Familie« zwischen 1945 und 1975 im deutsch-deutschen Vergleich, in: Oppen, Maria/Simon, Dagmar (Hg.), Verharrender Wandel: Institutionen und Geschlechterverhältnisse, Berlin 2004, S. 69-98, S. 72f. Auch wenn Budde hier die Bezeichnung der Familie als »kleinste Zelle der Gesellschaft« fälschlicher Weise der Verfassung von 1949 zuordnet. Derselbe Fehler findet sich bei Gestrich, Andreas, Geschichte der Familie im 19. Und 20. Jahrhundert, München 1999, S. 9.

322 § 13-15, in: Gesetz über den Mütter- und Kinderschutz und die Rechte der Frau vom 27.9.1950. Die hier erlassenen Paragraphen verankerten noch einmal die Rechte der Frau und formulierten sie weiter aus. Zusammen mit der Verfassung sollte dies die Grundlage »für die Mitarbeit der Frau in der Verwaltung als auch für die Gestaltung des gesamten öffentlichen, gesellschaftlichen und kulturellen Lebens« legen. Ebd., Präambel.

323 Marchwitza, Ehe in Gefahr?, S. 4.

324 Schwartz, Michael, Emanzipation zur sozialen Nützlichkeit: Bedingungen und Grenzen von Frauenpolitik in der DDR, in: Hoffmann, Dierk/Ders. (Hg.), Sozialstaatlichkeit in der DDR. Sozialpolitische Entwicklungen im Spannungsfeld von Diktatur und Gesellschaft 1945/1949-1989, München 2005, S. 47-87.

hieß es 1946: »Hatte Hitler menschlichen Bindungen die Seele genommen, so nahm der Krieg die materiellen Dinge, und zurück blieben zur Ichsucht erzogene Ehepartner, die sich jetzt, wo nur Liebe und echte Zuneigung helfen könnten, als enttäuschte, bittere Feinde gegenüberstehen.«[325] Trotz der neuen Ideale hinsichtlich der Gleichberechtigung von Frauen und Männern befürchtete man in der SBZ ebenso wie in den westlichen Besatzungszonen, dass tiefgreifende gesellschaftliche Folgen entstehen würden, sollte es nicht gelingen, diese Entwicklung rückgängig zu machen bzw. ihr Einhalt zu gebieten. Die Familie als kleinste Einheit der Gesellschaft galt es zu schützen. Als ›gesunde Familie‹ galt auch im sozialistischen Verständnis die ›vollständige Familie‹, das Fehlen des Vaters wurde als Risikofaktor für die Kinder betrachtet.[326] Obwohl es sich hierbei um ein geradezu mustergültiges Argument für die Heimkehr der Kriegsgefangenen handelte, nutzte die SED dieses in ihren eigenen Ausführungen und Handlungen nicht.[327] Vielmehr lässt sich feststellen, dass die SED zwar viel über den Wert der Familie sprach und sie zu einem wichtigen argumentativen Bezugspunkt machte, sich dies aber nicht in politischen Handlungen widerspiegelte, vor allem nicht im Fall der Angehörigen von Kriegsgefangenen. Zwar erkannte man die »Not um [...] den geistigen Zusammenhalt der Familien«[328] an, doch aktive Maßnahmen wurden nur zur Lösung von Problemen ergriffen, die nach der Rückkehr des Internierten auftraten.[329]

Scheidungen, Treue und Untreue

Während der idealen, funktionierenden Ehe und Familie eine große Wirkmächtigkeit für das Funktionieren des Staates und der Demokratie zugesprochen wurde, stiegen in der Realität ebenso wie in den westlichen Besatzungszonen die Scheidungszahlen rapide an. Diese übertrafen in den ersten Nachkriegsjahren deutlich die der Eheschließungen und erreichten in den Jahren 1947 bis 1949 eine solche Höhe, dass eine zeitnahe Bearbeitung durch die entsprechenden Stellen nicht mehr möglich war. Die Hauptursachen für Scheidungen lagen in der langen Trennung

---

325 Lengnik, Renate, Ehescheidungen, in: Neue Zeit, Nr. 222 vom 21.9.1946, S. 1.

326 Brandt, Wilhelm, Sofort zum Arzt!, in: Neues Deutschland, Nr. 136 vom 14.6.1947, S. 3. Es geht um Geschlechtskrankheiten insbesondere bei Jugendlichen.

327 Hingegen nutzten die Bischöfe diese Argumentation überdeutlich in ihrer Stellungnahme zur Kriegsgefangenenproblematik anlässlich der deutschen Bischofskonferenz 1946 in Fulda. Das natürliche Recht der Familie, in: Neue Zeit, Nr. 220 vom 19.9.1946, S. 2.

328 Marx, Recht der Frauen, S. 1.

329 Durand-Wever, Anne-Marie, Not der Frauen, in: Neues Deutschland, Nr. 177 vom 17.11.1946, S. 4.; Bereits ab August 1946 wurden staatliche Ehe- und Sexualberatungsstellen in der SBZ eingerichtet. Fischer, Martin, Dienst an der Liebe. Die katholische Ehe-, Familien- und Lebensberatung in der DDR, Würzburg 2014.

der Partner durch Kriegsdienst, Gefangenschaft oder Evakuierung und den häufig auftretenden Problemen nach der Rückkehr der Ehemänner. 80 Prozent aller Trennungen würden sich darauf zurückführen lassen, wie ein Berliner Rechtsanwalt im August 1947 in einer Berichterstattung der *Für Dich* angab.[330] Im medialen Diskurs wurde dabei zwischen zwei vermeintlichen Arten von Ehen unterschieden. Zum einen solche, die im Krieg geschlossen worden waren, und zum anderen jene, die bereits vor dem Krieg bestanden hatten. Im ersten Fall gab es allgemein ein grundlegendes Verständnis für das Scheitern der Ehen, da man annahm, dass diese zumeist voreilig geschlossen worden waren, ohne dass die beiden Partner die Möglichkeit hatten, ein gemeinsames Eheleben aufzubauen.[331] Im Gegensatz dazu galten die Ehen im zweiten Fall eigentlich als krisenfest, weshalb man Wesensveränderungen der beiden Partner bedingt durch den Krieg als Ursache annahm.[332] Insbesondere die neue Selbstständigkeit der Frauen wurde in Büchern und Artikeln als Grundproblem dargestellt. Beispielhaft dafür ist folgendes Zitat eines Beitrags aus dem Jahr 1946. Die Autorin schreibt:

»Warum können die Partner nicht mehr zusammenfinden? Die Frau, einst für den engen Kreis der Familie erzogen, in der Ehe geistig Geführt von ihrem Mann, hat im Kriege selbst zupacken müssen. Niemand hat ihr geholfen in den Bombennächten sie allein mußte plötzlich für die Familie denken und sorgen, Geld verdienen, die feste Hand des Vaters bei der Erziehung der Kinder ersetzen. Diese Frauen, haben bisher unbekannte Kräfte entwickelt. Sie sind selbstständig geworden, und die Ehe die sie bisher führten erscheint ihnen nun zu eng.«[333]

Im Zusammenhang mit den Diskussionen um die rechtliche Ausgestaltung der Gleichberechtigung zwischen Frauen und Männern in der Ehe lässt sich das hier verwendete »zu eng« auch auf die restriktiven Eherechtsbestimmungen anwenden, die bis zur Kapitulation für die Frauen galten bzw. die die Ehe in Westdeutschland noch immer regelten. Auffallend an dem Zitat ist zudem, dass die Selbstständigkeit der Frauen aufgrund ihrer erbrachten Leistungen als Tatsache beschrieben wird. Aus dem Zitat lässt sich sogar eine gewisse Bewunderung für diese Taten herauslesen. Die Abwendung von ihrer Ehe aufgrund dieser Selbstständigkeit wird hingegen als vermeidbar dargestellt, sofern die Frau bereit ist ihre eigene Haltung zu verändern. Das Scheitern der Ehe ist in dieser Sichtweise abwendbar, wenn die Frau ihre eigene Selbstständigkeit nicht zum Problem macht. Dass die Entfremdung der beiden Partner aber auch mit dem eigenen Selbstbild der Heimkehrer zusammenhing, wurde jedoch zumeist nicht thematisiert. Lediglich die Autorin Luise Komoll

---

330 Trauung in Uniform. Termin in Sakko, in: Für Dich, Nr. 35 vom 31.8.1947, S. 3.
331 Durand-Wever, Not der Frauen, S. 4.
332 Dies., Warum unharmonische Ehen? in: Neue Zeit, Nr. 14 vom 17.1.1950, S. 3.
333 Lengenik, Ehescheidungen, S. 1.

sprach in ihrem 1949 in der *Für Dich* erschienenen Artikel die Zweifel und Unter-
legenheitsgefühle der Ehemänner und die daraus erwachsenden Probleme für die
Partnerschaft an.[334] »Der Wesenswandel, den die Frauen durchmachten, [verlief]
im Allgemeinen günstiger und positiver als der [...] des Mannes. Wie oft steht der
Mann erstaunt, manchmal auch beleidigt, vor der Selbstständigkeit und Energie
seiner Frau, die ihn sich selbst als störenden Fremdling empfinden [lässt].«[335] Insbesondere dieses Zitat macht deutlich, dass das eigentliche Problem vieler Partnerschaften in der Veränderung beider Ehepartner lag. Die Erfahrungen, die sie während des Krieges gemacht hatten, hatten das Selbstverständnis und das Selbstbild
der Frauen verändert.[336] Die neuen Geschlechterrollen und die angestrebte Gleichberechtigung der Geschlechter forcierte diesen Prozess zudem, wodurch es ermöglicht wurde, dass sich gesellschaftliche Wert- und Normvorstellungen zumindest
langfristig verändern konnten.[337] Während die neue Selbstständigkeit der Frauen
ein Aspekt war, der in den westlichen Besatzungszonen vor allem kritisch diskutiert wurde, fehlte in den Debatten der SBZ der negative Unterton. Bildete doch
gerade diese neue Selbstständigkeit den perfekten Ausgangspunkt für den Wandel
der Geschlechterrollen.

Untrennbar verbunden mit den Diskussionen rund um Scheidungen war der
gesellschaftliche Diskurs zum Ehebruch. Dieser wurde in der SBZ vor allem als
Ausdruck des neuen Egoismus der Zeit verstanden. Die Schuld an der Untreue
wurde jedoch nicht einzelnen Personengruppen zugeschrieben, sondern vielmehr
von einer allgemeinen Untreue gesprochen, da die Treue ihren Wert verloren hätte.[338] Neben dem moralischen Aspekt dieser Thematik spielten gesundheitspolitische Entwicklungen eine entscheidende Rolle. Denn auch in der SBZ war die Anzahl der Infektionen mit Geschlechtskrankheiten nach dem Krieg deutlich angestiegen und stellte ein ernst zu nehmendes Problem dar. Zusätzlich zu medizini-
scher Aufklärung appellierte der Staat auch hier an das Sittlichkeitsempfinden und
die Moral vor allem der jungen Bürgerinnen und Bürger.

---

334 Kühne, Thomas, »...aus diesem Krieg werden nicht nur harte Männer heimkehren« Kriegs-
     kameradschaft und Männlichkeit im 20. Jahrhundert, in: Ders. (Hg.), Männergeschichte –
     Geschlechtergeschichte: Männlichkeit im Wandel der Moderne, Frankfurt a.M. 1996, S. 174–
     192.

335 Komoll, Luise, Verbindungen – ohne verbunden zu sein. FÜR DICH untersucht die Ursachen
     der Ehescheidungen, in: Für Dich, Nr. 4 vom 23.1.1949, S. 10.

336 Vgl. zu diesem Aspekt zum Beispiel: Frevert, Ute, Frauen auf dem Weg zur Gleichberechti-
     gung, in: Broszat, Martin (Hg.), Zäsuren nach 1945. Essays zur Periodisierung der deutschen
     Nachkriegsgeschichte, München 1990, S. 113–130, S. 115f.

337 Dem gegenüber stand die erneute Festschreibung der altbekannten Geschlechterrollen in
     der BRD, die die Frauen langfristig dazu zwang, ihre neu gewonnen Freiheiten und Selbst-
     ständigkeit insbesondere im öffentlichen Raum wieder abzugeben. Vgl. hierzu Kapitel 4.1.1.

338 Lengnik, Renate, Moral und Krankheit, in: Neue Zeit, Nr. 185 vom 9.8.1946, S. 1; Dies., Ehe-
     scheidungen, S. 1.

Anders als in den westlichen Besatzungszonen gab es jedoch keinen spezifischen Diskurs, der sich explizit auf die Treue oder Untreue der Ehefrauen von Kriegsgefangenen bezog. In den untersuchten Zeitungen und Zeitschriften gab es keinen Artikel, der sich mit diesem Phänomen auseinandersetzte. Dabei galt das Alleinsein von Frauen grundsätzlich als ein begünstigender Faktor für Untreue bzw. wechselnde Sexualpartner. So wurde die Untreue der deutschen Frauen auch hier öffentlich intensiv diskutiert. Zum Beispiel wandte sich Anfang 1948 ein deutscher Kriegsgefangener aus Middle East in seinem »Wüstenbrief der Treue«[339] an die *Berliner Zeitung*. Darin berichtete er, dass seine Frau ihn mit verschiedenen Männern betrogen habe und ihm schrieb, dass 98 Prozent aller deutschen Frauen untreu wären. Nun wollte er von der Zeitung wissen, ob diese Zahl wirklich der Realität entspräche. Eine Woche später druckte die Zeitung verschiedene Reaktionen von Leserinnen ab. Es handelt sich um sechs Kommentare, in denen die Verfasserinnen alle zugeben, dass viele Frauen in den Nachkriegsjahren untreu waren oder seien. Nur bei der tatsächlichen Anzahl und den Ursachen unterschieden sich die Aussagen. Hedwig K. schrieb: »Das mit den 98 % ist eine grausame Tatsache: Der Krieg ist schuld.«[340] Und auch Elisa-Maria Z. bestätigte diese Zahl. »Leider muß ich sagen, daß die 98 % stimmen. Die deutschen Frauen kennen nicht mehr ihre einst höchsten Tugenden ›Frauenehre und Treue‹. [...] Aber auch die deutschen Männer hier sind durchaus nicht besser.«[341] Der Grund für dieses Verhalten lag für sie jedoch nicht im Krieg, sondern im Werteverlust der Frauen. Lediglich Hanna H. widersprach in ihrer Antwort und verwies auf die große Anzahl von treuen Frauen in ihrem nahen sozialen Umfeld.[342] Auffallend ist, dass auch in der SBZ Untreue im medialen Diskurs offensichtlich als normal und selbstverständlich galt. Allerdings fehlt auch hier eine umfassende wissenschaftliche Auseinandersetzung mit dem Thema, die genauere Aussagen darüber erlaubt, wie verbreitet der Ehebruch bei Frauen in der SBZ tatsächlich war. Die Abwesenheit eines spezifischen Diskurses um die Untreue der Ehefrauen von Kriegsgefangenen bzw. der konkreten Zuschreibung einer spezifischen Verantwortung lässt den Rückschluss zu, dass es auch keine explizite gesellschaftlichen Moralvorstellungen gab, die sich von denen anderer Frauen unterschieden. Gleichzeitig deutet dies darauf hin, dass die Ehefrauen der Kriegsgefangenen in den Augen der Zeitgenossinnen und Zeitgenossen anscheinend weder auffällig seltener noch häufiger Ehebruch begangen haben. Und auch die politische Führung in der SBZ scheint kein Interesse daran gehabt zu haben,

---

339   H., F., Wüstenbrief über Treue (Leserbrief), in: Berliner Zeitung, Nr. 46 vom 24.2.1948, S. 2.
340   Freie Diskussion, in: Berliner Zeitung, Nr. 52 vom 2.3.1948, S. 2.
341   Ebd.
342   Ebd.

in irgendeiner Form normierend auf den Diskurs einzuwirken, was sich wiederum in der medialen Berichterstattung niedergeschlagen hätte.[343]

Bei genauer Betrachtung der neuen sozialistischen Ideale in Bezug auf Frauen und Familie zeigt sich, dass diese immer politische Implikationen mit sich brachten, die dazu dienen sollten, staatliche Interessen zu fördern. Sei es die Integration der Frauen in den Produktionsprozess oder die Einbindung in das politische Leben. Während die geforderten, formulierten und tatsächlich kodifizierten neuen Rechte der Frauen für die Zeit und insbesondere im Vergleich zur Bundesrepublik sehr fortschrittlich waren, muss gleichzeitig deren doppelte Funktion – die Nutzbarmachung der weiblichen Arbeitskräfte und die Gleichberechtigung der Frau – betont werden. Den Hauptgrund für die Veränderungen stellte nicht die emanzipatorische Befreiung der Frau vom Patriarchat dar, sondern die sich daraus ergebenden Vorteile für die Entwicklung des jungen sozialistischen Staates, wie die gleichberechtigte Integration der Frauen in die Erwerbsarbeit. Die Veränderung der Wortlaute zwischen dem ersten Entwurf der Verfassung und ihrer endgültigen Version belegen zudem, dass konservativ-bürgerliche Werte und Normen noch eine solch wichtige Rolle spielten, dass die SED nicht umhin kam, im Entwicklungsprozess gewisse Zugeständnisse zu machen und Anpassungen vorzunehmen. Dennoch schaffte es die SED, neue sozialistische Vorstellungen in Bezug auf die Gleichberechtigung der Geschlechter zu verankern und so den Grundstein für eine sich schrittweise vollziehende Veränderung zu legen. Dabei zeigt das immer wiederkehrende Aufgreifen der Thematiken Gleichberechtigung, Frausein, Familie und Ehe deutlich, dass die Verankerung der neuen Ideale nicht so einfach verlief, wie man sich dies von staatlicher Seite vorgestellt hatte. Insbesondere die im Krieg neu erlernte Selbstständigkeit der Frauen war eigentlich als Ausgangspunkt dafür verstanden worden, dass die Frauen die neuen Möglichkeiten nutzten, die für sie mit dem sozialistischen System einhergingen. Hierin steckten jedoch zwei staatliche Vorannahmen, die sich in der Lebensrealität der Frauen anders darstellten als dies in der Zeitungsberichterstattung erscheint. Dies war zum einen, dass alle Bürgerinnen und Bürger die Gleichberechtigung von Männern und Frauen befürworteten und akzeptierten und zum anderen dass die Frauen selbst gerne einer Erwerbsarbeit nachgehen wollten.

Die deutlich gestiegenen Scheidungszahlen zeigen, dass Frauen einen Teil der neuen Selbstständigkeit nach der Rückkehr des Ehemannes nicht abgeben wollten und Männer ein Problem mit dieser Selbstständigkeit hatten. Während viele der Frauen in der Abwesenheit ihrer Ehemänner neue Wege beschritten hatten

---

343   Da sich auch in den untersuchten Egodokumenten keine Hinweise auf einen solchen gesellschaftlichen Diskurs finden lassen, ist davon auszugehen, dass ein solcher auch nicht künstlich von der SED unterdrückt wurde.

und ihre neu gewonnen Rechte begrüßten, blieb natürlich ein Teil der Bevölkerung auch den alten Vorstellungen verhaftet. Zum einen, da sich die erlernten geschlechterspezifischen Rollenvorstellungen nicht von einem auf den anderen Tag verändern ließen, und zum anderen, da vor allem Männer auch Privilegien verloren. Folgendes Beispiel zeigt sehr anschaulich, wie alte Denkmuster noch immer präsent waren in der Bevölkerung. 1947 veröffentlichte die *Berliner Zeitung* einen Leserbrief mit dem Titel »Volle Gleichberechtigung der Frau? – unmöglich!«[344], in dem der Autor seine Ablehnung gegenüber diesen Veränderungen deutlich zum Ausdruck bringt. Der Verfasser argumentierte mit der klassischen Aufgabenverteilung der Geschlechter in der Ehe und schrieb: »Wenn nun eine Frau auch berufstätig sein will, dann darf sie eben nicht heiraten; denn sobald eine Frau Gattin geworden ist, ist es nicht mehr ihre Aufgabe, berufstätig, sondern auch wirklich Gattin, das heißt Gefährtin des Mannes zu sein.«[345] Er untermauert seine Ansicht mit dem Argument, dass die Frau dem Manne grundlegend in Kraft und Intellekt unterlegen sei.[346] Damit bezog er sich auf die vermeintlich naturgegebenen Unterschiede zwischen Männern und Frauen und negierte eine grundsätzliche Möglichkeit der Gleichberechtigung der Geschlechter. Die neue rechtliche Festschreibung der Gleichberechtigung ging mit einem direkten Machtverlust des männlichen Geschlechts einher, was ein großes Konfliktpotenzial barg.

Grundsätzlich lässt sich feststellen, dass sich in der SBZ und der frühen DDR die klassischen Geschlechterrollen in einem Umbruch zwischen diesen alten Denkmustern, alltäglichen Erfahrungen und neuen Idealen befanden. Die Frauen von Kriegsgefangenen erlebten auch hier eine längere Übergangsphase als andere Frauen. Ihre alltäglichen Selbstständigkeitserfahrungen divergierten zu den vermeintlichen Erwartungen ihrer internierten Ehemänner und der innerfamiliäre Aushandlungsprozess konnte erst mit der Rückkehr des Ehemannes beginnen. Bis dahin entschieden die Frauen über das eigene Selbstverständnis, wobei der Staat vor allem ökonomischen Druck ausübte und so die alleinstehenden Frauen zur Erwerbsarbeit zwang. Mit der Rückkehr des Ehemannes aus der Gefangenschaft ließ dieser Druck nach und viele der Frauen kehrten zurück zur Hausarbeit.[347] Ob dies daran lag, dass die Selbstständigkeit vom Partner nicht akzeptiert wurde oder die Frauen sich selber als Hausfrau und Mutter verstanden, wird sicherlich von Einzelfall zu Einzelfall unterschiedlich gewesen sein, sodass sich darüber keine Aussagen treffen lassen. Fest steht jedoch auch, dass nicht alle Frauen die neuen Anforderungen von gleichzeitiger Haus- und Erwerbsarbeit positiv empfanden.

---

344 Hoffmann, Wolfgang, Volle Gleichberechtigung der Frau? – unmöglich! (Leserbrief), in: Berliner Zeitung, Nr. 130 vom 8.6.1947, S. 2.

345 Ebd.

346 Ebd.

347 Die Frau – aktiver Teilnehmer am demokratischen Aufbau in Deutschland, in: Neues Deutschland, Nr. 56 vom 8.3.1949, S. 3.

Tatsächlich stellte die geforderte Produktionsarbeit für die meisten von ihnen eine zusätzliche Belastung dar und keine ökonomische Unabhängigkeit. Dies galt für alleinstehende Frauen wie die Angehörigen von Kriegsgefangenen besonders. Trotz der Umsetzung der Forderung ›Gleicher Lohn für gleiche Arbeit‹ verdienten die meisten Frauen aufgrund ihrer schlechten Qualifikationen nicht den nötigen Lebensunterhalt für sich und ihre Kinder.[348] Hinzu kam, dass die staatlichen Unterstützungsangebote wie Krippenplätze noch nicht dem Bedarf entsprachen.[349] Viele der Mütter mussten ihre Kinder selber versorgen oder wollten dieses Recht auch für sich in Anspruch nehmen. Insgesamt lässt sich feststellen, dass es kein spezifisches Verhalten gab, das sich die Frauen von Kriegsgefangenen aneigneten und für sich als Strategie nutzten, um mit dieser Vielzahl von neuen Erwartungen an Frauen im Allgemeinen umzugehen. Die Unsicherheit ihrer eigenen Situation erschwerte es ihnen zudem, zusätzlich ein eigenes Selbstverständnis zu entwickeln und dieses auch zu leben.

3.3.3   Die Beruhigung der Bevölkerung durch die propagandistische Aufwertung der russischen Kriegsgefangenschaft

In der sowjetischen Besatzungszone und der frühen DDR spielte das Thema der Kriegsgefangenen sowohl für die Bevölkerung als auch für die politische Führung eine ebenso große Rolle wie im Westen Deutschlands.[350] Bis Mai 1950 benannte die SED die Rückkehr der Kriegsgefangenen immer wieder als politisches Ziel. Dies geschah vor allem aus zwei Gründen: Zum einen besaß die Kriegsgefangenenproblematik eine große gesellschaftliche Relevanz und zum anderen hoffte die politische Führung aus wirtschaftlichen Gründen auf eine schnelle Repatriierung der Internierten, da für den Aufbau des neuen Staates und dessen wirtschaftliche Entwicklung weitere Arbeitskräfte benötigt wurden.

Ganz offen kommunizierten staatliche Stellen und hochrangige Politiker ihre Erwartungen an die Heimkehr der Kriegsgefangenen. Der Ausschuss der vier Parteien veröffentlichte im März 1946 folgende Aufforderung: »Den Heimkehrern aber rufen wir zu: Reiht Euch ein in die Gemeinschaft der aufbauwilligen antifaschistisch-demokratischen Kräfte, lasst keinen Kleinmut aufkommen, helft auch

---

348   Vgl. hierzu Kapitel 3.3.1.
349   Gestrich, Familie, S. 51.
350   Vgl. hierzu die Radioansprache von Wilhelm Pieck und Otto Grotewohl vom 23.12.1946 im Radio Leipzig. Abschrift der Rede in: SAPMO-BArch, DY 30/V 223/1/1, fol. 103. Darin heißt es, die SED setze sich »weiterhin […] für eine rasche Heimführung der deutschen Kriegsgefangenen aus aller Welt« ein. Im Januar 1949 versprach Otto Grotewohl noch in einem Artikel »für die Entlassung aller deutschen Kriegsgefangenen aus allen Ländern ein[zu]treten, in denen sich noch Kriegsgefangene befinden.« Otto Grotewohl zur Kriegsgefangenenfrage, in: Neues Deutschland, Nr. 3 vom 6.1.1949.

Ihr mit, dass alle Arbeit und Brot finden. So dient Ihr Eurer Familie, so dient Ihr
Eurem Vaterlande.«[351] Wilhelm Pieck formulierte zwei Jahre später in einem offenen Brief an die Kriegsgefangenen: »Ich habe gleich Euch den Wunsch, daß Ihr
möglichst bald zu Euren Familien zurückkehren könnt, um zusammen mit uns So-
zialisten in der Heimat an dem politischen, fortschrittlichen und kulturellen Wiederaufbau unseres Vaterlandes zu wirken.«[352] Die Zitate zeigen, dass die Kriegsgefangenen und Heimkehrer als Teil der Gemeinschaft angesprochen wurden. Darin
schwingt das Versprechen mit, dass sie in der SBZ gebraucht und hier eine sinnvol-
le Aufgabe finden würden. Diese Positionierungen müssen insbesondere vor dem
Hintergrund interpretiert werden, dass die entlassenen Internierten entscheiden
konnten, ob sie in die westlichen Besatzungszonen oder in die SBZ entlassen werden wollten. Da die SBZ vor allem unter einem Arbeitskräftemangel litt, war es
für sie von um so größerer Bedeutung, bereits den noch Internierten das Gefühl
zu vermitteln, dass sie und ihre Familien sich in der SBZ bzw. der DDR eine gute
Zukunft aufbauen konnten.[353]

Insgesamt zeigt sich, dass die Bemühungen der frühen SED sowie anderer par-
teinaher Organisationen sich vorwiegend auf die bereits Heimgekehrten konzen-
trierten, was darauf zurückzuführen ist, dass ihre Arbeitskraft einen realen Wert
für das System hatte: Während es keine explizite, staatliche Einrichtung gab, die
sich um die Belange der Kriegsgefangenen kümmerte, wurde im Sozialpolitischen
Ausschuss des Deutschen Volksrates ein Unterausschuss zu Heimkehrerfragen gegründet. Die Bemühungen um die Kriegsgefangenen standen im direkten Zusammenhang mit der Funktion, die diese als Arbeitskräfte für die Entwicklung der SBZ
bzw. der DDR spielen sollten und die ihnen von staatlicher Seite zugeschrieben
wurde.[354] Da die Frauen der Kriegsgefangenen in diesem Kontext keine wichtige

---

351   Ausschuß der vier Parteien an Sekretariat Gen. Pieck, Annahme eines Aufrufs an die zu-
       rückkehrenden Kriegsgefangenen vom 29.3.1946, undatierter Anhang, in: SAPMO-BArch, NY
       4036/718, fol. 260.

352   Offener Brief Wilhelm Piecks an Gruppe 7445 und die übrigen Lager, Neues Deutschland
       24.1.1948, in: SAPMO-BArch, NY 4036/434. Wilhelm Pieck war ab April 1946 Vorsitzender der
       SED und von 1949 bis 1960 Präsident der DDR. Badstübner, Rolf/Loth, Wilfried (Hg.), Wilhelm
       Pieck – Aufzeichnungen zur Deutschlandpolitik 1945-1953, Berlin 1994, S. 17-22.

353   Ausschlaggebend für die Entscheidung der meisten Heimkehrer waren vor allem familiäre
       Verbindungen bzw. die eigene Herkunft und Eigentum. Dennoch zeigen die Quellen, dass
       sich auch viele Heimkehrer in die westlichen Besatzungszonen entlassen ließen, obwohl sie
       eine Familie in der SBZ hatten. Darunter waren Personen, die den Kontakt zu ihren Familien
       abbrachen, aber auch manche, die versuchten ihre Familien in die westlichen Besatzungs-
       zonen nachzuholen. Im Tagebucharchiv findet sich sogar der Fall einer Familie, in dem die
       Frau explizit von ihrem Mann verlangte sich in die westlichen Besatzungszonen entlassen zu
       lassen, um so selbst mit ihren Kindern die SBZ verlassen zu können.

354   Häufig litten zurückkehrende Kriegsgefangene auch unter körperlichen und psychischen Be-
       einträchtigungen, die dazu führten, dass sie keiner Arbeit nachgehen konnten. Im Gegensatz

Funktion einnahmen, stellten sie auch keine Gruppe dar, die durch gezielte Maßnahmen von Politik und Staat adressiert wurde. Nach außen hin propagierte die SED trotzdem, sich in besonderer Weise für die Angehörigen der Kriegsgefangenen einzusetzen, wie folgendes Zitat aus einer Radioansprache von Wilhelm Pieck und Otto Grotewohl belegt, in der beide versicherten, »[...] daß die SED nicht unterläßt, im Rahmen ihrer Möglichkeiten, den Frauen und Familien der deutschen Kriegsgefangenen zu helfen und sich um ihre Sorgen zu kümmern, weil sie weiß, daß die in der Gefangenschaft heute noch untätigen Hände morgen, das mit aufbauen werden, was der Nazismus zerstört hat.«[355] Hieraus geht sehr deutlich hervor, dass für die Regierung der eigentliche Wert der Frauen und Kinder der Kriegsgefangenen in ihren heimkehrenden Angehörigen lag. Denn die Familie war für die meisten der Männer der wichtigste Grund sich letztendlich für eine Rückkehr in die SBZ bzw. die DDR zu entscheiden. Hiervon profitierte wiederum der Staat, da er so im Idealfall eine neue leistungsstarke Arbeitskraft erhielt. Aus dieser Bedeutung der Familie wurde jedoch von der SED keine spezifische Verantwortung oder eine besondere Art von Fürsorge für diese Frauen und Kinder abgeleitet. Die Partei übernahm zwar in Einzelfällen zentrale Forderungen der Angehörigen von Kriegsgefangenen und setzte sich für deren Umsetzung ein, entwickelte daraus jedoch keine speziellen Förderangebote. Vielmehr sah die SED in den Frauen und Kindern der Kriegsgefangenen eine Gruppe, die staatliche Unterstützung in Millionenhöhe empfing, wie folgendes Zitat aus einem internen Dokument des Suchdienstes von 1948 belegt.

»Es geht einerseits darum, die Heimkehrer so schnell als möglich wieder mit ihren Angehörigen in Verbindung zu bringen und andererseits darum, dem demokratischen Neuaufbau unseres Vaterlandes durch im Zusammenleben mit der Familie moralisch stark fundierte Kräfte zuzuführen. Je schneller diese Aufgaben gelöst werden, desto eher werden den staatlichen Organen Millionen von Unterstützungs- bzw. Unterhaltungsgeldern erspart«[356].

Das Zitat verdeutlicht, dass die Familie vor allem als Ressource begriffen wurde, die dazu beitragen sollte, den Heimkehrer nach seiner Rückkehr bestmöglich in das sozialistische System zu integrieren und ihn so für den Produktionsprozess nutzbar zu machen. Hier zeigt sich, dass nicht nur die Angehörigen mit einer Verbesserung der eigenen Lebensumstände durch die Rückkehr des Vaters und Ehemannes rechneten. Auch die SED hoffte auf eine Verbesserung der wirtschaftlichen Lage

---

zur BRD wurde dieser Aspekt in der DDR jedoch nicht thematisiert. Goltermann, Svenja, Die Gesellschaft der Überlebenden. Deutsche Heimkehrer und ihre Gewalterfahrungen im Zweiten Weltkrieg, München 2009.

355   Abschrift von Radio Leipzig, 22-Nachrichtendienst vom 23.12.1946: in: SAPMO-BArch, DY 30/V 223/1/1, fol. 103.

356   Kriegsgefangene – Heimkehrer – Suchdienst, 11.5.1948, in: BArch, DO 105/214, fol. 1578.

der gesamten SBZ mit dem Zurückkommen der Heimkehrer. Zum einen, da wichtige neue Arbeitskräfte in den Produktionsprozess integriert und zum anderen die Ausgaben für Unterstützungsleistungen gesenkt werden konnten.[357]

Die Gestaltung der Angebote für Heimkehrer und deren Betreuung übergab die SED an drei der vielzähligen sozialistischen Massenorganisationen, mit denen sie versuchte, außerhalb der Parteistrukturen programmatischen und ideologischen Einfluss auf die Bevölkerung auszuüben und sie für ihre Politik zu gewinnen – diese werden in der Forschung auch als Transmissionsriemen bezeichnet.[358] Mit diesen Organisationen und Vereinen gelang es dem Staat nicht nur den Öffentlichen, sondern auch den privaten Raum politisch zu durchdringen. Bei den drei Organisationen handelte es sich erstens um das SED Frauensekretariat bzw. den Demokratischen Frauenbund Deutschlands (DFD), zweitens den Freien Deutschen Gewerkschaftsbund (FDGB) sowie drittens um die Gesellschaft für Deutsch-Sowjetische Freundschaft (DSF).[359]

Das SED Frauensekretariat vertrat auf politischer Ebene die Belange von Frauen und Müttern in der SBZ und der DDR. Operativ ausgeführt wurden die dort gefassten Pläne und Angebote zumeist vom DFD. Bereits die anfänglichen Personalkontinuitäten[360] auf der Führungsebene zeigen, wie eng beide Institutionen miteinander verbunden waren. Petra Scheidt, die sich in ihrer Dissertation ausführlich mit der Geschichte des DFD auseinandergesetzt hat, bezeichnet ihn als »direkten Ableger der SED«[361]. Da die Erstversorgung und Betreuung von Heimkehrern auf Wunsch der Regierung von Frauen aus der Bevölkerung übernommen werden sollte, gehörte das Planen von Unterstützungsangeboten, insbesondere für

---

357 Die politische Führung der SED setzte sich immer wieder dafür ein, dass Internierte mit spezifischen Facharbeiterausbildungen frühzeitig aus der Gefangenschaft entlassen werden sollten. Diesen Forderungen wurde jedoch von Seiten der sowjetischen Regierung nicht entsprochen.

358 Die Bezeichnung staatlicher Massenorganisationen geht ursprünglich auf Lenin zurück und bezieht sich auf deren Funktion, politische Meinungen und Ansichten direkt in die Gesellschaft und die Bevölkerung zu übertragen. Der Begriff Transmissionsriemen stammt aus dem Maschinenbau und bezeichnet einen Flachriemen, mit dessen Hilfe Kraft in einer Maschine übertragen wird.

359 Im eigentlichen Sinne handelte es sich beim SED Frauensekretariat nicht um eine Massenorganisation mit der Funktion eines Transmissionsriemens. Aufgrund der engen Verschränkung mit dem Demokratischen Frauenbund Deutschland wird dieses hier jedoch zusammen genannt.

360 Beispiele hierfür sind Elli Schmidt und Katharina Kern, die in beiden Institutionen Leitungsfunktionen innehatten.

361 Scheidt, Petra, Karriere im Stillstand? Der Demokratische Frauenbund Deutschlands im Spiegel seiner Kaderarbeit und der Kaderstrukturen seines hauptamtlichen Funktionärskorps, Stuttgart 2011, S. 38.

ehemalige Kriegsgefangene ohne Familie, zu den Aufgaben des SED Frauensekretariats. Organisiert und vor Ort durchgeführt wurden diese dann vom DFD. Die zum Frauensekretariat überlieferten Unterlagen im Bundesarchiv in Berlin zeigen, dass die Ehefrauen der Kriegsgefangenen nur in Ausnahmefällen als spezifische Gruppe wahrgenommen wurden und man für sie keinen generellen Unterstützungsbedarf sah. Zwar sagte Elli Schmidt[362] in einem Vortrag im Jahr 1946, »Millionen Frauen, Mütter und Bräute warten auf die Heimkehr der Kriegsgefangenen. Wir dürfen deshalb nicht warten, bis diese Frage an uns herangetragen wird, sondern müssen von uns aus sofort betonen, dass die SED die aller grössten Anstrengungen unternimmt [...].«[363], hieraus leiteten sich jedoch keine konkreten Aktionen ab. Vielmehr zielten die Bemühungen des Frauensekretariats darauf ab, die gesamte weibliche Bevölkerung anzusprechen und zu erreichen.[364]

Die Beteiligung des FDGB als zweite in diesem Kontext relevante Massenorganisation in der Kriegsgefangenenfrage erklärt sich über die wirtschaftspolitische Bedeutung, die den Heimkehrern zugesprochen wurde. Wie bereits beschrieben, war es für die SED besonders wichtig, die Rückkehrer schnellstmöglich wieder in den Produktionsprozess einzubinden. Diese Eingliederung wurde weitestgehend vom FDGB organisiert und forciert.

Bei der dritten wichtigen Akteurin handelt es sich um die DSF. Diese gründete sich im Juni 1949 und sollte vor allem antisowjetischen Einstellungen in der Bevölkerung entgegenwirken.[365] Bereits im Frühjahr 1949 hatte das Politische Büro (Politbüro) entschieden, die Vorgängerorganisation der DSF verstärkt zu fördern und manifestierte damit schon vor der letztendlichen Namensänderung die wich-

---

362   Elli Schmidt war langjähriges KPD Mitglied, SED-Funktionärin und Vorsitzende des DFD. Sie lebte während des Kriegs im Exil in Russland und kehrte 1945 nach Deutschland zurück. Sie war seit 1945 Mitglied des Sekretariats des Zentralkomitees der KPD sowie Leiterin der Abteilung Frauen im Zentralsekretariat. Von 1946 bis 1950 zusammen mit Käthe Kern Leiterin des Frauensekretariats und von 1949 bis 1953 1. Vorsitzende des DFD. Müller-Enbergs, Helmut/Laude, Horst, Art. »Schmidt, Elli«, in: Ders.u.a. (Hg.), Wer war wer in der DDR? Ein biographisches Lexikon, Berlin 2006, S. 886; Ders./Herbst, Andreas, Art. »Kern, Käthe (Katharina)«, in: Ebd., S. 494f.

363   Elli Schmidt, Unsere Aufgabe zur Gewinnung der Frauen bei den Gemeindewahlen, undatiert [etwa Mitte 1946], in: SAPMO-BArch, DY 30/IV 2/17/6, fol. 8 (Rückseite).

364   Schmidt, Elli, Unsere Aufgabe zur Gewinnung der Frauen bei den Gemeindewahlen, undatiert, in: SAPMO-BArch, DY 30/IV 2/17/6 (Fich 1), fol. 8-10.

365   Die DSF ging aus der 1947 gegründeten »Gesellschaft zum Studium der Kultur der Sowjetunion« hervor. Die Namensänderung wurde vorgenommen, um die Gesellschaft weniger egalitär wirken zu lassen und so mehr Personen zu erreichen. Hartmann, Anneli/Eggeling, Wolfram, Die Gesellschaft für deutsch-sowjetische Freundschaft. Zum Aufbau einer Institution in der SBZ/DDR zwischen deutschen Politzwängen und sowjetischer Steuerung, Berlin 1993, S. 28.

tige Funktion dieser Massenorganisation.[366] Welches Potenzial zur positiven Einflussnahme auf das öffentliche Russlandbild die politische Führung der SED in der DSF sah, verdeutlicht folgendes Zitat aus dem Protokoll der Sitzung des Politbüro der SED vom 1. März 1949.[367] »Der Gesellschaft [gemeint ist hier die DSF bzw. deren Vorgängerorganisation; Anm. A.K.] kommen [...] beim Kampf gegen die antibolschewistische Hetze und für die Sicherung des Friedens bedeutende Aufgaben zu.«[368] Mit stetig steigenden Mitgliederzahlen erhöhte die DSF ihren Wirkungskreis kontinuierlich, im April 1950 waren bereits über eine Millionen Menschen Mitglied.[369] Die Hauptfunktion der Gesellschaft lag in ihrer propagandistischen Wirkung, mit der versucht wurde, ein positives Bild der Sowjetunion bei der Bevölkerung zu erzeugen. Dies war im Hinblick auf die Kriegsgefangenenproblematik von großer politischer Bedeutung, da diese Frage das Russlandbild nachhaltig schädigte. Vor allem positive Erlebnisberichte ehemaliger russischer Internierter eigneten sich aus Sicht der SED, um sowohl das allgemeine Bild von Russland zu verbessern, als auch die Angehörigen der Kriegsgefangenen zu beruhigen und ihre Ängste abzuschwächen. Aus diesem Grund veranstaltete die DSF im Jahr 1949 mehrere »Heimkehrerkonferenzen zum Zweck der Popularisierung der deutsch-sowjetischen Freundschaft«[370] mit dem Ziel, den »Antisowjetpropagandisten einen entscheidenden Schlag«[371] zu versetzen, wie es in einem internen Dokument heißt.

Diese drei politischen und gesellschaftlichen Institutionen spielten in der Frage des Umgangs der SBZ bzw. der DDR mit der Kriegsgefangenenfrage eine wichtige Rolle. Sie alle wurden von der SED auf individuelle Weise dazu genutzt, das eigene Ansehen in der Kriegsgefangenenfrage zu bewahren bzw. auf die gesamte

---

366 Die Gesellschaft zum Studium der Kultur der Sowjetunion war bereits im Juni 1947 gegründet worden.

367 Seit einer parteiinternen Umstrukturierung 1948 stellte das Politbüro das wichtigste Entscheidungsgremium in der SED dar. Das Zentralsekretariat, das eigentliche Leitungsgremium der SED, hatte damit an Einfluss verloren. Vgl. zum Politbüro und dem Zentralsekretariat der SED: Amos, Heike, Politik und Organisation der SED-Zentrale 1949-1963. Struktur und Arbeitsweise von Politbüro, Sekretariat, Zentralkomitee und ZK-Apparat, Münster, Hamburg, London 2003.

368 Anlage Nr. 1 zum Protokoll Nr. 7 vom 1.3.1949, Politbüro der SED, in: SAPMO-BArch, DY 30/41977, fol. 3. Zur Verbindung von SED und DSF: Behrends, Jan C., Die erfundene Freundschaft. Propaganda für die Sowjetunion in Polen und in der DDR, Köln, Weimar, Wien 2006.

369 Hartmann/Eggerling, Gesellschaft, S. 30; Wehler gibt die Mitgliederzahl für Ende 1950 mit 1,9 Millionen an. Wehler, Hans-Ulrich, Deutsche Gesellschaftsgeschichte. 1949-1990, Bonn 2010, S. 29.

370 Generalsekretariat der Gesellschaft für deutsch-sowjetische Freundschaft, Plan für die Hauptlinien der kommenden Arbeit im Rundschreiben vom 26.8.49, in: SAPMO-BArch, DY 32/6164, fol. 1774.

371 Ebd., fol. 1776.

Bevölkerung und die Angehörigen der Kriegsgefangenen im Besonderen einzuwirken und die öffentliche Wahrnehmung positiv zu beeinflussen. Im Folgenden
wird daher an drei ausgewählten Beispielen die Kommunikationsstrategie dargestellt, die die SED in der Frage der Kriegsgefangenen gegenüber der Bevölkerung
nutzte, und analysiert, was die Kriegsgefangenenpolitik der SED in diesen ersten
Jahren kennzeichnete. Gleichzeitig werden die zeitlichen Entwicklungen nachgezeichnet, die sich im Umgang der SED mit der Kriegsgefangenenfrage und deren Angehörigen ausmachen lassen. Dabei wird insbesondere danach gefragt, wie
speziell auf die Angehörigen von Kriegsgefangenen eingegangen bzw. welche gesellschaftliche Funktion ihnen zuteil wurde. Bevor die gesamten Ergebnisse dieses
Teils der Arbeit am Ende noch einmal zusammengeführt werden, wird vorher erläutert, wie die dargestellten Kommunikations- und Propagandastrategien auf die
Bevölkerung wirkten und ob sich ein Erfolg nachweisen lässt.

Schuldzuweisungen an die westlichen Alliierten und prosowjetische Positionierung

Wie beschrieben litt die SED in den ersten Jahren insbesondere in der Frage der
Kriegsgefangenen unter einem Glaubwürdigkeitsproblem. Bereits sehr früh hatte
die Partei sich als starke Partnerin der Sowjetunion präsentiert, der es gelungen
war, die Rückführung der ersten deutschen Kriegsgefangenen aus Russland zu erreichen. In einem internen Protokoll sprach der Parteivorstand 1946 seine »Genug-
tuung« darüber aus, dass die Bemühungen des Zentralsekretariats in der Frage
der Rückführung von Kriegsgefangenen erfolgreich waren.[372] Gleichzeitig dankte er im Namen aller Angehörigen »den zuständigen sowjetischen Verwaltungen
für das großzügige Entgegenkommen [...] ca. 120.000 Kriegsgefangene in die Heimat zu entlassen.«[373] In der Selbst- und Außenwahrnehmung überhöhte die SED
damit eindeutig den eigenen Einfluss in der Frage der Freilassung und Rückführung der verbliebenen Kriegsgefangenen. Ihre Glaubwürdigkeit wurde jedoch vor
allem dadurch untergraben, dass die sowjetische Regierung immer wieder Zusagen über die abschließende Repatriierung aller Kriegsgefangenen machte, diese
jedoch nicht einhielt. Zuerst sicherte die Moskauer Regierung zu, ebenso wie die
anderen alliierten Staaten die Rückführung aller Internierten bis Ende 1948 abzuschließen. Als dies nicht erfolgte, setzte Moskau das Jahresende 1949 als neuen Zeitpunkt fest, welcher ebenfalls nicht eingehalten wurde. Die Schuld für das Scheitern
bzw. die Nichtumsetzung der Repatriierungsvereinbarungen sprach die SED den
westlichen Alliierten zu, wie folgendes Beispiel deutlich macht. Es zeigt eine fast

---

372   Anlage Nr. 4 zum Protokoll Nr. 23, Kommunalpolitische Richtlinien der Sozialistischen Ein-
       heitspartei Deutschlands, Beschlossen vom Parteivorstand am 17.7.1946, in: SAPMO-BArch,
       DY 30/IV 2/1/7.
373   Ebd.

schon abstrus anmutende Umdeutung der Gegebenheiten für eine prosowjetische Propaganda. So hieß es in einer Resolution des Sozialpolitischen Ausschusses des Deutschen Volksrates von März 1949: »Die Einheitlichkeit der Stellungnahme der Aussenminister der vier Grossmächte auf der Moskauer Konferenz im Frühjahr 1947 in der Frage der Rückführung der Kriegsgefangenen wurde leider durch einseitige Nichtbeachtung des dort gefassten Beschlusses über die Ausarbeitung eines einheitlichen Repatriierungsplanes von den Vertretern des Westmächte im Alliierten Kontrollrat zerstört.«[374] Zusammengefasst lässt sich dies so verstehen, dass die sowjetische Regierung die deutschen Internierten aufgrund eines formalen Fehlers in der Ausarbeitung eines Repatriierungsplanes nicht zurückführen konnte, während die westlichen Alliierten den gefassten Beschluss umsetzten und alle Deutschen bis Jahresende 1948 freigelassen hatten. Gleichzeitig dankte der Deutsche Volksrat der Sowjetunion für die »verbindliche Zusage«, dass alle deutschen Kriegsgefangenen im weiteren Verlauf des Jahres 1949 entlassen würden.[375] Der Bruch der internationalen Vereinbarungen der Alliierten in der Kriegsgefangenenfrage durch die Sowjetunion wurde so in der öffentlichen Verlautbarung negiert und gleichzeitig die neue Zusage als Dienst Moskaus an der Bevölkerung der SBZ dargestellt. Zudem bat der Sozialpolitische Ausschuss des Deutschen Volksrates im März 1949 in einer einstimmig angenommenen Resolution »alle Regierungen, auf deren Territorium sich noch deutsche Kriegsgefangene, die sich keines Vergehens gegen die Menschlichkeit schuldig gemacht haben, befinden, um beschleunigte Rückführung dieser Kriegsgefangenen.«[376] Neben der Tatsache, dass sich zu diesem Zeitpunkt eine nennenswerte Anzahl von Kriegsgefangenen eigentlich nur noch im sowjetischen Gewahrsam befand, ist auffällig, dass bereits hier explizit Kriegsgefangene, die Verbrechen gegen die Menschlichkeit begangen haben, aus der Resolution ausgeschlossen wurden – denn eben diese Rechtfertigungsstrategie verwendete die sowjetische Regierung gut ein Jahr später, um die Zurückhaltung der letzten Internierten zu begründen. Aus diesem einen Dokument sollte nicht der Rückschluss gezogen werden, dass die politische Führung der DDR von der sowjetischen Regierung über die Verurteilungen ehemaliger Wehrmachtsangehöriger informiert worden war und der Volksrat hier bewusst ein rhetorisches Hintertür nutzte. Michael Borchard konnte in seiner Arbeit jedoch zeigen, dass eben zu diesem Zeitpunkt mit den Verurteilungen der ersten deutschen Kriegsgefangenen begonnen wurde.[377]

Dass sich die politischen Handlungen in der SBZ in Bezug auf die Kriegsgefangenen nicht ausschließlich am Wohle der Bevölkerung bzw. der Angehörigen ori-

374 Sozialpolitischer Ausschuss des Deutschen Volksrates, Resolution vom 3.3.1949, in: BArch, DO 2/33, fol. Nr. 73. Unterstreichung im Original.
375 Ebd.
376 Ebd., fol. 72. S. 2. Unterstreichung im Original.
377 Borchard, Kriegsgefangenen, S. 66.

entierten, sondern viel stärker strategischen Überlegungen folgten, zeigt ebenfalls eine zurückgestellte Resolution des Volksrates zur Veröffentlichung der »Namenslisten der in der Kriegsgefangenschaft verstorbenen [...] ehemaligen Angehörigen der deutschen Armee«.[378] Über diese war gleichfalls am 3. März 1949 entschieden worden, sie wurde jedoch mit dem Vermerk »vorerst zurückgestellt«[379] nicht veröffentlicht. Als Grund für die Forderung geht aus dem Dokument hervor, dass man hoffte vielen deutschen Familien »die quälende Ungewissheit über das Schicksal ihrer Angehörigen«[380] nehmen zu können. Die Bitte um Bekanntgabe der Namen der Verstorbenen war zu diesem Zeitpunkt nicht neu und wurde immer wieder von Angehörigen formuliert, von politischer Seite jedoch bis zu diesem Zeitpunkt nicht aufgegriffen. Betrachtet man den politischen Kontext und die schwierige und abhängige Position der SED überrascht es nicht, dass letztlich von dieser heiklen Forderung Abstand genommen wurde. Denn hätte die sowjetische Regierung die Bitte erneut verweigert – wovon auszugehen ist –, hätte dies dem öffentlich erzeugten Bild beider Seiten weiter geschadet. Die Sowjetunion wäre nicht als kooperativer und zugewandter Partner erschienen, die Autorität des Deutschen Volksrates wäre untergraben und das ungleiche Verhältnis zwischen beiden Akteuren weiter festgeschrieben worden. Zudem hätte dies der westdeutschen Presse einen klaren Angriffspunkt geboten. Alles zusammen schwerwiegende Argumente, die letztendlich dazu führten, dass eine solche Forderung an die Regierung in Moskau nicht gestellt wurde. Das politische Handeln der SED in der Kriegsgefangenenfragen hatte damit klare Grenzen, nämlich immer dort, wo negative Folgen für das Ansehen der Partei entstehen konnten. Heimkehrer und die Angehörigen von Kriegsgefangenen verfügten zudem über keine Lobby, die ein wirksames Gegengewicht hätte erzeugen können. Insgesamt versuchte die SED in der Öffentlichkeit die Sowjetunion als verlässlichen Partner darzustellen und folgte damit bedingungslos deren Kriegsgefangenenpolitik. Kollidierte deren Politik jedoch mit dem von der SED propagierten Bild, so wurden als Ablenkungsstrategie systematisch die westlichen Alliierten beschuldigt. Eine Umdeutungsstrategie, mit der die SED versuchte, in der Bevölkerung die Wahrnehmung der westlichen Alliierten auf der einen und der Sowjetunion auf der anderen Seite zu beeinflussen.

Bereits während der sowjetischen Besatzungszeit nutzte die SED die Kriegsgefangenenfrage, um sich gegenüber Westdeutschland zu positionieren und abzugrenzen. Zwar propagierte man öffentlich den Wunsch der Wiedervereinigung Deutschlands, in der Kriegsgefangenenfrage nutzte man jedoch jede Chance, um

---

378   Sozialpolitischer Ausschuss des Deutschen Volksrates, Resolution vom 3.3.1949, in: BArch, DO 2/33, fol. 72. S. 2.

379   Ebd., handschriftliche Notiz.

380   Ebd.

den politischen Gegner zu kompromittieren. Anfangspunkt waren zumeist negative Berichte und Äußerungen der westdeutschen Regierung und Presse zur sowjetischen Kriegsgefangenenpolitik. Besonders strittig waren Angaben über die Anzahl der Kriegsgefangenen, deren Behandlung und die Frage der Repatriierung. Während man in Westdeutschland den russischen Äußerungen keinen Glauben schenkte und die Zurückhaltung nach dem Jahresende 1948 als ungerechtfertigt ansah, vertrat die SED die sowjetische Linie und verteidigte diese gegenüber der eigenen Bevölkerung und der westdeutschen Presse. Der SED-Führung blieb aufgrund der immer stärker werdenden Abhängigkeit zur SU keine andere Möglichkeit, als sich den westdeutschen Äußerungen entgegenzustellen. Dass dies häufig dazu führte, dass sich die eigenen Beteuerungen als unwahr herausstellten, musste die SED hinnehmen und lässt sich am folgenden Beispiel verdeutlichen. Ende August berichtete die *Berliner Zeitung*: »Die von der ›Welt‹ und anderen Blättern kolportierten Gerüchte über angebliche ›kollektive Verfahren‹ gegen ehemalige deutsche Wehrmachtsangehörige haben unter den Heimkehrern aus der Sowjetunion heftige Empörung hervorgerufen. Derartige Nachrichten werden von den Heimkehrern übereinstimmend als aus der Luft gegriffen bezeichnet.«[381] Dabei hatte die sowjetische Regierung ab dem Frühjahr 1949 tatsächlich mit der massenhaften Verurteilung ehemaliger Wehrmachtssoldaten begonnen.[382] Es waren jene Prozesse, die aus den deutschen Kriegsgefangenen ›Kriegsverbrecher‹ machten und damit ihre anhaltende Internierung rechtfertigten. Dieses Beispiel zeigt, dass die ostdeutsche Presse gezielt gegen eine negative Berichterstattung über die SBZ oder die Sowjetunion vorging, um die eigene Glaubwürdigkeit bei den Bürgerinnen und Bürgern nicht weiter zu untergraben und keine erneuten Ängste bei den Angehörigen zu schüren. Noch im Oktober 1949 beteuert Wilhelm Pieck öffentlich: »Mir ist mit aller Bestimmtheit versichert worden, daß bis zum 1. Januar 1950 alle deutschen Kriegsgefangenen aus der Sowjetunion in die Heimat zurückgekehrt sein werden.«[383]

Die Haltung der SED in ihrer Kriegsgefangenenpolitik spiegelte ihre Position im sich verschärfenden Ost-West-Konflikt wider. Sie blieb der sowjetischen Linie treu und verschlechterte damit zusehends das Verhältnis zu Westdeutschland. Gleichzeitig bewies die Parteiführung durch ihre klare Haltung Stalin die Treue, obwohl sie damit Gefahr lief, die eigene Glaubwürdigkeit zu untergraben, wenn die Bevölkerung den Eindruck gewann, dass ihre Regierung sich nicht uneingeschränkt für die Rückkehr der Kriegsgefangenen einsetzen würde. Dass die Agitation in der Kriegsgefangenenfrage gegenüber den westlichen Besatzungszonen

---

381 Heimkehrer in der Friedensfront, in: Berliner Zeitung, Nr. 203 vom 31.8.1949, S. 2.
382 Borchard, Kriegsgefangenen, S. 66.
383 Heimkehrer sind und bleiben Freunde der SU, in: Neues Deutschland, Nr. 255 vom 30.10.1949, S. 1.

über die Jahre an Härte zunahm, war Ausdruck der Zuspitzung des Ost-West-Konfliktes im Vorfeld der Gründung der beiden deutschen Staaten und gehörte gleichsam zur Propagandastrategie, die darauf abzielte, die westlichen Alliierten für die Lage verantwortlich zu machen. Die Kriegsgefangenenproblematik stellte in diesem Zusammenhang den perfekten Gegenstand dar, um Westdeutschland und die Alliierten verbal anzugreifen. Genutzt wurden vornehmlich Anschuldigungen und Vorwürfe, deren einziges Ziel es war, den politischen Gegner zu diskreditieren. Die emotionale und persönliche Betroffenheit eines großen Teils der Bevölkerung bildete dabei die optimale Ausgangslage für die gegenseitigen Anfeindungen. Die Zukunftsängste der Angehörigen boten der politischen Führung zudem die Möglichkeit, die Kriegsgefangenenfrage in ihrem Sinne zu instrumentalisieren. So versuchte die Partei alles, sich als verlässliche Interessenvertretung darzustellen, auf die die Bevölkerung vertrauen konnte. Zusammenfassend lässt sich feststellen, dass diese Propagandastrategie, die die SED in der Kriegsgefangenenfrage anwendete, das Bemühen darstellt, einen größeren politischen Schaden zu vermeiden. Der Wunsch der Bevölkerung nach einer schnellen Rückkehr der Kriegsgefangenen war schlicht nicht vereinbar mit der sowjetischen Politik in dieser Frage. In diesem Spannungsverhältnis versuchte die SED dennoch die Erwartungen beider Seiten zu erfüllen, wobei eindeutig festgestellt werden muss, dass letztlich die Vorgaben der sowjetischen Regierung bindender waren als die Interessen der eigenen Bevölkerung. Die Taktik, möglichst viel Schuld auf die Alliierten und damit verbunden auf die westlichen Besatzungszonen zu schieben, stellte den Versuch dar, von der eigenen fehlenden Handlungsmacht in dieser Frage und der damit verbundenen Abhängigkeit abzulenken. Mit der TASS-Meldung im Frühjahr 1950 musste sich die SED schließlich konkret positionieren und stellte sich letztlich deutlich gegen die Interessen der eigenen Bevölkerung, indem sie die Verurteilungen der Kriegsgefangenen durch die Sowjetunion nicht anzweifelte.

Der Suchdienst für vermisste Deutsche als Propagandamittel

Das zweite Beispiel stellt die Instrumentalisierung des Suchdienstes für vermisste Deutsche als Mittel der prosowjetischen Propaganda dar. Erst am 1. August 1946 wurde in der SBZ auf Befehl Nr. 204 der SMAD, der »Suchdienst für vermisste Deutsche, die einzige amtliche Stelle für die Sucharbeit in der Sowjetischen Besatzungszone Deutschlands«[384], eingerichtet.[385] Die Gründung erfolgte im Vergleich

---

384   Dokument ohne Titel vom 1.5.1947, in: BArch, DO 105/214, fol. 1596.

385   SMAD-Befehl Nr. 204 erlassen am 19.7.1946, in: Rundverfügung Nr. 47/48 Landesregierung Sachsen vom 12.8.1948, in: BArch, DO 105/86, fol. 1887f. SMAD-Befehle bildeten die Grundlage für jegliches administratives Handeln in der SBZ. Die Initiative für solche Befehle ging jedoch zum Teil auch von der SED aus. Der SMA-Befehl als Grundlage stellt damit keinen Widerspruch zu der hier aufgestellten These dar, dass die SED in der Einrichtung des Such-

3. 1945-1950: Die Nachkriegszeit in Ost und West

zu den westlichen Besatzungszonen sehr spät, wo früher entsprechende Anlaufstellen entstanden waren. Anders als dort, wo die Suchdienstarbeit von Institutionen wie den Kirchen oder dem Roten Kreuz[386] durchgeführt wurde, war der Suchdienst der SBZ eine staatliche Institution. Mit dessen Einrichtung wurde es zugleich »allen anderen Organisationen, karitativen und privaten Suchstellen«[387], untersagt, eigene Nachforschungen nach Vermissten anzustellen, womit der Staat auch eine Form von Informationsmonopol schuf. Offiziell stellte der Suchdienst eine staatliche Stelle dar, die sich für die Zusammenführung von Familien einsetzte und mit deren Hilfe Vermisste in russischer Gefangenschaft gefunden werden konnten. Allerdings vermittelte der Suchdienst nur Kontakt zu Kriegsgefangenen, die sich selber aus Russland an ihn gewandt hatten. Eigene Nachforschungen in russischen Kriegsgefangenenlagern konnten hingegen nicht durchgeführt werden. Mit den Suchdiensten in den westlichen Besatzungszonen bestand ein direkter Austausch, sodass die Zonengrenzen für diese Arbeit eine untergeordnete Rolle spielten.[388] Die Gründung des Suchdienstes in der SBZ stellte jedoch nicht nur eine Reaktion auf Anfragen von Zivilistinnen und Zivilisten und Angehörigen von Kriegsgefangenen dar, sondern ebenso auf die Gesuche von Internierten. Seit Juni 1946 gingen bei verschiedenen amtlichen Stellen laufend Briefe von deutschen Kriegsgefangenen aus russischen Lagern ein, die auf diesem Weg versuchten Kontakt zu ihren Angehörigen in der SBZ herzustellen.[389] Alleine in den ersten 20 Tagen handelte es sich um 115 Anfragen.[390] Während die Kriegsgefangenen sich hoffnungsvoll an verschiedene Verwaltungsstellen der SBZ wandten, um eine Auskunft über die Meldedaten ihrer Angehörigen zu erhalten, hatten die Anfragen für die SED auch eine politisch relevante Dimension. In einem internen Bericht heißt es:

»Doch die Sorge um die Angehörigen ist nur die eine Seite des Problems der Kriegsgefangenenpost. Die andere und wichtigere Seite ist die politische. Durch

    dienstes eine Möglichkeit sah, in der Bevölkerung das Bild der Sowjetunion nachhaltig zu verbessern.

386   Vgl., Böhme, Gesucht.

387   Rundverfügung Nr. 47/48 Landesregierung Sachsen vom 12.8.1948, in: BArch, DO 105/86, fol. 1887f.

388   Die Anträge des Suchdienstes der SBZ wurden dafür auf sogenannte »Hamburger Karten« umgeschrieben, die dann im westlichen System verarbeitet werden konnten. Protokoll über die Konferenz mit den Beauftragten der Länder, 13.-14.1.1948, in: BArch, DO 105/74, fol. 1929-1937.

389   Ein genaues Datum, ab dem alle in Russland internierten ehemaligen Wehrmachtsangehörigen schreiben durften, lässt sich nicht genau festlegen. Die Forschung geht aber übereinstimmend etwa vom Frühjahr 1946 aus, was, wenn man die Beförderungsdauer bedenkt, stimmig ist. Vgl. hierzu auch Seite 119, Fußnote 227 dieser Arbeit.

390   Kriegsgefangenenpost aus Rußland, 21.6.1946, in: SAPMO-BArch, NY 4182/1160, fol. 41.

die in der Anlage angeführten Auszüge aus der Kriegsgefangenenpost geht eindeutig hervor, welche Bedeutung die Verbreitung dieser Nachrichten innerhalb
der deutschen Bevölkerung erlangt, wenn diese Nachrichten den Angehörigen
zugestellt werden können.«[391]

Die Bezeichnung als Problem ist an dieser Stelle missverständlich, denn eigentlich
betrachtete man die Briefe als Glücksfälle. Die dem Bericht angehängten Textaus-
züge zeichneten ausnahmslos ein positives Bild der Gefangenschaft und schildern,
wie gut es den Internierten in der Sowjetunion erging.[392] Im Verständnis der SED
hatten die Briefe das Potenzial, in der Bevölkerung die Sichtweise auf die Sowjetunion positiv zu beeinflussen und gleichzeitig den negativen Berichten der westlichen Presse etwas entgegen zu setzen. Daher lohnte es sich in ihren Augen einen
eigenen Suchdienst einzurichten, um möglichst viele Internierte mit ihren Angehörigen in der SBZ in Kontakt zu bringen, die dann – so die Vorstellung der Partei –
deren positive Schilderungen lesen und davon in ihrem sozialen Umfeld berichten
konnten.[393] Doch nicht nur die positiven Aussagen über die Gefangenschaft hatten einen großen propagandistischen Wert, sondern auch die Briefe von bereits
totgeglaubten Vermissten. Sie belegten, dass die nationalsozialistische Propaganda über die russische Gefangenschaft nicht der Realität entsprochen hatte und die
positiven Aussagen der Verfasser unterstrichen dieses Bild. Trotz des Wissens, dass
die Briefe der Zensur unterlagen, besaßen sie eine immense Wirkmächtigkeit, um
dessen Wert auch die SED wusste, wie aus folgendem Zitat hervorgeht. »Es würde sehr zur politischen Beruhigung der deutschen Bevölkerung beitragen, wenn
die Ungewißheit über das Schicksal der Kriegsgefangenen durch eine solche Be-
nachrichtigung beseitigt würde.«[394], heißt es in einem Protokoll einer Sitzung des
Zentralsekretariats. Neben der Hilfe für die Angehörigen profitierte somit insbesondere die SED von der Einrichtung des Suchdienstes für vermisste Deutsche, da
vor allem positive Nachrichten der Internierten die Angehörigen erreichten und
nachhaltig auf die Bevölkerung einwirkten.

In der öffentlichen Darstellung blieb der Suchdienst jedoch eine rein selbstlose
Institution, die lediglich dazu dienen sollte, der Bevölkerung zu helfen. In einem
Bericht in der *Für Dich* heißt es 1947: »Der Suchdienst für vermißte Deutsche der
nicht ohne Grund den Beinamen »Haus der Hoffnung« erhielt, leistet damit in aller

---

391 Ebd.
392 Ebd.
393 Ein weiteres Indiz dafür, dass die Arbeit des Suchdienstes vor allem eigenen staatlichen Interessen diente und nicht die Hilfe für die Bevölkerung im Vordergrund stand, ist die Tatsache, dass etwa versäumt wurde eine Heimkehrerkartei zu erstellen. Ehemalige Internierte,
die das Heimkehrerlager Gronefelde durchliefen, wurden nicht systematisch erfasst, was die
Suchdienstarbeit später grundlegend erschwerte. Vgl. Borchard, Kriegsgefangenen, S. 79.
394 Auszug aus dem Protokoll Nr. 5 der Sitzung des Zentralsekretariates vom 4.5.1946, in:
SAPMO-BArch, NY 4182/1160, fol. 28.

Stille einen Beitrag zur Linderung der seelischen Not unserer Frauen und Mütter und unserer Kriegsgefangenen.«[395] In der Außendarstellung bezog die Regierung sich lediglich auf die Erfolge der eigenen Suchdienstarbeit, selbst wenn diese deutlich hinter denen in der Westzone zurücklagen. Nach eigenen Angaben verzeichnete der Suchdienst in der SBZ eine Begegnungsquote von 18-20 Prozent, nur halb so viel wie die der westlichen Suchdienste.[396] Trotz der positiven Auswirkungen der Fälle, in denen ein Kontakt zu Internierten hergestellt werden konnte, scheiterte die SED letztlich an der Haltung der sowjetischen Regierung, die es dem Suchdienst nicht erlaubte, Nachforschungen in russischen Lagern vorzunehmen, was Erfolge in weit größerem Umfang ermöglicht hätte. Hier tritt wieder das bereits beschriebene Problem zutage, dass die Haltung der Sowjetunion in der Kriegsgefangenenfrage der von der SED propagierten Freundschaft widersprach und insbesondere für die Angehörigen der Vermissten und Internierten unverständlich blieb. Der eigentliche Erfolg des Suchdienstes für die SED bestand jedoch in der Umsetzung der innenpolitischen Ziele, indem es ihr gelang, positive Aussagen der Internierten in den öffentlichen Diskurs zu bringen. Eine Strategie, die sie auch im folgenden Beispiel der Heimkehrerkonferenzen versuchte anzuwenden.

Von der Einrichtung des Suchdienstes profitierten nicht, wie bereits beschrieben, die Familien der Vermissten. Um doch etwas über den Verbleib ihres Angehörigen zu erfahren, griffen sie weiterhin auf zum Teil obskure Mittel zurück, wie aus einer Rundverfügung der Landesregierung Sachsen vom August 1948 hervorgeht. Dort heißt es: »Kartenleger, Wahrsager, Hellseher, Graphologen, Grussbesteller und ähnliche dunkle Elemente nutzen das seelische Elend der Menschen aus«[397], um sich daran zu bereichern. Aber auch Übersetzungsbüros fertigten noch immer Suchanfragen in kyrillischer Schrift an, die von den Angehörigen dann an das Rote Kreuz in Moskau geschickt wurden.[398] Das Bestehen dieser Angebote, zwei Jahre nach der Einrichtung des Suchdienstes in der SBZ und bereits drei Jahre nach Kriegsende zeigt, dass es den öffentlichen Stellen nicht gelang, das Informationsbedürfnis der Angehörigen zu befriedigen. Diese verzweifelten Versuche, Kontakt herzustellen bzw. Informationen zu erlangen, gehen auch auf Praktiken zurück, die die Familien bereits während des Nationalsozialismus unternommen hatten, um etwas über den Verbleib ihrer Angehörigen zu erfahren.

Mit dem Abschluss der offiziellen Repatriierung der Kriegsgefangenen im Mai 1950 stellte auch der Suchdienst seine Arbeit ein. Dort sah man die späteren Gesuche von Angehörigen »nicht [als] Angelegenheit des Suchdienstes [an;...], weil es

395 Haus der Heimkehr – Haus der Hoffnung, in: Für Dich, Nr. 19 vom 11.5.1947, S. 3.
396 Protokoll über die Konferenz mit den Beauftragten der Länder, 13.-14. 1. 1948, in: BArch, DO 105/74, fol. 1979.
397 Rundverfügung Nr. 47/48 Landesregierung Sachsen vom 12.8.1948, in: BArch, DO 105/86, fol. 1887.
398 Ebd.

sich [in diesen Fällen; ...] nicht um vermißte Personen, sondern um strafgerichtlich verurteilte Personen handelt.«[399], wie es in einem internen Aktenvermerk zu einer Besprechung aller beteiligten Institutionen heißt. Daher wurden die eingehenden Nachrichten fortan an das Ministerium des Inneren weitergeleitet. Angehörige, die sich an den Suchdienst wendeten, bekamen die Auskunft, dass »die Rückführung sämtlicher Kgf. [Kriegsgefangener] abgeschlossen«[400] sei.

Die Heimkehrerkonferenzen zur Beruhigung der Bevölkerung

Ein drittes Beispiel für die Strategie der SED zur Beruhigung der Bevölkerung sowie der prosowjetischen Propaganda in der Kriegsgefangenenfrage sind die sogenannten Heimkehrerkonferenzen. Ziel dieser Veranstaltung war es, das Bild der Sowjetunion in der Bevölkerung weiter zu verbessern, indem die öffentliche Meinung gegenüber der russischen Kriegsgefangenschaft systematisch positiv beeinflusst wurde.[401] Eingebettet in die prosowjetische Propaganda begann die DSF im Sommer 1949 mit der Durchführung von Heimkehrerkonferenzen auf Landes- und Kreisebene. Diese richteten sich direkt an Heimkehrer und sollten den Teilnehmenden vor allem die Möglichkeit zum Austausch untereinander geben. Gleichzeitig wurde medial umfangreich über die Veranstaltungen berichtet, sodass die Ergebnisse der gesamten Bevölkerung bekannt wurden. 70 Prozent der hauptamtlichen Mitarbeiter der DSF waren ehemalige Kriegsgefangene, was die Gesellschaft in besonderem Maße dafür qualifizierte die Tagungen zu organisieren.[402] Die erste Heimkehrerkonferenz, an der etwa 450 ausgewählte Heimkehrer teilnahmen, fand im Juni 1949 in Potsdam statt.[403] Die Auswahl der Teilnehmenden erfolgte direkt über die Leitung der DSF bzw. über Wahlen in den einzelnen Kreis- und Ortsverbänden. So wurde sichergestellt, dass alle Teilnehmenden der Gefangenschaft in der Sowjetunion gegenüber positiv eingestellt waren und die Konferenz erfolgreich verlaufen konnte.[404] Als Grundsatz galt: »Die Heimkehrer sind die lebenden Zeugen gegen die Antisowjethetze!«[405] Damit wurden ehemalige Internierte, die Gutes über ihre Gefangenschaft in Russland und das Land im Allgemeinen zu berichten hatten, zu Experten für die Sowjetunion gemacht. In einem Artikel der Zeitung

---

399   Vermerk, 13.3.1951, in: BArch, DO 1/15795.
400   Marianne P. an Wilhelm Pieck, 25.4.51, in: BArch, DO 1/8357.
401   Auf diese Funktion der Heimkehrerkonferenz geht auch Michael Borchard kurz ein. Ders., Kriegsgefangenen, S. 80f.
402   Hartmann/Eggeling, Gesellschaft, S. 33.
403   Erste Heimkehrerkonferenz, in: Neues Deutschland, Nr. 147 vom 26.6.1949, S. 8.
404   Heimkehrer-Sternfahrt, in: Neues Deutschland, Nr. 242 vom 15.10.1949, S. 2. Die Ergebnisse solcher Veranstaltungen waren etwa gemeinsame Stellungnahmen oder öffentliche, prosowjetische Bekenntnisse.
405   Gesellschaft für deutsch-sowjetische Freundschaft, Zentrale Heimkehrerkonferenz am 29.10.1949 in Berlin, in: SAPMO-BArch, DY 32/10057; Lösungen für die Zentrale Heimkehrerkonferenz, in: Ebd.

Neues Deutschland heißt es: »In der mehrstündigen Diskussion traten zahlreiche Heimkehrer übereinstimmend den Lügenmeldungen gegen die Sowjetunion entgegen und wiesen die Gräuelmärchen zurück, die über die deutschen Kriegsgefangenen in der Sowjetunion verbreitet werden«[406].

Nach dem großen Erfolg der ersten Veranstaltung wurden überall in der SBZ Konferenzen nach deren Vorbild organisiert. Einzelne Veranstaltungsteile waren auch für interessierte Bürgerinnen und Bürger geöffnet. Durch Berichte von Heimkehrern sollten insbesondere den Angehörigen der Vermissten und Kriegsgefangenen Zweifel und Ängste in Bezug auf die russische Gefangenschaft genommen werden. Zu diesem Zweck empfahl das Generalsekretariat eine öffentliche Abendveranstaltung unter dem Motto »Die Bevölkerung fragt, Heimkehrer antworten« abzuhalten. Das Konzept dieser Fragerunde sah vor, dass 30-40 Heimkehrer auf der Bühne Platz nahmen und Fragen beantworteten, die ihnen vom Moderator bzw. der Moderatorin oder aus dem Publikum gestellt wurden.[407] Um den Effekt dieses Formats zu unterstreichen und Input für eine erfolgreiche Umsetzung zu geben, zirkulierten in der DSF verschiedene Protokolle solcher Abendveranstaltungen. Bereits die einleitenden Worte eines der Manuskripte zeigen sehr anschaulich die Stoßrichtung und Funktion dieser Veranstaltungen.

>»In Jahren des Krieges wurden allen Soldaten und dem deutschen Volk eingehämmert, daß sowjetische Kriegsgefangenschaft qualvolle Folterung und Scheußlichkeit und den Tod bedeutet. Allzu groß waren leider die Erfolge dieses Betruges die Folgen, die sich daraus ergaben, waren furchtbar. […] Unsere Heimkehrer sind nicht, wie erwartet, als gebrochene und zermürbte Menschen nach langer Kriegsgefangenschaft zurückgekehrt, sondern als neue Menschen, hoffnungserfüllt und voller Impulse für den Aufbau eines neuen und besseren Deutschlands als es das alte war, eines friedlichen, demokratischen und fortschrittlichen Deutschlands.«[408]

Die Heimkehrer werden hier als lebender Beweis dafür angeführt, dass die nationalsozialistische Propaganda sowie die Berichterstattung der westdeutschen Presse mit ihren Aussagen über die sowjetische Gefangenschaft falsch lagen. Vielmehr wird sogar die positive persönliche Entwicklung der Internierten in den Vordergrund gerückt. Damit stellte die Partei die deutschen Kriegsgefangenen in der Sowjetunion nicht als Opfer dar, sondern ihre Gefangenschaft wurde als eine Zeit betrachtet, in der die ehemaligen Wehrmachtsoldaten ihre Schuld gegenüber der

---

406   Mit der Sowjetunion zur glücklichen Zukunft, in: Neues Deutschland, Nr. 225 vom 25.9.1949, S. 2.

407   Generalsekretariat der Gesellschaft für deutsch-sowjetische Freundschaft im Rundschreiben Nr. 47 vom 26.8.1949, S. 5, in: SAPMO-BArch, DY 32/6163, fol. 1778.

408   Protokoll eines öffentlichen Diskussionsabends am 20.8.1949, S. 1f. in: SAPMO-BArch, DY 32/10058, fol. 1844f.

Sowjetunion ehrenvoll abarbeiteten. Das Zitat aus der Eröffnungsmoderation impliziert obendrein, dass all die Sorgen und Ängste der Angehörigen in Bezug auf die Gefangenschaft unbegründet sein.

Sämtliche Fragen, die die Moderatorinnen und Moderatoren in diesen Gesprächsrunden stellten, dienten dazu spezifische Narrative zu diesem Themenkomplex zu implementieren und zu verfestigen.[409] Diese zeichneten entweder ein positives Bild der Sowjetunion und bzw. oder ein negatives der Westmächte. Eine Vorgehensweise, wie sie im Vorherigen bereits dargestellt wurde. Insgesamt lässt sich feststellen, dass die in den beiden vorangegangenen Unterkapiteln vorgestellten Strategien – die prosowjetische Propaganda sowie alle Schuld in der Kriegsgefangenenfrage den westlichen Alliierten und den westlichen Besatzungszonen zuzuschreiben – in den Diskussionsabenden der Heimkehrerkonferenzen ihre Entsprechungen fanden. Sie stellten die perfekte Möglichkeit dar, um diese direkt an die Angehörigen von Kriegsgefangenen und Vermissten zu vermitteln, da natürlich vor allem betroffene Bürgerinnen und Bürger solche Veranstaltungen aufsuchten. Die Heimkehrer verkörperten nicht nur glaubwürdige Zeugen in der Frage der Lebensumstände in der Gefangenschaft, sondern darüber hinaus auch über die Sowjetunion im Allgemeinen, deren Bevölkerung und ihre Kultur. Die ehemaligen Internierten sollten dazu geschult werden, zukünftig in ihrem sozialen Umfeld verstärkt über die Sowjetunion aufzuklären.[410] Die mediale Berichterstattung über die Heimkehrerkonferenzen festigte gleichzeitig die Ergebnisse der Veranstaltungen und wirkte als Multiplikator dieser Ansichten in weite Teile der Bevölkerung.[411]

In deutlicher Abgrenzung zur westdeutschen Kriegsgefangenenpolitik wurde in den Diskussionsveranstaltungen der DSF sehr klar kommuniziert, dass die tatsächliche Gesamtzahl der Kriegsgefangenen weit hinter den Erwartungen der Angehörigen zurückläge. Denn die Fragen der Angehörigen von Vermissten zielten vor allem darauf ab, mögliche Erklärungsansätze zu finden, die für den Einzelfall plausibel machten, dass der eigene Angehörige sich doch in Gefangenschaft befände und nicht tot sei. So wurde zum Beispiel gefragt, ob es in Russland noch sogenannte Schweigelager gäbe, aus denen sich die Internierten nicht melden dürften?[412] Anders als in den westlichen Besatzungszonen bzw. in der Bundesrepublik

---

409   In jedem der Manuskripte findet sich etwa eine Antwort eines Heimkehrers, der davon erzählt, wie russische Frauen und Männer mit ihm ihre Lebensmittel teilten, obwohl sie eigentlich selbst nicht genug besaßen.

410   Dreißig Heimkehrerkonferenzen, in: Berliner Zeitung, Nr. 209 vom 7.9.1947, S. 2.

411   Ähnliche Bilder wurden darüber hinaus zum Beispiel auch in Theateraufführungen reproduziert. Trinks, Zwischen, S. 53f.

412   Auszug aus dem Protokoll des öffentlichen Diskussionsabends in Schwerin am 20.8.1949, in: SAPMO-BArch, DY 32/6164, fol. 1813.

wurde solchen Fragen direkt widersprochen. Nicht jedoch, weil man die Angehörigen davor bewahren wollte, sich unnötige Hoffnungen zu machen, sondern weil die Grundhaltung der SED in diesen Fragen eindeutig war – Informationen und Zusagen der Sowjetunion wurden vorbehaltlos geglaubt und nicht in Frage gestellt.

Wie bereits anklang, gab es in der SBZ und frühen DDR eine deutlich andere Interpretation der Kriegsgefangenenproblematik als dies in den westlichen Besatzungszonen der Fall war. Während die Internierten dort als Opfer galten, waren sie hier weder den Tätern noch den Opfern eindeutig zuzuordnen. Zwar bedeutete die Anerkennung der Gefangenschaft als einer Form des Ableistens von Schuld implizit auch die Zuschreibung einer gewissen Täterschaft, jedoch bezog sich diese nicht auf jeden einzelnen Gefangenen. Der Einzelne wurde vielmehr als »missbrauchtes Werkzeug des Faschismus«[413] betrachtet, wie es in einem Artikel aus dem Jahr 1947 hieß. In der SBZ bzw. der frühen DDR galten die Kriegsgefangenen weder als Opfer noch als Täter und wurden daher weder stilisiert noch stigmatisiert und konnten auch nicht politisch instrumentalisiert werden.[414] Eine öffentliche Wahrnehmung und Darstellung der Kriegsgefangenen als Mitschuldige und Täter des ›faschistischen‹ Krieges lässt sich bis Mai 1950 nicht feststellen, ebenso wenig wie erkennbare Repressionen für deren Angehörige. Betrachtet man die in Einzelfällen auftretenden Benachteiligungen der Ehefrauen von Kriegsgefangenen, so zeigt sich, dass es sich um strukturelle und administrative Probleme handelte und nicht um eine systematische Diskriminierung aufgrund ihres Status bzw. dem ihrer Ehemänner. In der Sichtweise der SED war es vielmehr die westdeutsche Regierung, die sich einer Täterschaft schuldig gemacht hatte, da sie die Hoffnung der Angehörigen von Vermissten unnötig schürte und so gegen die Sowjetunion hetzte. Opfer waren in dieser Sichtweise die Abertausenden von Angehörigen von Vermissten, die sich aufgrund der Aussagen der westdeutschen Regierung und Presse an die Hoffnung klammerten, dass ihre Angehörigen doch in irgendeinem Lager in der Sowjetunion gefangen gehalten würden und nicht tot seien.

Ihren Abschluss fanden die verschiedenen Heimkehrerkonferenzen im ganzen Land mit einer letzten Veranstaltung am 29. Oktober 1949 in Berlin unter dem Motto »In der Sowjetunion wurden wir zu Freunden der Sowjetunion«.[415] Trotz des großen Erfolgs der Heimkehrerkonferenzen wurden anschließend keine weiteren Veranstaltungen dieser Art mehr durchgeführt.[416] Spätestens mit dem Wechsel in

---

413   Steinschen, H.G., Auf Befehl, in: Für Dich, Nr. 44 vom 2.11.47, S. 1.
414   Eine Instrumentalisierung hätte sowohl in positiver als auch in negativer Weise passieren
        können. Entweder durch eine spezifische Hervorhebung und Bevorzugung oder aber auch
        durch Exklusion und Stigmatisierung.
415   Heimkehrerkonferenz in Berlin, in: Berliner Zeitung, Nr. 254 vom 29.10.1949, S. 2.
416   Die Ursache hierfür geht nicht aus den Quellen hervor. Denkbar sind zwei Möglichkeiten:
        Zum einen, dass die Führung der SED bereits zu diesem Zeitpunkt wusste, dass die sowjetische Regierung mit den Verurteilungen eine vollständige Wende in der Kriegsgefangenen-

der sowjetischen Kriegsgefangenenpolitik im Frühjahr 1950 und dem neuen Status der Kriegsgefangenen als ›Kriegsverbrecher‹ wären solche auch unmöglich gewesen.

Die Kommunikations- und Propagandastrategien in der öffentlichen Wahrnehmung

Leider gibt es nur sehr vereinzelte Quellen, die Rückschlüsse darauf zulassen, wie die Angehörigen das politische Vorgehen und die bereits beschriebenen propagandistischen Maßnahmen in diesen ersten Jahren empfanden bzw. wie sie auf diese reagierten. Artikel und Beiträge in Zeitschriften und Zeitungen spiegeln nur die offiziellen Vorgaben zu diesem Thema wider und übten keine Kritik am System oder dessen Vorgehen. Umso aussagekräftiger ist der Brief von Gertrud M., aus dem bereits zu Beginn dieses Teils der Arbeit umfangreich zitiert wurde. Den verhältnismäßig langen Brief hatte Getrud M. im Mai 1946 an die Redaktion der Zeitung *Neues Deutschland* geschickt und darin ihre Kritik und Enttäuschung über den politischen Umgang mit der Kriegsgefangenenfrage in der SBZ zum Ausdruck gebracht.[417] Die Ehefrau eines Kriegsgefangenen sprach dabei jedoch nicht nur jene Probleme und Schwierigkeiten an, die die Angehörigen am meisten beschäftigten, sondern darüber hinaus gibt ihr Brief auch Aufschluss über die Wirkung der staatlichen Kommunikations- und Propagandastrategien. So enthält das Schreiben Formulierungen, die dem SED Sprachduktus in Bezug auf die Kriegsgefangenen entsprachen. Erstes Beispiel hierfür ist die Anerkennung einer Kriegsschuld gegenüber der Sowjetunion, die durch Aufbauarbeiten der Kriegsgefangenen abgeleistet werden müsste.[418] Zweitens spricht sie die während des Krieges von der NS-Regierung zurückgehaltenen Briefe von Kriegsgefangenen aus Russland an.[419] Dieser Sachverhalt war vor allem in der DDR Presse immer wieder aufgegriffen worden, um daran die Unmenschlichkeit und die Unglaubwürdigkeit des nationalsozialistischen Regimes zu verdeutlichen. Drittens nutzt Gertrud M. die Terminologie »wahre Opfer des Faschismus«, um ihre Sichtweise auf die Kriegsgefangenen zu beschreiben. Besonders interessant ist, dass sie den staatlichen Sprachgebrauch

---

politik vollziehen würde. Zum anderen ist ebenso plausibel, dass man zu diesem Zeitpunkt noch immer davon ausging, dass die letzten Kriegsgefangenen wie angekündigt bis Jahresende von der sowjetischen Regierung entlassen würden.

417   Gertrud M. an die Redaktion »Neues Deutschland«, 15.5.1946, in: SAPMO-BArch, NY 4036/745, fol. 14-16.

418   Sie schrieb: »Wir wissen und erkennen an, dass die Soldaten drüben aufbauen, vielleicht sogar noch 1-2- Jahre in Russland bleiben müssen […].« Ebd.

419   Im Brief heißt es: »Die bisher von Russland eingegangene Post ist so minimal, dass sie in keinem Verhältnis zur Gefangenenzahl steht. Jahrelang haben uns die Naziverbrecher die Post unserer vermissten Männer vorenthalten. Soll wieder Gleiches mit Gleichem vergolten werden, worunter ja nur die Unschuldigen leiden?« Ebd.; Vgl. zu diesem Aspekt auch das Kapitel 2.2. in dieser Arbeit.

an dieser Stelle verwendet, um auszudrücken, dass die Internierten in ihren Augen Opfer des Nationalsozialismus seien. Diese Sichtweise entsprach zwar nicht der offiziellen Linie der SED, lässt sich aber wohl auf die persönliche Betroffenheit und das eigene Selbstverständnis der Verfasserin zurückführen. Das vierte Beispiel ist, dass Gertrud M. die Auswirkungen der Kriegsgefangenenfrage auf den Aufbauwillen und die Arbeitskraft der Angehörigen bezieht. Hierbei handelte es sich um einen Punkt, der für die Partei und den Wiederaufbau des neuen Staates von zentraler Bedeutung war. Im Brief schreibt sie: »Wie kann von Menschen, die unter so schwerem seelischen Druck stehen, Aufbauwille und Interesse verlangt werden? Das Lebensproblem ist doch nicht nur mit der Zubilligung der Ernährung gelöst, sondern Menschen haben noch eine Seele. Ein zerrütteter Mensch ist vollkommen unproduktiv.«[420] Mit diesem Querverweis weitet sie die politische Tragweite der Problematik aus und verbindet ihre persönliche Betroffenheit mit allgemeinpolitischen Interessen der Partei. Diese vier Beispiele zeigen, dass der Brief von Gertrud M. geprägt ist von Sprachgebrauch und politischen Sichtweisen der SED, was beweist, dass diese durchaus erfolgreich in die Gesellschaft diffundierten – selbst wenn sie dazu genutzt wurden, um Kritik am System zu äußern. Die Tatsache, dass sie in ihrem Brief nicht um eine persönliche Besserstellung bittet oder ein spezifisches Anliegen formuliert, spricht zudem dagegen, dass sie absichtlich besondere Formulierungen als rhetorische Strategie verwendete, um die eigenen Erfolgsaussichten zu erhöhen.

All die Probleme, die Gertrud M. beschrieb sowie die Kritik, die sie formulierte, führten jedoch nicht dazu, dass sich für die Frauen und Kinder der Kriegsgefangenen irgendetwas änderte. In der SBZ entwickelte sich keine politische Interessenvertretung, weder für die Kriegsgefangenen noch für ihre Angehörigen und auch eine konkrete staatliche Anlaufstelle fehlte. Es lässt sich zudem feststellen, dass sich nach Kriegsende in der SBZ kein öffentlicher Umgang mit der Kriegsgefangenenproblematik herausbildete, der die Sorgen und Nöte der Angehörigen aufgefangen hätte.

Unter diesen Umständen ist es nicht überraschend, dass der Leserbrief von Gertrud M. nicht in der Zeitung *Neues Deutschland* veröffentlicht, sondern von der Redaktion direkt an die Partei weitergeleitet wurde. Gertrud M. erhielt sogar ein von Wilhelm Pieck unterzeichnetes Antwortschreiben. In nüchterner Ausdrucksweise versprach er ihr darin:

»Sie können versichert sein, dass wir uns alle Mühe geben, Ihrem durchaus berechtigtem Wunsch Rechnung zu tragen [...] eine Feststellung zu erreichen über den Verbleib der Kriegsgefangenen in der Sowjetunion und eine Verbindung mit

---

420 Gertrud M. an die Redaktion »Neues Deutschland«, 15.5.1946, in: SAPMO-BArch, NY 4036/745, fol. 14-16.

ihren Angehörigen herzustellen. Ihre Sorge ist nur zu verständlich, und ich hoffe, dass es doch recht bald gelingt, eine Verbesserung herbeizuführen. Lassen Sie den Mut nicht sinken.«[421]

Die Antwort des Präsidenten auf den sehr persönlichen und verzweifelten Brief war sachlich formuliert und thematisierte die meisten der angeführten Kritikpunkte nicht. Zwar erkannte er den Missstand in der Kriegsgefangenenproblematik an, bot aber keine konkreten Lösungsvorschläge. Während die Frage der Kriegsgefangenen zu diesem frühen Zeitpunkt für die Betroffenen eine extrem große Bedeutung hatte, galt dies jedoch 1946 nicht für die Partei und schon gar nicht für die Besatzungsmacht. Und auch für die späteren Jahre ist die Antwort Piecks als symptomatisch für das Handeln der SED in der Kriegsgefangenenfrage zu betrachten. Sie reagierte auf auftretende Probleme, der tatsächlichen Problematik nahm man sich jedoch nicht an und versuchte auch keine Lösungen herbeizuführen. Der Brief zeigt jedoch, wie sehr die Angehörigen von ihrer Regierung Lösungen in dieser Frage erwarteten und ihren Erfolg daran maßen.

Die Wahrnehmung der Bevölkerung und ihre Haltung in der Kriegsgefangenenfrage waren eng verwoben mit deren Eindruck von der sowjetischen Besatzungsmacht bzw. der sowjetischen Regierung. Die überdeutliche Orientierung der SED an den politischen und ideologischen Vorgaben Stalins und der Darstellung Russlands als Freund und Partner kollidierte jedoch mit dem Bild, welches die nationalsozialistische Propaganda während der Herrschaft des Regimes verbreitet hatte. Zwar wünschten sich viele Menschen in der SBZ ein neues, besseres und kommunistisches Deutschland, gleichzeitig blieben aber die Zweifel und Vorurteile gegenüber dem ehemaligen Feind. Die Kriegsgefangenenfrage trug insgesamt nicht dazu bei, dass sich dieses Missverhältnis entspannte. Schuld daran war vor allem die Tatsache, dass die sowjetische Regierung in der Frage der deutschen Kriegsgefangenen keine Zugeständnisse machte. Vielmehr wurden Zusagen und Versprechen gebrochen und die Kontaktaufnahme zu den Gefangenen war deutlich schwerer als zu jenen in westlichem Gewahrsam. Dass die russischen Internierten erst im Frühjahr 1946, also fast ein Jahr nach der Kapitulation, die Möglichkeit bekamen eine Postkarte an ihre Familien zu schicken, löste bei vielen Unverständnis und Wut aus. In einem Protokoll des Zentralsekretariats vom Mai 1946 heißt es dazu: »Die Angehörigen der Kriegsgefangenen beklagen sich sehr bitter darüber, daß ihre Männer und Söhne seit längerer Zeit kein Lebenszeichen mehr gegeben haben, obwohl seinerzeit angekündigt worden ist, jeder Kriegsgefangene werde in

---

421   Antwortschreiben Wilhelm Pieck an Gertrud M., 31.5.1946, in: SAPMO-BArch, NY 4036/745, fol. 17. Da es sich um einen maschinengeschriebenen Brief handelt, lässt sich nicht mit Sicherheit sagen, ob der Brief von Pieck oder in seinem Auftrag verfasst bzw. lediglich von ihm unterschrieben wurde. Es sollte jedoch auf jeden Fall der Eindruck bei der Empfängerin entstehen, dass er von ihm selbst verfasst wurde.

die Lage versetzt werden, eine Nachricht nach Hause gelangen zu lassen.«[422] In den Augen der Angehörigen verhielt sich die UdSSR in der Frage der Kriegsgefangenen eben nicht wie der sozialistische Freund, wie es von der Partei propagiert wurde. Dass sich die Sowjetunion in dieser Frage überhaupt nicht kooperativ zeigte, Forderungen ignorierte und Zusagen brach, blieb für die Angehörigen unverständlich und schwächte daher auch das öffentliche Ansehen der SED. Von dieser erwarteten die Bürgerinnen und Bürger, dass sie in der Kriegsgefangenenproblematik ihre Position vertraten.

Zeichnet man den politischen Umgang mit der Kriegsgefangenenproblematik für die ersten Jahre der SBZ bzw. der frühen DDR nach, so zeigen sich schrittweise Veränderungen, die sich als Professionalisierung beschreiben lassen. Der Umgang mit den Angehörigen der Kriegsgefangenen wurde immer zielgerichteter und das Beispiel der Heimkehrerkonferenzen zeigt, wie letztlich die SED aktiv Wege beschritt, um in dieser Frage Einfluss auf die Angehörigen und die Bevölkerung auszuüben. Dabei handelte es sich jedoch nicht um einen selbst forcierten Prozess oder einen im Vorfeld aufgestellten Plan, sondern vielmehr reagierte die Partei auf spezifische Entwicklungen, wie das Beispiel der Einrichtung des Suchdienstes zeigt. Die hier exemplarisch untersuchten Kommunikationsstrategien und Propagandamaßnahmen entwickelten sich Schritt für Schritt und resultierten aus den politischen und gesellschaftlichen Gegebenheiten. Dabei stand jedoch nicht das Wohl der Kriegsgefangenen und ihrer Angehörigen im Vordergrund, sondern vielmehr die eigenen politischen Interessen der SED. Die Partei reagierte auf den Druck, den die Angehörigen der Kriegsgefangenen und Vermissten auf die Regierung ausübten bzw. auf die negativen Folgen, die diese auf den Herrschaftsanspruch der SED hätten haben können. Der Aussage von Beate Ihme-Tuchel »Die deutschen Kriegsgefangenen in der UdSSR sind für die SED nie ein echtes politisches Problem gewesen«[423], soll daher an dieser Stelle widersprochen werden, da alleine die Reaktionen der Partei ein Verständnis der Kriegsgefangenenfrage und ihrer Auswirkungen als Problem belegen. Zwar handelte es sich bei den Angehörigen der Kriegsgefangenen zumeist um Frauen, Kinder und alte Menschen – Bevölkerungsgruppen mit tendenziell wenig Wirkmächtigkeit –, aufgrund der großen Anzahl stellten diese jedoch trotzdem eine durchaus ernst zu nehmende Gruppe in der Bevölkerung dar. Die parteiinternen Dokumente zeigen, dass die SED sich der Tragweite und Bedeutung des Themas für die Angehörigen sehr wohl bewusst war, man jedoch die Haltung vertrat, dass sie keine spezifische Unterstützung benötigten, da sie nicht als Opfergruppe anerkannt wurden. Vielmehr konzentrierte die Regierung die eigenen Bemühungen darauf, ein möglichst positives Bild der

---

422   Auszug aus dem Protokoll Nr. 5 der Sitzung des Zentralsekretariates vom 4. 5. 1946, in: SAPMO-BArch, NY 4182/1160, fol. 28.

423   Ihme-Tuchel, Tabu, S. 54.

vor allem russischen Kriegsgefangenschaft in der Öffentlichkeit zu erzeugen und damit die Angehörigen zu beruhigen. Je problematischer die Kriegsgefangenenfrage jedoch politisch wurde und je schwieriger das Handeln der Sowjetunion in der Öffentlichkeit zu rechtfertigen war, desto intensiver wurden die Bemühungen, dieses positive Bild aufrecht zu erhalten. Natürlich war die Kriegsgefangenenfrage nicht das einzig problematische Thema, welches die SED zwischen die Interessen Russlands und die der eigenen Bevölkerung zwang, aber die spezifische Wirkmächtigkeit der Kriegsgefangenenfrage sollte nicht unterschätzt werden. Die familiäre, persönliche und emotionale Betroffenheit der Angehörigen machte es besonders schwer, Vorurteile und Ängste abzubauen und Vertrauen zu schaffen. Dass dies nur bedingt gelang, wird deutlich an der stetigen Erweiterung der getroffenen Maßnahmen, aber auch anhand der Egodokumente der Angehörigen.

3.4   Der Umgang mit den Angehörigen von Kriegsgefangenen als Beispiel für den Prozess der Auseinanderentwicklung von Ost und West – Gemeinsamkeiten und Unterschiede

Bereits in den vorherigen Kapiteln klangen die Verschränkungen und Wechselwirkungen zwischen der britischen Besatzungszone bzw. der BRD und der SBZ bzw. DDR in Bezug auf den Umgang mit der Kriegsgefangenenproblematik an. Diese Ergebnisse werden im Folgenden zusammengeführt, wobei die Analyse sich auf ausgewählte Befunde konzentriert und spezifische Korrelationen und Gemeinsamkeiten in den Vordergrund stellt. Ziel dieses Kapitels ist es, die politischen und gesellschaftlichen, grenzüberschreitenden Verschränkungen darzulegen, die maßgeblich die Selbst- und Fremdkonstruktion der Frauen und Kinder der deutschen Kriegsgefangenen bestimmten. Die Entwicklungen in den jeweiligen Teilen Deutschlands müssen dafür immer im Kontext der gegenseitigen Abgrenzung betrachtet werden. Trotzdem lassen sich insgesamt einige bemerkenswerte Gemeinsamkeiten feststellen. Bei den in diesem Abschnitt der Arbeit untersuchten fünf Jahren handelt es sich um die entscheidende Phase der unmittelbaren Entfremdung und Trennung beider Teile Deutschlands, die schließlich mit den Staatsgründungen im Jahr 1949 besiegelt wurde. Die Unterschiede im Umgang mit den Angehörigen der deutschen Kriegsgefangenen lassen sich in vielen Punkten auf die verschiedenen politischen Systeme zurückführen, jedoch nicht in allen. Insbesondere die Gemeinsamkeiten zueinander und die Kontinuitätslinien zum Nationalsozialismus sind von zentraler Bedeutung, da diese Phase der deutschen Geschichte bisher vor allem unter dem Aspekt der Teilung und hinsichtlich ihrer Unterschiedlichkeiten betrachtet wurde.

Grundsätzlich lässt sich feststellen, dass sich spezifische Befunde zu Frauen und Kindern der Kriegsgefangenen für die Zeit zwischen Mai 1945 und Mai 1950 nur vereinzelt finden bzw. vielmehr aus dem Gesamtkonstrukt extrahiert werden müssen. Dies liegt daran, dass diese Familien nach der Kapitulation nur eine von vielen Gruppen darstellten, die Hilfe und Unterstützung benötigte. Zudem waren sie nicht die Einzigen, die alleine für ihr Überleben sorgen mussten. Hierzu gehörten ebenfalls Witwen und Waisen sowie die Angehörigen der Vermissten. Zwar unterschied sich die Situation der Angehörigen von Kriegsgefangenen von der der anderen Gruppen, jedoch kamen diese im alltäglichen Leben nicht so deutlich zum Vorschein bzw. die übrige Bevölkerung schenkte ihnen keine spezifische Aufmerksamkeit. Erst mit der Zeit gewannen die Angehörigen der Kriegsgefangenen an politischer Bedeutung. Es macht den Eindruck, als hätte man sich ihnen erst verhältnismäßig spät zuwenden können, nachdem dringendere sozialpolitische Probleme gelöst und andere wichtige Gruppen versorgt worden waren.

Die erste Gemeinsamkeit in der Behandlung der Angehörigen der deutschen Kriegsgefangenen stellte die fehlende sozialstaatliche Versorgung dar. Sowohl in der britischen Besatzungszone als auch in der SBZ erhielten Frauen und Kinder keine spezifischen Versorgungsleistungen auf Grund ihres Status als Angehörige eines Kriegsgefangenen. Bis Mai 1950 institutionalisierten weder die DDR noch die BRD eine solche. Die Ursache hierfür lag jedoch nicht in einer gleichen Haltung oder Einstellung begründet. Vielmehr war in der britischen Besatzungszone der Vorstoß zur Einführung solcher Versorgungsleistungen an dem Widerspruch der Besatzungsmacht gescheitert. Zwar fehlten sowohl dort als auch in der SBZ die finanziellen Mittel, um diesen Frauen und Kindern eine statusbedingte Rente zu gewähren, doch im Unterschied zur SBZ hätten die politischen Akteurinnen und Akteure in Nordrhein-Westfalen gerne eine solche eingeführt. Ausschlaggebend für den Wunsch westlicher Politikerinnen und Politiker, eine Gleichsetzung der Frauen und Kinder von Kriegsgefangenen mit Witwen und Waisen zu erreichen, waren zwei Gründe: zum einen das Ideal der patriarchalen Familie und zum anderen die Perspektive auf die Kriegsgefangenen als Opfer des Krieges – zwei Aspekte, die eng miteinander verbunden sind. Das westdeutsche Familienbild sah den Ehemann und Vater als alleinigen Versorger der Familie vor. Da die Kriegsgefangenen diese Aufgabe nicht erfüllen konnten, versuchte der Staat an ihre Stelle zu treten und die Familien zumindest finanziell zu unterstützen. Dieses Verantwortungsgefühl den Angehörigen der Kriegsgefangenen gegenüber lässt sich ebenfalls auf ein Verständnis der Kriegsgefangenschaft als Dienst für die Gesellschaft sowie für die Bevölkerung zurückführen. In diese Sichtweise der internierten, ehemaligen Wehrmachtssoldaten als Opfer wurden deren Angehörige integriert. Der Wunsch, den Frauen und Kindern statusbedingte Versorgungsleistungen zuzusprechen, basierte somit auf einem gesellschaftlichen Schuld- und Verantwortungsgefühl. Dieses wiederum war eingebettet in einen gesamtgesellschaftlichen westdeutschen Opferdiskurs, in dem der Großteil der deutschen Bevölkerung ein Selbstverständnis ausbildete, das sie selber zu Opfern des Krieges und der nationalsozialistischen

Elite machte.[424] In dieser Perspektive wurden auch die deutschen Kriegsgefangenen in Russland zu Opfern des Krieges und ihre Gefangenschaft zu jenem ›ehrenvollen Dienst‹, den sie für die übrige Bevölkerung ableisteten. In dieser Beurteilung der Kriegsgefangenschaft als Opferdienst zeigen sich eindeutige Kontinuitätslinien zur nationalsozialistischen Interpretation der Kriegsgefangenschaft. Die Frauen und Kinder der Kriegsgefangenen wurden damit zu Stellvertretenden ihrer noch internierten Ehemänner und Väter. Nichtsdestotrotz gelang es aufgrund des Widerstandes der Besatzungsmacht nicht, in der britischen Zone eine spezifische Versorgung für diese Gruppe durchzusetzen. Und auch nach der Staatsgründung dauerte es bis zum Sommer 1950, ehe statusbedingte Rentenzahlungen für die Angehörigen der Kriegsgefangenen Eingang in das sozialstaatliche Versorgungssystem der BRD fanden.

Die Führung der SBZ bzw. der DDR hatte hingegen kein politisches Interesse daran, die Frauen und Kinder der Kriegsgefangenen durch spezifische Versorgungsleistungen zu bevorzugen. Das lag vor allem daran, dass die Kriegsgefangenen dort nicht als Opfer galten, insbesondere nicht jene in Russland. Da die Internierung dieser Männer nicht als unrechtmäßig galt, gab es keinen Erklärungsansatz, der eine spezifische Unterstützung für deren Frauen und Kinder gerechtfertigt hätte. Vielmehr wurde die Gefangenschaft in der UdSSR als Ableisten der Kriegsschuld verstanden, jedoch ohne dass die einzelnen Gefangenen dadurch zu Tätern wurden. Auch in der SBZ bzw. der DDR wurde die Schuld vielmehr der nationalsozialistischen Führung angelastet.[425] Da die Kriegsgefangenen weder explizit als Täter noch als Opfer galten, resultierten für die Familien daraus weder strukturelle Besserstellungen noch Diskriminierungen. Ein weiterer Grund, der gegen eine spezifische Versorgung der Angehörigen sprach, war das neue sozialistische Rollenverständnis der Frau, das wiederum in engem Zusammenhang mit wirtschaftspolitischen Interessen stand. Die Erwerbstätigkeit der Frau gehörte zum neuen staatlichen Geschlechterverständnis, welches nicht vorsah, dass Mütter und Ehefrauen sich nur um die Hausarbeit kümmerten und dafür von ihrem Mann versorgt wurden. Vielmehr erwartete die SED von den Frauen, dass sie sich am Produktionsprozess beteiligten und damit selbst für ihren Lebensunterhalt sorgten. Dass diese Vorstellung sich insbesondere in den ersten Nachkriegsjahren für Frauen mit abwesendem Ehemann auf Grund fehlender Kinderbetreuung sowie

424 Vgl. Echternkamp, Jörg, Von Opfern, Helden und Verbrechern – Anmerkungen zur Bedeutung des Zweiten Weltkriegs in den Erinnerungskulturen der Deutschen 1945-1955, in: Hillmann/Zimmermann (Hg.), Kriegsende, S. 302-316.

425 Eine umfangreiche Aufarbeitung der nationalsozialistischen Herrschaft sowie der Kriegsschuld hatte auch in der DDR nicht stattgefunden, obwohl die SED dies selbst für sich deklarierte. Vgl. Ebd.

schlecht vergüteter Arbeitsplätze nicht umsetzen ließ, spielte letztlich keine Rolle.[426]

Die alleinstehenden Frauen, die auf die Rückkehr ihres Mannes warteten, waren sowohl in West als auch in Ost zumeist Verliererinnen der Umstände und Gegebenheiten. Denn in beiden Teilen Deutschlands konnte in der Regel nur eine ›vollständige Familie‹ im vollen Umfang am wirtschaftlichen Aufschwung partizipieren und sich langsam ein neues Leben aufbauen. Fehlte der Ehemann, bedeutete dies einen solchen Nachteil für die Angehörigen, dass sie nur in wenigen Fällen in der Lage waren, diesen selbstständig auszugleichen.[427] Dies betrifft alleine den finanziellen Aspekt der Abwesenheit und berücksichtigt nicht die emotionale Belastung der Familien. Diese weisen keine spezifischen Unterschiede zwischen den westlichen Besatzungszonen und der SBZ auf.

Während in den westlichen Besatzungszonen vor allem die Treue bzw. die Untreue der Frauen von Kriegsgefangenen verhandelt wurde, entwickelte sich kein vergleichbarer Diskurs in der SBZ. Zwar wurde auch hier im öffentlichen Raum die Untreue deutscher Frauen diskutiert, jedoch treten die Ehefrauen der Internierten aus diesem Diskurs nicht als eine spezifische Untergruppe hervor. Für die britische Besatzungszone lassen sich hingegen bestimmte Spezifika herausarbeiten, die unmittelbar mit dem Status des Ehemannes als Kriegsgefangenem in Verbindung stehen. So schrieb das soziale Umfeld den Frauen etwa eine bestimmte Form von Verantwortung für deren Überleben zu. Besonders hervorzuheben ist zudem, dass selbst christlich-bürgerliche Autoren in den Jahren zwischen 1947 bis 1949 liberale Ansichten zum Thema Untreue und Heimkehrerehen vertraten und sich dafür aussprachen, Ehen aufrecht zu erhalten und weiterzuführen. Diskurse um Sittlichkeit und sexuelle Moral standen dazu in engem Zusammenhang. Grund hierfür war das Ziel der Politik und der Kirchen, die Institution Ehe sowie die Kleinfamilie als kleinste Zelle der Gesellschaft zu erhalten und zu festigen. Hierzu versuchten sie aktiv auf gesellschaftliche und politische Wert- und Normvorstellungen der Bevölkerung einzuwirken. Dahinter stand die Befürchtung, dass sich die Bevölkerung von der Institution der heteronormativen Ehe abwenden könnte. Um die Ehe als gesellschaftliche Norm zu festigen, wurden daher zumindest kurzfristig liberalere Ansichten verbreitet und geduldet. Schließlich gelang es in der Bundesrepublik,

---

426 Trotzdem muss vermerkt werden, dass insbesondere die Eingliederung der Frauen in die Erwerbsarbeit letztlich vor allem im Vergleich zur BRD eine Erfolgsgeschichte war, die hier ihren Anfang nahm. Hockerts, Hans Günter, Gemeinsame Wurzeln und getrennte Wege deutscher Sozialstaatlichkeit, in: Möller, Frank/Mähler, Ulrich (Hg.), Abgrenzung und Verflechtung. Das geteilte Deutschland in der zeithistorischen Debatte, Berlin 2007, S. 75-90, S. 85f.

427 Dies galt etwa, wenn die Frauen über eine spezifische Fachausbildung verfügten und z.B. Ärztin waren. Oder wenn sie gut eingebunden waren in ein unterstützendes Netzwerk, das sich um die Kinderbetreuung kümmerte, oder sie über eigenen Besitz verfügten, aus dem sie ausreichendes Kapital erwirtschaften konnten.

ein konservatives Verständnis von Ehe und Familie zu etablieren, das durch entsprechende Gesetze wie das Ehegattensplitting festgeschrieben wurde.

Für die SBZ lässt sich hingegen eine entgegengesetzte Entwicklung nachzeichnen. Die Untersuchung der Begriffe Familie und Ehe sowie die Verschiebung ihrer Bedeutung im Kontext zueinander zeigen dies sehr eindrücklich am Beispiel der verschiedenen Verfassungsentwürfe und ihrem endgültigen Wortlaut. Anfangs wurden beide Termini weder synonym noch gleichberechtigt verwendet, sondern der Familie wurden mehr Rechte zugeschrieben. In den unterschiedlichen Versionen setzte sich jedoch eine schrittweise Rekonstitutionalisierung und Festschreibung der Ehe durch, die zu einer Gleichsetzung von Ehe und Familie führte. Es ist davon auszugehen, dass die neuen sozialistischen Ideale in diesem Punkt die vorherrschenden Wert- und Normvorstellungen einflussreicher Bevölkerungskreise überschritten, weshalb es im Aushandlungsprozess zu der Aufnahme dieses konservativen Verständnisses in der Verfassung kam. Nichtsdestotrotz unterschieden sich Geschlechter- und Rollenvorstellungen in beiden Teilen Deutschlands deutlich voneinander und wurden auch immer wieder dafür genutzt, um die andere Seite zu kritisieren, anzugreifen und sich aktiv von ihr abzugrenzen. Trotzdem muss abschließend festgestellt werden, dass auch die geführten Debatten über die zukünftige Rolle der Frau nicht über die eigentliche patriarchale Grundstruktur beider Gesellschaften hinwegtäuschen können.[428]

Eine weitere Gemeinsamkeit stellen die sprachlichen Bilder dar, die in den Diskursen über geschlechterspezifische Rollenvorstellungen verwendet wurden. Gemeint ist das Bild des ›natürlich Weiblichen‹ und Fraulichen bzw. der damit vermeintlich einhergehenden Merkmale und Wesensarten. Während das ›natürlich Weibliche‹ in den westlichen Besatzungszonen vor allem dazu genutzt wurde, um die Untreue von Ehefrauen von einer persönlichen Schuld in eine allgemeine Schwäche des Geschlechts umzudeuten, versuchte man in der SBZ hiermit, politische Teilhabe und Partizipation zu wecken und zu begründen. Das ›natürlich Weibliche‹ wurde in der SBZ sogar zu ›natürlicher Mütterlichkeit‹, die allerdings nicht auf die eigenen Kinder bzw. die Kleinfamilie bezogen wurde, sondern auf die Verantwortung der Frau gegenüber dem Staat und ihrer Teilhabe an dessen Aufbau. So wurde eine Verantwortlichkeit der Frau für das politische System und dessen Entwicklung konstruiert, die als sinnbildlich dafür angesehen werden kann, dass das Kollektiv im Sozialismus über der Kleinfamilie stehen sollte. Im Westen hingegen waren ›Mütterlichkeit‹ bzw. der Schutz der Kinder durch ihre Mutter das einzige Motiv, das vom sozialen Umfeld toleriert werden konnte, wenn

---

428   Vgl. Budde, Gunilla-Friederike, »Tüchtige Traktoristinnen« und »schicke Stenotypistinnen«. Frauenbilder in den deutschen Nachkriegsgesellschaften – Tendenzen der »Sowjetisierung« und Amerikanisierung«? in: Jarausch/Siegrist (Hg.), Amerikanisierung, S. 243-274, S. 245 u. 271.

die Frauen gegen gesellschaftliche Wert- und Normvorstellungen wie etwa die eheliche Treue verstießen.

Auch wenn sich beide Systeme in der Ausrichtung und Zielsetzung ihrer Frauen- und Familienpolitik deutlich voneinander unterschieden, ist es bemerkenswert, dass gleiche Motive in verschiedenen Argumentationskontexten verwendet wurden. Eine Erklärung hierfür liegt sicherlich darin, dass Mütterlichkeit ein durchweg positiv besetztes Attribut von Weiblichkeit darstellt, das insbesondere während des Nationalsozialismus eine Überhöhung erfahren hatte und damit in einer direkten Kontinuitätslinie zur Vorkriegs- und Kriegszeit stand.[429] In den unterschiedlichen Argumentationsstrategien wurde damit ein Bild verwendet, das gesamtgesellschaftlich, aber vor allem bei Frauen, positiv besetzt war. Im Kontext der Kleinfamilie und zur Erhaltung der Institution Ehe: in den westlichen Besatzungszonen und der Bundesrepublik im klassischen Sinne und in der SBZ bzw. der DDR, um Frauen für die Arbeit in eher männlich konnotierten Gesellschaftsbereichen zu gewinnen und ihnen damit eine neue politische Verantwortung zuzuschreiben.

Es ist festzustellen, dass sich die Beschäftigung mit den Frauen und Kindern von Kriegsgefangenen von Seiten der Politik erst langsam über die Jahre hinweg entwickelte. Im Westen war dieser Prozess maßgeblich beeinflusst durch eine sich verfestigende Sichtweise der Kriegsgefangenen als Opfer des nationalsozialistischen Regimes, in deren Schuld die Bevölkerung stand. In der SBZ bzw. der frühen DDR erkannte man sukzessive, welche Bedeutung die Kriegsgefangenenproblematik in der Bevölkerung besaß und wie kritisch diese die Aktivitäten der Partei hierzu einschätzte. Die Situation, dass ein Großteil der Kriegsgefangenen sich noch in der Sowjetunion befand und die Moskauer Regierung dem neuen sozialistischen Partner in der Kriegsgefangenenfrage keine Zugeständnisse machte, blieb nicht nur für die direkten Angehörigen unverständlich und schädigte das Ansehen der Sowjetunion sowie das der SED. Die Partei konnte in der Problematik jedoch keine Veränderungen herbeiführen und auch die Verbesserung der Situation der Frauen und Kinder spielte für sie keine entscheidende Rolle. Daher entschied sich die SED letztlich zu einer Reihe von Maßnahmen, die alle dafür konzipiert waren, das Bild der Bevölkerung und der Angehörigen in der Frage der sowjetischen Kriegsgefangenen positiv zu beeinflussen. Diese Politik verfolgte die SED bis zur TASS-Meldung im Mai 1950.

---

429   Heineman, Elizabeth D., Whose Mother's? Generational Difference, War and Nazi Cult of Motherhood, in: Journal of Women's History, Jg. 12 (2001), S. 138-163. Außerdem zur historischen Entwicklung der Rolle der Mutter: Vinken, Barbara, Die deutsche Sonderrolle – Familienpolitik und Geschlechtermodelle im europäischen Vergleich, in: Kroppenberg, Inge/Löhnig, Martin (Hg.), Fragmentierte Familien. Berechnungen einer sozialen Form in der Moderne, Bielefeld 2010, S. 71-88.

Im medialen und öffentlichen Umgang mit der Kriegsgefangenenproblematik liegt ein weiterer fundamentaler Unterschied. In Westdeutschland herrschte sowohl ein politischer als auch ein gesellschaftlicher Konsens zu der Haltung in dieser Frage, der keine spezifischen Kommunikations- oder Propagandastrategien erforderte. Dies sah in der SBZ bzw. der DDR anders aus, wo die Kriegsgefangenenproblematik ein Spannungsgefüge zwischen Besatzungsmacht bzw. der Sowjetunion und der Bevölkerung erzeugte, in dem sich die SED ständig befand. Das Vorgehen, das die Partei im Bereich Kommunikation und Propaganda wählte, erinnert daher eher an das des nationalsozialistischen Regimes. So lässt sich auch im Handeln der Reichsregierung keine klare Kommunikationsstrategie im Umgang mit den Angehörigen der Kriegsgefangenen erkennen, sie reagierte ebenfalls vor allem auf auftretende Probleme.

Abschließend lässt sich konstatieren, dass sowohl Unterschiede als auch Gemeinsamkeiten zwischen beiden Teilen Deutschlands nach Kriegsende festgestellt werden können sowie Brüche und Kontinuitätslinien zur Zeit des Nationalsozialismus. Unterschiedlichkeiten und Brüche sind dabei vor allem auf die verschiedenen staatlichen Systeme zurückzuführen. Doch trotz deren Divergenz finden sich auch Gemeinsamkeiten und Kontinuitäten im Umgang mit den Angehörigen der Kriegsgefangenen sowie deren Selbst- und Fremdwahrnehmung. Im Fall der westlichen Besatzungszonen und der SBZ lassen sich diese auf die miteinander geteilte nationalsozialistische Vergangenheit beziehen, wie etwa das Selbstverständnis der Frauen als einer Gruppe mit statusbedingtem Versorgungsanspruch. Auffällig ist zudem, dass Gemeinsamkeiten vor allem dort auftraten, wo versucht wurde aktiv Einfluss auf die Meinung der Bevölkerung zu nehmen, wie das Beispiel der Verwendung des Bildes von Mütterlichkeit zeigt. Dies deutet wiederum darauf hin, dass die bestehenden, in diesem Kontext untersuchten Wert- und Normvorstellungen in der Gesellschaft über das Kriegsende hinaus ihre Wirkmächtigkeit behielten und sich nur schrittweise und langsam veränderten. Das Vorherrschen alter Wert- und Normvorstellungen konnte dort zum Problem werden, wo das neue staatliche System versuchte diese zu beeinflussen bzw. sie zu verändern. Ein Beispiel hierfür ist die Sichtweise der Bevölkerung der SBZ auf die Sowjetunion und deren Regierung, die geprägt blieb von der nationalsozialistischen Propaganda und dadurch der SED erhebliche Probleme bereitete. Gleichzeitig wurden diese alten Denkmuster und Verständnisse auch strategisch dazu genutzt, um Veränderungen herbeizuführen und Einfluss auf die Bevölkerung auszuüben, wie es etwa für beide Teile die Verwendung des Bildes von Mütterlichkeit belegt.

Die Ergebnisse für diesen Teil der Arbeit zeigen, dass die politische und gesellschaftliche Relevanz der Lebensumstände der Frauen und Kinder von Kriegsgefangenen sowie der Kriegsgefangenenproblematik im Allgemeinen zwar nur eine untergeordnete Bedeutung hatten, jedoch auch nicht unterschätzt werden sollten. Insbesondere die persönliche Betroffenheit so vieler Familienangehöriger und ihnen nahe stehenden Personen verlieh der Thematik eine Relevanz, die mit der Dauer der Internierung und dem schwindenden Einfluss der Besatzungsmacht auf staatliche und politische Strukturen überall in Deutschland stetig wuchs. Aus demselben Grund eignete sie sich besonders gut dazu, im Kontext des beginnenden Ost-West-Konflikts instrumentalisiert und ideologisch aufgeladen zu werden. Eine Entwicklung, die sich zumindest in der Bundesrepublik weiter vollzog, während die DDR ihren Kurs in der Frage der Kriegsgefangenen radikal änderte, was in beiden Fällen deutliche Veränderungen für die Frauen und Kinder der Kriegsgefangen mit sich brachte.

4. 1950-1956: Aus Kriegsgefangenen werden ›Kriegsverbrecher‹
Die TASS-Meldung und ihre Auswirkungen auf deren Frauen und Kinder

»Meine Damen und Herren, die TASS-Meldung, die durch den Moskauer Rundfunk verbreitet worden ist, hat in ganz Deutschland und, wie ich hoffe, auch über die deutschen Grenzen hinaus allgemeines Entsetzen ausgelöst. Wenn diese Meldung richtig ist, dann würde sie fürchterlich sein für Millionen von Deutschen.«[1] Mit diesen Worten begann Bundeskanzler Konrad Adenauer seine Regierungserklärung, die er am 5. Mai 1950 auf der 62. Sitzung des Deutschen Bundestages verlas. Einen Tag zuvor hatte die sowjetische Nachrichtenagentur TASS bekannt gegeben, dass die Rückführung der letzten deutschen Kriegsgefangenen abgeschlossen sei. Gleichzeitig veröffentlicht wurde die genaue Anzahl der noch in Russland verbliebenen Häftlinge. Bei den angegebenen 13.534[2] Personen handele es sich um verurteilte Kriegsverbrecherinnen und Kriegsverbrecher, die ihre Strafe weiter in sowjetischen Lagern zu verbüßen hätten[3]. Die *Berliner Zeitung* hingegen nannte die TASS-Meldung »ein Dokument der erstaunlichsten menschlichen Größe und

---

1 Regierungserklärung von Bundeskanzler Konrad Adenauer auf der 62. Sitzung des Deutschen Bundestages, in: Stenogr. Berichte. 1. Deutscher Bundestag, Bd. 3, S. 2281f. URL: www.konrad-adenauer.de/dokumente/erklarungen/regierungserklarung4 (13.12.2016).

2 Die Zahl ergibt sich aus den in der TASS-Meldung genannten 9.717 verurteilten Kriegsverbrechern zuzüglich der 3.815 Personen gegen die noch gerichtliche Verfahren liefen.

3 In der Arbeit wird weiterhin der Begriff der Kriegsgefangenen für diese Gruppe verwendet. Insbesondere da die russischen Verurteilungen aus heutiger Sicht nicht haltbar sind. Hinzu kommt, dass der Begriff der »Kriegsverbrecher« sowohl in der DDR als auch in der BRD eigentlich anders besetzt war. Als Kriegsverbrecher wurden in der SBZ und DDR vor allem ehemalige Angehörige des NS-Regimes bezeichnet, die nach 1945 z.B. enteignet worden waren. In der BRD steht der Begriff für verurteilte Kriegsverbrecher im Zuge der Nürnberger Prozesse oder anderen Verfahren der westlichen Alliierten. Wird der Begriff dennoch verwendet, handelt es sich um eine Verwendung im Sinne der Quellen, die entsprechend kenntlich gemacht ist.

Weitherzigkeit, mit der die Sowjetunion der überwiegenden Mehrheit der Deutschen jenes unendliche Leid verziehen hat, das sie [...] dem Land und dem Volke zufügten.«[4] Und in der *Neue Zeit* hieß es: »Die Sowjetunion hat damit eine Frage, an deren Lösung Millionen deutscher Menschen – als Eltern, Frauen und Kinder von Kriegsgefangenen rein menschlich in höchstem Maße interessiert waren, aus eigener Initiative noch vor Abschluss eines Friedensvertrages zu einem allen Beteiligten befriedigenden Abschluß gebracht und sich damit den Dank vieler Millionen deutscher Menschen verdient.«[5] Die Zitate zeigen, wie unterschiedlich die TASS-Meldung von beiden deutschen Staaten aufgenommen wurde. In der Bundesrepublik reagierte nicht nur die Regierung, sondern die gesamte Bevölkerung mit Bestürzung auf die Mitteilung, deren Inhalt sofort als Lüge deklariert wurde. Dies hatte zwei Hauptgründe, zum einen die Tatsache, dass die ehemaligen Wehrmachtssoldaten durch die Verurteilung zu Tätern und Schuldigen gemacht wurden und zum anderen die verhältnismäßig geringe Anzahl von verurteilten ›Kriegsverbrechern‹. Denn selbst in Regierungskreisen war man noch zu diesem Zeitpunkt von einer wesentlich höheren Zahl von Kriegsgefangenen ausgegangen. In der eingangs zitierten Regierungserklärung sprach Konrad Adenauer von 1,5 Millionen deutschen Kriegsgefangenen, deren Schicksal Russland aufzuklären habe. In der DDR hingegen wurde öffentlich nicht am Inhalt der Meldung gezweifelt. Sowohl die genannten Zahlen als auch die Verurteilungen der Internierten wurden von der SED nicht in Frage gestellt. Dass jedoch die Angehörigen dieser vermeintlichen Kriegsgefangenen sehr wohl auf die TASS-Meldung reagierten, zeigen die im späteren Verlauf dieser Arbeit ausgewerteten Eingaben. Heutige Arbeiten, die sich insbesondere auf die zeitgenössischen statistischen Erhebungen der Heimkehrer stützen, gehen davon aus, dass sich 1950 noch etwa 30.000 Internierte in russischer Gefangenschaft befanden.[6] Damit war die Zahl zwar doppelt so hoch wie von der sowjetischen Regierung angegeben, gleichzeitig aber um ein vielfaches kleiner als von Adenauer genannt.

Die Informationsgrundlage für die erwartete Zahl von Kriegsgefangenen in der Sowjetunion war denkbar schlecht. Nur drei Mal äußerte sich die Moskauer Regierung zu der Anzahl deutscher Kriegsgefangener. Kurz nach der Kapitulation hatte man die Zahl der Kriegsgefangenen mit 3,5 Millionen angegeben. Bei der Außenministerkonferenz im März 1947 sprach man von knapp einer Million und schlussendlich die TASS-Meldung vom 4. Mai 1950. Weder der Regierung der Bundesrepublik noch der der DDR lagen Zahlen vor, auf deren Grundlage sie eine realistische

4   Die Tränen des Zorns, in: Berliner Zeitung, 6.5.1950, S. 1.
5   Notizen zum Zeitgeschehen, in: Neue Zeit, 6.5.1950, S. 1.
6   Michael Borchard arbeitet mit dieser Zahl. Er hat sie wiederum übernommen von Ratza. Borchard, Kriegsgefangenen, S. 11; Ratza, Werner, Die deutschen Kriegsgefangenen in der Sowjetunion. Der Faktor Arbeit, Bielefeld 1973.

Schätzung der noch in Russland Internierten hätten abgeben können. Die Annahme der 1,5 Millionen, die Adenauer zu diesem Zeitpunkt noch einmal wiederholt hatte, galt jedoch bei den meisten Experten als deutlich zu hoch. Sie muss vielmehr als der Wunsch verstanden werden, dass alle Vermissten nicht tot, sondern in Gefangenschaft geraten waren.

Während die geringe Anzahl der Internierten insbesondere für die Vermisstenangehörigen eine Katastrophe darstellte, bedeutete der neue Status der Internierten als ›Kriegsverbrecher‹ für deren Angehörige neue Unsicherheiten und Ängste. Hatten sie zuvor an eine zeitnahe Rückkehr geglaubt, schien dies durch die Verurteilungen nun ausgeschlossen. Hinzu kam, dass viele Familien in diesem Zeitraum über Monate keine Post von ihrem Angehörigen erhielten, was ihre Unsicherheit zusätzlich verstärkte. Die klare Positionierung der westdeutschen Regierung bezüglich der Verurteilung und Anzahl der Kriegsgefangenen erleichterte den Angehörigen jedoch den Umgang mit ihrer Unsicherheit. Im Politischen Archiv des Auswärtigen Amtes befinden sich zahlreiche Briefe von Angehörigen, die sich unmittelbar nach der TASS-Meldung an staatliche Stellen gewandt hatten, da sie sich Hilfe versprachen. Ebensolche Briefe finden sich auch in den Eingabenbeständen der DDR im Bundesarchiv in Lichterfelde. Obwohl sich hier die Gesamtsituation gänzlich anders darstellte, da die Regierung der offiziellen sowjetischen Meldung folgte, schrieben auch hier die Angehörigen der Kriegsgefangenen hilfesuchend an ihre Regierung. Grundsätzlich lässt sich diese Reaktion auf die TASS-Meldung als Ausdruck eines verstärkten Wunsches nach einer Vertrauensfigur interpretieren, die sich in dieser schwierigen Situation für sie einsetzte.

Nicht nur die direkten, sondern auch die langfristigen Auswirkungen der TASS-Meldung unterschieden sich in beiden deutschen Staaten deutlich voneinander. In der DDR führte die Nachricht bis 1953 zum vollkommenen Abbruch der öffentlichen Kommunikation über die Kriegsgefangenen. In den Verlautbarungen der Regierung hieß es nur noch, dass es keine Kriegsgefangenen mehr in der Sowjetunion gebe, sondern nur noch ›Kriegsverbrecher‹ – und auch im Politbüro wurde die Kriegsgefangenenproblematik nicht mehr behandelt.[7]

In der BRD hingegen wirkte die TASS-Meldung wie ein Katalysator, der bewirkte, dass die Kriegsgefangenenfrage eine größere politische Wirkmächtigkeit besaß als je zuvor. Dies ist auch der Grund dafür, warum die TASS-Meldung vom Mai 1950 die zweite Zäsur dieser Arbeit markiert. Dies entspricht einer anderen Interpretation als der von Michael Borchard, der in seiner Monografie *Die deutschen Kriegsgefangenen in der Sowjetunion* den Startpunkt seiner Untersuchung auf die Gründung von BRD und DDR im Jahr 1949 festlegt hat, da die »Gründung der Bundesrepublik und der DDR die politische Dimension der Kriegsgefangenenfrage und die politi-

---

7   Tuchel-Ihme, Tabu, S. 47.

sche Behandlung dieser Problematik fundamental geändert«[8] hätten. Dieser Beurteilung der Ereignisse 1949 soll nicht vollends widersprochen werden, dennoch plädiert diese Arbeit dafür, in der Kriegsgefangenenfrage und ihrer Entwicklung den externen Faktor der TASS-Meldung zu betonen. Zwar ist es richtig, dass die neue Autonomie der Bundesrepublik es ermöglichte mit einer größeren Stärke in der Kriegsgefangenenfrage zu agieren, die spürbaren Veränderungen ereigneten sich jedoch erst im Frühjahr 1950. Die Verfestigung der Staatengründungen als Zäsur in der Kriegsgefangenenproblematik überbetont zudem die staatlichen Akteure, insbesondere die westdeutsche Regierung. Zwar vereinfachte sich die Gesetzgebung, demgegenüber stehen jedoch vor allem in der BRD wichtige Prozesse, die mit der TASS-Meldung kumulierten und letztendlich die entscheidenden Wendungen vollzogen. Neben der Änderung des Status der Kriegsgefangenen zu vermeintlichen ›Kriegsverbrechern‹ waren dies die Gründung des Verbands der Heimkehrer im März 1950 und die Einführung des Unterhaltsbeihilfegesetzes für die Angehörigen von Kriegsgefangenen, das rückwirkend zum 1. April 1950 in Kraft trat. Im folgenden Teil werden die unterschiedlichen Entwicklungslinien von DDR und BRD detailliert nachgezeichnet und es wird auf die spezifischen Veränderungen und Charakteristika in beiden Ländern eingegangen. Denn die TASS-Meldung stellte auch das entscheidende Vorkommnis dar, das die Schere des politischen und gesellschaftlichen Umgangs mit den Angehörigen der Kriegsgefangenen zwischen den beiden deutschen Staaten weiter öffnete.

4.1   Der Umgang mit der Kriegsgefangenenfrage in der Bundesrepublik

Als die sowjetische Regierung am 4. Mai 1950 mit der Meldung der TASS bekannt gab, dass die Repatriierung aller deutschen Kriegsgefangenen abgeschlossen sei und es sich bei den Zurückgehaltenen um ›verurteilte Kriegsverbrecher‹ handele, traf dies deren Angehörige, die Regierung und die gesamte Bevölkerung der BRD gleichermaßen schwer. Dabei muss festgestellt werden, dass die TASS-Meldung im Grunde nicht so überraschend kam, wie dies gerne unmittelbar danach in der Presse dargestellt wurde. Gerüchte und Geschichten über die Verurteilung der letzten verbliebenen Internierten hatte es schon in den vorherigen Monaten immer wieder gegeben. Selbst die westdeutsche Presse hatte bereits vereinzelt von dieser Verurteilungspraxis der sowjetischen Regierung berichtet. Im Politischen Archiv des Auswärtigen Amtes[9] findet sich eine Vielzahl von Briefen besorgter Familien-

---

8   Borchard, Kriegsgefangenen, S. 17.

9   Das Auswärtige Amt wurde am 15.3.1951 wieder gegründet. Die drei Dienststellen, die sich bis zu diesem Zeitpunkt mit der Kriegsgefangenenfrage beschäftigt hatten, wurden hierin zusammengefasst. Zuvor waren sie bei der Bundesregierung, dem Bundeskanzleramt sowie dem Justiz- und Verteidigungsministerium angesiedelt gewesen. Zur Geschichte des Aus-

mitglieder, die sich aufgrund dieser Artikel an verschiedenste Regierungsstellen bzw. einzelne Mitglieder der Regierung gewandt hatten und um Auskunft baten.[10] Doch für die meisten Angehörigen stellte erst die TASS-Meldung das ausschlaggebende Ereignis dar, das sie dazu veranlasste, einen solchen Brief zu schreiben. In einem internen Dokument der Bundesregierung heißt es: »Viele Tausende von Schreiben, Anträgen und dringenden Bitten um Hilfe für die Verurteilten gingen beim Bundespräsidenten, dem Bundeskanzler, dem Bundesminister der Justiz und dem Bundesminister für die Angelegenheiten der Vertriebenen ein, ebenso wie bei den Kirchen und sonstigen Hilfsorganisationen.«[11] Selbst in den folgenden Jahren bezogen sich die Angehörigen immer wieder auf den 4. Mai 1950, was verdeutlicht, wie entscheidend dieses Datum für die gesamte Kriegsgefangenenproblematik und das persönliche Empfinden der Angehörigen war.[12] In ihren Briefen verliehen die Schreibenden ihren Sorgen, Nöten und Befürchtungen Ausdruck, die durch die TASS-Meldung eine neue Dimension gewonnen hatten. Plötzlich galten ihre Ehemänner und Väter als ›Kriegsverbrecher‹, mit deren möglicher Schuld sich die Angehörigen jetzt auseinandersetzen mussten. Hinzu kam die Angst, dass es noch Jahre bis Jahrzehnte dauern könnte, bis die Internierten freigelassen würden. Hildegard L. findet in ihrem Brief vom 8. Mai 1950 folgende Worte, die deutlich ihr Erstaunen und ihre Betroffenheit zum Ausdruck bringen: »Die überraschende russische Meldung, daß die Repatriierung der deutschen Kriegsgefangenen aus der Sowjetunion nun abgeschlossen sei, hat mich und meine Angehörigen zu Tode erschrocken; denn noch immer befindet sich mein Ehemann als Kriegsgefangener in der U.d.S.S.R.«[13] Ein weiteres Beispiel für die Fassungslosigkeit der Angehörigen ist folgendes Zitat aus dem Brief des Vaters eines Kriegsgefangenen, der an Konrad Adenauer schrieb:

»Die TASS-Meldung, […] hat wohl in einem jeden der eigenes Blut noch in russischer Kriegsgefangenschaft weiss, hellste Empörung hervorgerufen. Alle Getrof-

---

wärtigen Amtes nach 1945: Conze, Eckart, Das Auswärtige Amt. Vom Kaiserreich bis zur Gegenwart, München 2013.

10   Marie E. an das Bundesministerium – Rechtschutzstelle für Kriegsgefangene und Internierte, 21.3.1950, in: PA AA, B 10, Bd. 1118, Nr. A 9930.

11   Die Zurückhaltung deutscher Kriegsgefangener in der SU. Vorläufiger Bericht, undatiert, in: BArch, B 150/155, Bl. 83.

12   Vgl. z.B.: »Vor einem Jahr, am 5. Mai 1950, kam jene entsetzliche Tass-Meldung heraus, wonach die SU keine Kriegsgefangenen mehr besitzt. Anfangs glaubte ich, die russische Presse erlaube sich einen üblen Scherz. Nachdem jetzt aber ein ganzes Jahr – das sind 365 bittere lange Tage – vergingen und mein Mann mir neuerdings aus dem Lager […] schreibt, daß er auch in diesem Jahr nicht an seine Heimkehr glaubt, wende ich mich an Sie als einen berufenen Vertreter mit der dringendsten Bitte, unsere kriegsgefangenen Männer nicht zu vergessen und die Welt auf sie aufmerksam zu machen.« Irmgard S. an Konrad Adenauer, 24.4.1951, in: PP AA, B 10, Bd. 2354, Nr. A 9760.

13   Hildegard L. an Konrad Adenauer, 8.5.1950, in: PA AA, B 10, Bd. 2022, Nr. A 6001.

fenen hoffen, ernstlich, dass an dieser Empörung das gesamte deutsche Volk innerlich teil nimmt und nicht eher ruht, bis Gewissheit besteht, dass kein Deutscher mehr, ohne dass dieser nach internationalem und menschlichen Recht in ordentlicher Gerichtsverhandlung für das ihm zur Last gelegte Vergehen rechtskräftig und dem Delikt entsprechend als bestraft anzusehen ist.«[14]

Während die Kriegsgefangenschaft in den Jahren zuvor noch als eine – zwar unverhältnismäßig harte – Folge des Krieges verstanden worden war, bestand für die auf den Verurteilungen beruhende Zurückhaltung der Internierten keinerlei Verständnis. Die westdeutsche Bevölkerung konnte und wollte nicht akzeptieren, dass die Sowjetunion die Männer auf diese Art zu schuldigen Verbrechern machte. Grund dafür war auch die eigene Sichtweise der westdeutschen Nachkriegsgesellschaft auf die gefangenen, ehemaligen Wehrmachtangehörigen als Opfer des nationalsozialistischen Regimes. Eine mögliche Täterschaft bzw. das Verüben von Kriegsverbrechen hatte in dieser Sichtweise keinen Platz und wurde konsequent verneint.[15] Die offizielle Änderung des Status der Kriegsgefangenen zu ›Kriegsverbrechern‹ stellte daher, neben der Kapitulation, den zweiten entscheidenden Wendepunkt in deren Geschichte und damit auch in der ihrer Angehörigen dar. Alle Parteien außer der KPD verfolgten in der Kriegsgefangenenfrage geschlossen ein und dasselbe Ziel und das Thema wurde parteipolitisch nicht zu Wahlkampfzwecken genutzt.[16] Der neue, gestiegene Stellenwert der Kriegsgefangenen übertrug sich auch auf deren Angehörige, die damit mehr und mehr in den Fokus von Politik und Interessenverbänden rückten.

Die TASS-Meldung setzte die Regierung der Bundesrepublik unter Druck, die nun im Zugzwang stand, auf die veränderte Situation zu reagieren. Insbesondere die Angehörigen nahmen eine Erwartungshaltung gegenüber der Regierung ein und hofften auf konkrete Handlungen und Lösungsvorschläge. Ihr größter Wunsch

---

14   Otto C. an Konrad Adenauer, 15.5.1950, in: PA AA, B 10, Bd. 2020, Nr. A 5993.

15   Christoph Classen zeigt dies sehr eindrücklich am Beispiel der Darstellung deutscher Kriegsgefangener in Fernsehspielen der 1950er Jahre. Ders., Back to the fifties? Die NS-Vergangenheit als nationaler Opfermythos im frühen Fernsehen der Bundesrepublik, in: Historical Social Research, Jg. 30 (2005), S. 112-127.

16   In einem Artikel aus dem Jahr 1952 heißt es hierzu: »Nur in wenigen Ausnahmefällen ist der bedauerliche Versuch unternommen worden, Kriegsgefangenenfragen und Heimkehrerprobleme parteipolitischen Interessen vorzuspannen. [...] Wir haben die Hoffnung und auch die Zuversicht, daß auch im kommenden Wahlkampf dieses Problem, das eine Angelegenheit des gesamten deutschen Volkes ist, aus dem Streit der Parteien herausgelassen, dafür aber von allen Parteien getragen wird.« Der Wandel in der Kriegsgefangenenfrage, in: Der Heimkehrer, Nr. 11(1952), S. 2. Die Einigkeit aller Parteien in dieser Frage und die Übereinkunft, das Thema nicht zu Wahlkampfzwecken zu missbrauchen, führte jedoch auch dazu, dass die Politik der Regierung in dieser Frage nicht kritisiert bzw. Veränderungen nicht im Zuge von Wahlkampfversprechungen umgesetzt wurden.

war, dass die noch junge Bundesregierung die Kriegsgefangenenfrage nun endlich zu einem der entscheidenden Punkte ihrer Politik machte. Nora L. bemerkte in ihrem Schreiben an Konrad Adenauer kritisch: »Erst anlässlich der ungeheuerlichen Tassmeldung vom 4. Mai hat es ja die Bundesregierung erstmalig für nötig gefunden, zu dieser traurigen Frage Stellung zu nehmen.«[17] Viele der Angehörigen von Kriegsgefangenen hatten sich bis Mai 1950 von der neuen Regierung alleingelassen gefühlt. Sie hatten den Eindruck, dass man sie mit ihren Problemen sich selbst überlassen und die Internierten vergessen hatte. Und tatsächlich hatten die Kriegsgefangenenproblematik und die Sorge um deren Angehörige seit der Staatsgründung eine politisch untergeordnete Rolle gespielt. Zumindest waren die unternommenen Schritte für die Bevölkerung weitestgehend unsichtbar geblieben.[18] Dies änderte sich jedoch schlagartig mit der sowjetischen TASS-Meldung und lässt sich sowohl auf außen- als auch auf innenpolitische Ursachen zurückführen.

Außenpolitisch stellte die Verurteilung der noch internierten, ehemaligen Soldaten ein deutliches Zeichen in der Abgrenzungspolitik zwischen dem Westen und dem Osten dar. Hatte es bis zur Gründung der beiden Staaten theoretisch noch die Möglichkeit der Wiedervereinigung Deutschlands gegeben, so war dies mit den Staatsgründungen im Jahr 1949 nicht mehr möglich. Die Kriegsgefangenenfrage stellte für die westlichen Alliierten vielmehr eine weitere Möglichkeit zur »aktiven Abwehrpropaganda gegen den russischen Kommunismus«[19] dar, was die Spannungen im Ost-West-Konflikt weiter verschärfte. Die Zurückhaltung und Verurteilungen durch die Sowjetunion müssen in diesem Kontext auch als Machtdemonstration verstanden werden. In Analogie hierzu wurde von den Zeitgenossinnen und Zeitgenossen sehr schnell interpretiert, dass die SU die Kriegsgefangenen nur zurückhielt, um ein politisches Faustpfand gegenüber der Bundesrepublik und den Westmächten zu behalten.[20] Auch spätere Forschungen wiederholen immer wieder die sogenannte Faustpfand-These, für die z.B. der späte Zeitpunkt der Prozesse

---

17   Nora L. an Konrad Adenauer, 28.5.1950, in: PA AA, B 10, Br. 2022, Nr. A 60001.

18   Aus den Quellenbeständen im Bundesarchiv in Koblenz ist ersichtlich, dass Stellungnahmen oder Berechnungen für Unterhaltsbeihilfen vorgenommen wurden. Hierbei handelt es sich jedoch um interne Dokumente zum Beispiel zur Vorbereitung von Gesetzesvorlagen. Z. B.: Begründung der Drucksache Nr. 424, Aufstellung der voraussichtlichen Kosten (undatiert), in: BArch, B 106/23590; Stellungnahme der Bundesregierung zur Drucksache Nr. 424 vom 15.3.1950, in: BArch, B106/23591.

19   Aufzeichnung über ein Gespräch mit dem Vertreter der amerikanischen Verbindungsstelle zur Alliierten Hohen Kommission vom 16.3.1950, 3501/2252/50; Zitiert nach Borchard, Kriegsgefangenen, S. 97.

20   »Die Zahl von über 100.000 deutschen Kriegsgefangenen, die in der SU geblieben sind, bilden für die SU ein Faustpfand und ein politisches Druckmittel.« Die Zurückhaltung deutscher Kriegsgefangener in der SU. Vorläufiger Bericht, undatiert [ca. 1951-1952, Anm. A.K.] in: BArch, B 150/155, Bl. 92.

gegen die Gefangenen spricht.[21] Jüngere Forschungen nehmen hiervon allerdings Abstand. Laut Andreas Hilger »taucht die Zurückhaltung deutscher Kriegsgefangener in keiner der Quellen [als politisches Drückmittel] auf.«[22]

Innenpolitisch reagierte die Regierung der Bundesrepublik auf den gestiegenen Druck aus der Bevölkerung. Mit dem VdH hatte sich erstmals eine überregionale Interessenvertretung gebildet, die für die Belange der Kriegsgefangenen und deren Angehörige eintrat. Die Zurückhaltung und Verurteilung der Internierten betraf dabei nicht nur die Angehörigen der Kriegsgefangenen, sondern griff auch das kollektive Selbstverständnis der Bevölkerung als Opfer des nationalsozialistischen Regimes an. Die willkürlichen Verurteilungen einfacher Soldaten implizierten eine persönliche Schuld jeder und jedes Einzelnen an den Verbrechen, die während des Krieges begangen worden waren. Der sich verfestigende Opferdiskurs in der bundesdeutschen Bewältigung der Kriegsfolgen ließ eine solche Interpretation jedoch nicht zu und insbesondere die ›nationale Ehre‹ verlangte es, sich von dieser Sichtweise zu distanzieren. Diese Haltung drückte sich beispielsweise in der Verurteilung von Personen aus, die öffentlich die Unschuld der Internierten anzweifelten. Ein 27-jähriges KPD-Mitglied hatte etwa gegenüber der Polizei geäußert: »Es gibt keine Kriegsgefangenen in Rußland. Alle, die noch dort sind, sind Lumpen und Verbrecher, die etwas ausgefressen haben.«[23] In einem Verfahren wegen Nachrede in Tateinheit mit Beleidigung wurde er im Frühjahr 1952 zu vier Monaten Gefängnis verurteilt. In der Urteilsbegründung heißt es: »Die summarische

---

21   Ihme-Tuchel, Zwischen Tabu, S. 45. Der ehemalige Leiter der Wissenschaftlichen Kommission für deutsche Kriegsgefangenengeschichte schreibt 1981 in einem Vorwort dazu: »Mit den Worten »Vergeltung« und »politisches Faustpfand« sind die Motive für die Prozesse treffend gekennzeichnet. Die Beurteilung, in Heimkehrerkreisen seit langem zu Hause, kann heute bereits als allgemeine Meinung gelten.« Maschke, Erich, Zum Geleit, in: Lang, Martin, Stalin's Strafjustiz gegen deutsche Soldaten. Die Massenprozesse gegen deutsche Kriegsgefangene in den Jahren 1949 und 1950 in historischer Sicht, Herford 1981, S. 7-10, S. 9.

22   Hilger, Kriegsgefangene, S. 327. Werner Kilian sagt in seinem Buch zu Adenauers Moskaureise: »Man wird nicht behaupten können, dass die Massenprozesse von 1949/1950 dazu dienen sollten, ein Faustpfand für spätere Forderungen gegen Westdeutschland in die Hand zu bekommen, sondern dass sie das Überbleibsel von Stalins Verlangen waren, das deutsche Militär wenigstens teilweise unschädlich zu machen.« Kilian, Werner, Adenauers Reise nach Moskau, Freiburg 2005, S. 77.

23   Vier Monate Gefängnis wegen Beleidigung von Kriegsgefangenen und Heimkehrern, in: Der Heimkehrer, Nr. 5 (1952), S. 1; Vgl. weitere Fälle: »Die Berufung des Angeklagten wurde verworfen. Wie der Vorsitzende erklärte, sei die Schmähung der bedauernswerten Kameraden, die noch immer in der Gefangenschaft zurückgehalten werden, so verwerflich, daß als Sühne nur eine Gefängnisstrafe in Frage kommen könne.« Wegen Verleumdung verurteilt, in: Der Heimkehrer, Nr. 12 (1952), S. 1. Ein 33-jähriger Angestellter wurde zu sechs Monaten Gefängnis verurteilt, weil er auf einer SPD-Versammlung beim Thema Kriegsgefangenen gerufen hatte »Das sind ja alles Kriegsverbrecher!« Beleidigung der Kriegsgefangenen, in: Der Heimkehrer, Nr. 8 (1953), S. 3.

Beleidigung dieses Personenkreises sei eine schwerwiegende Verunglimpfung und Kränkung aller Kriegsgefangenen, Heimkehrer, und der zahllosen in Deutschland um das Schicksal ihrer Angehörigen bangenden Menschen.«[24] Mit dieser sogar juristischen Festschreibung der Unrechtmäßigkeit der Verurteilung der Kriegsgefangenen zu ›Kriegsverbrechern‹ übte die Regierung nicht nur Einfluss auf den öffentlichen Diskurs aus, sondern dominierte diesen. Hieran zeigt sich, dass die Frage einer möglichen Schuld einzelner Internierter zu diesem Zeitpunkt nicht möglich war, sondern überlagert wurde vom kollektiven Verständnis der Gefangenen als Opfer des Krieges.

Ein weiterer Aspekt von innenpolitischer Bedeutung war die Tatsache, dass sich für den Staat durch die Verurteilungen der Internierten zu durchschnittlich 25 Jahren ganz neue Herausforderungen in Hinblick auf die wirtschaftliche Versorgung der Frauen und Kinder der Kriegsgefangenen ergaben. Denn es lässt sich davon ausgehen, dass auch die Regierung noch bis zum Schluss gehofft hatte, dass die Kriegsgefangenen entsprechend der Ankündigung der russischen Regierung tatsächlich bis Ende 1949 heimkehren würden. Dies hätte bedeutet, dass ein Großteil der Familien in absehbarer Zeit wieder durch den Ehemann und Vater hätten versorgt werden können.

Insgesamt setzte die TASS-Meldung die Regierung Adenauer in vielerlei Hinsicht sehr unter Druck und erforderte schnelle und überzeugende Reaktionen, an denen sie sich sowohl innen- als auch außenpolitisch messen lassen musste. Für die Bundesregierung war die Politisierung der Kriegsgefangenenfrage ein zweischneidiges Schwert, denn zum einen verkomplizierte die politische Dimension die Lage um einiges und erschwerte die Lösung der Problematik deutlich. Zum anderen bot sich damit die Möglichkeit der offenen Unterstützung durch die Westmächte, wodurch man hoffte in gewisser Weise Druck auf die UdSSR ausüben zu können. Diese Verschiebung vom »Humanum« zum »Politikum« zeigt folgendes Zitat des Bundespräsidenten Theodor Heuss sehr anschaulich, das aus einer Radioansprache vom 8. Mai 1951 stammt: »Es ist ein tragisches Verhängnis, dass der ganze Fragenkreis zu einem Politikum geworden ist, während es ganz simpel ein Humanum, eine Sache der einfachen Menschlichkeit ist, die ausserhalb aller Rache-Instinkte, ausserhalb aller Wirtschaftsverwertung von Arbeitskraft usf. gesehen und gelöst werden muss.«[25] Mit der Aussage, dass es sich bei dieser Thematik im Kern doch eigentlich um ein »Humanum« handele, stellte Heuss den menschlichen Aspekt und die persönlichen Schicksale der Kriegsgefangenenproblematik ins Zentrum

---

24 Vier Monate Gefängnis wegen Beleidigung von Kriegsgefangenen und Heimkehrern, in: Der Heimkehrer, Nr. 5 (1952), S. 1.

25 Rundfunkansprache von Bundespräsident Prof. Dr. Theodor Heuss, 8.5.1951, in: PA AA, B 10, Bd. 1.936.

und betonte hierdurch noch einmal die bundesrepublikanische Sicht auf die Internierten als Opfer.[26] Gleichzeitig warf er damit der sowjetrussischen Regierung implizit Unmenschlichkeit vor, da sie keine Rücksicht nehme auf die persönlichen Schicksale der Gefangenen und ihrer Familien. In der Rede heißt es weiter:

> »Man kann nicht die Not der willkürlich Zurückgehaltenen und das Leid ihrer Angehörigen in die Tabelle von Kriegsfolgen und Reparationen schreiben – diese Rechnung darf nicht durch das Zufallsschicksal einzelner belastet werden. Es ist nicht bloss ein deutsches Anliegen, es ist ein zwischen allen Völkern notwendiges Gebot, dass dieser seelisch grausame Abschluss der Nachkriegszeit zu einem anständigen Abschluss gebracht werde.«[27]

Tatsächlich versuchte die Bundesregierung vor allem mithilfe der USA, von den Vereinten Nationen (UN) Unterstützung zu erhalten und über diesen Weg der Sowjetischen Regierung nahe zu legen, die Kriegsgefangenen frei zu lassen oder zumindest alle Namen von Internierten und verstorbenen ehemaligen Wehrmachtssoldaten bekannt zu geben. Letztlich beschäftigte sich vier Jahre lang erfolglos ein UN-Ausschuss mit der Problematik.[28] Viele der Angehörigen hatten zumindest in der Anfangszeit große Hoffnungen in dessen Arbeit gesetzt, wie die folgenden kurzen Zitate aus zwei Briefen von August 1951 zeigen. »Wie sehr haben wir auf diese Kommission gewartet!«[29] schrieb Elisabeth W. direkt an den UN-Ausschuß für die Kriegsgefangenenfrage beim Auswärtigen Amt. Und Maria S. wandte sich an das Ausschussmitglied Gräfin Bernadotte mit den Worten: »Meine ganze Hoffnung ist nun auf diesen Uno-Ausschuss gerichtet.«[30] Die Aussagen lassen darauf schließen, dass die Angehörigen nach über einem Jahr die Hoffnung aufgegeben hatten, dass allein der politische Einsatz der Bundesregierung die Heimkehr der Kriegsgefangenen bewirken könne und sahen daher in der Institution der UN, verbunden mit der Unterstützung durch die Westmächte, eine neue Chance für eine baldige Lösung.[31]

---

26   Zu diesem Aspekt siehe auch: Schütz, »Spätheimkehrer«, S. 110.

27   Rundfunkansprache von Bundespräsident Prof. Dr. Theodor Heuss, 8.5.1951, in: PA AA, B 10, Bd. 1.936.

28   Der Ausschuss existierte zwischen 1950 und 1954. Hierzu ausführlich: Borchard, Kriegsgefangenen, S. 123-157.

29   Elisabeth W. an den UN-Ausschuß für Kriegsgefangenenfragen beim Auswärtigen Amt, 21.8.1951, in: PA AA, B 10, Bd. 2355, Nr. A 9769.

30   Maria S. an Gräfin Bernadotte, 21.8.1951, in: PA AA, B 10, Bd. 2355, Nr. A 9765.

31   Auf die Entstehungsgeschichte und die Arbeit des UN-Ausschuss wird im weiteren Verlauf der Arbeit nicht detaillierter eingegangen. Die Arbeit in diesem internationalen politischen Kontext blieb im Grunde ohne Einfluss auf die Angehörigen der Kriegsgefangenen und änderte an deren tatsächlicher Lebenssituation nichts, außer dass sie, vor allem zu Beginn eine gewisse Hoffnung in diese Arbeit setzten, wie die Zitate zeigen. Außerdem hat Michael

Der folgende Teil dieser Arbeit stellt die Entwicklungen in den knapp sechs Jahren zwischen dem Frühjahr 1950 – mit der TASS-Meldung, der Gründung des VdH und der Einführung der ersten statusabhängigen Versorgung für die Angehörigen der Kriegsgefangenen – und der Rückkehr der letzten Internierten aus Russland im Jahr 1956 dar. Die erhöhte Aufmerksamkeit, die nach der TASS-Meldung den Kriegsgefangenen zuteil wurde, übertrug sich auch auf ihre Angehörigen. Der zweite, oben zitierte Ausschnitt aus der Radioansprache von Theodor Heuss drückt dies ebenfalls aus. Die »Not«[32] der Gefangenen und das »Leid«[33] von deren Angehörigen nennt er in einem Atemzug und setzt es damit quasi gleich. Besonders interessant sind hier die Veränderungen im Selbst- und Fremdbild der Angehörigen. Das erste Kapitel behandelt die sozialstaatliche Versorgung der Frauen und Kinder durch das Gesetz zur Unterhaltsbeihilfe für Angehörige von Kriegsgefangenen. Es analysiert, welche Wirkungen und politischen Implikationen damit einhergingen sowie den Einfluss, den dieses vor allem auf das Selbstverständnis der Frauen und Kinder hatte. Konnte im vorangegangenen Teil der Arbeit gezeigt werden, dass diese Gruppe vielfach keine spezifische Rolle in der Bevölkerung und in der Politik spielte, änderte sich dies nach der TASS-Meldung, forciert durch die Arbeit des VdH. Dessen Aktivitäten in Bezug auf die Frauen und Kinder von Kriegsgefangenen werden im zweiten Kapitel dargestellt sowie die neue Fremdkonstruktion dieser Gruppe durch den Verein untersucht.

4.1.1 Die Unterhaltsbeihilfe für die Angehörigen von Kriegsgefangenen – sozialpolitische Versorgung der Angehörigen von Kriegsgefangenen zur Festigung der klassisch patriarchalen Familie

Während es seit Kriegsende immer wieder politische Überlegungen gegeben hatte, die Frauen und Kinder von Kriegsgefangenen in besonderer Weise finanziell zu unterstützen, dauerte es bis zum Juni 1950, bis diese Pläne tatsächlich in ganz Westdeutschland in die Tat umgesetzt wurden. Bereits wenige Monate nach der Gründung der Bundesrepublik wurde an der Entwicklung eines neuen Entschädigungsrechts zum Ausgleich von Kriegs- und Diktaturfolgen gearbeitet.[34] Dies sollte vor allem dazu dienen, die Kriegsopfer aus der klassischen Fürsorge herauszulösen und ihnen eine auf ihrem Status beruhende Versorgung zuzusprechen. Die Versorgungsberechtigten lassen sich nach Wolfgang Rüfner zwei übergeordneten Kategorien zuordnen, den Geschädigten im engeren und im weiteren Sinne. Zu der ersten

---

Borchard die »UNO-Aktion« in seiner Dissertation sehr detailliert und umfangreich aufgearbeitet. Ders., Kriegsgefangenen, S. 123-157.

32   Rundfunkansprache von Bundespräsident Prof. Dr. Theodor Heuss, 8.5.1951, in: PA AA, B 10, Bd. 1.936.

33   Ebd.

34   Ausführlich hierzu: Rüfner, Ausgleich.

Gruppe zählen die direkten Kriegsopfer und ihre Hinterbliebenen ebenso wie die Kriegsgefangenen und ihre Angehörigen. Der Gruppe der Geschädigten im weiteren Sinne gehören Personen an, die »durch den Krieg Heimat, Vermögen und berufliche Existenz«[35] verloren hatten. Dass die Frauen und Kinder von Kriegsgefangenen der ersten Kategorie zugerechnet werden können, verdeutlicht noch einmal, dass sie in der Bundesrepublik explizit als Opfergruppe verstanden wurden. Die finanzielle Entschädigung stellte einen entscheidenden Baustein zur bundesdeutschen Kriegsfolgenbewältigung dar. Der Bund übernahm in diesem Fall die Hauptverantwortlichkeit, anders als im klassischen Fürsorgerecht. Ziel der ersten Maßnahmen war es, die in den unterschiedlichen Zonen verschiedenen und sogar von Land zu Land variierenden bestehenden Bestimmungen zu vereinheitlichen. Rückwirkend zum 1. Januar 1950 trat das Gesetz zur Verbesserung von Leistungen für Kriegsopfer in Kraft, das am 27. März 1950 verabschiedet worden war.[36] Hierin unberücksichtigt blieben allerdings die Frauen und Kinder von Kriegsgefangenen, was als zusätzlicher Hinweis darauf interpretiert werden kann, dass vor der TASS-Meldung noch keine Bestrebungen bestanden, diese Gruppe in spezifischer Weise zu unterstützen. Dass die Bundesregierung sich in dieser Weise für eine Neuregelung zum Ausgleich der Kriegs- und Diktaturfolgen einsetzte, hatte verschiedene Gründe. Zum einen entsprach es der gesellschaftlichen Meinung, dass Kriegsopfer besser versorgt werden müssten und dies eine wichtige Aufgabe des Staates sei. Dieser Aspekt war eng verbunden mit dem bereits beschriebenen Selbstverständnis der Bevölkerung als Opfer des Nationalsozialismus und des Krieges, aber auch mit der Sichtweise des militärischen Dienstes als ehrenvollem Einsatz für das ›Vaterland‹ und die Bevölkerung. Eine Sichtweise, die durch das nationalsozialistische Regime geprägt worden war. Zum anderen spielte zu diesem Zeitpunkt eine Rolle, dass die Regierung Adenauer bereits die Remilitarisierung der Bundesrepublik plante. Durch die verbesserte gesetzliche Absicherung der Soldaten versuchte der Staat hierfür eine größere Akzeptanz und Zustimmung innerhalb der Bevölkerung zu schaffen.[37]

Am 7. Februar 1950 stellten schließlich die SPD-Abgeordneten Even, Heix, Winkelheide und Brauksiepe einen Antrag, in dem sie die Bundesregierung ersuchten »einen Gesetzentwurf zur Versorgung der Angehörigen der noch in Kriegsgefan-

---

35   Ebd., S. 691.
36   Ebd., S. 693.
37   Ebd., S. 692f; Da für den Wiederaufbau der Bundeswehr vor allem auf ehemalige Angehörige der Wehrmacht zurückgegriffen wurde, war es für einen positiven Start der Bundeswehr von großer Bedeutung, dass die Wehrmacht vergangenheitspolitisch als unbelastet galt. Auch in dieser Perspektive mussten die sowjetischen Verurteilungen als unrechtmäßig gelten. Vgl. Conze, Eckart, Die Suche nach Sicherheit. Eine Geschichte der Bundesrepublik Deutschland von 1949 bis in die Gegenwart, München 2009, S. 94f.

genschaft weilenden Bundesangehörigen vorzulegen.«[38] Darin hieß es: »Sie [die Versorgung, Anm. A.K.] muß mindestens um 15 % die Richtsätze der öffentlichen Fürsorge übersteigen.«[39] Diese zusätzlichen 15 Prozent sollten auch hier dazu dienen, die Angehörigen der Kriegsgefangenen vom Kreis der übrigen Fürsorgeempfangenden abzugrenzen und die Besonderheit der statusabhängigen Zahlungen zu unterstreichen. Die Entschädigung für den Kreis der Kriegsopfer sollte höher sein als die Mittel, die der Sozialstaat anderen Personengruppen zahlte. Dem Antrag wurde schließlich am 13. Juni 1950 zugestimmt und das Gesetz über die Unterhaltsbeihilfe für Angehörige von Kriegsgefangenen[40] trat rückwirkend zum 1. April 1950 in Kraft.[41] Dieses sicherte den Bezugsberechtigten dieselben Leistungen zu, auf die Kriegshinterbliebene Anspruch hatten. Sie erhielten somit denselben Satz wie Witwen und Waisen. Auffällig ist, dass das Gesetz letztlich erst nach der Bekanntgabe der TASS-Meldung angenommen wurde und in Kraft trat, obwohl der Antrag bereits vier Monate zuvor gestellt worden war, was für einen direkten Zusammenhang mit der TASS-Meldung spricht.

Die Basis für die neue Versorgung der Angehörigen von Kriegsgefangenen bildete jetzt die Gleichsetzung ihres Versorgungsanspruchs mit dem von Kriegshinterbliebenen. Somit stand ihnen eine Entschädigung auf Rentenbasis zu, die an die Berechtigten unabhängig von ihrem sonstigen Einkommen ausgezahlt wurde, solange sie den Berechtigungsstatus behielten.[42] Damit erhielten die Frauen und Kinder der Kriegsgefangenen erstmals einen gesetzlichen Anspruch auf Versorgungsleistungen, der auf ihrem Status bzw. dem ihres Ehemannes beruhte und sie mit Witwen und Waisen gleichstellte. Zwar lag bei der Neukonzeption der Kriegsopferhilfe der Fokus auf anderen Betroffenengruppen, was sich daran zeigt, dass ein eigenes Gesetz zur Versorgung der Angehörigen von Kriegsgefangenen nachträglich geschaffen wurde. Dennoch bedeutete die Gleichstellung der Frauen und Kinder mit diesen Gruppen einen entscheidenden Wendepunkt für deren Selbstverständnis. Auch in verschiedenen Erläuterungen zum Gesetz wurde immer wieder betont, dass »das Gesetz eine ausserordentlich wertvolle psychologische Wirkung auf die Angehörigen der Kriegsgefangenen ausüben«[43] würde. Während ein

---

38 Antrag, Betr.: Versorgung der Angehörigen Kriegsgefangener, 20.1.1950, in: BArch, B 136/6610. Rüfner, Ausgleich, S. 705.

39 Antrag, Betr.: Versorgung der Angehörigen Kriegsgefangener, 20.1.1950, in: BArch, B 136/6610.

40 Erlassen wurde das Gesetz am 13. 6. 1950. Gesetz zur Unterhaltsbeihilfe für die Angehörigen von Kriegsgefangenen, 13.6.1950, in: BGBl. I, S. 199.

41 Rüfner, Ausgleich, S. 705.

42 Bestes Beispiel hierfür war etwa die sogenannte ›Onkelehe‹. Die verwitweten Frauen heirateten ihren neuen Partner nicht, weil sie damit ihren Anspruch auf Witwenrente aus der vorherigen Ehe verloren hätten.

43 Undatiertes Dokument »Begründung«, in: BArch, B 106/23590.

Großteil der Frauen sich über die politische Anerkennung ihrer Situation freute, gab es jedoch auch kritische Stimmen, wie folgendes Beispiel beweist. Alide F. wandte sich in ihrem Brief an Pfarrer Merten, Referent für Kriegsgefangenenfragen im Bundesvertriebenenministerium. In diesem beschwerte sie sich, dass man sie als Ehefrau eines Kriegsgefangenen hinsichtlich ihrer Versorgungsansprüche als Witwe behandele, obwohl ihr Mann doch nachweislich am Leben sei und man bei der Gestaltung des Gesetzes offensichtlich »psychologische Momente der Betroffenen«[44] nicht berücksichtigt habe. »Ich bin empört, daß der Bundestag ein Gesetz beschließt, wodurch die Ehefrauen solcher Männer einer seelischen Belastung unterworfen werden, die anscheinend nur der verstehen kann, der es mitmachen muß.«[45] Des Weiteren wies sie darauf hin, dass auch die Kriegsgefangenen daraus nur schließen könnten, dass man nicht mehr mit ihrer Heimkehr rechne.[46] Natürlich ist diese Sichtweise nicht auf alle Ehefrauen von Kriegsgefangenen zu übertragen; trotzdem zeigt das Beispiel sehr anschaulich, wie diffizil letztlich das eigene Selbstverständnis der Ehefrauen von Kriegsgefangenen war und wie unterschiedlich sie auf solch vermeintliche Kleinigkeiten reagierten. Während die meisten sich jahrelang eine Anerkennung und finanzielle Unterstützung gewünscht hatten, die der der Witwen entsprach, wollten sie jedoch nicht direkt mit diesen vermischt und als eine Gruppe begriffen werden. Sie selbst grenzten sich von deren Schicksal deutlich ab, da ihr Ehemann am Leben war und wieder zu ihnen zurückkehren würde.[47] Es ging also letztlich für die Ehefrauen der Kriegsgefangenen nicht um eine Gleichsetzung mit ›Kriegerwitwen‹, sondern um eine gleichwertige Anerkennung der Leistungen ihres Ehemannes sowie der eigenen und einer daraus resultierenden Unterstützung.

Grundsätzlich lässt sich feststellen, dass die gleichwertige Versorgung für die Frauen und Kinder zum einen die Anerkennung ihrer erschwerten Lebensumstände durch die Abwesenheit des Vaters und Ehemannes und zum anderen die politische Würdigung der Kriegsgefangenschaft bedeutete. In jedem Fall wurden die Kriegsgefangenen und ihre Angehörigen somit unumstößlich als Opfer des Weltkrieges anerkannt, was deren eigenem Selbstverständnis entsprach. Diese Fest-

---

44   Alide F. an den Referenten für die Kriegsgefangenenfragen im Bundesvertriebenenministerium Herrn Pfarrer Merten, undatiert in: BArch, B106/32505.

45   Ebd.

46   Ebd., »Was sollen auch die Kriegsgefangenen davon halten, daß ihre Ehefrauen Witwen gleichgestellt sind. Solle sie etwa daraus den Schluß ziehen, daß sie, die heute noch für eine verfehlte Staatsführung büßen müssen, bereits abgeschrieben sind, man also mit ihrer Heimkehr kaum mehr rechnet?« Interessant im Zusammenhang der Frage der (Kriegs)schuld ist die Tatsache, dass sie den Krieg hier als »verfehlte Staatsführung« bezeichnet.

47   Ebd., Aldine F. schrieb hierzu: »Ich betrachte diese Behandlung als eine unerhörte Benachteiligung eines Ehepartners, denn als solcher werde ich mich immer fühlen, solange ich Gott sei Dank weiß, daß mein Ehemann noch am Leben ist.«

schreibung muss letztlich auch vor dem Hintergrund der TASS-Meldung als eine klare politische Positionierung im beginnenden Ost-West-Konflikt verstanden werden und als eine Reaktion der Regierung Adenauer auf die Verurteilungen der Internierten wegen Verbrechen gegen die Menschlichkeit.

Im Dezember 1950 wurde schließlich das neue Bundesversorgungsgesetzt (BVG) verkündet, das rückwirkend zum 1. Oktober 1950 in Kraft trat und auch den entschiedenen Bezugsrahmen für die Versorgung der Frauen und Kinder der Kriegsgefangenen darstellte, da es grundsätzlich die gesetzlichen Ansprüche der Hinterbliebenen regelte.[48] Die Ausgestaltung der Unterhaltbeihilfe für die Angehörigen in Bezug auf das neue Bundesversorgungsgesetz gestaltete sich jedoch schwieriger als erwartet, sodass das Gesetz bereits nach kurzer Zeit nachgebessert werden musste. Da man auch jetzt die Frauen und Kinder von Kriegsgefangenen nicht direkt in das Bundesversorgungsgesetz mit einbezogen hatte, ergaben sich aus dem ersten Unterhaltsbeihilfegesetz für Angehörige von Kriegsgefangenen spezifische Probleme. Die Härtebestimmungen des Bundesversorgungsgesetzes ließen sich nicht ohne weiteres auf diese Gruppe anwenden, sodass im Unterhaltsbeihilfegesetz eine Ergänzung vorgenommen werden musste. Letztlich handelte es sich um Definitionsprobleme, die mit der Übernahme von Formulierungen aus dem Bundesversorgungsgesetz entstanden waren. Denn die Angehörigen von Kriegsgefangenen waren allein durch den Status des Mannes bezugsberechtigt, ohne dass körperliche Schädigungen durch die Gefangenschaft vorliegen mussten.[49] Die Ergänzung zum Gesetz trat ebenfalls rückwirkend zum Bundesversorgungsgesetz in Kraft. Mit der Unterhaltsbeihilfe war die finanzielle Absicherung der Angehörigen der Kriegsgefangenen geregelt, auftretende Veränderungen in der Ausgestaltung entstammten der Anlehnung an die Hinterbliebenenversorgung. Das Lastenausgleichsgesetz (LAG) vom 14. August 1952 betraf die Frauen und Kinder von Kriegsgefangenen nur dann, wenn sie aus anderen Gründen zur Gruppe der Bezugsberechtigten gehörten oder aber auch zur Gruppe jener, die Abgaben zu leisten hatten.[50] Tendenziell ist jedoch davon auszugehen, dass ersteres häufiger zutraf, da das LAG insbesondere zur Unterstützung von Kriegs- und Nachkriegsverlierenden konzipiert war.

Im Vorfeld des Gesetzeserlasses waren bereits von verschiedenen staatlichen Stellen die zu erwartenden jährlichen Kosten durch die Unterhaltsbeihilfe für Frauen und Kinder der Kriegsgefangenen kalkuliert worden. Dabei gingen diese von einer Gesamtzahl von 150.000 Kriegsgefangenen aus, ein Wert, der die tatsächliche

---

48 Ausführlich zu der Entstehung des BVG und der folgenden Novellen: Rüfner, Ausgleich, S. 693-704.

49 Kabinettsvorlage vom 17.5.1951, Bundesminister für Vertriebene, in: BArch, B 136/4610. Körperliche Schädigungen oder der Tod waren ansonsten Voraussetzung für eine Versorgung.

50 Zum LAG: Rüfner, Ausgleich, S. 723-753; Abelshauser, Deutsche Wirtschaftsgeschichte.

Anzahl von etwa 30.000 um das fünffache überstieg.[51] Zählt man die angenommene Zahl von Frauen und Kindern aus diesen statistischen Angaben zusammen, ergibt sich daraus eine Anzahl von etwa 140.000 Bezugsberechtigten. Unter Berücksichtigung verschiedener Parameter, wie dem Familienstatus, der Anzahl der Kinder oder anderer anspruchsberechtigter Angehöriger, erwartete die Regierung einen Gesamtkostenaufwand zwischen 43 und 64 Millionen DM[52] Hätten sich diese beispielhaften Berechnungen bewahrheitet, hätte die Versorgung der Frauen und Kinder von Kriegsgefangenen den Staat einen enormen Geldbetrag gekostet. An der Bereitschaft der Regierung, den Frauen und Kindern diese Versorgung zuzusprechen, zeigt sich nochmals das politische Verantwortungsgefühl, dass den Familien der Kriegsgefangenen gegenüber vorherrschte und das durch die Verurteilung der Internierten noch einmal gestärkt worden war.[53] Die Diskrepanz zwischen der erwarteten und der tatsächlichen Anzahl von Angehörigen von Kriegsgefangenen, die öffentliche Fürsorge bezogen, zeigt sich in einem Abgleich mit den Angaben aus dem *Statistischen Jahrbuch* von 1953. Für das Jahr 1950 ist dort eine Gesamtpersonenanzahl von 42.002 angegeben, wobei diese auch die Angehörigen von Vermissten sowie Heimkehrer enthält.[54] Dies entsprach Ausgaben in Höhe von insgesamt 16.221.000 DM.[55] Im Jahr zuvor waren die Werte noch deutlich höher gewesen. Für 1949 sind 117.976 Parteien[56] angegeben sowie Ausgaben der öffentlichen Fürsorge in Höhe von 113.286.000 DM.[57] Die öffentlichen Ausgaben für diese Personengruppen gingen in dem einen Jahr aus zwei Gründen so weit zurück: Zum einen kehrte eine großen Anzahl von Kriegsgefangenen bis Anfang des Jahres 1950 zurück und zum anderen sanken die Ausgaben durch die Einführungen der neuen

---

51 Rüfner verweist in seinen Ausführungen zudem auf ein Dokument des Bundesministeriums für Arbeit vom 25.11.1949, das die erwartete Anzahl von Heimkehrern mit 244.500 angibt. Parlamentsarchiv des Deutschen Bundestages, I 35 A Nr.7. Rüfner, Ausgleich, S. 705.

52 Zu den kalkulierten Kosten gibt es unterschiedliche Aussagen in verschiedenen Dokumenten. 34.438.800 DM heißt es in dem Dokument: Begründung der Drucksache Nr. 424, Aufstellung der voraussichtlichen Kosten (undatiert), in: BArch, B 106/23590. Die jährlich benötigten Gesamtkosten werden in einem anderen Dokument hingegen auf 62.760.000 DM geschätzt. Stellungnahme der Bundesregierung zur Drucksache Nr. 424 vom 15.3.1950, in: BArch, B 106/23591.

53 Gleichzeitig muss darauf hingewiesen werden, dass führende Entscheidungsträger der Regierung Adenauer häufig selbst eine gewisse Zeit in Kriegsgefangenschaft verbracht hatten. Unter den Heimkehrern herrschte das Verständnis vor, dass diese sich bis zur Rückkehr der letzten Internierten um deren Angehörige zu kümmern hatten.

54 Statistisches Jahrbuch 1953, 1954, S. 432.

55 Ebd.

56 Eine Gesamtzahl ist hier nicht angegeben, auf der Basis der anderen Werte darf allerdings von einer Gesamtzahl ausgegangen werden, die die der angegebenen Parteien um etwa 40 % überstieg.

57 Statistisches Jahrbuch 1953, S. 432.

Versorgung für Angehörige von Kriegsgefangenen, die zumindest in der statistischen Erfassung nicht zu den Fürsorgeleistungen zählte.

Die Auswirkungen auf die tatsächlichen Lebensumstände

Die Anerkennung der Frauen und Kinder von Kriegsgefangenen und die Gleichsetzung mit anderen Gruppen von Kriegshinterbliebenen hatten vor allem einen psychologischen Effekt, da sie sich positiv auf deren Selbstverständnis auswirkte. Nach der Umstellung der Versorgung von Fürsorge auf Rentenzahlungen nahmen die Beschwerden der Frauen über ihre ungleiche Behandlung deutlich ab.[58] Für sie bedeuteten die Bezüge eine Form der Anerkennung für ihre Leistungen und die ihres Mannes, wie sie sie ja bereits zu Zeiten des NS in Form des Familienunterhalts erhalten hatten. Das Selbstverständnis der Frauen, nachdem ihnen ein Anspruch auf staatliche Versorgungsleistungen zustand, hatte sich seit Kriegsende nicht verändert und genau diesen sprach ihnen die Bundesrepublik nun wieder zu.

Die finanzielle Versorgung an sich blieb hingegen noch immer sehr schlecht und bedeutete bei weitem nicht, dass diese Familien allein von den Rentenzahlungen leben konnten. Selbst in der erklärenden Begründung für die gesetzliche Neuregelung heißt es: »Es wird in den einzelnen Fällen keine wesentliche finanzielle Besserstellung des betreuten Personenkreises erfolgen.«[59] Anders als der nationalsozialistische Familienunterhalt stellten die Zahlungen lediglich eine Unterstützung dar, hatten allerdings keine den Lebensunterhalt sichernde Funktion. Dies lag auch an dem enormen Umfang der gesamten Kriegsfolgenhilfe, die den Haushalt der jungen Bundesrepublik stark belastete. Die Zahlungen unterstützten die Familien zwar, ihr symbolischer Wert muss jedoch als deutlich größer eingeschätzt werden. An der verhältnismäßig geringen Höhe der Zahlungen änderte sich indessen auch in den kommenden Jahren nichts. Noch im Februar 1954 stellte Lisa N., Ehefrau eines Kriegsgefangenen, dem Familienminister in ihrem Brief die Frage:

> »Und dann würde mich noch interessieren, wie sich die Bundesregierung weiter unsere Versorgung denkt, oder ob man uns einer immer größeren Verarmung preisgeben will. Für meine 14 jährige Tochter bekomme ich eine Rente von ganzen DM 31.00 im Monat, 1 Paar Schuhe für das Kind kosten 25.00 DM mindestens, ganz zu schweigen von der übrigen Bekleidung und der Ernährung. [...] Warum gibt man den Angehörigen von Gefangenen so wenig Rente? Bei aller Liebe zu unserem Mann und Vater, wir können uns für seine Briefe die wir nicht entbehren möchten, keine einzige Scheibe Brot kaufen.«[60]

---

58   Einschätzung basierend auf der Teilsichtung der Bestände im PA AA durch die Verfasserin.
59   Vermerk zur Drucksache Nr. 424 betreffend die Versorgung der Angehörigen Kriegsgefangener, S. 2, in: BArch, B106/23590.
60   Lisa N. an den Familienminister, 18.2.1954, in: PP AA, B 10/2361, A 9805.

Hier zeigt sich deutlich die Verschiebung des Inhalts zu Briefen aus den Jahren vor 1950. Während die Frauen damals eine Gleichsetzung mit Witwen und Waisen für sich beanspruchten, um ihre Ausgaben decken zu können, blieb nach der Gesetzesänderung allein die Forderung nach ausreichend hohen Zahlungen bestehen. Und nicht nur die Angehörigen der Kriegsgefangenen beschwerten sich über die geringe Höhe der Rentenleistungen. Immer wieder beanspruchten auch andere Gruppen von Rentenempfangenden eine Erhöhung der Beträge von der Regierung für sich. Sie beklagten insbesondere, dass die Zahlungen nicht entsprechend der Preissteigerungen angepasst worden waren.[61]

Es gab jedoch auch weitere Maßnahmen, mit denen der Staat versuchte die Familien der Kriegsgefangenen zu unterstützen, wie die Portobefreiung für Postsendungen in die Gefangenschaft. Seit dem 19. Januar 1948 durften die Internierten in Russland auch Päckchen empfangen.[62] Das Verschicken dieser Pakete stellte für die Familien eine zusätzliche finanzielle Belastung dar. Die Ausgaben für ein Paket an ihren Ehemann, damit dieser »halbwegs Gesundheit und Lebensmut behält«[63], betrugen nach Angabe der bereits zitierten Lisa N. 20 DM.[64] In Relation zu ihren monatlichen Einnahmen von 90 DM aus ihrer Halbtagsbeschäftigung und 47 DM Rente wird deutlich, dass zahlreiche der Frauen in ihrer eigenen Versorgung auf einiges verzichten mussten, um monatlich ein Paket verschicken zu können. Dass sie ihrem Angehörigen jeden Monat ein solches schickten, verstanden sie als ihre Aufgabe und stand daher außer Frage. Die Regierung versuchte diese Kosten zu minimieren, indem Päckchen an Kriegsgefangene versandkostenfrei verschickt werden konnten. Auf diesem Weg sollten die Familien entlastet und gleichzeitig

---

61   Die 2. Novelle zum BVG vom 2.7.1953 hatte zu Erhöhungen der Sätze geführt, jedoch nicht im ausreichenden Maße, wie unter anderen der Verband der Kriegsbeschädigten, Kriegshinterbliebenen und Sozialrentner Deutschlands feststellte. Vgl. Ders., Was erwartet die Kriegsopfer vom neuen Bundestag, Bonn 1953. »Mittlerweile sind die Preise für die Grundlebensmittel anhaltend gestiegen, ohne dass die Unterstützung bisher erhöht oder eine Ausgleichszahlung vorgenommen wurde. Arbeiter, Angestellte, Beamte haben längst Lohnerhöhungen erfahren, nur die Sozialrentner, die in der Gesamtheit von einem Minimum leben, das dem Existenzminimum für den Einzelnen durchaus nicht entspricht, sind von einer Erhöhung ihrer Bezüge ausgeschlossen.« Friedel W. an das Bundesjustizministerium, 7.6.1951, in: PP AA, B 10, A 1116. Unterstreichung i.O.

62   Hilger, Kriegsgefangene, S. 139f.

63   Lisa N. an den Familienminister, 18.2.1954, in: PP AA, B 10/2361, A 9805.

64   In der Septemberausgabe vom »Heimkehrer« wurde 1955 auch über die hohen Ausgaben für Päckchen in die russische Kriegsgefangenschaft berichtet. Beispiel sind hier die Eltern eines Kriegsgefangenen, die die monatlichen Ausgaben für ein Päckchen mit 40 bis 45 DM angeben. »Sie konnten belegen, daß sie jeden Monat ein Paket abgeschickt hatten, und daß sie dies bisher 3.000 DM kostete.« Eltern sparen Geld vom Munde ab, in: Der Heimkehrer, Nr. 17 (1955), S. 6.

andere Personen dazu animiert werden, Päckchen an die Internierten zu senden.[65] Trotzdem ermöglichte die finanzielle Unterstützung den Frauen eine gewisse Unabhängigkeit, die viele von ihnen auch sehr schätzten. Ein Indiz hierfür sind die Witwen, die darauf verzichteten einen neuen Lebenspartner zu heiraten, um ihr eigenes Anrecht auf Witwenrente zu bewahren. Lieber lebten die Frauen in diesen sogenannten ›Onkelehen‹ zusammen als wieder in vollständiger finanzieller Abhängigkeit vom Ehepartner zu leben, selbst wenn diese keine standesgemäße Lebensgemeinschaft darstellten.[66]

Mit der Einführung des neuen Unterhaltsbeihilfegesetzes nur wenige Monate nach der TASS-Meldung übernahm die Bundesrepublik als Versorgerin der Angehörigen eine Position, die den gesamtgesellschaftlichen Erwartungen an sie entsprach. Gleichzeitig festigte der Staat durch diese Zahlungen das normative Bild der klassischen patriarchalen Familie mit dem Ehemann und Vater als Familienoberhaupt und Ernährer.[67] Mit der bedingungslosen Versorgung – auch wenn sie nur vergleichsweise gering war – übernahm der Staat für den Kriegsgefangenen dessen Aufgaben innerhalb der Familie bis zu seiner Rückkehr. Die Motive dafür sind vergleichbar mit denen, die bereits für den nationalsozialistischen Familienunterhalt festgestellt worden sind, auch wenn dieser im Unterschied dazu eine vollständige finanzielle Absicherung gewährleistet hatte. In beiden Fällen spielte die Sichtweise der Kriegsgefangenen als Opfer die entscheidende Rolle, für die der Staat und die Gesellschaft sie in dieser Form entschädigen wollten. Dabei besaßen die Zahlungen ab 1950, auf Grund ihrer geringen Höhe, vor allem einen großen symbolischen Stellenwert für die Familien, da sie deren Anerkennung als Opfergruppe des Krieges Ausdruck verliehen.

Ebenso wie beim nationalsozialistischen Familienunterhalt gab es keine Möglichkeit, den Frauen und Kindern die Unterhaltsbeihilfe zu verweigern, solange sie zur Statusgruppe der berechtigten Empfängerinnen und Empfänger zählten. Während die Zahlungen für die Frauen im Lebensalltag vor allem Autonomie und Unabhängigkeit bedeuteten, beruhte dies jedoch im Grund auf einem staatlichen Abhängigkeitsverhältnis. Denn auf diese Weise wurde nicht die Selbstständigkeit und Autonomie der Frauen gefördert, sondern vielmehr ein Instrument implementiert, das dieser Frauengruppe, der eine große Selbstständigkeit aufgrund ihrer Situation zugesprochen wurde, die Möglichkeit gab, schrittweise zurückzukehren in ein

---

65   Der VdH etwa organisierte Paketaktionen, in denen Schulen, Behörden und Firmen dazu animiert wurden, Päckchen an die Kriegsgefangenen zu schicken. Nach eigener Aussage konnten zwischen Oktober 1953 und September 1955 so 101.685 Pakete versandt werden. Verband der Heimkehrer (Hg.), Tätigkeitsbericht für die Zeit vom Oktober 1953 bis September 1955, Bonn 1955, S. 88.

66   Schnädelbach, Kriegerwitwen, S. 168-245.

67   Meyer-Lenz, Johanna, Einleitung, in: Dies. (Hg.), Die Ordnung des Paares ist unbehaglich. Irritationen am und im Geschlechterdiskurs nach 1945, Münster 2000, S. 32-56, S. 41.

patriarchales Familienverständnis. Sicherlich handelte es sich bei dieser Funktion nicht um den Hauptzweck der Unterhaltsbeihilfe, jedoch sehr wahrscheinlich um einen von den Zeitgenossinnen und Zeitgenossen durchaus erwünschten Nebeneffekt. Alles was letztlich der Festschreibung der patriarchalen Familie als unumstößliche Norm zuträglich war, muss im Kontext der frühen Bundesrepublik als gewollt interpretiert werden.[68] Dabei gilt es zu berücksichtigen, dass viele der Frauen ihre Unabhängigkeit und Selbstständigkeit nicht in dem Maße schätzten, wie wir dies aus der heutigen Perspektive sehen. Entscheidend ist jedoch, dass der Staat durch solche Maßnahmen die Entwicklung in bestimmte Richtungen begünstigte und damit direkt und indirekt Einfluss auf gesellschaftliche Normen ausübte.

Darüber hinaus hatte die neue Versorgung auch Einfluss auf die Beurteilung der Verhaltensweisen und Handlungen der Angehörigen, insbesondere der Ehefrauen. Ein Beispiel hierfür ist die Toderklärung des Ehemannes.[69] Zwar betraf diese Frage vor allem die Angehörigen von Vermissten, doch auch die Angehörigen der Kriegsgefangenen lebten in ständiger Ungewissheit über den Gesundheitszustand des Internierten. Nicht selten erhielten die Ehefrauen monatelang keine Nachrichten von ihrem Ehemann aus der Gefangenschaft und bei den schlechten Inhaftierungsbedingungen in Russland musste besonders in den ersten Nachkriegsjahren ständig mit seinem Tod gerechnet werden.[70] Unter diesen Umständen war die Toderklärung auch für manche Frau eines Kriegsgefangenen eine Option, obwohl sie bereits Briefe von dem Internierten erhalten hatte. Insbesondere wenn sie über keinerlei finanziellen Mittel verfügte, war dies für sie eine Möglichkeit, um Witwenrente zu erhalten. Mit der Einführung der Unterhaltsbeihilfe ergab sich jedoch aus der Toderklärung des eigenen Ehemannes bzw. Vaters kein wirtschaftlicher Vorteil mehr, da die staatliche Versorgung nun identisch mit der der Witwen und Waisen

68   Conze, Suche, S. 186-188.
69   Der Artikel 4 des Verschollenheitsgesetzes vom 4.7.1939 regelt die rechtlichen Voraussetzungen für eine Toderklärung im Fall der Kriegsverschollenheit. Dort heißt es: »Wer als Angehöriger einer bewaffneten Macht an einem Kriege, einem kriegsähnlichen Unternehmen oder einem besonderen Einsatz teilgenommen hat, während dieser Zeit im Gefahrengebiet vermißt worden und seitdem verschollen ist, kann für tot erklärt werden, wenn seit dem Ende des Jahres, in dem der Friede geschlossen, der besondere Einsatz für beendet erklärt oder der Krieg oder das kriegsähnliche Unternehmen ohne Friedensschluß tatsächlich beendet ist, ein Jahr verstrichen ist.« Vogel, Hermann, Verschollenheitsrecht. Gesetz über die Verschollenheit, die Todeserklärung und die Feststellung der Todeszeit vom 4.7.1939 und die dazu ergangenen Reichs-, Zonen- und Länderbestimmungen, Berlin, Frankfurt a.M. 1949, S. 114.
70   Ein anderer Grund konnte sein, dass eine Ehefrau eine neue Ehe schließen wollte oder wenn es innerhalb einer Familie zu Streit über das zu erwartende Erbe kam. Auf diese Fälle hatten jedoch auch die Rentenzahlungen an die Familien keinen Einfluss. Zu den rechtlichen Auswirkungen einer Toderklärung vgl. Schumacher, Rudolf, Die Todeserklärung – Vermutung, Tatbestandswirkung und Gutglaubensschutz im Bürgerlichen Recht, unveröff. Dissertation, Köln 1980.

war. Noch im September 1950 wurde im Heimkehrer vor »zu schnellen Todeserklärungen, da noch etwa jeder fünfte Vermisste noch am Leben sei«[71] gewarnt und die
Zeitschrift Constanze wies darauf hin: »Das ›Volksempfinden‹ erblickt darin oft einen Treuebruch.«[72] Die Rentenzahlung waren damit auch ein Instrument, um die
Ehefrauen von Kriegsgefangenen davon abzuhalten ihren Mann für tot zu erklären. Dass das Unterhaltsbeihilfegesetzt von der Regierung als gezieltes Instrument
dieser Form der Familienpolitik geplant war, lässt sich auf Grund der Quellen nicht
feststellen und ginge in der Interpretation sicherlich zu weit. Nichtsdestotrotz fes-
tigten die Zahlungen auf diese Weise den Familienverbund zwischen Kriegsgefangenen bzw. Vermissten und ihren Familien. Gleichzeitig erhielt die Regierung auf
diesem Weg deren Hoffnung auf die Rückkehr der Internierten und Vermissten
aufrecht. Dieser Zusammenhang scheint auch in der Berichterstattung im Heimkehrer auf, in der über vermeintliche ›Toderklärungskampagnen‹ in der DDR berichtet wurde. Dort heißt es: »Da es in der Sowjetzone im Gegensatz zur Bundesrepublik keine Unterhaltsbeihilfe für die Kriegsgefangenenangehörigen gibt, lockt
die ostzonale Behörde zur Förderung der Toderklärungsaktion mit Hinterbliebe-
nenrente.«[73] Während der VdH mehrmals die ›Toderklärungskampagen‹ der DDR
anprangerte, sollten finanzielle Nöte und Überlegungen in der BRD keinen Einfluss auf die Entscheidung der Familie haben.[74] Abgesehen davon, dass sich keine
Hinweise auf gezielten Kampagnen der DDR-Regierung finden lassen, appellierte
diese Form der Berichterstattung an die moralische Verpflichtung der Angehörigen
gegenüber den Internierten.

Für den Untersuchungszeitraum vom Frühjahr 1950 bis zur Rückkehr des letzten Kriegsgefangenen im Januar 1956 lässt sich letztlich nur die Einführung der Unterhaltsbeihilfe als große Veränderung in der Versorgung der Frauen und Kinder
feststellen, die jedoch im unmittelbaren Zusammenhang mit der TASS-Meldung
gesehen werden muss. Denn es gibt einige Indizien, die darauf hinweisen, dass
es fraglich ist, ob diese Leistungen eingeführt worden wären ohne die veränderte
Situation durch die Verurteilung der Internierten. Die Zubilligung statusbedingter Versorgungsleistungen, welche die Frauen und Kinder der Kriegsgefangenen

71   Jeder fünfte Vermißte lebt noch, in: Der Heimkehrer, Nr. 1 (1950).
72   Pelz, Gerda, Kann eine Frau zwei Männer lieben? In: Constanze, Nr. 7 (1950), S. 7.
73   Diffamierung von Ehefrauen in der Ostzone, in: Der Heimkehrer, Nr. 7 (1953), S. 2.
74   Tatsächlich ließen sich bei der Quellenrecherche keine Anhaltspunkte dafür finden, dass es
      in der DDR diese Form der Toderklärungskampangen gegeben hatte. Der Heimkehrer berich-
      tete erstmals über die angeblich staatlich erzwungenen Toderklärungen im November 1951
      und über die »Toderklärungs-Aktion« in seiner Ausgabe vom Juli 1953. »Todeserklärungen«
      in der Sowjetzone, in: Der Heimkehrer, Nr. 11 (1951), S. 3; Diffamierung von Ehefrauen in der
      Ostzone, in: Der Heimkehrer, Nr. 7 (1953), S. 2; Wider Willen tot erklärt, in: Der Heimkehrer,
      Nr. 2 (1953), S. 1.

mit Witwen und Waisen gleichsetzte und sie offiziell in den Kreis der Kriegsopfer aufnahmen, bedeuteten für diese eine enorme Veränderung und Aufwertung. Auch wenn die Zahlungen nicht ausreichend waren, um die Familien finanziell umfassend abzusichern, stellten sie doch eine Anerkennung als Opfergruppe dar, die dem Selbstverständnis dieser Frauen und Kinder entsprach. Auf diese Weise drückte die Bundesrepublik ein Verantwortungsgefühl gegenüber den Kriegsgefangenen und ihren Angehörigen aus, das sich bereits in den Diskussionen zeigte, die in der britischen Besatzungszone um dieses Thema geführt worden waren und deutliche Parallelen zu den Argumentationen rund um den nationalsozialistischen Familienunterhalt aufweisen. Mit beiden Zahlungen übernahm der Staat die Funktion des Ernährers als Lohn für die Leistung des Ehemannes bzw. für dessen ›Opfer für das deutsche Volk‹. Insgesamt stehen die Ergebnisse dieses Kapitels in deutlichen Kontinuitätslinien zur Zeit des NS. Diese zeichneten sich bereits im vorherigen Teil dieser Arbeit ab, treten aber in den Entwicklungen im Bereich der sozialstaatlichen Versorgung der Frauen und Kinder deutscher Kriegsgefangener unübersehbar heraus. Dies ist vor allem auf zwei Aspekte zurückzuführen: Erstens die Festschreibung der Angehörigen als Opfer des Krieges, als Reaktion der Regierung auf die Verurteilung und Zurückhaltung der verbliebenen Internierten durch die Sowjetunion. Und zum zweiten auf die Festigung des patriarchalen Familienmodells als gesellschaftliche Norm, dessen Wurzeln nicht allein im Nationalsozialismus begründet liegen, das jedoch in dieser Zeit eine deutliche ideologische Überhöhung erfuhr.

Die Unterhaltsbeihilfe für die Frauen und Kinder der Kriegsgefangenen war nur eine von vielen Maßnahmen, mit denen die Bundesregierung das klassisch patriarchale Familienideal als Norm festschrieb und in der Gesellschaft verankerte. Die Untersuchungen dieses Kapitels haben allerdings gezeigt, dass die Unterhaltsbeihilfe auf unterschiedliche Weise an verschiedenen Ansatzpunkten ihre Wirkung entfaltete. Vorrangig veränderte sich auf diese Weise das Selbstverständnis und Selbstbild der Ehefrauen und Kinder. Mit den neuen Leistungen entsprach die staatliche Wertschätzung erstmals seit Kriegsende dem Selbstverständnis der Gruppe. Damit einherging die Festschreibung der Frauen und Kinder der Kriegsgefangenen als Opfer des Krieges, wodurch sich auch der politische und gesellschaftliche Umgang mit diesen veränderte. Entscheidend für diese Entwicklung war vor allem die Arbeit des VdH, die im folgenden Kapitel ausführlich dargestellt wird.

4.1.2 Die Angehörigen als symbolische Stellvertretende – Das Verhältnis zwischen dem Verband der Heimkehrer, der Politik und den Frauen und Kindern

Wie bereits beschrieben markierte das Frühjahr 1950 einen entscheidenden Wendepunkt im Umgang der jungen Bundesrepublik mit der Kriegsgefangenenproblematik. Dies lag vor allem an der TASS-Meldung, aber auch die Neugründung des Verbandes der Heimkehrer hatte Einfluss auf diese Entwicklung. Im März 1950 hatten ehemalige Kriegsgefangene den Verband der Heimkehrer, Kriegsgefangenen- und Vermisstenangehörigen gegründet, der in kurzer Zeit zur einflussreichsten Heimkehrerorganisation in Westdeutschland wurde.[75] Der VdH bildete eine starke Interessenvertretung, die die Anliegen und Belange der Kriegsgefangenen und ihrer Angehörigen gegenüber der Politik vertrat.[76] Zwar proklamierten alle deutschen Parteien die Repatriierung der Kriegsgefangenen als Ziel, dennoch entwickelte sich erst mit der Entstehung des bundesweit agierenden VdH eine neue Dynamik in der Kriegsgefangenenfrage. Die Internierten, ihre Angehörigen und auch die Gruppe der Heimkehrer verfügten nun über ein gemeinsames Sprachrohr, das ihre Anliegen gegenüber der Regierung vertrat, aber vor allem eine breite öffentliche Sichtbarkeit erzeugte.

Im Folgenden wird die Arbeit des VdH und insbesondere sein Einsatz für die Frauen und Kinder der Kriegsgefangenen ausführlich dargestellt und analysiert. Im Vordergrund steht dabei die Frage, wie der Verein das Verständnis und die Haltung der bundesdeutschen Gesellschaft nachhaltig veränderte und prägte und sich damit gleichzeitig ein Wandel in der Fremdkonstruktion der Gruppe der Frauen und Kinder von Kriegsgefangenen vollzog. Denn der VdH entwickelte sich nach seiner Gründung immer mehr zur diskursbestimmenden Instanz in der Frage der Kriegsgefangenen für die Bundesrepublik. Zuerst wird daher detaillierter auf den VdH, seine Organisation, Arbeitsschwerpunkte und Ziele eingegangen, dann der Einsatz des Vereins für die Angehörigen von Kriegsgefangenen genauer betrachtet. Im Anschluss wird das Verhältnis des VdH zur Regierung und sein Einfluss auf politische Entwicklungen in dieser Frage untersucht, bevor abschließend dargelegt wird, welche Funktion die Angehörigen von Kriegsgefangenen als symbolische Stellvertretende erfüllten.

---

75   Hierbei handelte es sich jedoch nicht um eine Neugründung. Vielmehr schlossen sich etwa 30 kleine Organisationen ehemaliger Kriegsgefangener zusammen. Vgl.: Schwelling, Heimkehr, S. 13, Fußn. 17.

76   Anstelle des Begriffs der Interessenvertretung ließe sich nach Ulrich von Alemann auch von einer »Interessenorganisation« sprechen. Dabei agiert der Verein im Konfliktfeld zwischen Bürgerinnen und Bürgern und dem Staat. Alemann, Ulrich von, Organisierte Interessen in der Bundesrepublik, Opladen 1987.

Der VdH – »Sprecher der Frauen, Mütter und Kinder«[77]

Der VdH wurde im März 1950 aus einer Gruppe einzelner Kriegsgefangenenvereine heraus gegründet, die sich zum Ziel gesetzt hatten, für die Rückkehr der Internierten und die Rechte von Heimkehrern und Kriegsgefangenen-Angehörigen einzutreten. Der VdH vereinte bei seiner Gründung im März 1950[78] einzelne Kriegsgefangenenvereine aus den unterschiedlichen westlichen Besatzungszonen, die bereits seit 1947 begonnen hatten zu entstehen.[79] Auch nach der Rückkehr der letzten Gefangenen im Januar 1956 blieb der Verband weiter bestehen und widmete sich vor allem der Einführung einer Heimkehrerentschädigung sowie dem Bereich der politischen Bildung. Erst im Jahr 2006 löste sich der Verein endgültig auf. Mit der Geschichte des VdH hat sich Birgit Schwelling in ihrer Monografie *Heimkehr – Erinnerung – Integration. Der Verband der Heimkehrer, die ehemaligen Kriegsgefangenen und die westdeutsche Nachkriegsgesellschaft* intensiv auseinandergesetzt.[80] Da Schwelling den Fokus ihrer Arbeit auf die Kriegsgefangenen und die politische Dimension der Erfahrung Kriegsgefangenschaft in der bundesdeutschen Erinnerung legt, analysiert ihre Arbeit leider nicht das Verhältnis des VdH zu den Frauen und Kindern der Kriegsgefangenen, obwohl diese, ebenso wie die Vermisstenangehörigen, explizit im Vereinsnamen benannt wurden und der Verband diese Aufgabe immer wieder betonte, wie folgendes Zitat aus dem Vereinsorgan dem *Heimkehrer* von 1952 belegt:

> »Wir können als Heimkehrer unseren kriegsgefangenen Kameraden keinen besseren Dienst und keine größere Freude erweisen, als uns um ihre Familien in der Heimat zu kümmern. [...] Die soziale Betreuung der bedürftigen Kriegsgefangenen- und Vermißtenangehörigen in der Heimat gehört mit zu unseren vornehmsten Aufgaben, denen im Rahmen unserer Arbeit für die Freilassung der Kameraden und die Aufklärung der Vermißtenschicksale ein gleichwertiger Platz zukommt.«[81]

Geprägt war die Frauenarbeit des VdH von dem Versprechen der heimgekehrten Kameraden, sich um die Frauen und Kinder der noch Internierten zu kümmern, und tatsächlich gelang es dem VdH, sich auf vielfältige Weise für diese Gruppe einzusetzen. Der folgende Teil zur Frauenarbeit des Vereins stellt somit eine Ergän-

---

77   Wortlaut der programmatischen Rede des 1. Vorsitzenden, in: Der Heimkehrer, Nr. 10 (1951), S. 6-8, S. 8.

78   Arthur L. Smith nennt in seiner Studie den 18.5.1950 als Gründungsdatum des Vereins. In beiden Arbeiten bleibt die Information leider ohne Quellenverweis. Ders., Heimkehr, S. 141.; Schwelling, Heimkehr, S. 11.

79   Die Vereine bezogen ihre Inhalte zumeist auf einzelne Gruppen von Heimkehrern und Veteranen. Smith, Heimkehr, S. 139.

80   Schwelling, Heimkehr.

81   Aktivere Hilfe für bedürftige Kriegsgefangenen-Angehörige, in: Der Heimkehrer, Nr. 11 (1952), S. 5.

zung zu den bisherigen Forschungsergebnissen zum VdH dar. Als Quellen hierfür dienen insbesondere die Veröffentlichung des VdH wie Jahresberichte, Gedenkschriften und das Vereinsorgan *Der Heimkehrer* sowie Vereinsunterlagen aus den Beständen im Militärarchiv in Freiburg und dem Material einzelner Ortsverbände in Brambauer und aus der Region Stuttgart.[82]

Wie bereits gesagt vereinte der VdH mit seiner Gründung eine Vielzahl von kleineren und größeren Vereinen und Gruppierungen, die sich vor allem für die Interessen der Heimkehrer und der Kriegsgefangenen eingesetzt hatten. Damit gelang es dem VdH bereits zu Beginn einen verhältnismäßig großen Bevölkerungsteil in der gesamten BRD zu erreichen, sodass er schon eineinhalb Jahre nach seiner Gründung 160.000 Mitglieder verzeichnete. Zwei Jahre später im September 1953 betrug die Anzahl 375.000.[83] Wiederum zwei Jahre später im Jahr 1955 waren es 501.478 Personen.[84] Mitglieder wurden vor allem ehemalige Kriegsgefangene, deren Angehörige sowie die Angehörigen von Internierten und Vermissten. Darüber hinaus erzielte der Verein eine große Breitenwirkung in der gesamten bundesdeutschen Öffentlichkeit, die die Aktionen des VdH mehrheitlich unterstützte.

Der VdH in sich war hierarchisch in verschiedenen Verbandsstufen organisiert. An der Spitze stand der Bundesvorstand, darunter Landes-, Kreis- und Ortsverbände. Bereits im September 1951 waren 2.354 Ortsverbände gegründet worden, deren Anzahl sich zwei Jahre später mit bundesweit 4.911 mehr als verdoppelt hatte.[85] Die Arbeit des Vereins war thematisch nach Referaten gegliedert. So gab es in allen Verbandsstufen ein Referat für Werbung, Presse und Kultur, ein Sozialreferat, eine Rechtsabteilung und -beratung, einen Referenten für wirtschaftliche Fragen und Arbeitsbeschaffung sowie eine Frauenreferentin.[86] Die Arbeit dieses Frauenreferates, deren Vorsitzende auf Bundesebene auch im erweiterten Verbandsvorstand des VdH saß, fokussierte sich auf die weiblichen Angehörigen der Kriegsgefangenen und Vermissten. Auf Bundes- und Landesebene gehörte hierzu die Organisation von gemeinsamen Veranstaltungen und Vortragsreihen. In den Kreis- und Ortsverbänden orientierte sich die Arbeit der Frauenreferentinnen auf den Bedarf vor Ort. Dort veranstalteten sie zum Beispiel gemeinsame Treffen, richteten Nähstuben ein, organisierten Kleiderspenden oder kümmerten sich um spezielle

---

82   Die Vereinsunterlagen wurden nach der Auflösung des Vereins im Jahr 2006 an das Bayerische Hauptstaatsarchiv in München übergeben. Für den in dieser Arbeit untersuchten Zeitraum sowie den thematischen Schwerpunkt befinden sich dort jedoch keine Unterlagen von Relevanz.

83   Verband der Heimkehrer (Hg.), Ein Rechenschaftsbericht. Berichtszeit September 1951 bis September 1953, Bad Godesberg 1953, S. 126f.

84   Verband der Heimkehrer (Hg.), Tätigkeitsbericht, S. 78.

85   Verband der Heimkehrer (Hg.), Rechenschaftsbericht, S. 123.

86   1. Satzung des VdH, §13 (1B), hier zitiert nach: Verband der Heimkehrer (Hg.), Satzung, 5. Aufl., Göppingen 1954, S. 10.

Einzelfälle.[87] Dabei galten genaue, geschlechterspezifisch geprägte Vorstellungen davon, welche Eigenschaften eine Frauenreferentin des VdH mitzubringen hatte, wie aus einem Artikel im Heimkehrer hervorgeht: »Neben einem aus innerster Verpflichtung getragenen ehrenamtlichen Helfenwollen muß zunächst auch die Zeit dafür da sein. Weitere Voraussetzungen sind Aufgeschlossenheit und Geduld, aber ebenso Energie wie Takt und Herzensbildung.«[88] Diese Eigenschaften lassen sich wiederum auch mit dem Begriff der Mütterlichkeit beschreiben, bei dem es sich um ein Motiv handelt, das in vielen Frauenorganisationen als Kennzeichen und Motiv der Arbeit galt.[89] Frauenarbeit im VdH, so die Vorstellung, könne nur von Frauen durchgeführt werden, da sich eine Frau gegenüber einer anderen leichter öffne.[90] Landesfrauenreferentin Margarete Steimle beschrieb dieses Verhältnis unter den Frauen 1953 in einem Vortrag wie folgt: »Er [ein männlicher Referent; Anm. A.K.] kann nicht von Frau zu Frau gehen und auch viele Frauen können das, was sie drückt und quält, nicht in einer kurzen Sprechstunde oder überhaupt einem fremden Manne sagen. Wir wollen also Mittlerin sein dort, wo Männer eingreifen müssen und Schwestern, wo es seelische Klippen gibt.«[91] Männliche Verbandsmitglieder wurden dann hinzugezogen, wenn es galt, rechtliche oder finanzielle Fragen zu lösen oder in anderen Fällen explizit die Hilfe eines Mannes für sinnvoll erachtet wurde. Dies konnten etwa Erziehungsprobleme sein, bei denen ein »Kamerad« ein »ernstes Wort«[92] mit dem Sohn oder der Tochter eines Kriegsgefangenen sprechen sollte. In diesen Aussagen und Beschreibungen der Frauenarbeit tritt die klassische Vorstellung der Geschlechterrollen im VdH anschaulich hervor.

Da deutlich weniger Frauen im VdH organisiert waren als Männer war es häufig schwierig, überhaupt Kandidatinnen für das Amt der Frauenreferentin zu finden. Eine mögliche Erklärung hierfür ist die zusätzliche zeitliche Beanspruchung, die mit der Übernahme dieses Ehrenamtes einherging. Wie bereits beschrieben waren

---

87   Vgl. Steimle, Margarete, Referat auf der Arbeitstagung der Frauenreferentinnen, 21.6.1953, in: Verband der Heimkehrer (Hg.), Information für Frauenreferentinnen Nr. 3 (1954), 29.1.1954, S. 6.

88   Frauenarbeit im Heimkehrerverband, in: Der Heimkehrer, Nr. 11 (1953), S. 2.

89   Möding, Nori, Die Stunde der Frauen? Frauen und Frauenorganisationen des bürgerlichen Lagers, in: Broszat, Martin/Henke, Klaus-Dietmar/Woller, Hans (Hg.), Von Stalingrad zur Währungsreform. Zur Sozialgeschichte des Umbruchs in Deutschland, München 1988, S. 619-647, S. 640.

90   Frauenarbeit im Heimkehrerverband, in: Der Heimkehrer, Nr. 11(1953), S. 2.

91   Steimle, Referat, S. 2.

92   »Spricht der Kamerad des Vaters ein ernstes Wort mit dem Kind, erinnert ihn, was sein Vater von ihm erwartet, und daß er selber doch als ein offener, gerader Bub oder Mädchen vor ihm stehen will, wenn er heimkommt. Wenn er ihnen die Sorgen und Nöte der Mutter der vergangenen Jahre und der Jetztzeit aufzeigt, dann wird jedes Kind wohl solch eine Aus- und Ansprache nicht unbeachtet lassen.« Ebd., S. 3f.

die meisten der betroffenen Familien durch den fehlenden Ernährer finanziell benachteiligt und die Frauen mussten alleine für den Familienunterhalt aufkommen.
Aufgrund dieser Doppelbelastung von Berufstätigkeit und Hausarbeit überrascht
es nicht, dass nur wenige Ehefrauen von Kriegsgefangenen eine solche Aufgabe
übernehmen konnten oder wollten. Außerdem muss bedacht werden, dass die Gesamtzahl der betroffenen Frauen nach 1950 vergleichsweise gering war, da sich zu
diesem Zeitpunkt nur noch ca. 30.000 Männer in sowjetischer Gefangenschaft befanden. Aber auch die Frauen der Heimkehrer sahen es offensichtlich nur selten
als ihre Aufgaben an, sich in dieser Form für jene Frauen einzusetzen.[93] Insgesamt
fällt an den vereinzelten Beiträgen der Frauenreferentinnen bzw. zum Thema Frauenarbeit in den Veröffentlichungen des Vereins auf, dass in diesen immer wieder
für die Aufgabe geworben und Frauen dazu aufgefordert wurden, sich zu engagieren. In einem Artikel im *Heimkehrer* wurde 1951 an die unteren Verbandsstufen
appelliert: »Darum soll in allen Orts- und Kreisverbänden die Mitarbeit der Frau-
en und Zusammenarbeit mit den Frauen sehr ernst und sehr gefördert werden.«[94]
Neben der fehlenden Bereitschaft von Mitgliedern sich zu engagieren hatte die
Arbeit der Frauenreferentinnen innerhalb des Vereins grundsätzlich eine schwierige Position gegenüber den anderen Referaten, wie folgendes Beispiel zeigt. Im
Zuge einer Grundsatzdebatte im Jahr 1954 wurde den einzelnen Landesverbänden
neben vielen weiteren auch folgende Frage gestellt: »Ist die Frauenarbeit nur Be-
treuungsarbeit – oder will und soll sie mehr sein?«.[95] Die einzelnen Meinungen
hierüber gingen weit auseinander, was sicherlich ebenfalls auf die unterschiedliche Ausprägung der Frauenarbeit in den verschiedenen Bundesländern zurückzuführen ist. Selbst in den positiven Rückmeldungen schwang jedoch mit, dass die
Organisation dieser Arbeit und die Beteiligung der Frauen verbesserungswürdig
seien.[96] Dies lag vermutlich auch daran, dass die Frauenarbeit in den ersten Jahren des Vereins weitgehend undefiniert blieb und keiner klaren Strategie folgte.
Erst im Jahr 1954 wurden Leitsätze zur VdH-Frauenarbeit entwickelt, die diese als
»Teil des großen Sozial- und Kulturwerks«[97] des Vereins und damit als einen As-

---

93 Hierauf lässt folgendes Zitat aus dem Bericht über die 1952 stattgefundene Frauentagung in
    Bonn schließen. »Fast alle Teilnehmerinnen äußerten übereinstimmend, daß die Frauenar-
    beit im VdH nur dann mit Erfolg verbunden sein kann, wenn nicht nur die Frauen der Vermiß-
    ten und der Kriegsverurteilten diese oft mühsam leisten, sondern auch besonders die Frauen
    der Heimkehrer selbst, die schon aus Dank für die Heimkehr ihrer Männer sich einer ernsten
    Betreuungsarbeit nicht verschließen sollten.« Frauentag in Bonn, in: Der Heimkehrer, Nr. 1
    (1953), S. 8.
94 Gruber, Anny, Frauen dürfen nicht abseits stehen!, in: Der Heimkehrer, Nr. 2 (1951), S. 3.
95 Grundsatzdebatte im Verband der Heimkehrer, in: Der Heimkehrer, Nr. 8 (1954), S. 3.
96 Ebd.
97 Ebd.

pekt der »großen menschlichen und vaterländischen Aufgabe«[98] definierten. Im Detail bedeutete dies:

> »Die Frauenarbeit [...] will die Mütter beraten in der Erziehung und Ausbildung der vaterlosen Kinder; will den Ehefrauen zur Seite stehen in der Not des Sich-nicht-mehr-Zusammenfindens mit dem heimgekehrten Gatten; will den Frauen in ihrer seelischen Not helfen, die vor der Entscheidung der Toderklärung eines Vermißten stehen; will den kriegsgefangenen Männern ihre Frau gesund und froh erhalten helfen.«[99]

Viele der in diesem Zitat aufgeführten Bereice wurden im Verlauf der hier vorliegenden Arbeit bereits angeschnitten und dargestellt. Dies zeigt, dass der VdH sich in seiner praktischen Arbeit auf Themen fokussierte, die die Angehörigen der Kriegsgefangenen bereits seit Jahren beschäftigten und für sie sowie den gesellschaftlichen Umgang mit ihnen eine große Rolle spielten. Gleichzeitig entsprachen diese Ziele den staatlichen Vorstellungen, wie dem Erhalt von Heimkehrerehen oder der Festigung der Geschlechterrollen.

Lange Zeit nahm die Frauenarbeit im VdH nur eine untergeordnete Rolle ein, dieses Bild zeigt sich zumindest, wenn man die Artikel im *Heimkehrer* und in den Verbandsunterlagen betrachtet. Diese lassen allerdings vor allem Rückschlüsse auf die bundesweite Arbeit zu und gaben meist nicht die Situation in den einzelnen Regional- und Ortverbänden wieder. Diese hing in den ersten Jahren sehr vom Einsatz und der Bereitschaft der Frauenreferentinnen vor Ort ab. Wie unterschiedlich dieser sein konnte, zeigt der Vergleich des Quellenmaterials zu zwei exemplarischen Ortsverbänden. Im Stadtarchiv in Lünen werden die vollständigen Unterlagen des Ortsverbandes Brambauer aufbewahrt. In diesen finden sich für den hier untersuchten Zeitraum jedoch keine Hinweise auf die Arbeit der dortigen Frauenreferentin oder auf andere Angebote, die konkret die Zielgruppe der Frauen und Kinder von Kriegsgefangenen adressierten.[100] Ganz anders war dies im Raum Stuttgart, dort veröffentlichte der VdH ab April 1951 eine eigene kleine Zeitschrift mit dem Namen *Die Rundschau der Stuttgarter Heimkehrer, Kriegsgefangenen- und Vermißtenangehörigen*.[101] Diese machte sich zur Aufgabe »Monat um Monat davon [zu berichten], was wir im Kreisverband Stuttgart in unserer sozialen Fürsorge selbst getan und erreicht haben, und was wir für die Zukunft planen.«[102] Bis zu ihrer

---

98   Ebd.
99   Ebd.
100   Es ist jedoch nicht auszuschließen, dass sie eine Form der Hilfe organisierte, die sich in den offiziellen Unterlagen des Vereins nicht niederschlug.
101   Die Rundschau der Stuttgarter Heimkehrer wurde vom Kreisverband Stuttgart des VdH herausgegeben und erschien zwischen 1951 und 1954.
102   Becker/Hofstetter, Ein Wort zuvor!, in: Die Rundschau der Stuttgarter Heimkehrer, Kriegsgefangenen- und Vermißtenangehörigen, Mai 1951, S. 1.

letzten Ausgabe im Dezember 1954 informierte die Rundschau monatlich über die
Aktivitäten im Verein und brachte einen kurzen Leitartikel zu einem allgemeine-
ren Thema rund um die Kriegsgefangenenproblematik. Jede Ausgabe berichtete
auch über die Aktionen für die Frauen und Kinder von Kriegsgefangenen und Vermissten. Dass insbesondere die Vermisstenangehörigen dabei im Fokus standen,
lässt sich mit deren größerer Anzahl erklären. Allerdings richteten sich die meisten
Veranstaltungen an beide Gruppen, ohne dass zwischen ihnen unterschieden wurde. Die einzelnen Ortsverbände organisierten Ausflüge und Abendveranstaltungen, ebenso wie eine Kinderferienverschickung. Zudem wurde einmal wöchent-
lich eine offene Frauensprechstunde für ganz Stuttgart angeboten. Erklärtes Ziel
war es dabei immer, die betroffenen Frauen und Kinder zu unterstützen ebenso
wie sie in die Gemeinschaft einzubinden. In einigen Ortsgruppen bildeten sich
zudem eigene Jugendgruppen, die spezielle Veranstaltungen für Kinder und Jugendliche anboten.[103] Am größten war jedoch die Anzahl der Frauengruppen, die
in den einzelnen Ortsvereinen entstanden und die sich in regelmäßigen Abständen trafen. In diesen Frauengruppen sollten die Mitglieder sich gemeinsam organisieren, um so füreinander da zu sein.[104] Obwohl der VdH klare politische Ziele
verfolgte, finden sich keine Hinweise darauf, dass die Frauen sich auch in diesem
Bereich engagierten.[105] Vielmehr übernahmen die Frauen im Verein jene Aufgaben, die zu den damaligen klassischen weiblichen Arbeitsbereichen zählten. So organisierte die Stuttgarter Frauengruppe vor allem einen alljährlich stattfindenden
Weihnachtsbasar, die Kinderlandverschickung und kleinere Ausflüge und Veranstaltungen.[106] Zudem waren die Frauengruppen dafür verantwortlich, die Hand-
arbeiten herzustellen, die sie auf dem Weihnachtsbasar verkauften sowie bei di-
versen Veranstaltungen des Vereins für Kuchen zu sorgen. Dies waren genau jene
Arbeitsbereiche, die auch Margarete Steimle in ihrem Vortrag als Aufgaben der
Frauenreferentinnen benannt hatte.[107] Zwar kamen all diese Aktivitäten letztendlich den Angehörigen der Kriegsgefangenen und Vermissten zugute, dennoch zeigt
sich auch hier die geschlechterspezifische Aufgabenverteilung im Verein, die den
zeitgenössischen Vorstellungen von männlichen und weiblichen Wirkungskreisen

---

103 Veranstaltungen der Frauen- und Kindergruppen, in: Die Rundschau, Mai 1953, S. 2.
104 Versammlungen und Veranstaltungen, Bezirk Bad Cannstatt, in: Die Rundschau, März 1952,
     S. 2.
105 Generell lässt sich feststellen, dass Frauen sich in den Nachkriegsjahren nur sehr selten po-
     litisch engagierten. Die Politik galt vielmehr vorrangig noch immer als eine Männerdomä-
     ne. Vgl. Hosseinzadeh, Sonja, Nur Trümmerfrauen und Amiliebchen? Stuttgarterinnen in der
     Nachkriegszeit, Tübingen 1998, S. 123-135.
106 Vgl. die Tagesordnung der Arbeitstagung der Mitarbeiterinnen des Kreisvorstandes vom
     8.7.1952, in: Die Rundschau, September 1952, S. 3.
107 Steimle, Referat, S. 6.

entsprach. Während die politische Arbeit allein den männlichen Mitgliedern vor-
behalten war, waren die Frauen vor allem für Hilfsarbeiten bzw. Zuarbeiten sowie
die emotionale Betreuung zuständig. Sowohl die Angebote des Vereins als auch die
Betätigungsfelder, die den Frauen zugedacht waren, boten den Frauen der Kriegsgefangenen die Möglichkeit, wieder zu der Rolle von ›klassischer Weiblichkeit‹ und
›Mütterlichkeit‹ zurückzukehren. Damit wurde auch die Phase der alleinigen Verantwortung der Frauen für ihre Familien nicht als Zeit einer positiven, persönlichen Entwicklung verstanden, sondern vielmehr als ein Lebensabschnitt, den es
zu überwinden und hinter sich zu lassen galt – genau diesen Prozess forcierte der
VdH zusätzlich mit seiner Arbeit.

Den wirkmächtigsten Bereich der Vereinsarbeit stellte die politische Arbeit dar,
in der die Anliegen der Frauen und Kinder der Kriegsgefangenen jedoch nur eine
untergeordnete Rolle spielten. Die vorherrschenden Themen waren hier die Repatriierung der Gefangenen, die Klärung der Vermisstenschicksale sowie die Einführung eines Entschädigungsgesetzes für die Heimkehrer. Zudem führte die Tatsache, dass die Frauenarbeit ausschließlich von Frauen durchgeführt wurde, zu einem Sonderstatus, der nicht zur Integration in den ansonsten männlich geprägten
Verein beitrug. In der tatsächlichen Arbeit der Ortsgruppen konnte die Frauenarbeit hingegen einen großen Raum einnehmen und wurde von den Betroffenen sehr
geschätzt. Ein Kriegsgefangener schrieb in seinem Brief an den Heimkehrerverband in Untertürkheim, der in der *Rundschau* abgedruckt worden war: »Lasst mich
zum Schluß noch einmal meiner Freude darüber Ausdruck geben, daß es doch außer unseren Familien noch Menschen gibt, die an unserem Ergehen Anteil nehmen
und auch unseren Frauen und Kindern durch die Tat beweisen, daß wir nicht völlig
vergessen sind. Meine Frau hat mir schon öfter über die Veranstaltungen wie Kin-
derfeste usw. geschrieben, die Ihr veranstaltet habt.«[108] Obwohl die Frauenarbeit
insgesamt im Verband nur eine untergeordnete Rolle spielte, stellte der VdH die
einzig nennenswerte, bundesweit agierende Interessenvertretung dar, die sich für
die Angehörigen von Kriegsgefangenen einsetzte. Dabei handelte es sich, wie der
Fall Stuttgarts zeigt, vielfach um ganz praktische Hilfe, die es den Empfängerinnen ermöglichte an einer Gemeinschaft zu partizipieren, die ihre Sorgen und Nöte
kannte und teilte. Und auch wenn sich bei weitem nicht alle Ehefrauen von Kriegsgefangenen im VdH organisierten, so bot dieser den Angehörigen vielfältige Unterstützung und die Option sich mit anderen Betroffenen zu vernetzen – Angebote
die dazu beitragen konnten, dass diese Frauen mit ihrem eigenen Schicksal besser
umgehen konnten. Darüber hinaus entwickelte vor allem die politische Arbeit des
Vereins auf Bundesebene eine Wirkmächtigkeit, die dazu führte, dass sich der konkrete gesamtgesellschaftliche Umgang mit der Kriegsgefangenenproblematik än-

---

108   Werner G. an den Heimkehrerverband, 26.8.1951, abgedruckt in: Die Rundschau, Okt. 1951,
       S. 2.

derte, was wiederum das Selbstbewusstsein der Frauen und Kinder stärkte. Zudem übte der Verband aktiv Druck auf die Regierung aus, um Veränderungen herbeizuführen, was bei den meisten Angehörigen neue Hoffnungen weckte. Denn auch wenn viele von ihnen sich nach der TASS-Meldung mit ihren Sorgen und Nöten an Regierungsvertreter gewandt hatten, saß die Enttäuschung über den Umgang mit ihnen als Gruppe in den ersten Nachkriegsjahren und die Unfähigkeit, die Repatriierung der Internierten herbeizuführen, tief. Diese Wirkmächtigkeit des VdH auf die Kriegsgefangenenpolitik wird im Folgenden detailliert dargestellt.

Der VdH und die Politik – Verschiebung der gesellschaftlichen Deutungshoheit

Bis zum Frühjahr 1950 waren es die Angehörigen der Kriegsgefangenen und verschiedene politische Akteurinnen und Akteure, die sich hauptsächlich mit der Kriegsgefangenenproblematik beschäftigten. Während sich die Frauen und Kinder in den meisten Fällen alleingelassen fühlten, waren die Landesregierungen, die Parteien und die Wohlfahrtsverbände die einzigen Einrichtungen und Institutionen, an die sich die Frauen und Kinder der Kriegsgefangenen wenden konnten, gleichzeitig fühlten sie sich von eben diesen in den meisten Fällen alleingelassen. Es fehlte eine unabhängige Unterstützungsinstanz. Dies änderte sich mit der Gründung des Verbandes der Heimkehrer grundlegend. Innerhalb weniger Jahre gelang es dem Verein zu der diskursbestimmenden Instanz in der Frage der Kriegsgefangenen zu werden; eine Position die zuvor die Regierung sowie die Medien innehatten. Im Folgenden wird diese Verschiebung anhand von einigen ausgewählten Beispielen illustriert. Überhaupt möglich wurde diese Veränderung nur durch das Zusammenspiel verschiedener zeitgleicher Entwicklungen, auf die bereits in diesem und den vorherigen Kapiteln ausführlich eingegangen wurde, auf die aufgrund ihrer Relevanz an dieser Stelle aber noch einmal verwiesen wird.

Mit seiner Arbeit schloss der Verband eine Lücke, die von den Betroffenen als gravierend empfunden wurde. Dem VdH gelang es durch seine Unabhängigkeit von staatlichen Strukturen, das Vertrauen und die Unterstützung der Angehörigen der Kriegsgefangenen zu gewinnen, wodurch seine eigene Position immer weiter gestärkt wurde. Das wiederum führte auch zu einem neuen und größeren Selbstbewusstsein der Frauen und Kinder der Kriegsgefangenen. Dieses Selbstbewusstsein war zusätzlich durch die offizielle Anerkennung dieses Kreises als Opfergruppe des Krieges durch die Regierung der BRD gefestigt worden und bestärkte sie in ihrem spezifischen Selbstverständnis. Der VdH wurde dabei nicht nur zu ihrem Sprachrohr, sondern bot den Frauen die Möglichkeit ihre Meinung und Kritik öffentlich und breitenwirksam zu artikulieren. Folgender Brief aus dem Jahr 1951 veranschaulicht diese verschiedenen Entwicklungen sehr eindringlich – sowohl in seiner Ausdrucksweise als auch mit der Tatsache, dass eine solche Kritik öffentlich abgedruckt wurde. Die Verfasserin, Ehefrau eines Kriegsgefangenen, schrieb ihren Brief als Reaktion auf einen Artikel, der zuvor im Heimkehrer erschienen war. In diesem Beitrag war über das Antwortschreiben von Hans Bott, dem persönlichen Referenten des Bundespräsidenten, berichtet worden. Bott erklärte in seinem Schreiben an den VdH, dass Heuss nicht auf dem geplanten Tag der Kriegsgefangenen sprechen würde, da über dieses Thema »schon genug geredet sei«[109] und der Herr Bundespräsident »doch auch wenigstens ein paar Stunden Nachtruhe brauche«[110]. Eine Antwort, die insbesondere die Angehörigen der Kriegsgefangenen empörte und die Verfasserin dazu brachte, ihre Erwiderung direkt an den Verband der Heimkehrer in Stuttgart zu schicken, der ihren Brief wiederum in seiner Vereinszeitschrift veröffentlichte. Darin hieß es:

> »Herrn Hans Bott[111] Ihr Brief an den Verband der Heimkehrer zwingt mich dazu, Ihnen zu schreiben. Dem Herrn Bundespräsidenten wird selbstverständlich seine Nachtruhe gegönnt, aber wir nehmen auch wiederum nicht an, daß er die Kriegsgefangenenfrage zur Nachtzeit überdenkt. In meinen Augen ist doch dieses qualvolle Hinsiechen von hunderttausenden der besten deutschen Menschenleben eine Frage, die an erste Stelle des Morgens steht. Gibt es überhaupt noch eine Frage, die wichtiger sein könnte? Ich weiß von Heimkehrern, daß sie in Rußland des Nachts nur 2-3 Stunden schlafen, um nicht vom Ungeziefer aufgefressen zu werden. Wissen Sie, wieviel unzählige Nächte wir Frauen wach liegen in Sorge um unsere Männer und von Vorstellungen geplagt, wie Gefängnis, Verhöre der N.K.W.D. [Volkskommissariat für innere Angelegenheiten; Anm. A.K.] und anderen Qualen, die unsere Männer erdulden müssen? Wissen Sie, was in den Seelen unserer Kinder vorgeht, wenn ihre Kameraden behütet bei Vater und Mutter sein dürfen, während unsere Kinder fast ausschließlich nicht einmal ihre Mutter haben, weil diese ja noch zu allem Kummer arbeiten muß, um ihre Kinder zu erhalten?«[112]

Bereits in diesem ersten Abschnitt wird die Empörung der Verfasserin mehr als deutlich. Ihr blieb angesichts des Leids ihres Ehemannes und ihres eigenen vollkommen unverständlich, wie der Bundespräsident eine Teilnahme am Kriegsgefangenentag ablehnen konnte. Auffällig ist dabei, wie selbstverständlich sie die Belastung der Kriegsgefangenen sowie die der Frauen und Kinder gleichwertig behandelte und hier stellvertretend für diese Gruppe das Wort ergriff. Im Brief heißt es weiter:

---

109   Antwortbrief der Frau eines Kriegsgefangenen auf ein Schreiben von Hans Bott an den VdH, abgedruckt in: Die Rundschau, Juli 1951, S. 3.

110   Ebd.

111   Persönlicher Referent von Bundespräsident Theodor Heuss.

112   Antwortbrief der Frau eines Kriegsgefangenen, abgedruckt in: Die Rundschau, Juli 1951, S. 3.

»Sie schreiben von drei Verwaltungen in Bonn, die für die Kriegsgefangenensache wirken! Ich glaube, es könnten zehn Verwaltungen sein, wären sie nicht mit dem Herz dabei, so ist ihre Arbeit nutzlos. Sie schreiben, es seien in den Briefen an den Herrn Bundespräsidenten viele Stimmen, die besagen, daß nun genug geredet sei! Das ist ganz meine Meinung, es wäre darum wohl das Einfachste, all die Personen, die zu diesen Stimmen gehören, dorthin zu schicken, wo unsere Gefangenen seit Jahren ausharren. Glauben Sie nicht, daß sie nach acht Tagen das Reden lernen würden und das Schreien um Hilfe, so laut, daß wir es bis hierher vernehmen würden? Die Angehörigen der Kriegsgefangenen leiden unendlich darunter, daß nicht täglich viel mehr geredet, geschrieben und veröffentlicht wird. Wozu haben wir Radio und Zeitungen in denen täglich die ganze Menschheit aufgerüttelt werden müßte, um endlich diesem Grauen ein Ende zu machen?«[113]

Der zweite Teil des Briefes ist deutlich anklagender und offenbart die Enttäuschung der Verfasserin über das Handeln der Regierung Adenauer, aber auch der übrigen Bevölkerung. Eineinhalb Jahre nach der Staatsgründung hatte sie offensichtlich erwartet, dass die Bundesregierung mehr in der Frage der Kriegsgefangenen erreicht hätte.[114] Interessant ist, dass Hans Bott in seinem Schreiben als Rechtfertigung die öffentliche Meinung angeführt hatte, »daß schon genug geredet sei.«[115] Hieran lässt sich zeigen, dass zu diesem Zeitpunkt noch der Staat bzw. die Regierung die Deutungshoheit der öffentlichen Meinung in der Kriegsgefangenenfrage für sich beanspruchte.

Der zitierte Brief verdeutlicht, wie sehr sich die Angehörigen der noch Internierten ein Jahr nach der TASS-Meldung von ihrer Regierung und den Parteien alleingelassen fühlten.[116] Er zeugt von ihrer Wut über die Zurückhaltung und den geringen Einsatz der politischen Führung, von ihrer als unzureichend empfundenen sozialpolitischen Versorgung sowie ihrem tagtäglichen Kummer. Die Verfasserin verstand wie viele nicht, warum alle bisherigen Bemühungen der Bonner

---

113   Ebd.
114   Hierbei handelte es sich natürlich um eine rein subjektive Einschätzung, wobei das klar definierte Ziel immer die Heimkehr der Internierten war. Derselbe Effekt konnte z.B. bereits in Bezug auf den UN-Ausschuss nachgewiesen werden.
115   Antwortbrief der Frau eines Kriegsgefangenen, abgedruckt in: Die Rundschau, Juli 1951, S. 3.
116   Ein anderes Beispiel hierfür ist folgendes Zitat aus dem Brief einer Ehefrau an Dr. Margarethe Bittner, Leiterin des Referats für allgemeine Fragen des Rechtsschutzes deutscher Gefangener im Ausland im Bundesministerium der Justiz. »Leider habe ich weder den leisesten Trost noch einen Hinweis auf eine andere Instanz, noch den Bescheid, dass man sich grundsätzlich nicht für so brennende persönliche Fragen interessiert, erhalten. So höre ich nun auch allmählich auf, mich über russische Stellen zu wundern, wenn nicht einmal deutsche zuständige Stellen es für nötig halten, eine Antwort zu geben. Ich habe das Vertrauen auf Hilfsbereitschaft in dieser doch wirklich brennenden Angelegenheit nun aufgegeben.« Emma P. an Fr. M. Bittner, 12.6.1950, PP AA, B 10, Bd.1118, Nr. A 9930.

Regierung ergebnislos geblieben waren und wie eine Person wie der Bundespräsident es ablehnen konnte, sich öffentlich für die Repatriierung der Kriegsgefangenen einzusetzen. Hier kollidierte ihre anhaltende persönliche Betroffenheit mit der tatsächlichen politischen Handlungsmacht der Bundesregierung, die eine Freilassung der Internierten nicht herbeiführen konnte. Der VdH wiederum versprach die Erwartungen der Angehörigen zu erfüllen, indem er sich als unabhängige Interessenvertretung zum Sprachrohr für die Belange der Heimkehrer, Kriegsgefangenen, Vermissten und ihrer Angehörigen machte und so aktiv Druck auf die Politik ausübte, damit die Kriegsgefangenenfrage auch nach der unmittelbaren Empörung über die TASS-Meldung ihre politische Relevanz behielt. Dem VdH gelang es, mit seiner Arbeit nicht nur die unmittelbare Zielgruppe anzusprechen, sondern darüber hinaus die breite Masse der Bevölkerung. Das Schicksal der Zurückgehaltenen und die Ungewissheit über den Verbleib der Vermissten beschäftigten einen Großteil der westdeutschen Gesellschaft, sodass diese grundsätzlich die Ziele des VdH unterstützten. Zudem bot die Kriegsgefangenenproblematik einen »idealen symbolischen Anknüpfungspunkt«[117] für das weit verbreitete Selbstverständnis der bundesdeutschen Nachkriegsgesellschaft als Opfer des Krieges. Auf diesem Weg schaffte es der Verein in der Frage der Kriegsgefangenen schnell an Einfluss zu gewinnen und zu einem wichtigen Akteur zu werden, der auch punktuellen Einfluss auf die Politik ausüben konnte. Dass dieser Einfluss jedoch erst mit der Zeit wuchs, beweist die ablehnende Antwort des Bundespräsidenten auf die Anfrage des VdH zum Kriegsgefangenengedenktag 1951.[118] Offensichtlich hatte Heuss zu diesem Zeitpunkt den Verein und seine Wirkmächtigkeit noch unterschätzt. Wie groß diese jedoch war und wie viele Menschen er mobilisieren konnte, zeigt die Kriegsgefangenengedenkwoche ein Jahr später, im Herbst 1952.[119] In diesem organisierte der Verband erstmals eine ganze Gedenkwoche, in der durch verschiedene Veranstaltungen in ganz Deutschland an die noch nicht heimgekehrten Kriegsgefangenen erinnert wurde. Dazu gehörte neben Vorträgen, Kundgebungen, Schweigemärschen und Mahnfeuern eine bundesweite Unterschriftenaktion. Bei dieser sollten sich innerhalb von zehn Tagen möglichst viele Menschen in die sogenannten ›Treue-Listen‹ des VdH eintragen. Am Ende des Zeitraums hatten nach Aussage des VdH sieben Millionen Menschen unterschrieben, eine beachtliche Anzahl und Beweis dafür, dass es dem Verein gelang weite Bevölkerungskreise zu mobilisieren.[120] Dass die Bevölkerung in diesem Maße an den Veranstaltungen teilnahm, lässt sich nicht alleine mit der Solidarität der Menschen erklären. Vielmehr

117   Schwelling, Heimkehr, S. 288.
118   Im Jahr 1951 war nur ein Gedenktag durchgeführt worden, in den darauf folgenden Jahren wurde daraus die Kriegsgefangenengedenkwoche.
119   Ausführlicher zu den verschiedenen Veranstaltungen des VdH: Schwelling, Heimkehr, S. 42ff.
120   Fischer, August, Bilanz des Jahres, in: Der Heimkehrer, Nr. 1 (1953), S. 9. »Die Kriegsgefangenen-Gedenk-Woche war mit 10 000 Kundgebungen, 500 Mahnfeuern

bot der Verband darüber hinaus mit seinen Veranstaltungen »der westdeutschen
Gesellschaft die Gelegenheit, ihre Solidarität mit den Kriegsgefangenen und den
Heimkehrern zu bekunden und die Identifikation mit deren Schicksal öffentlich zu
demonstrieren, [wodurch; ...] Gefühle von Solidarität und Gemeinschaft neu entwickelt werden [konnten]«[121], wie Birgit Schwelling dies ausdrückt.

Mit eben solchen Aktionen baute der VdH das Fundament für seine politischen
Forderungen gegenüber der Politik. Indes hatte der Verband die Möglichkeit, losgelöst von internationalen Beziehungen zu agieren, die gerade die Handlungen
der Bundesregierung immer wieder einschränkten. So forderte er etwa, die Gefangenen in der Sowjetunion gegen Stahl und andere materielle Güter frei zu kaufen.[122] Ein pragmatischer Vorschlag, der von den Angehörigen sehr begrüßt, von
der Regierung jedoch strikt abgelehnt wurde.[123] Dabei betonte der Verein seit seiner Gründung die eigene parteipolitische Neutralität, die auch in der Satzung festgeschrieben war. Darüber hinaus empfahl der Verein seinen Mitgliedern jedoch
ausdrücklich eine eigene politische Tätigkeit.[124] Viele Bundestagsabgeordnete waren Mitglied im Verband der Heimkehrer, wodurch der Verein nochmals an politi-
schem Einfluss gewann.[125] Dabei profitierte er besonders davon, dass die Thematik
Personen über alle Parteigrenzen hinweg ansprach und damit eine übergeordnete,
verbindende Kategorie darstellte.

---

und 7 Millionen Unterschriften die größte Willensäußerung der deutschen Bevölkerung seit
1945.«

121 Schwelling, Heimkehr, S. 288.

122 »Der augenblickliche Stillstand in der Kriegsgefangenenfrage ist für die Angehörigen uner-
träglich. Neue Wege müssen gefunden werden – und wenn sie über Handelsangebote führen. Vielleicht würde der Osten den zu Stahl gewordenen Schweiß deutscher Arbeiter für die
Rückgabe deutscher Kriegsgefangener annehmen.« Programmatische Rede des 1. Vorsitzenden des VdH anlässlich des 1. Deutschen Heimkehrertreffens am 9.9.1951, in: Der Heimkehrer, Nr. 10 (1951), S. 6-8, S. 8.

123 »Haben Sie Dank – herzlichen Dank für diese Worte! Es ist das erstemal, daß ein solcher
Vorschlag öffentlich gemacht wird. Wie lange haben wir – die Angehörigen dieser schwer
geprüften Menschen drauf gewartet. Freikaufen – alle gemeinsam für sie eintreten – alle ein
Opfer bringen – kaufen!« Auszug aus dem Brief der Frau eines Kriegsgefangenen. Dank einer
Frau, in: Der Heimkehrer, Nr. 12 (1951), S. 2; »Deswegen muss nach einer Möglichkeit gesucht
werden, um unsere Kriegsgefangenen durch ein wirtschaftliches Anbieten loszukaufen. Es
wäre z.B. denkbar, dass die Bundesrepublik Lieferungen von landwirtschaftlichen Maschi-
nen, Automobilen, Haushaltsgeräten und dergleichen an die Sowjet-Union vereinbart, vielleicht sogar unter dem Deckmantel, für allgemeine Kriegsschäden aufzukommen, wodurch
die Sowjet-Regierung bei diesem Tausch ihr Gesicht wahren könne.« Ekart S. an Konrad Adenauer, 15.9.1953, in: PP AA, B 10, Bd. 1984.

124 Zusammenarbeit mit Bundestag Bundesregierung Parteien, in: Verband der Heimkehrer
(Hg.), Rechenschaftsbericht, S. 62.

125 Verband der Heimkehrer (Hg.), Tätigkeitsbericht, S. 32. Im März 1954 gründete sich sogar ein
parlamentarischer Beirat, dem Mitglieder aller Parteien angehörten.

Bereits seit seiner Gründung suchte der VdH den Kontakt zur Regierung und den Parteien, um so die eigenen Ziele und Forderungen effektiver zu verfolgen. In dem im Jahr 1953 veröffentlichten Rechenschaftsbericht gibt es eine sechsseitige, sehr detaillierte Auskunft darüber, wie die Zusammenarbeit des Vereins mit der Regierung, dem Bundestag und den Parteien aussah. Darin heißt es: »Es war von vornherein die Aufgabe des Verbandes, im Interesse seiner Ziele eine gedeihliche Zusammenarbeit mit allen Fraktionen des Bundestages zu suchen.«[126] Während der Bericht insbesondere die gute Zusammenarbeit mit vielen Regierungsstellen, den Parteien und Fraktionen hervorhebt, benennt er auch deutlich jene Kreise, die dem Verband distanzierter gegenüberstehen würden, wie etwa die Parteileitung von CDU und CSU, während gleichzeitig auf die »mehrfachen längeren Gespräche des Hauptvorstandes mit dem Bundeskanzler«[127] verwiesen wurde.[128]

Für die Zusammenarbeit zwischen Regierung und Parteien mit dem VdH muss festgestellt werden, dass durchaus beide Seiten hiervon profitierten. So wurden die Aktivitäten des VdH zu großen Teilen aus Mitteln des Bundes finanziert, wodurch der VdH nochmals eine gesteigerte Wirkmächtigkeit und Professionalisierung erfuhr.[129] Beispiele hierfür sind, dass zu den alljährlichen Kriegsgefangenengedenkwochen bald bundesweite Schweigeminuten sowie Informationsveranstaltungen in Schulen gehörten.[130] Die Regierung wiederum verstand es nicht als ihre Aufgabe das konkrete Erinnern an die Kriegsgefangenen in Form von Veranstaltungen oder Ähnlichem zu gestalten und konnte diese Aktivitäten so an den Verein abgeben. Zwar legte Konrad Adenauer den 26. Oktober als bundesweiten Gedenktag für die Kriegsgefangenen fest, durchgeführt werden sollte er jedoch von den Bürgerinnen und Bürgern. Sie sollten auf diese Weise ihrer »Verbundenheit mit diesen unseren Landsleuten und mit ihren Angehörigen in Deutschland Ausdruck«[131] verleihen können. Bei der Einordnung dieser politischen Entscheidung Adenauers muss bedacht werden, dass dieses Vorgehen eine ganz andere Form von Gedenkveranstaltungen und Aktionen erlaubte als dies der Fall gewesen wäre, wenn sie von staatlicher Seite organisiert worden wären. Insbesondere außenpolitische Aspekte wie der beginnende Ost-West-Konflikt oder der öffentliche Umgang mit der Frage

---

126   Verband der Heimkehrer (Hg.), Rechenschaftsbericht, S. 60.
127   Ebd., S. 61.
128   Ebd., S. 62. Demgegenüber wird insbesondere die gute Zusammenarbeit mit FDP und SPD gelobt.
129   Aus einem Schreiben des VdH an das Bundesministerium für Vertriebene geht hervor, dass sich die Gesamtkosten der Kriegsgefangenengedenkwoche im Jahr 1952 auf 26.798,75 DM beliefen. Der Zuschuss der Regierung betrug 25.000 DM, also fast der gesamte Betrag. Verband der Heimkehrer an das Bundesministerium für Vertriebene, 16.12.1952, in: BArch, B 150/4448.
130   Vgl., Schwelling, Heimkehr, S. 39-48.
131   Zitiert nach Ebd., S. 40. (Verhandlung des Deutschen Bundestages, 1. WP, S. 3495.)

von durch Soldaten begangenen Kriegsverbrechen konnten vom VdH vernachlässigt werden, während die Regierung in ihrem Handeln diese hätte mit bedenken müssen.[132]

Die Zusammenarbeit zwischen der Regierung und dem VdH lässt sich daher aus verschiedenen Gründen als positiv und produktiv bezeichnen, auch wenn beide in einigen Punkten durchaus gegensätzliche Positionen vertraten. Der VdH als Interessenverband forderte viele Dinge, die die Regierung aufgrund von innen- und außenpolitischen Gründen nicht umsetzen konnte, selbst wenn sie möglicherweise dieselbe Meinung vertrat. Dadurch, dass dem Verein zusätzlich die Gestaltung der Gedenktage bzw. -wochen ermöglicht wurde, war es nicht verwunderlich, dass die öffentliche Deutungshoheit in der Kriegsgefangenenfrage an den Verein überging. Diese Tatsache und dass der Verband seine neue Position aktiv für seine eigenen Zwecke nutzte, wurde wiederum nicht von allen Personenkreisen positiv aufgenommen.

Ein Beispiel hierfür ist ein Radiobeitrag des Süddeutschen Rundfunks (SDR) in der Reihe *Zeichen der Zeit*, der sich kritisch über die Form der Organisation der Kriegsgefangenengedenkwoche 1952 äußerte, sowie die Reaktionen des VdH, die dieser Beitrag auslöste.[133] In der Sendung war die starre und bis ins kleinste Detail geplante Organisation der Kriegsgefangenengedenkwoche kritisiert worden. Dazu zitierten die Verantwortlichen für die Sendung aus einem internen Rundschreiben, in dem genaue Handlungsanweisungen zur Durchführung der Gedenkwoche gemacht worden waren. In der Sendung hieß es zudem:

> »Und weil dieser sittliche Grundgedanke über jeden Zweifel erhaben ist, hatte niemand den Mut, sich dem organisatorischen Rummel zu entziehen; jeder mit Rang und Namen lieferte eine Rede, einen Zeitungsartikel, eine Unterschrift. Jeder tat irgendwas, jeder machte eine Verbeugung vor der Organisation und damit vor den Stiefeln der Marschkolonnen, den Trommelwirbeln, den jaulenden Sirenen; – jeder funktionierte. Und im Funktionieren ging der Gedanke an die Kriegsgefangenen, ging die sittliche Idee unter. Nichts blieb als ein glänzender, mechanischer Apparat mit der Aufschrift: ›Verzweifeltes, hoffendes, forderndes Warten auf die Rückkehr der Kriegsgefangenen‹ und dieser Apparat wurde in einer Woche so gut gefüttert, dass er bald mehr Appetit bekommen dürfte.«[134]

---

132 Wie sehr sich der VdH auch für die verurteilten Kriegsverbrecher in deutschem Gewahrsam einsetzte, konnte Felix Bohr in seiner Monografie zeigen. Bohr, Felix, Die Kriegsverbrecherlobby. Bundesdeutsche Hilfe für im Ausland inhaftierte NS-Täter, Berlin 2018.

133 Es ging um den Beitrag »Mensch und Organisation in der Kriegsgefangenen-Gedenkwoche«, Folge 8. der Reihe Zeichen der Zeit, gesendet am 29.11.1952.

134 Manuskript Zeichen der Zeit Folge 8., 24.11.1952, S. 9, in: AdsD, 1/FEAC, Bestand Fritz Eberhard.

Besonders auffällig an diesem Zitat ist die Tatsache, dass hier öffentlich genau diese neue Deutungshoheit des Vereins kritisiert wurde sowie die Tatsache, dass sich dieser niemand entziehen könne. Der VdH empfand dies als kollektive Beleidigung von Millionen von Deutschen und erhob »formell gegen die diffamierende und herabsetzende Art der Sendung«[135] Einspruch. Im *Heimkehrer* wurde ausführlich über den Fall berichtet, was den Intendanten des Süddeutschen Rundfunk zu einer öffentlichen Stellungnahme zwang und die Heimkehrerfrage zum Thema einer Sitzung des Rundfunkrates machte. Aus dem Protokoll dieser Sitzung sowie dem der vorherigen des Rundfunkrat-Ausschusses Politik und Zeitgeschehen geht deutlich hervor, wie zwiegespalten die Mitglieder in dieser Frage waren. Während die Männer das Verhalten und Vorgehen des VdH in diesem Fall für übertrieben und unangebracht hielten, versuchten sie gleichzeitig auf die Empfindungen der Angehörigen Rücksicht zu nehmen und nicht in den Ruf zu geraten, in der Heimkehrerfrage auf der »falschen, ablehnenden Seite« zu stehen.[136] Auch dies ist ein erneuter Beleg für die Deutungshoheit des VdH in der Kriegsgefangenenthematik. Wie groß der Druck sein konnte, den der VdH durch seinen Einfluss ausübte, zeigt folgendes Zitat eines Mitgliedes des Rundfunkrates, der selbst vom VdH als Redner für eine Veranstaltung zur Kriegsgefangenengedenkwoche angefragt worden war. »Man konnte sich der Sache nicht entziehen, wenn man sich nicht Mißdeutungen aussetzen wollte. Es war einfach unmöglich.«[137] Diese Aussage entspricht der Kritik, die in dem Radiobeitrag geäußert wurde.

Grundsätzlich offenbaren die Protokolle, dass die Kriegsgefangenenfrage von dem Ausschuss als ein äußerst schwieriges Thema angesehen wurde, da die Angehörigen als »sehr empfindlich«[138] und unsachlich galten.[139] Der Fall verdeutlicht, dass zu diesem Zeitpunkt nicht mehr alleine die Medien und der Staat definierten, was im Fall der Kriegsgefangenen als sagbar und unsagbar galt. Das Deutungsmonopol darüber besaß nun der VdH als Sprachrohr der Betroffenen, der diese Position auch mit allen Mitteln verteidigte. Dazu nutzte der Verein zum einen seine politische Macht, indem Funktionsträger in seinem Sinne agierten, aber vor allem

---

135   Protokoll der Sitzung des Rundfunkrates Süddeutscher Rundfunk vom 26.1.1953, in: AdsD, 1/FEAC, Bestand Fritz Eberhard.

136   Protokoll Rundfunkrat-Ausschuss »Politik und Zeitgeschehen« des SDR vom 16.1.1953, S. 21, in: AdsD, 1/FEAC, Bestand Fritz Eberhard.

137   Ebd., S. 18.

138   Ebd., S. 18.

139   Ausschussmitglied Dr. Müller äußerte: »Es ist nur zu berücksichtigen, dass gerade in diesem Punkt manche Leute sehr empfindlich sind [...] Ich glaube, wir müssen berücksichtigen, dass Menschen, die noch Angehörige in der Gefangenschaft haben, solche Sendungen nicht sachlich hören können, sondern sagen: Hier wird unsere Stimme unterdrückt. Hier wird dagegen gesprochen.« Ebd., S. 18f.

seine mediale Präsenz und seine breite Akzeptanz in der Bevölkerung.[140] Während die Wirkmächtigkeit des eingangs zitierten Briefes auf der medialen Verbreitung beruhte, zeigt der Fall des Radiobeitrags zwei Jahre später bereits ein ganz anderes Vorgehen von Seiten des Vereins. Dass der Verein gegen eine solche Kritik in dieser Form vorgehen konnte, beweist über welche Wirkmächtigkeit er zu diesem Zeitpunkt verfügte und dass das öffentliche Deutungsmonopol über die Kriegsgefangenenfrage uneingeschränkt in seiner Hand lag.

Die Regierung, der Bundestag und die Parteien akzeptierten die Rolle des VdH in der bundesdeutschen Nachkriegsgesellschaft und arrangierten sich mit ihm. In den folgenden Jahren beteiligte sich Theodor Heuss immer mit einer Ansprache an den Feierlichkeiten zur Kriegsgefangenengedenkwoche bzw. zum Kriegsgefangenengedenktag. Zugleich nutzten Parteien und Regierung die Breitenwirkung des VdH und versuchten diese für die eigenen Interessen einzusetzen. Gleichwohl wussten sie, dass ihr persönliches Ansehen deutlichen Schaden nehmen konnte, wenn sie sich öffentlich gegen den Verein ausgesprochen hätten. Der innenpolitische Stellenwert der Kriegsgefangenenfrage war so immens gewachsen, dass sich die Regierung Adenauer keine Enttäuschung der Bevölkerung in dieser Frage leisten konnte, wie sie in dem eingangs zitierten Brief noch ihren Ausdruck fand.

Neben dem direkten Einsatz für die Internierten und ihre Angehörigen, insbesondere im politischen Bereich, nahm der Aspekt der Erinnerungskultur einen großen Stellenwert in den Aktivitäten des Vereins ein. Thomas Kühne verweist in seiner Arbeit *Kameradschaft* auf diesen Zusammenhang, indem er feststellt: »Er artikulierte den Anspruch der Soldaten auf Teilhabe an der großen Opfergemeinschaft, als die sich die Deutschen konstituierten, um den Schuldvorwurf der Weltöffentlichkeit abzuwehren.«[141] Aufgrund der bisherigen Ergebnisse dieser Arbeit sollte die Funktion des VdH jedoch eher darin gesehen werden, dass der Verein die Rolle der Kriegsgefangenen und ihrer Angehörigen in der Opfergemeinschaft weiter festigte und ausgestaltete, während eine Festschreibung dieser Gruppen darin bereits vor der Gründung des Vereins stattgefunden hatte. Darauf, wie sehr diese eigene Opferkonstruktion mit den Angehörigen der Kriegsgefangenen verbunden war und der VdH diese aktiv gestaltete, wird im folgenden Teil eingegangen und dieses analysiert.

---

140 Die unzähligen Leserbriefe, die in dieser Sache an den Sender geschickt wurden, sind leider im heutigen Archiv des SWR nicht überliefert. Darauf, dass der VdH einen großen politischen Druck ausüben konnte, verweist auch Felix Bohr in seiner Studie, in der er die Aktivitäten und den Einsatz des VdH für die inhaftierten Kriegsverbrecher untersucht. Bohr, Kriegsverbrecherlobby, S. 125f.

141 Kühne, Thomas, Kameradschaft. Die Soldaten des nationalsozialistischen Krieges und das 20. Jahrhundert, Göttingen 2006, S. 232.

Die Frauen und Kinder als symbolische Stellvertretende für ihre internierten Angehörigen

Die Verbundenheit des Vereins zu den Angehörigen der Kriegsgefangenen basierte auf der Kameradschaft der Mitglieder zu den noch Internierten. Die bereits Heimgekehrten sahen es als ihre ›soldatische Pflicht‹, sich für die Freilassung ihrer Kameraden einzusetzen und bis zu deren Rückkehr für ihre Familien zu sorgen. Ausgangspunkt hierfür war das Versprechen, das die Männer den Zurückbleibenden bei ihrer Verabschiedung in Russland gegeben hatten, sich um die Angehörigen bis zu ihrer Rückkehr zu kümmern.[142] Aufgrund des ›Gebots der Kameradschaft‹ war der Einsatz für die Familien somit eine ›Ehrenpflicht‹ für die Mitglieder des VdH.

Da neben der Hilfe im Einzelfall der Fokus des Vereins auf der politischen Arbeit lag, war es von entscheidendem Interesse, die Bevölkerung für die Ziele des Verbandes zu gewinnen. Dass dieses dem Verein in besonderem Maße gelang, wurde bereits im vorherigen Abschnitt ausführlich beschrieben. Zentral hierfür war neben der Gefangenschaftserfahrung in so vielen Familien die Konstruktion der Kriegsgefangenen als Opfer des Nationalsozialismus und des Zweiten Weltkrieges. Wie die Ergebnisse im dritten Kapitel dieser Arbeit zeigen, bestand dieses Verständnis bereits vor der TASS-Meldung, wurde aber durch die Verurteilung der Kriegsgefangenen noch einmal in besonderer Weise verstärkt. Das Narrativ, nach dem die Gefangenschaft ein Opfer darstellte, das die Internierten für die gesamte Gesellschaft erbrachten, bestimmt noch heute die bundesdeutsche Erinnerung an die deutschen Kriegsgefangenen des Zweiten Weltkrieges und wurde maßgeblich vom VdH mit geprägt.[143]

Die mediale Inszenierung spielte für den Verein eine wichtige Rolle, die er geschickt für seine Zwecke nutzte. Fackelzüge, Mahnfeuer, Schweigemärsche und Gedenkveranstaltungen besaßen zudem eine symbolische Wirkung, die nicht zu unterschätzen ist und immer wieder gekonnt in Szene gesetzt wurde.[144] Der Verein generierte auf diese Art und Weise neue Unterstützerinnen und Unterstützer und prägte gleichzeitig das eigene Bild einer einflussreichen und machtvollen Organisation. Heimkehrer wurden hierbei nicht als individuelle Opfer inszeniert, sondern

---

142   Tatsächlich berichteten Heimkehrer immer wieder von diesem Versprechen, das sie einem anderen Kameraden bei seiner Abreise gegeben hatten. Gleichzeitig wurde dieses Bild jedoch auch zu einer Art Mythos unter den Kriegsgefangenen und Heimkehrern, dem sich alle verpflichtet fühlten und der über verschiedene Gewahrsamsländer und verschiedene Lager hinweg eine universelle Gültigkeit besaß.

143   Schwelling, Birgit, »Verlorene Jahre«? Die sowjetische Kriegsgefangenschaft in der Erinnerung des Verbandes der Heimkehrer, in: Scherstjanoi (Hg.), Russlandheimkehrer, S. 55-70; Echternkamp, Jörg, Soldaten im Nachkrieg. Historische Deutungskonflikte und westdeutsche Demokratisierung 1945-1955, München 2014, S. 195-262.

144   Schwelling, Heimkehr, S. 39ff.

als starker Teil einer Gesellschaft, die sich vielmehr selber als kollektive Opfergemeinschaft verstand. Die Frauen und Kinder nahmen in dieser Konzeption eine
besondere Rolle ein. Sie standen symbolisch für ihren noch internierten Ehemann
und Vater – für sein Leid und sein Opfer. In dieser Funktion sollten sie die übrige
Bevölkerung mahnen und auf diesem Weg dafür sorgen, dass die letzten Kriegsgefangenen nicht vergessen würden.[145] Der Begriff des Mahnens besitzt dabei noch
einmal ein höheres Gewicht, da er wesentlich stärker konnotiert ist als das reine
Erinnern und eine deutlich moralischere Komponente besitzt. Dies ist ebenfalls
ein weiterer Verweis darauf, wie gezielt der Verein die Frauen in dieser Funktion inszenierte. Ein weiteres Beispiel, das diese strategische Nutzung zeigt, ist ein
internes Dokument des VdH zur Vorbereitung des Kriegsgefangenengedenktages
1954. Aus diesem geht deutlich hervor, wie die Frauen und Kinder in die Inszenierung der Feierlichkeiten eingebunden wurden und welcher Platz ihnen in diesen
zukam. Darin heißt es zum Schweigemarsch:

> »Es ist bereits vor einiger Zeit darauf hingewiesen worden, daß angestrebt ist, in
> diesem Jahr Frauen und Kinder in Massen zu gewinnen, die den Schweigemär-
> schen vorangehen. Die Männer bilden den zweiten Teil des Zuges, um damit auch
> symbolisch zum Ausdruck zu bringen, daß sie als Kameraden hinter den Müttern,
> Frauen und Kindern der noch nicht Heimgekehrten stehen. Es ist wünschenswert,
> daß aus Kriegsgefangenen- und Vermißten-Angehörigen bestehende Frauende-
> legationen von den Bürgermeistern, Landräten, Verwaltungs- und Ministerpräsi-
> denten am ›Tag der Kriegsgefangenen‹ empfangen werden, um durch diese Eh-
> rung die Verbundenheit des ganzen deutschen Volkes mit Ihnen zum Ausdruck
> zu bringen.«[146]

Zusätzlich sollte auf jeder Kundgebung immer auch eine Ehefrau oder Mutter eines Gefangenen sprechen.[147] In Jahr 1954 war die Präsenz der Angehörigen der

---

145   Zum Beispiel: »Die wichtigste Aufgabe des Verbandes ist für uns Frauen, die ständige Mah-
      nung an die Heimkehrer der Männer […].« Gruber, Frauen, in: Der Heimkehrer, Nr. 2 (1951), S. 3;
      »Dann werden uns auch die 2,5 Mio. Angehörigen von Vermißten eine menschliche und po-
      litische Mahnung sein.« Wortlaut der programmatischen Rede des 1. Vorsitzenden des VdH,
      in: Der Heimkehrer, Nr. 10 (1951), S. 8; Erhard Schütz hat diese Funktion auch den Kriegsge-
      fangenen selbst zugeschrieben. »Ihre Bilder [die der Kriegsgefangene; Anm. A.K.], ihre Ge-
      schichten, in den Medien wie in den Familien und lokalen Umgebungen waren Stachel, die
      den anderen Krieg, den Nachkrieg, hinter Stacheldraht präsent hielten, die als Metonymien
      der Lagergesellschaft der ›Zone‹ fungierten und zugleich eben die Bilder der Konzentrations-
      lager überecken konnten.« Schütz, Erhard, »Spätheimkehrer«. Mediale Reflexe zum Mythos
      von Adenauers Moskau-Reise, in: Agazzi, Elena/Ders. (Hg.), Heimkehr: Eine zentrale Katego-
      rie der Nachkriegszeit. Geschichte, Literatur und Medien, Berlin 2010, S. 95-116, S. 98.
146   Verband der Heimkehrer, Rundschreiben Nr. 33/54, 6.9.1954, in: BArch, B 122/639.
147   Ebd.

Kriegsgefangenen während der Kriegsgefangenengedenkwoche größer als je zuvor, da sie unter dem »Tenor der Verzweiflung«[148] stattfand. Die Kriegsgefangenengedenkwoche im Jahr 1954 ist das deutlichste Beispiel für die Benutzung der Frauen und Kinder als symbolische Stellvertretende durch den VdH, um die Bevölkerung an das Schicksal der Kriegsgefangenen zu erinnern. Doch auch in den Jahren zuvor waren die Frauen und Kinder in den medialen Darstellungen des VdH präsent gewesen. Bereits das Plakat der Gedenkwoche aus dem Jahr 1953 zeigt die schematischen Umrisse einer Frau mit einem Kind neben sich. Über ihren Köpfen steht in Großbuchstaben: »Wann kommst du«[149].

Analysiert man zudem den Heimkehrer und seine Berichterstattung hinsichtlich der Darstellung der Angehörigen von Kriegsgefangenen, so zeigt sich, dass der Verein bereits seit seiner Gründung immer wieder auf Frauen und Kinder in seiner Selbstinszenierung zurückgriff. Im Frühjahr 1951 etwa berichtete *Der Heimkehrer* über die Enthüllung eines Kreuzes sowie eines Schwursteines.[150] Neben dem Bericht über die Veranstaltung ist ein Foto abgedruckt, das Mädchen in weißen Kleidern beim Niederlegen von Blumen zeigt. Darunter steht: »In Gedenken an alle Männer und Frauen, die in Ost und West immer noch in Kriegsgefangenschaft sind, und insbesondere im Gedenken an ihren Vater legt ein kleines Mädchen einen Blumenstrauß an dem Schwurstein nieder.«[151] Ein Bericht im selben Jahr über den sogenannten Tag der Treue wurde ergänzt durch ein Bild, das Frauen und Kinder auf einem der Schweigemärsche zeigte. In der Bildunterschrift heißt es: »Frauen und Kinder waren die ergreifendsten Ankläger auf den Schweigemärschen durch die nächtlichen Städte.«[152]

Zur Berichterstattung im Heimkehrer über die Kriegsgefangenengedenkwoche 1952 gehört ebenfalls ein Bild mit Kindern, die »zum Zeichen der Treue Blumen nieder[legten]«[153]. Und auch das Bild einer Brückeneinweihung in Kempten aus dem Jahr 1953 zeigt die Teilnahme von Kindern von Vermissten bei solchen Festakten.[154] Hier kam den Kindern an der Spitze der Gruppe ebenfalls eine besondere Position zu, wobei die Veranstaltung an sich keinen spezifischen Bezug zur Kriegsgefangenenproblematik hatte. Während die Kinder vor allem symbolische Handlungen in

---

148   Verband der Heimkehrer an den persönlichen Referenten des Bundespräsidenten, 20.9.1954, in: BArch, B 122/639.
149   Plakat der Kriegsgefangenen-Gedenkwoche 1953, Künstler: Oskar Johannes Stanik.
150   Bei dem Schwurstein handelt es sich um eine »Steintafel mit einer Schwurhand«, die die Aufschrift »Schwer wird unser Recht – Ihr seid nicht vergessen« trägt. Schwer wird unser Recht, in: Der Heimkehrer, Nr. 8 (1951), S. 9.
151   Schwer wird unser Recht, in: Der Heimkehrer, Nr. 8 (1951), S. 9.
152   Bilder vom Tag der Treue, in: Der Heimkehrer, Nr. 6 (1951), S. 2.
153   Kinder legen in Arnsberg zum Zeichen der Treue Blumen nieder (Bild), in: Der Heimkehrer, Nr. 11 (1951), S. 3.
154   Kinder von Vermissten an der Spitze (Bild), in: Der Heimkehrer, Nr. 9 (1951), S. 1.

Abbildung 1: Plakat der Kriegsgefangenen-Gedenkwoche 1953

Abgedruckt in: Der Heimkehrer, Nr. 10 (1953), S 1.

der Öffentlichkeit vollzogen, übertrug man den Frauen und Müttern von Kriegsgefangenen und Vermissten auch politisch-repräsentative Aufgaben. So organisierte
der VdH immer wieder Treffen zwischen Politikern und Frauendelegationen, damit
diese für die Unterstützung der Ziele des Vereins warben. Der letzte dieser Besuche
war ein Treffen mit Bundeskanzler Konrad Adenauer im September 1955, unmittelbar vor seiner Reise nach Moskau.[155] Bei der Begegnung erkundigte sich Adenauer nach den Hauptanliegen der Frauen und ihrer sozialen Situation. Danach
versprach er ihnen: »Sie dürfen versichert sein, meine Damen, daß ich in Moskau,
in ihrem Sinne und im Sinne aller wartenden deutschen Frauen und Mütter, mir

---

155   VdH-Frauen beim Bundeskanzler, in: Der Heimkehrer, Nr. 18 (1955), S. 1.

Abbildung 2: Mädchen bei der Niederlegung von Blumen; Abbildung 3: Frauen und Kinder beim Schweigemarsch

Im Gedenken an alle Männer und Frauen, die in Ost und West immer noch in Kriegsgefangenschaft sind, und insbesondere im Gedenken an ihren Vater legt ein kleines Mädchen einen Blumenstrauß an dem Schwurstein nieder

Frauen und Kinder waren die ergeifendsten Ankläger auf den Schweigemärschen durch die nächtlichen Städte.   (Aufn.: V.d.H.)

Abgedruckt in: Der Heimkehrer, Nr. 8 (1951), S. 9; Der Heimkehrer, Nr. 6 (1951), S. 2)

diese Frage [gemeint ist die Kriegsgefangenenfrage; Anm. A.K.] ganz besonders angelegen lassen sein werde.«[156]

In der Anwesenheit der Kinder und Frauen bei Veranstaltungen materialisierte sich zugleich die Abwesenheit der Kriegsgefangenen, für die sie symbolisch standen. Sie waren Stellvertretende, die das Leid der Kriegsgefangenen greifbar und darstellbar machten. Der VdH nutzte diesen Umstand, um mit der Gruppe für seine Ziele zu werben und über ihr persönliches Schicksal andere Bevölkerungskreise anzusprechen. Es ist davon auszugehen, dass die entsprechenden Frauen sich gerne in dieser Weise für den VdH und seine Ziele einsetzten, auch wenn der Verein sie in gewisser Weise für die öffentliche Darstellung instrumentalisierte. Die Frauen hatten so die Möglichkeit, die Bevölkerung für die Problematik der Kriegsgefangenen zu sensibilisieren sowie die Aufmerksamkeit für das eigene Schicksal zu erhöhen und sich so gegen das Vergessen einzusetzen.

Dabei stilisierte der Verein die Ehefrauen als treu und verzweifelt wartend – ein Bild angelehnt an das der Penelope aus der Odyssee.[157] Ela Hornung beschreibt die Erzählung von Penelope und Odysseus als »Folie des idealen, prototypischen

---

156   Ebd.
157   Penelope war die Frau des Odysseus in Homers Odyssee. Sie wartete insgesamt 20 Jahre auf die Rückkehr ihres Mannes aus dem Krieg.

Geschlechterverhältnis[es] von Paaren in Krieg- und Nachkriegszeit«[158], das auf Heimkehr und Warten beruht. Die Stilisierung der Heimkehrerehe auf diese beiden Pole festigte das klassische Geschlechterverhältnis beider Partner und blendete damit gleichzeitig die vielfältige Lebensrealität aus. Dass es sich hierbei nicht nur um ein rein deutsches Phänomen handelte, zeigen zudem die Arbeiten von Hornung, die zu Österreich geforscht hat, und Sarah Fishman, die dies ebenfalls für Frankreich zeigen konnte.[159] Wie bereits festgestellt, lebte der VdH diese klassischen Geschlechterrollen auch in seiner Vereinsarbeit, indem er Frauen und Männern spezifische Arbeitsbereiche zuwies. Die treu wartende Ehefrau passte genau in dieses idealtypische Bild, das der Verein mit seiner Darstellung der Frauen propagierte und das diese nach außen verkörpern sollten.

Bis 1950 war die Kriegsgefangenenproblematik in der Bundesrepublik insbesondere eine Angelegenheit zwischen der Regierung und den Alliierten gewesen. Es gab keine Institution, die sich im umfangreicheren Maße für die Situation der Angehörigen einsetzte. Dies änderte sich erst mit der Gründung des VdH, der sich schnell zu einem entscheidenden Motor in der Kriegsgefangenenfrage entwickelte. Zwar spielten die Frauen und Kinder der Kriegsgefangenen und Vermissten und mit ihnen die Frauenarbeit im Verein eine untergeordnete Rolle, dennoch muss dessen Arbeit als entscheidend für die Entwicklungen in den Lebensumständen der Angehörigen der deutschen Kriegsgefangenen nach 1950 angesehen werden. Die vom Gedanken der ›Kameradschaft und Ehre‹ getragene Unterstützung der Ehefrauen und Kinder war für viele von diesen von besonderer Bedeutung für die Gestaltung der derzeitigen Lebenssituation. In den Ortsgruppen, in denen die sogenannte Frauenarbeit aktiv und engagiert durchgeführt wurde, stellte sie für die Betroffenen eine nicht zu unterschätzende Hilfestellung dar. Dem Verein gelang es jedoch nicht, ein Äquivalent zu dem Kameradschaftsgedanken der männlichen Mitglieder unter allen Ehefrauen von Kriegsgefangenen zu erzeugen. Zum einen war die Gesamtzahl dieser Frauen bei der Gründung des VdH nur verhältnismäßig gering, zum anderen ist davon auszugehen, dass sich viele der Ehefrauen zu diesem Zeitpunkt bereits so mit ihrem neuen Leben arrangiert hatten, dass die Angebote des VdH für sie nicht attraktiv genug waren. Auch hier spielten Faktoren wie das soziale Umfeld, die finanzielle Versorgung und regionale Unterschiede eine wichtige Rolle. Für die Frauen, die sich jedoch für eine aktive Mitgliedschaft im VdH entschieden, waren dessen Angebote sicherlich eine große Unterstützung und Hilfe. Hier gehörten sie zu einer Gruppe, der sie sich zugehörig fühlen konnten und die ihre Probleme teilte. Dadurch, dass es dem Verein innerhalb der ersten Jahre seiner Tätigkeit gelang, sich in der Kriegsgefangenenfrage zur diskursbestimmenden Institution in der BRD zu entwickeln, profitierten auch die Ehefrauen und

---

Kinder der Kriegsgefangenen von seiner Wirkmächtigkeit. Dass dahinter jedoch auch viel strategisches und politisches Kalkül steckte und der Verein hart daran arbeitete, seine Position weiter zu festigen, zeigt die Form der Instrumentalisierung der Angehörigen durch den Verein.

4.2   Das Leben der Angehörigen in der DDR nach der TASS-Meldung

Die strikte Politik der DDR-Regierung, die Verurteilungen der zurückgehaltenen Kriegsgefangenen nicht anzuzweifeln und den medialen Diskurs zu diesem Thema weitestgehend einzustellen, führte bei deren Angehörigen zu vielfältigen Fragen und insgesamt zu einer großen Unsicherheit.[160] In den seltenen Fällen, in denen die Kriegsgefangenenfrage doch einmal in Zeitungen oder Zeitschriften thematisiert wurde, wiederholten die Beiträge lediglich die offizielle Darstellung, dass die Repatriierung aller deutschen Kriegsgefangenen abgeschlossen sei und es sich bei den verbliebenen Internierten um verurteilte ›Kriegsverbrecher‹ handele. Dass die Thematik im öffentlichen Raum nicht mehr besprochen wurde, führte jedoch nicht dazu, dass die Bevölkerung und allen voran die Familien der Kriegsgefangenen die Problematik vergaßen. Hunderte von betroffenen Angehörigen wendeten sich mit einer Eingabe an verschiedenste Stellen und politische Funktionsträger der Regierung.[161] Und auch die SED setzte sich weiterhin, wenn auch öffentlich nicht sichtbar, für die Rückkehr der verbliebenen Kriegsgefangenen in der Sowjetunion ein.[162] Borchard erklärt dies in seiner Arbeit mit dem »erheblichen Druck«[163] den die Anfragen der Angehörigen auf die DDR-Führung ausgeübt hätten sowie mit der »Behandlung des Kriegsgefangenenthemas in der Bundesrepublik«[164]. Vor dem Hintergrund der bisherigen Ergebnisse gilt es jedoch die erste Einschätzung kritisch zu überprüfen, da sowohl der Umgang mit den Briefen als auch die öffentliche Positionierung der Regierung in der Kriegsgefangenenproblematik nicht

---

160   Borchard datiert die endgültige Anerkennung der TASS-Meldung durch die SED auf den Anfang des Jahres 1951 und begründet dies mit der Verordnung zu den Toderklärungen vermisster Wehrmachtssoldaten, mit der Vermisste, die sich bis zum Stichtag des 1.1.1951 nicht persönlich gemeldet hatten, für tot erklärt werden konnten. Auf Grundlage der Ergebnisse dieser Arbeit gibt es jedoch keine Hinweise darauf, dass die SED die Aussagen der TASS-Meldung bis zu diesem Zeitpunkt angezweifelt hätte. Sowohl der Umgang mit den Eingaben der Angehörigen als auch der öffentliche und mediale Umgang mit der Thematik geben hierzu keinerlei Anlass. Vgl. Borchard, Kriegsgefangenen, S. 165f.
161   Genauere Ausführungen zum Kommunikationsmittel der Eingabe folgen im Unterkapitel 4.2.1.
162   Hierzu ausführlich Borchard, Kriegsgefangenen, S. 159-179.
163   Ebd., S. 160.
164   Ebd.

für eine tatsächliche Drucksituation sprechen. Grundsätzlich muss vielmehr festgestellt werden, dass die Regierung der DDR in der Kriegsgefangenenfrage weiterhin keine eigenständige Handlungsmacht besaß und vollständig von der Politik der SU abhängig war.[165] Im Zuge der Proteste vom 17. Juni 1953 forderte die Bevölkerung der DDR auch die Freilassung der verbliebenen Kriegsgefangenen.[166] Die darauf folgende Repatriierung von 12.000 Internierten nach der Niederschlagung des Aufstandes muss daher auch als Reaktion der Moskauer Regierung verstanden werden, mit der diese versuchte die innenpolitische Situation in der DDR zu stabilisieren.[167] Bis zu Stalins Tod kurz zuvor hatte es keine Entlassungen von Kriegsgefangenen aus der Sowjetunion gegeben. Im Jahr 1954 kamen die Repatriierungen schließlich fast vollständig zum Erliegen und setzten erst wieder mit dem Jahr 1955 ein.[168] Bei den letztendlichen Verhandlungen um die abschließende Rückführung der verbliebenen Inhaftierten zwischen der Sowjetunion und der Bundesrepublik spielte die DDR nur eine untergeordnete Rolle. Bereits im Juli 1955 war der SED mitgeteilt worden, dass die Moskauer Regierung die Repatriierung der Kriegsgefangenen beabsichtige.[169] Mit dem Staatsbesuch von Chruschtschow und Bulganin in Berlin hielten sich beide Seiten zudem »die propagandistische Möglichkeit offen [...], einen politischen Erfolg der DDR-Regierung zu suggerieren«[170], sollten die Verhandlungen mit Adenauer zu einer Freilassung der Gefangenen führen.[171] Und tatsächlich beanspruchte die Regierung der DDR nach Adenauers Moskaureise die Repatriierung der verbliebenen Kriegsgefangenen als eigenen politischen Erfolg.[172]

---

165 Zum grundsätzlichen Verhältnis von DDR und SU: Lepsius, M. Rainer, Die Institutionenordnung als Rahmenbedingung der Sozialgeschichte der DDR, in: Kaelbe/Kocka/Zwahr (Hg.), Sozialgeschichte S. 17-30.

166 Allgemein zum Aufstand vom 17.6.1953 vgl. zum Beispiel: Wehler, Gesellschaftsgeschichte, Bd. 5, S. 29-31; Kleßmann, Arbeiter, S. 311-373; Dietrich, Torsten, Der 17. Juni 1953 in der DDR. Bewaffnete Gewalt gegen das Volk, Berlin 1991; Engelmann, Roger/Kowalczuk, Ilko-Sascha (Hg.), Volkserhebung gegen den SED-Staat. Eine Bestandsaufnahme zum 17. Juni 1953, Göttingen 2005.

167 Ihme-Tuchel, Tabu, S. 53. Zu der Forderung der Freilassung der Kriegsgefangenen im Zuge des Aufstandes des 17. 6. 1953; Kilian, Adenauers Reise, S. 81.

168 Borchard, Kriegsgefangenen, S. 177.

169 Lemke, Michael, Ein Desaster für die SED? Wahrnehmungen, Bewertungen und Folgen der Adenauer-Reise nach Moskau, in: Altrichter, Helmut (Hg.), Adenauers Moskaubesuch 1955. Eine Reise im internationalen Kontext, Bonn 2007, S. 245-266, S. 253f.

170 Borchard, Kriegsgefangenen, S. 241.

171 Schütz, »Spätheimkehrer«, S. 105. Nikita Sergejewitsch Chruschtschow (1894-1971) war zu diesem Zeitpunkt erster Parteisekretär der Kommunistischen Partei der Sowjetunion. Später übernahm er das Amt des Ministerpräsidenten. Nikolai Alexandrowitsch Bulganin (1895-1975) war zwischen 1955 und 1957 Vorsitzender des sowjetischen Ministerrates.

172 Borchard, Kriegsgefangenen, S. 241.

Von diesen letzten Heimkehrern kehrten schließlich 2.027 Personen in die DDR zurück, während sich die übrigen nach Westdeutschland entlassen ließen.[173]

Die Lebensumstände der Frauen und Kinder von Kriegsgefangenen änderten sich zwischen Mai 1950 und Januar 1956 insofern nur unwesentlich, als dass in diesem Zeitraum keine Gesetze oder Verordnungen erlassen wurden, die etwas an ihrer finanziellen Versorgung oder ihrem sonstigen Status in der Bevölkerung geändert hätten – anders als dies in der BRD der Fall war. Die Frauen beschwerten sich vor allem über ihre schlechte finanzielle Lage, deren Ursache sie in der Abwesenheit ihres Mannes sahen sowie in der Tatsache, dass der Staat ihnen keine statusbedingte Rente zubilligte. Dabei verwiesen auch die Frauen und Kinder in der DDR immer wieder auf die staatlichen Rentenzahlungen, die die Witwen und Waisen erhielten. Der 14-jährige Klaus D. fragte in seinem Brief an Walter Ulbricht: »Ist es nicht möglich, uns für die Zeit bis zur Heimkehr unseres Vati die gleiche Unterstützung zu geben wie den Halbwaisen. Wir sind doch auch nicht besser dran.«[174] Diese Forderungen stellten eine deutliche Parallele zu den Argumenten dar, die auch die Angehörigen in der BRD anführten und die in beiden Fällen auf das Selbstverständnis zurückzuführen sind, das die Angehörigen durch den Bezug des Familienunterhaltes während der Zeit des Nationalsozialismus erhalten hatten.[175]

Besonderes Unverständnis rief es hervor, wenn die Ehefrauen einer Erwerbsarbeit nachgingen, damit jedoch nicht genug verdienten, um sich und ihre Familien zu versorgen, und daher auf zusätzliche Fürsorgeleistungen angewiesen waren. Exemplarisch hierfür ist der Fall von Ella L. Die Mutter von vier Kindern im Alter zwischen acht und vierzehn Jahren arbeitete als Verkäuferin und verdiente monatlich 170 DM. Das allein sicherte nicht den Lebensunterhalt der Familie, sodass sie noch 48 DM Fürsorgeunterstützung vom Staat bezog. Dazu schrieb sie: »Dass wir das ganze Jhr. in Not gelebt haben ist wohl verständlich.«[176] Zu der Kriegsge-

---

173   Krekel, Michael W., Verhandlungen in Moskau. Adenauer, die deutsche Frage und die Rückkehr der Kriegsgefangenen, Bad Honnef 1996, S. 37.

174   Klaus D. an Walter Ulbricht, 12.3.1953, in: BArch, DO 1/8361. Vgl. zudem: »Während Witwen und uneheliche Mütter Unterstützung haben, fällt dies bei mir fort.« Anne-Liese. T. an Wilhelm Pieck, 6.6.1952, in: BArch, DO 1/8359; »Warum gibt es kein Gesetz, daß diesen Kindern eine Rente aussetzt, bis der Vater wieder für seine Familie sorgen kann.« Ella L. an den Suchdienst für vermisste Deutsche, 28.8.1951, in: BArch, DO 1/8356.

175   »Er [ihr Ehemann; Anm. A.K.] befindet sich doch noch in der UdSSR und ist doch gar nicht in der Lage, für den Unterhalt des Kindes zu sorgen. An die Kinder, deren Väter noch vermißt sind, wird doch auch die Rente gezahlt. Mein Mann kann doch mir auch nichts für den Unterhalt des Kindes schicken.« Anna B. an Wilhelm Pieck, 05.1.1953, in: BArch, DO 1/8352.

176   Ella L. an den Suchdienst für vermisste Deutsche, 28.8.1951, in: BArch, DO 1/8356. Die Abkürzung Jhr. ist so aus der Quelle übernommen, dabei lässt sich nicht endgültig sagen, ob die Verfasserin tatsächlich Jahrhundert meinte oder hier die falsche Abkürzung verwendet hat und eigentlich Jahr meinte.

fangenenfrage äußerte sie sich wie folgt: »Ich sehe ein, daß die Bestrafung nach dem Gesetz des jeweiligen Landes geschehen muß, aber ich kann nicht einsehen, warum auch die Familie darunter leiden muß. Denn wir haben zu leiden, mehr als mein Mann.«[177] Sie selbst empfand sich und ihre Kinder als »ausgestoßen aus dem gesellschaftlichen Leben«[178]. Ihre eigene finanzielle Not verbanden die Familien unmittelbar mit der Kriegsgefangenschaft des Ehemannes und Vaters, während sie die Verantwortung für ihre schwere Situation der Regierung zuschrieben. In ihren Augen wäre es die Aufgabe der politischen Führung gewesen sicherzustellen, dass die Frauen sich und ihre Familien versorgen konnten bzw. ihnen eine solche Versorgung zur Verfügung zu stellen. Zwar sah die sozialistische Arbeitsmarkt- und Sozialpolitik vor, dass alleinstehende Frauen eigenständig den Lebensunterhalt ihrer Familie erwirtschaften sollten, die Realität wich hiervon jedoch deutlich ab. Die häufig schlechtere oder fehlende berufliche Ausbildung führte dazu, dass diese Frauen sogar in der Regel in einem Vollzeitjob zu wenig verdienten, um sich und ihre Familie zu versorgen. Aus diesem Grund waren sie wie Ella L. häufig auf zusätzliche staatliche Hilfen angewiesen. So führten viele der Frauen und Kinder von Kriegsgefangenen ein Leben am Existenzminimum, das sie selbst als »schwere[n] Existenzkampf«[179], als »trostloses dahinleben«[180] und »Vegetieren«[181] beschrieben.

Das folgende Unterkapitel untersucht, wie die Frauen und Kinder der Kriegsgefangenen in der DDR mit der veränderten gesellschaftlichen Situation nach der TASS-Meldung umgingen und welche Strategien sie hierzu entwickelten. Darüber hinaus wird analysiert, wie sich dies auf ihr Selbstverständnis auswirkte und wie sich wiederum die Wahrnehmung der übrigen Bevölkerung veränderte. Als Grundlage der Analyse dienen die sogenannten Eingaben, bei denen es sich um ein DDR-spezifisches Kommunikationsmittel handelt und aus denen hier bereits in Auszügen zitiert wurde. Die Eingabe als Quelle sowie der untersuchte Korpus werden im folgenden Unterkapitel ausführlich dargestellt. Daran anschließend folgen vier Unterkapitel, die unterschiedliche thematische Schwerpunkte der Eingaben der Angehörigen von Kriegsgefangenen untersuchen. Das erste behandelt das Verhältnis der Frauen und Kinder zu der eigenen Regierung sowie zu der Sowjetunion. Die Eingaben spiegeln hier ein deutlich ambivalentes Bild der Beziehung zwischen Vertrauen und Verunsicherung wider. Anschließend wird der Umgang der Angehörigen mit der Frage von Schuld und Täterschaft sowie der Verurteilung der Kriegsgefangenen analysiert. Im darauf folgenden Teil stehen die Haltung der übrigen

---

177   Dies. an Wilhelm Pieck, 17.7.1952, in: BArch, DO 1/8356.
178   Ebd.
179   Elisabeth T. an Otto Grotewohl, 27.11.1950, in: BArch, DO 1/8359.
180   Elsa U. an Wilhelm Pieck, 1.5.1952, in: BArch, DO 1/8359.
181   Gisela v. S. an Wilhelm Pieck, 21.7.1950, in: Barch, DO 1/8358.

Bevölkerung gegenüber der Kriegsgefangenenfrage im Fokus der Betrachtung sowie die Frage, wie diese mit den Angehörigen der Kriegsgefangenen umging. Das letzte Kapitel behandelt ausschließlich die Eingaben von Kindern von Kriegsgefangenen. Ergänzt werden die Befunde aus den Eingaben in allen Teilen durch Informationen aus Regierungsdokumenten und publizierten Quellen.

4.2.1   Die Eingaben der Angehörigen von Kriegsgefangenen als Quelle

Viele Frauen und Kinder von Kriegsgefangenen schrieben in den Jahren zwischen 1950 und 1955 an verschiedene staatliche Stellen in der DDR eine Eingabe. Auf diesem Weg versuchten sie, sich für die Freilassung ihres Angehörigen einzusetzen, etwas über seinen Verbleib oder sein genaues Schicksal in Erfahrung zu bringen. In den meisten Fällen wurden diese Briefe von den entsprechenden Stellen jedoch nicht direkt beantwortet, sondern an das Ministerium des Inneren weitergeleitet, dort gesammelt und ggf. beantwortet.[182] Auf den ersten Blick erscheinen Eingaben wie reguläre Briefe, es handelt sich bei ihnen jedoch um eine besondere Form der Zuschrift.[183] Bereits in der ersten Verfassung der jungen Republik vom 7. Oktober 1949 war das Recht, eine Eingabe zu verfassen, für alle Bürgerinnen und Bürger festgeschrieben worden.[184] Die grundsätzliche thematische Bandbreite der Eingaben war sehr groß – angefangen von sehr persönlichen und tagtäglichen Problemen bis zu Beschwerden über strukturelle, gesellschaftliche und politische Missstände, aber es gab auch Lob, Hinweise, Verbesserungsvorschläge oder Anregungen. Dabei profitierten beide Seiten – Verfasserinnen und Verfasser sowie die Regierung – von dieser Praxis, da die SED die Eingaben ab 1952 statistisch auswertete, um sich einen Überblick über gesellschaftliche Probleme sowie die Stimmung der Bevölkerung zu verschaffen.[185] Im Zeitraum von 1950 bis 1956 richteten sich die meisten Eingaben direkt an den Präsidenten der DDR, Wilhelm Pieck. Ganz gezielt hatte die SED in den ersten Jahren dafür geworben, sich bei Problemen mit einer Eingabe direkt an ihn zu wenden. In einem Artikel in der Zeitung *Neues Deutschland* hieß es im Oktober 1949:

---

182   Vgl. hierzu verschiedene Schreiben des Sekretariats Ulbrichts an das Ministerium des Inneren, in: BArch, DC 20/3073. Zum Ministerium des Inneren vgl.: Bösch, Frank/Wirsching, Andreas (Hg.), Hüter der Ordnung, Die Innenministerien in Bonn und Ost-Berlin nach dem Nationalsozialismus, Göttingen 2018.

183   Die Verfasserinnen und Verfasser vermerkten selbst auf den Schreiben nicht, dass es sich um eine formale Eingabe handelte. Gleichwohl ordnete sie die Regierung selbst als solche ein und bewahrte sie unter dieser Bezeichnung auf.

184   Im Artikel 3 heißt es: »Jeder Bürger hat das Recht, Eingaben an die Volksvertretung zu richten.« Verfassung der Deutschen Demokratischen Republik vom 7.10.1949.

185   Mühlberg, Bürger, S. 276.

»Seit Jahrzehnten ist Wilhelm Pieck gewöhnt, täglich viele Briefe von Menschen aus allen Schichten der Bevölkerung zu empfangen. Sie bitten ihn um Rat, wenden sich in ihrer materiellen Not an ihn und erwarten Auskunft in politischen Fragen, die ihnen nicht klar genug sind. Groß ist die Zahl, die ihn persönlich zu sprechen wünschen. Soweit es seine Zeit zuläßt, hat er ein offenes Ohr für jeden, spricht mit ihnen und gibt ihnen, gestützt auf den reichen Schatz seiner jahrzehntelangen Erfahrungen Rat, Auskunft und Hilfe.«[186]

In seiner Amtszeit von 1949 bis 1960 wurden schätzungsweise 750.000 Eingaben an ihn als Präsidenten der DDR geschickt.[187]

Wissenschaftlich haben sich bisher nur einzelne Autorinnen und Autoren mit der Eingabe als Quelle auseinandergesetzt.[188] Die umfangreichste Arbeit zu diesem Thema hat Felix Mühlberg mit seiner Monografie *Bürger, Bitten und Behörden. Geschichte der Eingaben in der DDR* vorgelegt.[189] Nach Mühlberg führte die Möglichkeit der Eingaben in der Nachkriegszeit zu einer »Beschwerdekultur, die durch das Bemühen demokratischer Kräfte, eine neue demokratische und bürgerfreundliche Verwaltung aufzubauen, bestätigt und unterstützt wurde.«[190] Daraus entwickelten sich die Eingaben als »spontan entstandene [...] Praxis als eine Form der Konfliktbewältigung.«[191]

Die Frauen und Kinder der Kriegsgefangenen sahen in der Eingabe ebenfalls das geeignete Mittel, um ihre Fragen, Sorgen und Ängste in Bezug auf die Kriegsgefangenschaft des eigenen Ehemannes und Vaters zu formulieren. Die Schreiben, die sie zwischen 1950 und 1955 verfassten, wurden im Ministerium des Inneren alphabetisch nach Vor- und Nachname der Verfasserin bzw. des Verfassers verwahrt. Heute befindet sich dieser Bestand im Bundesarchiv in Lichterfelde und

---

186 Genosse Pieck, was macht meine Rente?, in: Neues Deutschland, Nr. 239 vom 12.10.1949, S. 5.
187 Rathje/Schröder, Bewertung von Eingaben der Bürger an den Präsidenten der DDR – Bestand DA 4 Präsidialkanzlei, in: Mitteilungen aus dem Bundesarchiv, Jg. 12 (2006), S. 62-67, S. 62. Mühlberg schätzt die Gesamtzahl hingegen nur auf 625.000 Eingaben. Mühlberg, Bürger, S. 80.
188 Lüdke, Alf/Becker, Peter (Hg.), Akten. Eingaben. Schaufenster. Die DDR und ihre Texte. Erkundungen zu Herrschaft im Alltag, Berlin 1997; Staadt, Jochen, Eingaben. Die institutionalisierte Meckerkultur der DDR. Goldbrokat, Kaffee-Mix, Büttenreden, Ausreiseanträge und andere Schwierigkeiten mit den Untertanen, Berlin 1996. Mühlberg, Felix, Eingaben als Instrument informeller Konfliktbewältigung, in: Badstübner, Evemarie (Hg.), Befremdlich anders. Leben in der DDR, 2. Aufl., Berlin 2000, S. 233-270.
189 Mühlberg, Bürger. Leider geht er in seiner Arbeit nur sehr kurz auf den für diese Arbeit relevanten Zeitraum ein und analysiert nicht spezifische Beschwerdethemen oder die Spezifik der Eingaben einzelner Bevölkerungsgruppen.
190 Ebd., S. 275.
191 Ebd.; Grundsätzlich zur Kultur der Beschwerde in der DDR: Fulbrook, Leben, S. 286-306.

besteht aus 17 umfangreichen Akten.[192] Das Besondere an diesem Quellenkorpus ist, dass es sich ausschließlich um Fälle handelt, in denen die Schreibenden bereits Briefkontakt zu dem Internierten hatten.[193] Dies waren zumeist ehemalige Wehrmachtssoldaten, die in der Sowjetunion interniert waren, aber auch Zivilinternierte.[194] Bei den Verfasserinnen und Verfassern handelt es sich in der Regel um Familienangehörige der Kriegsgefangenen. Nur in wenigen Ausnahmen schrieben Nachbarinnen und Nachbarn, Arbeitskolleginnen und -kollegen oder andere Personen. Am häufigsten verfassten Ehefrauen und Eltern von Internierten eine Eingabe, von denen jede der beiden Gruppen jeweils etwa 40 Prozent des gesamten Bestandes ausmachen.[195] Von besonderem Interesse sind zudem Nachrichten von Kindern. 48 solcher Briefe ließen sich bei der Sichtung des Korpus identifizieren.

Etwa knapp die Hälfte der Eingaben war durch das Ministerium des Inneren mit einem formalisierten Schreiben beantwortet worden, das in der Akte direkt hinter den Brief geheftet wurde. In den Antwortschreiben hieß es: »Alle deutschen Kriegsgefangenen aus der Sowjetunion sind entlassen worden. Soweit dort noch Personen inhaftiert sind, wurden sie wegen Vergehens oder Verbrechens rechtskräftig verurteilt oder befinden sich als Kriegsverbrecher oder wegen Kriegsverbrechen gegen die Menschlichkeit gemäß den Potsdamer Beschlüssen der Alliierten in Haft.«[196] Damit wurden in den formalisierten Antworten ausschließlich die Aussagen wiederholt, die auch im Radio und in den Zeitungen über die Internierten zu hören und zu lesen waren, und sie folgten damit der staatlichen Umgangsweise

---

192   Es gibt keine Hinweise darauf, dass Teile des Bestandes vor der Archivierung vernichtet wurden, wie dies bei anderen Beständen mit Eingaben der Fall war. Vielmehr sind alle Buchstaben der alphabetischen Sortierung vorhanden und auch der zeitliche Umfang umfasst den gesamten relevanten Zeitraum von 1950 bis 1955.

193   Bei allen anderen verwendeten Quellenkorpussen wurde diese Trennung nicht vorgenommen. Insbesondere in der BRD waren alle Schreiben von Angehörigen gemeinsam aufbewahrt und nicht nach diesem Aspekt sortiert worden.

194   Bei den Zivilinternierten handelte es sich zumeist um Männer mit bestimmten beruflichen Fähigkeiten, wie Ingenieuren oder Naturwissenschaftlern. Diese waren meist gegen Ende des Krieges oder kurz danach von der russischen Armee festgenommen und nach Russland verbracht worden, um dort als Spezialkräfte zu arbeiten. Die meisten von ihnen besaßen zwar einen Arbeitsvertrag, jedoch wurden sie und ihre Familien dort häufig gegen ihren Willen festgehalten.

195   Dies ist ein geschätzter Wert der Autorin, der auf ihrer Durchsicht des gesamten Quellenkorpus beruht. Eine detaillierte statistische Auswertung wurde nicht vorgenommen.

196   Gotsche an Lisbeth B., Januar 1951, in: Barch, DC 20/3145. Eine ebensolche Antwort erhielt auch der Sohn eines Kriegsgefangenen, Edgar B. Bei ihm wurde jedoch zusätzlich drauf hingewiesen, »daß die Sowjetunion bereit ist, sobald die deutsche Einheit wiederhergestellt ist, die Verurteilten zu entlassen.« Die zusätzliche Bitte, sich daher aktiv für die Bemühungen der Regierung einzusetzen, zeigt, dass die Regierung der DDR das Thema bei den Angehörigen bewusst für die Umsetzung der eigenen politischen Ziele nutzte. Gotsche an Edgar B., 6.10.1952, in: BArch, DC 20/3145.

mit der Kriegsgefangenenproblematik. Auf die Fragen und Sorgen, die die Angehörigen in ihren Briefen formulierten, wurde hingegen nicht eingegangen. Dies lässt den Rückschluss zu, dass die schriftlichen Antworten nicht dazu konzipiert waren, den Schreibenden Hilfestellung zu geben, sondern wohl vielmehr die Funktion hatten, diese von weiteren Nachfragen abzuhalten. Bei den übrigen Briefen im Bestand fehlt eine solche Antwort.[197] Wie sehr die Verfasserinnen und Verfasser jedoch eine Antwort als ihr Recht ansahen, verdeutlichen Briefauszüge wie der folgende, in dem Lydia H., die Ehefrau eines Kriegsgefangenen, ihr »Befremden«[198] darüber ausdrückte, dass sie nach fünfeinhalb Monaten Wartezeit noch keine Antwort auf ihre Eingabe erhalten hatte. »Diese Art des Verfahrens entspricht weder dem neuen Verhältnis zwischen Verwaltung und Bevölkerung noch der Sorge um den Menschen [...]. Meines Erachtens hat jeder Bürger der Deutschen Demokratischen Republik das Recht, von seiner Regierung in kürzester Zeit eine Antwort auf seinen Antrag zu erhalten.«[199] Die Eingaben besitzen als Quelle einen einzigartigen Charakter, da in den Briefen die Kritik der Angehörigen von Kriegsgefangenen an politischen und gesellschaftlichen Prozessen zum Ausdruck kommt. Für den Untersuchungsgegenstand bedeutet dies einen Einblick in die Sorgen und Nöte der Familien ebenso wie in ihre emotionale Betroffenheit und die Unsicherheit, die sie tagtäglich empfanden. An ihnen lässt sich nachzeichnen, welche Strategien die Frauen und Kinder verwendeten, um ihr eigenes Selbstbild erneut an die veränderte Situation anzupassen.

Gleichzeitig gehen mit diesem Quellentypus besondere methodische Herausforderungen einher: Erstens gilt es zu berücksichtigen, dass sich längst nicht alle betroffenen Angehörigen mit einer Eingabe an die Regierung gewandt hatten, um auf diesem Weg zu versuchen ihre eigene Situation zu verbessern. Vielmehr ist davon auszugehen, dass es sich bei den Schreibenden um Personen handelte, die an den Erfolg einer Eingabe glaubten und daher der Regierung ein gewisses Grundvertrauen entgegenbrachten. Zweitens muss bei der Analyse beachtet werden, dass es sich bei den hier untersuchten Briefen um eine spezifische Form von Eingabe handelt, da sie mit einem besonderen Motiv geschrieben wurden. Normalerweise war der Grund für das Verfassen einer Eingabe ein Konfliktfall zwischen der Verfasserin oder dem Verfasser und einer staatlichen Stelle der DDR. Die Eingaben der Angehörigen von Kriegsgefangenen hatten hingegen vielmehr den Charakter von

---

197 Vgl. hierzu auch Borchard, Kriegsgefangenen, S. 159f.
198 Lydia H. an das Staatssekretariat für Innere Angelegenheiten, 11.7.53, in: BArch, DO 1/8363.
199 Ebd. Das Problem der Nichtbeantwortung von Anfragen wurde im Herbst 1951 diskutiert. Die wiederkehrenden Gesuche und Beschwerden der Antragstellenden erforderten eine Beantwortung, worauf man dem Zentralkomitee der SED zwei standardisierte Antwortschreiben empfahl, die inhaltlich mit den bisherigen Antworten übereinstimmten. Die Bestände zeigen jedoch, dass man offensichtlich überwiegend bei der Nichtbeantwortung der Gesuche verblieb. Büttner an das Zentralkomitee der SED, 24.10.1951, in: BArch, DO 1/15795.

Bittgesuchen. Die Ehefrauen und Kinder schrieben zwar auch, um die eigene Lebenssituation zu verbessern, wobei sie durchaus auch die bestehenden Verhältnisse kritisierten, gleichzeitig setzten sie sich aber für die Rückkehr ihres Ehemannes und Vaters ein. In diesem Fall wurden die Empfängerinnen oder der Empfänger der Eingabe, z.B. Wilhelm Pieck, von ihnen nicht als Teil des Problems betrachtet, sondern als eine Unterstützung oder eine Art vermittelnde Instanz. Insbesondere Pieck sprachen sie damit jedoch eine Handlungsmöglichkeit zu, die er de facto in zweifacher Weise nicht besaß. Zum einen handelte die Sowjetunion in der Frage der Kriegsgefangenen absolut autonom, zum anderen verfügte Pieck auf Grund der Regierungsstrukturen der DDR über keine weitreichende politische Macht. Als Präsident der Republik erfüllte er vor allem repräsentative Zwecke, politische Entscheidungen wurden hingegen vom Politbüro bzw. vom Sekretariat des Zentralkomitees getroffen.[200] Abschließend muss bei der Analyse berücksichtigt werden, dass es sich bei den Eingaben um Egodokumente handelt. Zwar prägte die spezifische Funktion der Eingabe, als Kommunikationsmittel zwischen den Bürgerinnen und Bürgern und dem Regime, auch den Charakter dieser Form von Egodokumenten, jedoch nicht in so tiefgreifender Art und Weise, dass diese nicht auch als solche verstanden und analysiert werden sollten.[201] Die Inhalte müssen daher ebenso wie Tagebücher oder reguläre Briefe als Ausdruck der persönlichen Wahrnehmung der Verfasserinnen und Verfasser interpretiert werden.[202] Zusätzlich gilt es jedoch zu hinterfragen, inwieweit diese Haltung eventuell eingenommen wurde, um bei den Adressatinnen und Adressaten der Briefe eine gewisse Resonanz oder Zustimmung zu erzeugen. Doch selbst wenn dies der Fall war, lässt auch dieser Umstand wiederum Rückschlüsse auf die persönliche Interpretation der aktuellen Lebenssituation durch die Schreibenden zu sowie auf ihr Selbst- und Fremdbild. Zum Abschluss wird im Folgenden auf das Konzept der Kognitiven Dissonanz eingegangen sowie auf die Besonderheiten strategischer Argumentationsmuster, die die Frauen und Kinder in ihren Eingaben verwendeten.

Kognitive Dissonanz und strategische Argumentationsmuster

Die Aussagen, die die Frauen und Kinder der Kriegsgefangenen in ihren Eingaben tätigten, sind zum Teil widersprüchlich und erscheinen vor allem aus der heuti-

---

200   Malycha/Winters, Geschichte, S. 78-79.
201   Die Eingaben nicht als Egodokument, sondern als ein von den Verfasserinnen und Verfassern ausschließlich hinsichtlich seiner Funktion konstruiertes Kommunikationsmittel zu verstehen, berücksichtigt nicht die Individualität der Eingaben, insbesondere in der Auswahl der vorgebrachten Argumente sowie deren Begründung. Zwar lassen sich Gemeinsamkeiten in den Argumentationen ausmachen, jedoch nicht in einem Umfang, der für eine übergeordnete Praktik der Konstruktion von Eingaben sprechen würde, das als Wissen innerhalb der Bevölkerung vorgeherrschte.
202   Vgl. zu diesem Aspekt Kap. 1.3 der Einleitung sowie Kap. 3.1.

gen Perspektive als paradox, naiv, einseitig oder einfältig. Warum etwa erhoffte sich die Ehefrau eines Kriegsgefangenen bei seiner Freilassung Hilfe von der eigenen Regierung, wenn diese öffentlich die Verurteilung der Internierten nicht kritisierte? Oder warum drückten die Schreibenden auf der einen Seite Verständnis für die Verurteilung der Kriegsgefangenen aus, beteuerten aber gleichzeitig die Unschuld ihres eigenen Angehörigen? Folgende zwei Ansätze bieten hierfür hinlängliche Erklärungen: Zum einen lässt sich die Widersprüchlichkeit als Ausdruck einer Kognitiven Dissonanz verstehen. Zum anderen lassen sich diese als strategisch eingesetzte Argumentationsmuster interpretieren. Beide Ansätze schließen sich dabei nicht aus, sondern können gleichzeitig in einer Eingabe koexistieren. Vielmehr muss von Argument zu Argument genau analysiert werden, welches Erklärungsmuster sich im Kontext des jeweiligen Falls als tragfähiger erweist.

Das Konzept der Kognitiven Dissonanz stammt aus der Sozialpsychologie und beschreibt einen innerlichen Spannungszustand, der dadurch entsteht, dass das Individuum verschiedene Handlungen, Gefühle, Werte, Meinungen oder Überzeugungen als nicht miteinander vereinbar empfindet.[203] Dieser Effekt tritt besonders dann auf, »wenn Menschen sich auf eine Weise verhalten, die ihr Selbstbild bedroht.«[204] Im Kontext der Frauen und Kinder von Kriegsgefangenen wäre ein Beispiel hierfür die Disparität zwischen der persönlichen Sichtweise des Internierten im Gegensatz zu der öffentlichen Darstellung der Kriegsgefangenen als verurteilte Kriegsverbrecher. Das Bild, das die Angehörigen von ihrem Ehemann und Vater hatten, entsprach mit der Statusveränderung zum Kriegsverbrecher nicht mehr länger dem, das die Regierung öffentlich propagierte. Zugleich wurde das bisherige Selbstverständnis der Angehörigen durch diesen Veränderungsprozess angegriffen. Um eine solche Dissonanz aufzulösen, suchen Individuen nach Erklärungsmodellen und Argumentationen, die es ihnen erlauben die Unvereinbarkeit beider Haltungen zu reduzieren oder abzubauen. Dabei ist die Stärke einer empfundenen Dissonanz im Allgemeinen davon abhängig, wie wichtig oder wertvoll die beiden in Dissonanz stehenden Elemente für das Individuum sind.[205] Die emotionale Verbindung zum eigenen Ehemann und Vater wird die Dissonanz daher in der Regel verstärkt haben. Von besonderem Interesse im Kontext der Arbeit ist, wie die Angehörigen mit dieser Dissonanz umgingen und versuchten sie aufzulösen bzw. welche Strategien sie entwickelten, um die veränderte Situation zu bewältigen. Sowohl die Empfindung einer Dissonanz als auch die entsprechenden

---

203 Festinger, Leon, Theorie der kognitiven Dissonanz, 2. Aufl., Bern 2012.
204 Aronson, Elliot/Wilson, Timothy D./Akert, Robin M., Sozialpsychologie, 6. überarb. Aufl., München 2008, S. 164. Selbstbild und Selbstverständnis können in diesem Kontext synonym verwendet werden.
205 »Die Stärke der Dissonanz […] nimmt mit dem Maße zu, wie die Wichtigkeit oder der Wert der betreffenden Elemente zunimmt.« Festinger, Theorie, S. 30.

Strategien zum Umgang mit dieser konnten sich dabei von Fall zu Fall sehr unterscheiden. Das Schreiben der Eingabe an sich muss allerdings bereits als eine Handlung zur Auflösung der Dissonanz verstanden werden.

Dem gegenüber stehen strategische Argumentationsmuster, die die Schreibenden gezielt einsetzten, da sie hofften, so die Wirkung ihres Briefes und die damit einhergehenden Erfolgsaussichten zu erhöhen. Diese Argumentationsmuster stehen in enger Verbindung zu den von Felix Mühlberg beschriebenen »rhetorischen Kompositionen«[206], die sich in der Praxis des Eingaben-Schreibens entwickelten.[207] Deutet man die in den Eingaben vorgebrachten Argumente als solche, sind sie zugleich nur noch zu gewissen Teilen als Ausdruck der eigenen Wahrnehmung der Verfasserinnen und Verfasser zu verstehen. Als ein Beispiel für ein strategisches Argumentationsmuster lässt sich etwa der Bezug auf gesellschaftliche Wert- und Normvorstellungen in einer Eingabe interpretieren. Rhetorischen Kompositionen gingen dabei häufig einher mit strategischen Argumentationsmustern und müssen daher zusammen betrachtet werden. Diese zeichnen sich nicht nur durch eine sprachliche Anpassung, sondern auch durch eine inhaltliche Adaption der Argumente an die politische Sichtweise der Regierung aus.

4.2.2   Vertrauen und Verunsicherung – die Beziehung der Angehörigen zur Regierung der DDR und der Sowjetunion

Die Kriegsgefangenenfrage belastete bereits in der Besatzungszeit das Verhältnis zwischen den Frauen und Kindern der Kriegsgefangenen, der Regierung und der Sowjetunion. Während die SED vor der TASS-Meldung noch versucht hatte, die Meinung der Angehörigen und der Öffentlichkeit durch Kommunikationsstrategien und Propagandamaßnahmen positiv zu beeinflussen, beendete sie dieses Vorgehen nach dem 4. Mai 1950 und unternahm keine Bemühungen mehr in diese Richtung. Die Eingaben zeigen, dass die schlechte Informationspolitik der DDR-Regierung und die Tatsache, dass sie die sowjetischen Entscheidungen widerspruchslos akzeptierte, bei den Angehörigen unterschiedlichste Empfindungen und Handlungsweisen auslösten. Auf der einen Seite glaubte ein Großteil der Angehörigen an ihre Regierung und den neuen Staat, seine Ideale und Werte und wollten diesen unterstützen. Auf der anderen Seite störte der Umgang mit der Kriegsgefangenenfrage ihr Vertrauen und sie konnten sich mit ihrer Lebenssituation und den veränderten Umständen nicht in dem neuen sozialistischen Staat

---

206   Mühlberg, Bürger, S. 198. Mühlberg unterscheidet in seinem Konzept zwischen zwei Untersuchungsebenen, der linguistischen und der hermeneutischen. Zu der linguistischen Ebene zählen etwa »Metaphern, Hyperbeln, rhetorische Fragen oder die Ironie«, wohingegen auf der hermeneutischen Ebene vor allem danach gefragt wird, »welche gesellschaftlichen Kontexte bzw. individuellen Erfahrungen in den Eingaben reflektiert werden.«

207   Ebd.

verorten. Eine Auflösung dieser Dissonanz wäre für die Angehörigen nur insoweit möglich gewesen, wenn sie die Darstellung, Einstellung und Bewertung der Kriegs-gefangenenfrage von der Regierung der DDR übernommen oder sich vollständig von dieser abgewendet hätten. Sich voll und ganz in die Sichtweise des neuen Staa-tes einzufügen hätte bedeutet, den Status des eigenen Ehemannes und Vaters als Kriegsverbrecher anzuerkennen und sich nicht weiter für seine Freilassung ein-zusetzen. Im Umkehrschluss wäre ihnen sonst nur die Möglichkeit geblieben, die DDR zu verlassen.

Wie bereits im vorherigen Kapitel angesprochen schrieben die Verfasserinnen und Verfasser eine Eingabe an verschiedene Regierungsstellen, weil sie auf deren Unterstützung vertrauten und darin für sich selber eine Handlungsoption sahen, mit der sie hofften, aktiv auf das eigene Schicksal einzuwirken. Die meisten An-gehörigen wendeten sich direkt an Wilhelm Pieck als Präsidenten der DDR, weil sie sich von ihm den größten Einfluss versprachen und er öffentlich als Ansprech-person für alle Fragen und Probleme der Bevölkerung inszeniert worden war. Zwar kritisierten auch einige Autorinnen und Autoren der Eingaben die Kriegsgefange-nenpolitik der DDR, der Großteil betonte hingegen das eigene Vertrauen in die Person des Präsidenten und die Regierung.

Ein Beispiel für das in den Eingaben zum Ausdruck gebrachte Vertrauen ist das von Christel N., die ihren Brief an Wilhelm Pieck mit den Worten begann: »Meine große Verehrung und Liebe zu Ihnen, geben mir den Mut, Ihnen mein Anliegen vorzutragen!«[208] Zum Abschluss schrieb sie: »Ich setze darum meine ganze Hoff-nung darauf, daß es Ihnen gelingt meinen Mann […] freizubekommen und rechne mit Ihrer Hilfe.«[209] Viele Frauen und Kinder formulierten, ähnlich wie Christel N., in ihren Briefen ganz offen ihr Vertrauen und ihre Hoffnungen.[210] Einige ver-wiesen sogar darauf, dass sie gehört hätten, dass Kriegsgefangene durch die Für-sprache der Regierung heimgekehrt seien.[211] Sogar aus Westdeutschland wendeten

---

208 Christel N. an Wilhelm Pieck, 13.9.1951, in: BArch, DO 1/8357.

209 Ebd.

210 Z. B.: »Ich weiss mir in meiner Not keinen anderen Weg mehr, als mich vertrauensvoll an Sie zu wenden.« Maria H. an Wilhelm Pieck, 19.5.1952, in: BArch, DO 1/8354; Aber ich weiß mir nicht anders zu helfen und folge daher mit diesem Hilferuf dem Rat mir nahestehender Menschen, hoffend und vertrauend, daß Sie Herr Präsident, mir Ihre Hilfe nicht versagen werden« Elly V. an Wilhelm Pieck, 22.9.1953, in: BArch, DO 1/8359.

211 »Ich weiss auch, dass die letzten ehemaligen Kriegsgefangenen schon längst aus der Sowjet-union zurückgekehrt wären, wenn wir ein einheitliches, friedliebendes Deutschland hätten, aber mir ist auch bekannt, dass schon viele ehemalige Kriegsgefangene durch Fürsprache seitens unserer Regierung noch in der letzten Zeit zurückgekehrt sind.« Helene M. an Wil-helm Pieck, 16.10.1952, in: BArch, DO 1/8356; »Da ich schon mehrfach gehört habe, daß Sie den Frauen, welche Ihre Männer noch in Kriegsgefangenschaft haben, sehr geholfen haben, trete ich auch heute mit einer großen Bitte an Sie heran.« Else F. an Wilhelm Pieck, 18.12.1952, in: BArch, DO 1/8353.

sich Angehörige an Wilhelm Pieck, weil sie ihm in dieser Frage größere Handlungsmöglichkeiten zusprachen.[212] Aus heutiger Sicht erscheinen das Vertrauen, das die
Schreibenden zum Ausdruck brachten, und ihr offensichtlicher Glaube daran, dass
ihre Eingabe tatsächlich Erfolg haben könnte, als naiv. Einen Erklärungsgrund für
das Handeln bietet jedoch die Kognitive Dissonanz.[213] Mit der Eingabe als Handlung versuchten die Verfasserinnen und Verfasser diese ein Stück weit aufzulösen,
indem sie einem der beiden Widerspruchspole ein größeres Vertrauen entgegenbrachten. Gleichzeitig spielten hier jedoch sehr wahrscheinlich auch die im vorherigen Kapitel beschriebenen rhetorischen Kompositionen eine große Rolle. Die
sprachliche Überhöhung lässt sich in diesem Kontext als Strategie von Christel N.
deuten, um bei dem Empfänger eine positive Reaktion zu erzeugen und ihn für
sich und ihr Anliegen einzunehmen.

Inhaltlich bezogen sich die Verfasserinnen und Verfasser zumeist auf die bereits geleisteten Taten der Regierung bzw. auf das politische Selbstverständnis des
Staates. »Sie sind doch die Regierung des Volkes. Wenn Sie nicht helfen, gibt es
für uns keine Hilfe.«[214] Schrieb zum Beispiel Lise-Lotte J. und rekurrierte damit
auf die Selbstbeschreibung der politischen Führung als Regierung, die nach dem
Willen des Volkes regiere.[215] Dagegen stand gleichzeitig das Unverständnis der Angehörigen gegenüber deren Politik sowie der der Sowjetunion. Die Familien hatten
nicht den Eindruck, als würde die SED in der Kriegsgefangenenfrage auf ihrer Seite stehen und alles Machbare tun, um die Freilassung der Internierten zu bewirken.
Insbesondere die Veränderungen in der öffentlichen Darstellung und das Schweigen der Regierung nach der TASS-Meldung war für die Angehörigen nur schwer
in Einklang zu bringen mit deren Politik in der Kriegsgefangenenfrage zuvor. Was

---

212   Gertrud B. an Wilhelm Pieck, 12.1.1953, in: BArch, DO 1/8352; Ebenfalls schrieben drei Ge-
      schwister aus Köln, Bärbel, Ulrich und Manfred K. an Wilhelm Pieck, September 1953, in:
      BArch, DO 1/8355.

213   In der Sozialpsychologie gilt das Leugnen oder Verzerren der Realität als eine klassische Er-
      klärungsstrategie, um eine empfundene Dissonanz zu verringern. Aronson/Wilson/Akert, So-
      zialpsychologie, S. 165.

214   Lise-Lotte J. an Wilhelm Pieck, 27.12.1950, in: BArch, DO 1/8363.

215   Hierbei handelte es sich um einen feststehenden Begriff der Regierungspropaganda, der
      auch vielfältig in der Presse Verwendung fand. Vgl. T., L., Wirklich eine Regierung des Volkes.
      Arbeiter und Bauern als Mitbegründer der Deutschen Demokratischen Republik, in: Neu-
      es Deutschland, Nr. 237 vom 9.10.1949, S. 6; »Weil die Regierung der Deutschen Demokrati-
      schen Republik eine Regierung des Volkes ist und ihre Pläne nur durch die Mitarbeit breiter
      Schichten unseres Volkes erfüllt werden können, sind die Regierungsvertreter in die Betrie-
      be gegangen.« S., H., Regierung des werktätigen Volkes, in: Neues Deutschland, Nr. 241 vom
      14.10.1949, S. 1. Dieses Argument wurde auch zur Abgrenzung gegenüber der BRD verwen-
      det, die öffentlich als »Regierung, die die Interessen des Volkes mißachtet« beschrieben wur-
      de.« Adenauer-Regierung ist unmöglich, in: Berliner Zeitung, Nr. 77 vom 31.3.1950, S. 2.

in den Eingaben als Reaktion darauf vor allem zu Tage tritt, ist die hieraus resul-
tierende Dissonanz, die sich zwischen dem Vertrauen in die Regierung und einer
Verunsicherung durch deren neuen Kurs bewegte. Die Ehefrau eines Kriegsgefangenen schrieb im Juni 1952: »Das [gemeint ist die Zurückhaltung der Inhaftierten;
Anm. A.K.] kann niemals in Übereinstimmung mit den regierenden Männern unserer DDR und SU geschehen, deren oberste Gesetze Menschenrecht und Freiheit
gewesen ist und sein wird.«[216] Ein zweites Beispiel hierfür ist folgendes Zitat aus
der Eingabe von Charlotte H, die sich als Betriebsgruppensekretärin bei der SED
engagierte. »Ich bin überzeugt von der Richtigkeit der Politik, kann mich dessen
aber nicht verhalten, da ich oftmals durch die Trennung mit meinem Mann in gewisse Konflikte gerate.«[217] Die Beispiele machen deutlich, dass für die Frauen und
Kinder die Internierungspolitik der Sowjetunion sowie die Haltung der SED in dieser Frage keiner für sie nachvollziehbaren Logik folgten, an der sie sich mit ihrem
eigenen Verhalten orientieren konnten. Dazu gehörte nicht nur die unzureichende
Informationspolitik und die pauschale Anerkennung der Verurteilungen, sondern
darüber hinaus auch der Umgang mit den Eingaben. Vor allem die Nichtbeantwortung enttäuschte die Verfasserinnen und Verfasser, da dies für sie ein Ausdruck
von Desinteresse gegenüber ihrer Situation und ihren Problemen darstellte. Bele-
ge hierfür sind die erneuten Schreiben, in denen sie zum Ausdruck brachten, dass
sie sich in ihrem Vertrauen in die Regierung verraten fühlten.[218]

Dass sich einige der Ehefrauen von Kriegsgefangenen in staatlichen Massenorganisationen oder wie Charlotte H. in der Partei engagierten, löste wiederum bei
anderen Angehörigen Unverständnis aus, wie Hilde K. in ihrem Brief an eine russische Funktionsträgerin beschreibt. Als Mitglied des DFD versuchte Hilde K. andere
Frauen für diesen anzuwerben. In ihrem Brief berichtet sie, dass sie häufig folgende Antwort erhielt: »Sie sind im DFD und ihr Mann ist noch in der Sowjetunion?
Der DFD sollte sich lieber dafür einsetzen, da kämen die Frauen von selbst und
bräuchten nicht erst geworben werden.«[219] Der Wunsch in der Bevölkerung, dass
die entsprechenden Stellen ihrer Regierung sich für die Kriegsgefangenen einsetzten, war sehr groß und die Verweigerung des Beitritts zu Organisationen wie die
DSF oder den DFD muss als Ausdruck dieser Enttäuschung verstanden werden.

Einen besonderen Konfliktpunkt bildete zudem das enge Verhältnis der DDR
zur Sowjetunion, welches bereits während der Besatzungszeit zu Problemen ge-

---

216 Luzie H. an die Blockorganisation der antifaschistischen Partei, 8.6.1952, in: BArch, DO 1/8363.
217 Charlotte H. an Wilhelm Pieck, 8.11.1952, in: BArch, DO 1/8363.
218 »Unser Vertrauen in die maßgebenden Stellen der DDR ist stark erschüttert.« E.G. an den
     Suchdienst für vermisste Deutsche, 2.8.1951, in: BArch, DO 1/8362.
219 Hilde K. an Nina Popowa, 20.11.1951, in: BArch, DO 1/8364. Hilde K. schickte den Brief an Elli
     Schmidt mit der Bitte diesen weiterzuleiten. Nina Popowa (1908-1985) war Präsidentin des
     antifaschistischen Komitees der Sowjetfrauen, später Vorsitzende des Komitees der Sowjet-
     frauen.

führt hatte. Dreh- und Angelpunkt der Argumentationen bildete immer wieder die propagierte Gemeinschaft von Sowjetunion und DDR. Dabei schließen die Begründungen an die bereits angesprochenen Aspekte der schwierigen und vor allem inszenierten Freundschaft mit der Sowjetunion an. Diesen Punkt griffen die Schreibenden in ihren Briefen immer wieder auf, wenn es um die Frage nach Auskunft oder die generelle Rückführung der Internierten ging. Auch hier lässt sich die Dissonanz zwischen der staatlich propagierten Freundschaft und der Kriegsgefangenenpolitik der sowjetischen Regierung feststellen. Dies drückt sich exemplarisch in folgendem Zitat des 12-jährigen Erich S. aus: »Die Sowjetunion ist unser Freund geworden. Warum schicken sie aber nicht unsere Gefangenen nach Hause?«[220] Insbesondere die proklamierte Freundschaft zwischen der DDR und der Sowjetunion, deren Ausdruck die DSF war, bildete für viele der Angehörigen den Stein des Anstoßes. Für sie kam es nicht in Frage, sich brüderlich verbunden zu fühlen mit einem Staat, der in ihren Augen den eigenen Ehemann und Vater zu Unrecht internierte und von ihnen fernhielt. Lediglich die Freilassung der Gefangenen hätte für die Angehörigen einen wirklichen Beweis der Freundschaft bedeutet und ihr Bild der Sowjetunion und der eigenen Regierung positiv beeinflusst.[221]

Manche Angehörige sprachen diese Möglichkeit zur Verbesserung des öffentlichen Bildes der Sowjetunion im Kontext der sogenannten ›Antisowjethetze‹ der westdeutschen Regierung und Presse an.[222] Zum Beispiel führte Ursula B. in ihren Argumentationen vor allem logische Gründe dafür an, weshalb die sowjetische Regierung ihre Position in der Kriegsgefangenenfrage ändern solle. So schrieb sie, dass man mit der Repatriierung der Kriegsgefangenen »jeder Verleumdung der sowjetischen Rechtsprechung die Spitze abbrechen«[223] könne. Diese Form der Argumentation lässt sich als eine weitere Strategie deuten, bei der die Verfasserinnen und Verfasser sachliche und pragmatische Gründe anführten und versuchten auf diesem Weg zu überzeugen. Auffallend ist zudem, dass sich bei dieser Erklärung die Perspektive der Schreibenden änderte. Während ansonsten vor allem der eigene Angehörige bzw. ihre eigene Situation im Fokus der Begründung stand, verließen sie in solchen Fällen die persönliche Ebene und bezogen sich vielmehr auf alle Internierten bzw. den Staat oder die Bevölkerung. Die angeführten Argumente können als eine indirekte Form der Kritik an der Sowjetunion und der Regierung verstanden werden, die als eine Art von Hinweis oder Vorschlag formuliert war. Die Freilassung der Internierten wurde als politischer Schachzug dargestellt, durch den die Freundschaft zwischen beiden Ländern gefestigt und das Ansehen der Sowjetunion in der westlichen Welt wiederhergestellt werden könne.

---

220   Erich S. an Wilhelm Pieck, 1.8.1953, in: BArch, DO 1/8367.
221   Luise N. an Wilhelm Pieck, 28.6.1953, in: BArch, DO 1/8367; Hermann W. an Wilhelm Pieck, 10.10.1950, in: BArch, DO 1/8359.
222   Anne-Liese T. an Otto Grotewohl, 21.6.1950, in: BArch, DO 1/8359.
223   Ursula B. an die Kanzlei des Präsidenten, 30.1.1951, in: BArch, DO 1/8362.

Offene Kritik an der Sowjetunion findet sich hingegen nur in sehr wenigen Eingaben, für die folgendes Beispiel exemplarisch steht. Die erwachsene Tochter eines Kriegsgefangenen schrieb in ihrem Brief an Wilhelm Pieck: »Ich habe lange geschwiegen, weil mein Mann immer wieder sagte, er kommt, die Sowjetunion tut kein Unrecht! Er glaubt es noch heute. Ich nicht!«[224] Die Tatsache, dass nur vereinzelte Eingaben eine solch offene und direkte Kritik äußerten, sollte jedoch nicht dahingehend interpretiert werden, dass alle Angehörigen das Handeln der Sowjetunion als rechtmäßig ansahen und dies unterstützten. Vielmehr lässt dies darauf schließen, dass sie eine so direkte Kritik vermieden, da sie sich von ihr keine Erfolgsaussichten versprachen oder vielleicht sogar Angst vor Repressalien hatten.

Ein weiterer interessanter Befund ist die häufige Bezugnahme der Verfasserinnen und Verfasser auf Josef Stalin. Immer wieder baten Angehörige den Empfänger bzw. die Empfängerin die eigene Eingabe direkt an Stalin weiterzuleiten oder ihm den eigenen Fall zu schildern.[225] Andere Angehörige berichteten in ihren Eingaben sogar von Briefen, die sie an das Regierungsoberhaupt der Sowjetunion geschickt, auf die sie jedoch keine Antwort erhalten hatten.[226] Die von den Angehörigen imaginierte Person Stalins, an den sie sich als Helfer und Unterstützer wandten, entsprach dabei offensichtlich nicht dem Regierungsoberhaupt der Sowjetunion, der unmittelbar für die Kriegsgefangenenpolitik und damit die Internierung und Verurteilung ihres Angehörigen verantwortlich war – auch dies ist ein Ausdruck des Versuchs, die empfundene Dissonanz aufzulösen.

Wie sich in diesem Kapitel zeigt, gab es vielfältige Ausdrucksformen sowohl des Vertrauens der Angehörigen in die Regierung als auch ihrer Verunsicherung aufgrund der Internierung des Ehemannes und Vaters. Dabei kam es durchaus vor,

---

224 Ursula T. an Wilhelm Pieck, 14.12.1952, in: BArch, DO 1/8358. Mit »er kommt« ist in diesem Fall die Rückkehr des Vaters der Verfasserin gemeint.

225 »Schreiben Sie doch an unseren verehrten Friedensfreund den großen Staatsmann Josef W. Stalin, damit er unseren Vati heim schickt, oder soll ich nach Moskau schreiben?« Bärbel B. an Wilhelm Pieck, 24.3.1951, in: BArch, DO 1/8352; »Tragen Sie diese Bitte Herrn Generalissimus Stalin vor, damit sie erfüllt werden wird.« Vorsitzender der Ortsgruppe DFD Gablenz an Otto Grotewohl, 15.4.1951, in: BArch, DO 1/8353; »Ich hätte große Lust mich an »Stalin« selbst zu wenden wenn ich nur die Gewähr hätte daß er mein Schreiben wirklich vorgelegt bekomme. Könnten Sie mein Schreiben nicht weiterleiten, wenn Ihre Vollmachten nicht ausreichend sind??« Franziska M. an die Deutsche Diplomatische Mission, in: BArch, DO 1/8365.

226 Fritz S. an die Regierungskanzlei, 10.8.1952, in: BArch, DO 1/8358. E.G. bezeichnete ihr Schreiben an Stalin als »das letzte und höchste meiner vielen Vertrauensbeweise«. Als sie keine Antwort auf ihr Einschreiben erhielt, ließ sie es sogar von der Post für 80 Pfg. nachverfolgen, worauf man ihr mitteilte es sei dem Empfänger zugestellt worden. E.G. an den Suchdienst für vermißte Deutsche, 2.8.1951, in: BArch, DO 1/8362; »Selbst auf den Brief an Marschall Stalin selbst kam keine Antwort. Ist denn in der hohen Politik kein Platz für Menschenschicksale, für einen Hilferuf, der mit ein paar Federstrichen gestillt werden könnte?« Fritz S. an die Regierungskanzlei, 10.8.1952, in: BArch, DO 1/8358.

dass beides von den Schreibenden in einer Eingabe zum Ausdruck gebracht wurde. Dies spiegelt zum einen wider, dass sich die im Einzelfall empfundene Dissonanz sehr individuell ausdrückte, was erklärt, warum mit zum Teil so unterschiedlichen Strategien auf sie reagiert wurde. Diese Strategien müssen dabei als Versuch der Angehörigen verstanden werden, den eigenen, durch die Dissonanz erzeugten Spannungszustand zu verringern – etwa durch ein überhöhtes Vertrauen in Regierungsvertreter. Gleichzeitig müssen einige der Aussagen und Darstellungen auf die strategische Nutzung spezifischer argumentativer Strategien zurückgeführt werden, mit denen die Schreibenden versuchten die Wirkung und den Erfolg der eigenen Eingabe zu erhöhen.

4.2.3   Der Umgang der Frauen und Kinder mit der Frage von Schuld und Täterschaft des eigenen Ehemannes und Vaters

»Als seine Frau verlange ich dringendst, mir mitzuteilen, ich wiederhole, zu welcher Kategorie ich meinen Mann zu rechnen habe: Ist er tot? Ist er Verbrecher? Ist er Kranker?«[227] Dies schrieb die Ehefrau eines in der Sowjetunion Internierten in ihrem Brief an den Suchdienst im Januar 1952. Seit der TASS-Meldung hatte sich die Verfasserin an verschiedene staatliche Stellen der DDR gewandt, um die für sie essenzielle Frage zu klären, zu welcher Gruppe von Inhaftierten sie ihren Mann zu zählen habe. So versuchte sie herauszufinden, ob es sich bei ihrem Ehemann wirklich um einen verurteilten Kriegsverbrecher handelte.[228] Die Veröffentlichung der TASS-Meldung durch die Sowjetunion bedeutete für die Frauen und Kinder der Kriegsgefangenen sowohl in der DDR als auch in der BRD eine erneute Unsicherheit. Zum einen erhielten die Angehörigen keine Informationen darüber, ob ihr Ehemann oder Vater tatsächlich zu der Gruppe der verurteilten Kriegsverbrecher gehörte, noch welche Taten man ihm vorwarf bzw. welche Strafe er erhalten hatte. Die willkürliche Verurteilung und Zurückhaltung der letzten 30.000 Kriegsgefangenen machten es für deren Angehörige zudem unmöglich, darin eine Systematik zu erkennen, an der sie sich hätten orientieren können, um eigene Rückschlüsse zu ziehen. Dies verstärkte die von den Familien empfundene Hilf- und Perspektivlosigkeit ihrer Situation sowie das Gefühl der Unrechtmäßigkeit. Bevor auf die unterschiedlichen Strategien eingegangen wird, soll, an dieser Stelle noch einmal darauf hingewiesen werden, dass es nicht das Ziel des folgenden Unterkapitels ist,

227 E.G. an den Suchdienst für vermißte Deutsche, 29.1.52, in: BArch, DO 1/8362
228 »Zum dritten Male fordere ich Gewißheit über das Schicksal meines Mannes, wie sie jeder Frau eines Mannes gewährleistet werden muß!« Ebd. Aus einem vorherigen Brief geht zudem hervor, dass sie bereits drei Gesuche über verschiedenste Stellen nach Russland geschickt hatte sowie ein Einschreiben im September 1950 direkt an Stalin. E.G. an den Suchdienst für vermißte Deutsche, 2.8.51, in: BArch, DO 1/8362.

zu klären, inwieweit die Kriegsgefangenen rechtmäßig oder unrechtmäßig verurteilt wurden. Im Fokus der Betrachtung steht die Frage, auf welche Art und mit welchen Strategien die Angehörigen auf die veränderte Situation der vermeintlichen Täterschaft reagierten und mit ihr umgingen. Dabei handelt es sich um eine sprachliche Interpretation der Eingaben als Ausdruck der eigenen Wahrnehmung und Darstellung der Verfasserinnen und Verfasser.

Die Ehefrauen und Kinder argumentierten in Hinblick auf die Frage von Schuld und Täterschaft ihres internierten Angehörigen zumeist aus zwei unterschiedlichen Perspektiven: Zum einen gingen sie auf die generelle Verurteilung und Zurückhaltung der Gefangenen ein und zum anderen betrachteten sie den spezifischen Fall ihres Angehörigen. Im Folgenden werden diese beiden Perspektiven zuerst getrennt voneinander betrachtet und dargestellt, wobei sie als zwei Seiten einer Argumentation verstanden werden müssen. Durch die Trennung werden zuerst die ihnen eigene Spezifik sowie die Bandbreite der Argumente nachgezeichnet, bevor sie gemeinsam analysiert und interpretiert werden.

Viele der Schreibenden zeigten in ihren Eingaben ein gewisses Verständnis für die Zurückhaltung und Verurteilung der ehemaligen Wehrmachtssoldaten. Zumindest wurde die Sicht der Regierung auf eine Schuld Deutschlands gegenüber der Sowjetunion, die es gelte abzuleisten, bestätigt und unterstützt – worunter auch die Verurteilung der vermeintlichen Kriegsverbrecher fiel. Die Eltern eines verurteilten Kriegsgefangenen schrieben zum Beispiel:

»Es liegt uns völlig fern, an den von der sowjetischen Regierung ergangenen Maßnahmen bezüglich der Kriegsgefangenenfrage auch nur die geringste Kritik zu üben. Diese Maßnahmen sind für uns als fortschrittliche Menschen, die sich aktiv am Aufbau einer sozialistischen Wirtschaftsordnung beteiligen und sich auch im Kampf um die Erhaltung des Friedens einsetzen, ganz klar und eindeutig. Auch nach unserer Ansicht gehören Kriegsverbrecher hinter Schloß und Riegel, um nicht neues Unglück und Elend über die Menschen zu bringen.«[229]

Bei diesem Auszug aus einer Eingabe handelt es sich um eine der umfangreichsten Zustimmungen zu den Verurteilungen, doch auch in vielen anderen Briefen schwang diese Ansicht mit bzw. wurde sie explizit oder implizit formuliert.[230] Häufig äußerten die Verfasserinnen und Verfasser jedoch auch ihre Überzeugung, dass

229 Fritz L. und seine Frau an Wilhelm Pieck, 5.11.1951, in: BArch, DO 1/8356.
230 Z. B. »Wenn ich auch nicht glauben kann, das mein Mann sich vergangen hat, so weiß ich doch, das er dann seine Strafe dafür abbüßen müßte.« Elfriede F. an Wilhelm Pieck, 26.5.1951, in: BArch, DO 1/8353; »Müßte mein Mann sich zu den Kriegsverbrechern rechnen, würde ich kein Wort verlieren, dann müßte die Strafe mit Recht tragen, aber so.« Dorothea B. an das Ministerium für auswärtige Angelegenheiten, 25.12.1950, in: BArch, DO 1/8552.

sie das Ableisten einer Schuld nach so vielen Jahren als erbracht ansahen.[231] Dieses Verständnis der Kriegsgefangenschaft als einem Weg, dass von Deutschland im Krieg begangene Unrecht zu tilgen, entsprach voll und ganz der prosowjetischen Propaganda. Dem gegenüber gab es nur wenige Verfasserinnen und Verfasser, die die Verurteilungen insgesamt als Unrechtmäßigkeit bezeichneten. Ein Beispiel hierfür ist Hertha A., die im Juli 1951 an Wilhelm Pieck schrieb: »Als berufstätige deutsche Frau und Mutter kann ich es einfach nicht begreifen, wie es heute noch möglich ist, unschuldige Menschen weiterhin grundlos gegen jedes Rechtsempfinden gefangen zu halten [...].«[232] Zusätzlich bezeichnete sie die Gefangenschaft als »ungewollten Schicksalsschlag«[233] für sich und ihre Familie. In welcher Form diese Zustimmung jedoch mit dem direkten Unglauben an eine Schuld des eigenen Angehörigen verbunden wurde, zeigt folgendes Beispiel. Besonders ausführlich äußerte sich hierzu Werner H., Sohn eines Kriegsgefangenen in seinem Brief an Wilhelm Pieck.

> »Mit großem Interesse habe ich die Informationsschriften über die Kriegsgefangenenfrage gelesen und kann meiner Meinung nach keineswegs die Sowjetunion beschuldigen, daß noch nicht alle Kriegsgefangenen in die Heimat zurückgekehrt sind. Den einzelnen trifft es gewiß sehr schwer, aber welches unsagbare Elend dagegen haben sowjetische Menschen in deutschen Konzentrationslagern ertragen müssen! Aller Wahrscheinlichkeit nach sind diejenigen, die sich im vergangenen Kriege unbeschreiblicher Grausamkeiten am sowjetischen Volke schuldig gemacht haben, noch in Gefangenschaft verblieben, was ja auch vollkommen zu recht besteht. Allein, so wie ich meinen Vater kenne, der nur für seine Familie gelebt hat, kann ich ihn keinesfalls als Kriegsverbrecher brandmarken [...].«[234]

Vor allem in dem letzten Satz kommt deutlich der Zwiespalt zum Ausdruck, in dem sich der Sohn befand. Es bleibt die Frage, warum die Schreibenden in ihren Briefen zum Teil so ausführlich auf die Rechtmäßigkeit der Verurteilungen eingingen bzw. in dieser Form ihrer Zustimmung für diese Politik Ausdruck verliehen. Einerseits kann es sich bei diesen Äußerungen um strategisch gewählte Argumentationsmuster handelte, mit denen die Verfasserinnen und Verfasser versuchten,

---

231 Z. B. »Wenn ein Mann so lange von seiner Familie getrennt leben muß, ist da nicht mit 7 Jahren Kriegsgefangenschaft endlich die Schuld gesühnt?« Charlottte M. an Wilhelm Pieck, 25.4.1952, in: BArch, DO 1/8365; »Warum muß dieser [gemeint ist ihr Vater; Anm. A.K.] solange büßen, wo die Westmächte sogar die Kriegsverbrecher entlassen?« Bärbel B. an Wilhelm Pick, 24.3.1951, in: BArch, DO 1/8352.
232 Hertha A. an Wilhelm Pieck, 26.7.1951, in: BArch, DO 1/8360.
233 Ebd.
234 Werner H. an Wilhelm Pieck, 3.6.1951, in BArch, DO 1/8363. Die von Werner H. erwähnten Informationsschriften sind leider nicht überliefert.

die eigene Systemkonformität zu belegen. Andererseits ist es ebenso möglich, gerade die Unterschiedlichkeit der Positionen, wie sie das letzte Beispiel zeigt, als Reaktion auf eine empfundene Dissonanz zu verstehen und sie damit als persönliche Strategie des Umgangs zu interpretieren. Werner H. hatte sich scheinbar sehr ausgiebig mit den staatlichen Materialien und Aussagen zu der Kriegsgefangenenfrage auseinandergesetzt. Offensichtlich beeindruckten und überzeugten ihn die dort angeführten Argumente nachhaltig und dennoch gelang es ihm nicht, seinen Vater als einen rechtmäßig verurteilten Kriegsverbrecher zu sehen. Seine persönlichen Erfahrungen mit seinem Vater und das Bild, das er von diesem hatte, ließen sich für ihn nicht mit den Anschuldigungen gegen die Kriegsverbrecher vereinbaren. Für ihn gab es keine logische Erklärung, warum sein Vater zu dieser Gruppe gehören sollte. Um diese Einschätzung zu stützen, hatte er sogar mit ehemaligen Kameraden seines Vaters gesprochen.[235] Mit der Interpretation der Widersprüchlichkeit der Aussagen als Ausdruck der empfundenen Dissonanz bzw. dem daraus resultierenden Spannungsgefühl steht vor allem die Sichtweise der Eingabe als Ausdruck der Selbstwahrnehmung im Vordergrund. Zumal die reine Zustimmung, ohne die Aussagen zum Charakter des Vaters und seiner persönlichen Zweifel, vermutlich deutlich wirkungsvoller gewesen wäre. Unterstützt wird diese Deutung durch den Befund, dass nur verhältnismäßig wenige Verfasserinnen und Verfasser ihre Zustimmung zu den Verurteilungen in ihrer Eingabe offen thematisierten. Offensichtlich glaubte der Großteil von ihnen nicht, auf diesem Weg deren Erfolgsaussichten zu erhöhen.

Die Auseinandersetzung mit der Frage von Schuld und Täterschaft des eigenen Ehemannes und Vaters stellte die zweite Perspektive in den Eingaben der Angehörigen dar. Die meisten Frauen und Kinder glaubten nicht an eine rechtmäßige Verurteilung ihres Angehörigen, da sie es für unmöglich hielten, dass dieser als Soldat während des Krieges Verbrechen begangen haben könnte. Die im Rahmen der Arbeit untersuchten Eingaben zeigen, dass die Schreibenden versuchten, die Unschuld des eigenen Angehörigen zu beweisen bzw. mögliche Anschuldigungen gegen ihn zu entkräften. Dabei gilt es zu berücksichtigen, dass die Frauen und Kinder zumeist keine Informationen darüber besaßen, was ihrem Angehörigen vorgeworfen wurde bzw. aufgrund wessen er verurteilt worden war. Trotzdem hofften sie offensichtlich, auf diesem Weg seine Entlassung bewirken zu können. Die meisten der Verfasserinnen und Verfasser bezogen sich auf die eigene Kenntnis der Persönlichkeit bzw. des Charakters des Internierten. »Alle meine und seine Bekannten, sowie ich selbst, halten meinen Mann keiner schlechten Tat fähig.«[236] schrieb die bereits zitierte Christel N. Dies stellte eine der klassischen Aussagen dar, die sich in

---

235   Ebd.
236   Christel N. an Wilhelm Pieck, 13.8.1951, in: BArch, DO 1/8357.

den Eingaben in dieser oder ähnlicher Form immer wieder finden lassen. Annelie-
se K. vertraute auf die Unschuld ihres Ehemannes, »da ich meinen Mann als seine
Ehefrau genau kenne und weiß, daß mein Mann niemals irgendwelche Kriegsverbrechen begangen haben kann.«[237] Damit negierten die Frauen und Kinder jegliche
Beteiligung ihres Angehörigen an möglichen Kriegsverbrechen. Vielmehr spiegelt
sich in diesen Aussagen eine deutlich verschobene Wahrnehmung vom Kriegsalltag und dem Soldatentum wider. Die Tatsache, dass sich die Frauen und Kinder
nicht vorstellen konnten, dass ihr Ehemann und Vater Kriegsverbrechen begangen
haben könnte, entspricht zum einen dem zeitgenössischen deutschen Selbstverständnis als Opfergruppe des Nationalsozialismus. Zum anderen handelte es sich
hierbei jedoch auch um eine innerfamiliäre Strategie, um mit der Frage von Schuld
und Täterschaft umzugehen, die zum Teil bis in die heutige Zeit in den Familien
nachwirkt.[238] Für zweites spricht vor allem die Tatsache, dass in den frühen 1950er
Jahren bereits viele Informationen über die Gräueltaten der deutschen Wehrmacht
bekannt waren.[239]

Manche der Schreibenden verwiesen zudem auf die soldatische Pflicht, die die
jeweiligen Männer von einer persönlichen Schuld entbinde.[240] Neben diesen Argumenten nannten viele der Frauen und Kinder vermeintlich rationale Fakten, die
die Unschuld des Angehörigen belegen sollten. Dazu gehörte, dass der vermeintliche Kriegsverbrecher als Soldat niemals in der Sowjetunion eingesetzt gewesen sei
und aus diesem Grund dort auch keine Kriegsverbrechen begangen haben könnte.[241] Eine ebensolche Begründung war die Nichtmitgliedschaft in der NSDAP[242]

---

237   Annelies K. an Wilhelm Pieck, 22.12.1952, in: BArch, DO 1/8364. »Ich glaube meinen Mann
       am besten zu kennen, wenn ich sage, daß er stets ein friedliebender Mensch ist. Er wird
       auch in Gefangenschaft zu keinem Tadel Anlass gegeben haben.« Waltraut F. an Josef Stalin,
       24.8.1952, in: BArch, DO 1/8353.

238   Vgl. Welzer, Harald/Moller, Sabine/Tschuggnall, Karoline (Hg.), »Opa war kein Nazi«. Natio-
       nalsozialismus und Holocaust im Familiengedächtnis, 4. Aufl., Frankfurt a.M. 2003.

239   Bajohr, Frank/Pohl, Dieter, Der Holocaust als offenes Geheimnis. Die Deutschen, die NS-
       Führung und die Alliierten, München 2006.

240   Z. B. »Er war als Soldat gezwungen in den Krieg zu ziehen und hat sich sonst nichts zu Schul-
       den kommen lassen und nur seine Pflicht erfüllt.« Martha G. an Wilhelm Pieck, 23.6.1951, in:
       BArch, DO 1/8354; »Sollte er sich tatsächlich etwas zu Schulden kommen lassen, dann hat er es
       nur befehlsgemäss oder aus zwingender Not getan.« Gertrud Sch. an Wilhelm Pieck, 9.5.1952,
       in: BArch, DO 1/8358; »Aber sollen nun die Männer, [...] noch weiter dort bleiben, auch wenn
       sie sich keinerlei Vergehen haben zu Schulden kommen lassen und nur ihre Pflicht getan
       haben, wie jeder russische Soldat die Seinige?« Gisela S. an den Präsidenten der Gesellschaft
       für Deutsch-Sowjetische Freundschaft, 21.7.1950, in: BArch, DO 1/8358.

241   »Er war doch gar nicht in Rußland« Franziska M. an die Deutsche Diplomatische Mission,
       1.12.1951, in: BArch, DO 1/8365; Ursula T. an Wilhelm Pieck, 14.12.1952, in: BArch, DO 1/8358.

242   Z. B. »Dies [die Internierung; Anm. A.K.] befremdet mich umso mehr, als mein Mann weder
       Mitglied der NSDAP oder einer ihrer Gliederungen gewesen ist und trotzdem festgehalten
       wird.« Gertrud B. an Wilhelm Pieck, 12.1.1953, in: BArch, DO 1/8352; »Er hat, dies kann ich mit

oder der niedrige Rang des Internierten als »gewöhnlicher Soldat [...]«[243]. Der Pionier Gerald L. schrieb hierzu in seinem Brief:

> »Denn es ist und bleibt eine Tatsache, das Hunderttausende von aktiven faschistischen Offizieren und Naziverbrechern wieder in ihrer Heimat sind, wie zum Beispiel der Verteidiger von Stalingrad der ehm. General der Panzertruppen Generalfeldmarschall Paulus, während mein Vaters als armer Strumpfwirker nicht zu seinen Angeh[örigen] darf, die wir nun Jahr um Jahr mit immer größer werdender bald an Verzweiflung grenzender Sehnsucht auf seine Heimkehr warten.«[244]

Nicht selten kombinierten die Verfasserinnen und Verfasser verschiedene dieser Argumente in ihren Briefen, wie folgendes Zitat aus der Eingabe einer Ehefrau verdeutlicht: »Sie waren doch nur Soldaten und haben als solche ihre Pflicht getan. Sie waren weder in der NSDAP, noch gehörten sie anderen ... an.«[245] Die Befunde lassen annehmen, dass bei den Frauen und Kindern offensichtlich eine Art fester Idee davon vorherrschte, wie ein Kriegsverbrecher zu sein habe. Eine Vorstellung, mit der der eigene Angehörige unmöglich in Einklang zu bringen war. Mit dieser holzschnittartigen Schablone verglichen sie ihren Angehörigen und bauten darauf ihre Argumentation auf.[246] So lässt sich auch erklären, warum viele der Ehefrauen und Kinder zu dem Schluss kamen, dass es sich bei der Verurteilung ihres Angehörigen nur um einen Irrtum handeln könne, wie dies folgendes Zitat verdeutlicht: »Da ich den militärischen Weg meines Mannes ganz genau kenne, ebenso seine menschliche Einstellung, ist es mir ein vollkommenes Rätsel, wie dieses Urteil zustande kommen konnte. Es ist nur möglich, dass hier ein Irrtum unterlaufen ist.«[247]

Mit dieser Sichtweise – egal ob bewusst oder unbewusst gewählt – schafften sich die Frauen und Kinder einen Ausweg aus der eigenen Konfliktsituation zwischen Regierung und Familie und der daraus entstehenden Kognitiven Dis-

---

reinem Gewissen sagen, nie einer politischen Formation angehört, oder sich sonst politisch betätigt.« Emma T. an Wilhelm Pieck, 7.2.1951, in: BArch, DO 1/8359.

243 Margit D. an Wilhelm Pieck, 19.11.1953, in: BArch, DO 1/8361.

244 Gerald L. an Wilhelm Pieck, 9.3.1954, in: BArch, DO 1/8356. Beim Strumpfwirker handelt es sich um einen alten Handwerksberuf.

245 Erna V. und Gertrud F. an Wilhelm Pieck, 9.7.1951, in: BArch, DO 1/8359. Auslassung unleserlich im Original.

246 Hierbei handelt es sich um eine Negativfolie, die sich aus den Argumenten der Angehörigen extrahieren lässt. Geprägt war diese sicherlich auch durch den öffentlichen Diskurs sowie die mediale Darstellung der Schuldigengruppe am Zweiten Weltkrieg.

247 Helene S. an die Kanzlei des Präsidenten, 24.3.1951, in: BArch, DO 1/8358; »Die Verurteilung meines Mannes kann nur durch eine Verkettung unglücklicher Umstände oder infolge eines Irrtums zustande gekommen sein. Davon bin ich felsenfest überzeugt.« Greta K. an Stalin, 6.12.1950, in: BArch, DO 1/8355.

sonanz.[248] Indem sie die Verurteilung des eigenen Angehörigen als ein Versehen oder als Irrtum betrachteten, mussten sie gleichzeitig nicht die Kriegsgefangenenpolitik der eigenen Regierung sowie der Sowjetunion anzweifeln. Damit entwickelten sie ein neues Selbstverständnis, das sie nicht aus der politischen und gesellschaftlichen Gemeinschaft der DDR ausschloss, während sie sich gleichzeitig für die Rückkehr ihres Angehörigen einsetzen und an seine persönliche Unschuld glauben konnten. Sicherlich funktionierte diese Umdeutung nicht für alle Angehörigen, doch für einige von Ihnen scheint sie eine Möglichkeit dargestellt zu haben, das empfundene Spannungsgefühl zumindest schrittweise abzubauen oder zu lösen.

Dies war insofern von Bedeutung, da sich der Status des Ehemannes und Vaters als Kriegsverbrecher in gewisser Weise auch auf die Familien übertrug. Während die Kriegsgefangenschaft in der SBZ und der frühen DDR noch eine positive Konnotation besessen hatte, bedeutete die Verurteilung und Zurückhaltung in der öffentlichen Darstellung eine Täterschaft des Betroffenen. Für die Angehörigen ging damit häufig ein persönliches Schamgefühl einher. Hertha O. formulierte dieses in ihrer Eingabe wie folgt: »Mir tut es immer sehr weh, wenn es heißt, es sind ja alle heim, es sind ja nur noch Kriegsverbrecher drüben.«[249] Und der Neffe eines Kriegsgefangenen schrieb sogar: »Beschämt komme ich mir vor wenn ich diese Worte höre.«[250]

Betrachtet man den Umgang der Angehörigen mit der Frage von möglicher Schuld und Täterschaft der sogenannten ›Kriegsverbrecher‹, so zeigt sich, dass die Schreibenden alles taten, um sich für die Rückkehr ihres Ehemannes und Vaters einzusetzen. Mit der Eingabe versuchten sie die Freilassung des eigenen Ehemannes und Vaters zu erreichen und damit auch den sichtbaren Makel der Schuld und Täterschaft für ihn und die gesamte Familie aus der Welt zu räumen. Auch wenn sie keine systematische Stigmatisierung durch ihr soziales Umfeld und den Staat erfuhren, reichte die veränderte Haltung der Regierung in der Frage der Internierten aus, um das bisherige Selbstbild der Familien als Angehörige eines Kriegsgefangenen zu verändern und nachhaltig zu schädigen. Ihr Angehöriger war nun im Verständnis der Regierung ein Verbrecher und sie damit die Familie eines solchen. Während sich die schwierige finanzielle Lage mit der TASS-Meldung nicht änderte, war es der selbstempfundene gesellschaftliche Abstieg, mit dem die Familien konfrontiert waren. Das folgende Unterkapitel untersucht in diesem Zusammenhang,

---

248   Die Sozialpsychologie geht davon aus, dass »der Prozess der Dissonanzreduktion im Wesentlichen unbewusst abläuft.« Aronson/Wilson/Akert, Sozialpsychologie, S. 166. Im Kontext dieser Arbeit lässt sich anhand der Quellen jedoch nicht einwandfrei sagen, ob es tatsächlich um eine unbewusste oder eine bewusste Handlung geht, weshalb weiterhin von beiden Fällen ausgegangen wird.

249   Hertha O. an Wilhelm Pieck, 18.3.1953, in: BArch, DO 1/8357.

250   Bernd P. an Wilhelm Pieck, 14.4.1951, in BArch, DO 1/8357.

wie die Bevölkerung auf die Verurteilung der verbliebenen Internierten reagierte und was das für den Umgang mit den Angehörigen bedeutet.

4.2.4 Das Verhalten der Bevölkerung gegenüber den Angehörigen der ›Kriegsverbrecher‹

Die bisherigen Kapitel haben die Auswirkungen der Statusveränderung der Kriegsgefangenen zu ›Kriegsverbrechern‹ vor allem aus der Perspektive der betroffenen Angehörigen betrachtet. Darüber hinaus geben die Eingaben Auskunft über die Lebenswirklichkeiten der Schreibenden und ihre Selbstwahrnehmung und Positionierung im System sowie dazu, wie die übrige Bevölkerung auf sie reagierte und mit ihnen umging. Dies lässt wiederum Rückschlüsse darauf zu, welche Rolle die Kriegsgefangenenfrage nach der TASS-Meldung in der Gesellschaft der DDR einnahm und wie die nicht unmittelbar davon betroffene Bevölkerung auf die restriktive Politik der Regierung reagierte.

Die Veränderung der offiziellen Haltung der Regierung gegenüber der Kriegsgefangenenfrage nach der TASS-Meldung zeigt sich insbesondere in der geringen Anzahl von Berichterstattungen, die ab Mai 1950 in Zeitungen und Zeitschriften veröffentlicht wurden. Daher wird im Folgenden zuerst auf die mediale Darstellung als Spiegel des öffentlichen Diskurses eingegangen. Einer der wenigen Artikel erschien im November 1951 in der Zeitschrift *Die Frau von heute*. Unter der Überschrift »Zu einem der trübsten Kapitel der Kriegshetze: Das Kriegsgefangenen-Problem«[251] behandelt der Artikel die Kriegsgefangenenfrage vorrangig aus der staatlichen Perspektive. Als Anlass für die Stellungnahme der Zeitung diente der Redaktion eine anonym zugesandte Postkarte, wie es in dem Artikel heißt.[252] Auf dieser beschwerte sich die Verfasserin darüber, dass sich in der Zeitschrift noch nie eine Frau für die Rückkehr der Kriegsgefangenen eingesetzt habe und forderte von der Redaktion dies endlich zu tun. Eindringlich mahnte sie: »Sagen Sie später nicht: Sie haben das nicht gewusst, Sie machen sich mit Schuldig an Verbrechen gegen die Menschlichkeit.«[253] In ihrer Antwort bezeichnet *Die Frau von heute* die Verfasserin als »Opfer der amerikanischen Propaganda«[254]. Wohingegen die TASS-

---

251   Die Redaktion der Frau von heute, Das Kriegsgefangenen-Problem, in: Die Frau von heute, Nr. 44 vom 2.11.1951, S. 17.

252   Ob es sich bei der Zusendung tatsächlich um Post von Leserinnen und Lesern handelte, lässt sich nicht mit Sicherheit sagen. Vielmehr war es üblich, solche zu fälschen, um sie als Grund zu nehmen, ein bestimmtes Thema öffentlich zu diskutieren.

253   Die Redaktion der Frau von heute, S. 17.

254   Ebd.

Meldung als »klare, offene Abrechnung«[255] bezeichnet wird, an deren Tatsachen man sich zu halten hätte.[256] Damit folgte die Redaktion der Parteilinie und zeigte gleichzeitig beispielhaft, was im Zusammenhang mit der Kriegsgefangenenfrage als politisch sagbar galt und wie die öffentliche Haltung auszusehen hatte. Dies verdeutlicht, wie das Regime durch die eigene politische Macht den öffentlichen Diskurs zur Kriegsgefangenenfrage in kürzester Zeit und vor allem im Vergleich zu den Jahren zuvor vollkommen verändert hatte. In der öffentlichen Aburteilung der Verfasserin und dem Inhalt ihrer Postkarte machte der Artikel sehr deutlich, dass für diese Form von Kritik und Anschuldigungen in der medialen Öffentlichkeit der DDR kein Raum bestand. Die Kriegsgefangenenproblematik bot lediglich Anlass für Schuldzuweisungen gegenüber dem Hitlerregime und den Westmächten. Letzteren warf man vor, den Angehörigen unberechtigte Hoffnungen zu machen bzw. ihnen ein falsches Bild der Situation zu vermitteln. Verdeutlicht wurde dies durch eine Karikatur zum Artikel, die den »Chor der Kriegstreiber«[257] darstellte, – McCloy, Adenauer und die westdeutsche Presse – wie diese eine verzweifelte und traurige Menge verhöhnen, die offensichtlich die Angehörigen der Kriegsgefangenen und Vermissten darstellen soll.[258]

Die Karikatur unterstreicht die Botschaft des Textes, dass es sich bei den Angehörigen der Kriegsgefangenen und Vermissten um die Opfer der propagandistischen Hetze der Westmächte handele, denen es nicht gelänge, sich mit der Realität abzufinden und zu akzeptieren, dass ihr Angehöriger tot bzw. ein Kriegsverbrecher sei. 1952, also ein Jahr später, berichtete Else von Kügelgen in der *Frau von heute* von ihren Erfahrungen, die sie während einer Moskaureise sowie bei den Informationsabenden, auf denen sie über diese referierte, gemacht hatte.[259] Sie schrieb, dass sie bei einer dieser zwölf Versammlungen von einer Arbeiterin gefragt worden sei, ob sie in Russland auch Kriegsgefangene gesehen habe. Kügelgen berichtete weiter,

---

255 Ebd.; Der Begriff der Abrechnung muss an dieser Stelle im Sinne der genauen Aufschlüsselung der Zahlen von Kriegsgefangenen und Kriegsverbrechern verstanden werden. Eine Bedeutung im Sinne von Rache ist hier nicht gemeint.

256 Ebd.

257 Ebd.

258 John Jay McCloy (1895-1989) war zwischen 1949 und 1952 Hoher Kommissar der USA in der Bundesrepublik. Vgl.: Fischer, Erika J., John J. McCloy. An american architect of postwar Germany. Profiles of a trans-atlantic leader and communicator, Frankfurt a.M. 1994; Vogt, Helmut, Wächter der Bonner Republik. Die Alliierten Hohen Kommissare 1949-1955, Paderborn 2004.

259 Else von Kügelgen war die Ehefrau des Journalisten Bernt von Kügelgen. Diese war selbst als Offizier von 1942 bis 1945 in sowjetischer Kriegsgefangenschaft. Er war Mitbegründer des NKFD. Nach seiner Rückkehr nach Deutschland arbeitete er als Redakteur für die *Berliner Zeitung* und war später Chefredakteur der *Neuen Berliner Illustrierten*. Barth, Bernd-Rainer, Art. »Kügelgen, Bernt von«, in: Müller-Engbers u.a. (Hg.), Wer, S. 570f.

Abbildung 4: Karikatur zum »Chor der Kriegstreiber«

Abgedruckt in: Die Frau von heute, Nr. 44 vom 2.11.1951, S. 17.

anstatt einer Antwort habe sie lediglich auf die TASS-Meldung verwiesen und darauf, dass sich »damit eine solche Frage erübrigt«[260] habe.

Beide Beispiele zeigen exemplarisch, in welcher Form die Kriegsgefangenenfrage in der Öffentlichkeit dargestellt und verhandelt wurde, wenn dies medial überhaupt geschah. Dass Frau von Kügelgen diese Episode jedoch überhaupt in dem Artikel erwähnte, lässt den Schluss zu, dass es durchaus einen Wunsch nach Informationen in der Öffentlichkeit gab, welcher wiederum durch solch klare Verweise bedient und damit der offiziellen Haltung der Regierung Ausdruck verliehen werden sollte. Diese wenigen Äußerungen müssen zudem auch als Abgrenzungsstrategie der ostdeutschen Medien zu der Berichterstattung in der BRD verstanden werden.

Da die Medien die Kriegsgefangenenproblematik kaum verhandelten und nur noch eine verhältnismäßig geringe Anzahl von ehemaligen Wehrmachtssoldaten in der Sowjetunion inhaftiert war, ist davon auszugehen, dass der Großteil der Bevölkerung der DDR in ihrem Alltag nicht mit der Kriegsgefangenenproblematik konfrontiert war. Zudem gab es keine Interessenvertretung wie den VdH in Westdeutschland, der sich zur Aufgabe gemacht hätte, an die Kriegsgefangenschaft

---

260   Kügelgen, Else v., Im Namen der namenlosen Toten: Entlarvt die Lügen der Kriegstreiber, in: Die Frau von heute, Nr. 8 vom 22.2.1952, S. 4 u. 23, S. 23.

bzw. die Internierung der vermeintlichen ›Kriegsverbrecher‹ zu erinnern.[261] Auch konkrete Anlaufstellen für Heimkehrer, die das Ziel gehabt hätten, diese nach ihrer Rückkehr zu integrieren oder zu vernetzen, gab es nach 1950 nicht mehr.

Vor diesem Hintergrund muss für die Beantwortung der Frage nach der Haltung der Bevölkerung in Hinblick auf die Kriegsgefangenenpolitik der DDR in zwei Gruppen unterschieden werden. Auf der einen Seite das soziale sowie das entfernte familiäre Umfeld der Internierten. Also Personen, die die Familie eines Kriegsgefangenen oder ihn persönlich kannten. Auf der anderen Seite jene Menschen, die in ihrem alltäglichen Leben keinerlei persönliche Berührungspunkte mit dieser Thematik besaßen. Die Grundannahme lautet, dass insbesondere die erste Gruppe die Kriegsgefangenenpolitik der DDR durchaus kritisch betrachtete, woraus sich in unterschiedlicher Ausprägung auch für diese Personen die bereits vielfach beschriebene Dissonanz entwickeln konnte. Hingegen gab es für die zweite Gruppe erstmal keinen Grund, die offiziellen Aussagen der Regierung und die Rechtmäßigkeit der Verurteilungen anzuzweifeln. Als Quellen für diesen Aspekt dienen einerseits die Eingaben, die von Nachbarinnen und Nachbarn, Parteiangehörigen oder Arbeitskolleginnen und -kollegen verfasst wurden. Andererseits finden sich auch indirekte Aussagen hierzu in den Eingaben der Frauen und Kinder.

Dafür, dass die persönliche Verbundenheit zu einem der Kriegsgefangenen oder seiner Familie die Sichtweise auf die politische Haltung der Regierung in dieser Frage veränderte, sprechen die Eingaben, die nicht von unmittelbaren Angehörigen der Internierten verfasst wurden. Um einen solchen Fall handelte es sich bei dem bereits zitierten Schreiben der Betriebsgruppe aus einer Möbelfabrik, die sich nach dem Ehemann einer Mitarbeiterin erkundigte.[262] Ein weiteres Beispiel ist die Eingabe des Hausfriedenskomitees Leipzig W33.[263] In ihrem Brief vom Juni 1951 schilderte sie den Fall des Ehemannes einer Nachbarin.

»Die Mitglieder des Hausfriedenskomitees wissen, dass er [der entsprechende Kriegsgefangene; Anm. A.K.] keiner nazistischen Organisation angehörte, weder mit ihr sympathisierte. Wir bitten daher unseren Genossen Pieck, doch in dieser Sache einmal Stellung zu nehmen und uns mitzuteilen, ob es Ihnen möglich ist, eine baldige Entlassung des Genossen [...] zu befürworten, gegebenenfalls und mitzuteilen, warum der Genosse [...] noch nicht in die Heimat zurückgekehrt ist, und wann evtl. mit seiner Heimkehr zu rechnen ist.«[264]

---

261   Das politische System der DDR ermöglichte grundsätzlich nicht die Entstehung von Interessenvertretungen, Organisationen oder Verbänden, die andere Normen und Werte oder auch andere politische Ansichten vertreten hätten. Lepsius, Institutionenordnung, S. 5.

262   Möbelbau Heringen an die Präsidialkanzlei, 20.9.1952, in: BArch, DO 1/8358.

263   Bei einem Hausfriedenskommitee handelt es sich um einen Zusammenschluss von Nachbarn, die sich in diesem Umfeld engagierten.

264   Hausfriedenskomitee Leipzig 33 an Wilhelm Pieck, 2.6.1951, in: BArch, DO 1/8357.

Obwohl es sich bei den Mitgliedern des Hausfriedenskomitees vermutlich um Personen handelte, die in den Strukturen des sozialistischen Staates und seiner Organisationen verankert waren, zweifelten sie die rechtmäßige Verurteilung des Ehemannes ihrer Nachbarin an, da sie sich ihm persönlich verbunden fühlten. Dabei verwendeten sie ähnliche Argumente, um seine Unschuld zu belegen, wie sie bereits im vorherigen Unterkapitel für die Frauen und Kinder festgestellt werden konnten. Über das genaue Motiv, sich in dieser Form gemeinsam für den Internierten einzusetzen, kann nur gemutmaßt werden. Wahrscheinlich ist jedoch, dass auch für die Nachbarn die Internierung dieses Mannes in Konflikt zu ihrem politischen und gesellschaftlichen Verständnis stand, weshalb sie es als ihre Aufgabe ansahen, der Ehefrau zu helfen und die Regierung auf diesen Fall aufmerksam zu machen.

Die Frauen und Kinder berichteten in ihren eigenen Eingaben auch über die Unterstützung von Dritten. Indem sie vor allem die unterstützenden Reaktionen anderer schilderten, wurde das eigene Anliegen zu einem Fall, der über ihr persönliches Interesse hinausging, und die weiteren Personen wurden zu einer Art Rechtfertigung und Legitimation.

Die Reaktionen des sozialen Umfeldes – Anteilnahme, Unglaube und Ablehnung

Aus den Schilderungen der Verfasserinnen und Verfasser lassen sich drei unterschiedliche Reaktionen des sozialen Umfeldes herauslesen, auf die im Folgenden ausführlicher eingegangen wird. Bei diesen handelt es sich um Anteilnahme, Unglaube und Ablehnung. An diesen drei Formen zeigt sich, mit welch unterschiedlichen Verhaltensweisen die Familien der Kriegsgefangenen konfrontiert waren und wie sich diese auf sie auswirkten. Denn die Außenwahrnehmung, die ihnen ihr soziales Umfeld bzw. die Gesellschaft spiegelte, beeinflusste auch maßgeblich ihr Selbstbild. Während sie aus der Anteilnahme insbesondere Kraft schöpften, bedeuteten Unglaube und Ablehnung eine zusätzliche Belastung.

In vielen der Eingaben beschrieben die Autorinnen und Autoren die Anteilnahme ihres sozialen Umfeldes. »Der ganze Ort will das nicht glauben, und ich und unsere Familie werden von allen aufs Tiefste bedauert.«[265] schreibt Gerald L., Sohn eines Kriegsgefangenen. Elfriede F. wiederum berichtete von dem Mitgefühl ihrer Kolleginnen und Kollegen, ebenso wie Hilda G.[266] Hier zeigt sich deutlich, dass es

265 Gerald L. an Wilhelm Pieck, 9.3.1954, in: BArch, DO 1/8356.
266 »Freudiger noch, wenn wir recht bald Gewißheit über das Schicksal meines Mannes hätten, an dem auch alle Kolleginnen und Kollegen des Werks regen Anteil nehmen.« Elfriede F. an Wilhelm Pieck, 26.5.1951, in: BArch, DO 1/8353; Unter dem Schreiben von Frau G. hatte ihre Firma einen Zusatz geschrieben, dass sie das Gesuch ihrer Mitarbeiterin unterstütze. Hilda G. an Wilhelm Pieck, 5.3.1951, in: BArch, DO 1/8354.

vor allem persönliche Kontakte waren, die zu Solidarität im sozialen Umfeld der Betroffenen führten.

Eine besondere Form der Reaktion stellte hingegen der Unglaube dar. Hierunter lassen sich Fälle fassen, in denen die Personen augenscheinlich die offizielle politische Haltung der SED kannten, diese jedoch nicht direkt auf den entsprechenden Einzelfall übertrugen. Von einer solchen Begebenheit berichtete Inge H., deren Vater sich noch in Kriegsgefangenschaft befand. Sie schrieb in ihrem Brief an Wilhelm Pieck: »Auch in meinem Heimatdorf diskutiert man heftig über das Kriegsgefangenenproblem in der SU. Stets wenn meine Mutter Post von meinem Vater erhält wird sie gefragt, wie es kommt, daß ihr Mann noch in der Sowjetischen-Gefangenschaft ist, es soll doch angeblich keine mehr geben.«[267] Die Äußerung lässt vermuten, dass die Nachbarschaft von Inge durchaus dazu bereit war, sich die Argumente der Familie anzuhören und anschließend selber zu entscheiden, ob sie ihnen oder der offiziellen Verlautbarung Glauben schenken wollten. Auch Charlotte K. berichtete davon, dass bei der Lehrstellenwerbung die Anwesenden »sehr erstaunt«[268] gewesen seien, dass der Vater ihres Sohnes noch in Kriegsgefangenschaft sei. Die wenigen Meldungen und das Fehlen solcher Fälle im sozialen Umfeld hatten offensichtlich dazu geführt, dass ein Großteil der Bevölkerung die Äußerungen der Regierung zur Kriegsgefangenenproblematik nicht hinterfragte und damit deren Richtigkeit akzeptierte. Der Unglaube oder das Unwissen anderer Personen verdeutlichte den Angehörigen zudem, dass der Problemfall der Kriegsgefangenen bzw. der vermeintlichen ›Kriegsverbrecher‹ vom Großteil der Bevölkerung anders wahrgenommen und interpretiert wurde, als sie es taten und es sich wünschten.

Von Ablehnung oder dem direkten Verweis auf die Verbrechen der Kriegsgefangenen berichteten einige Verfasserinnen und Verfasser im Zusammenhang mit öffentlichen und staatlichen Stellen. Hildegard H., der das Wohnungsamt ihre Wohnung entziehen wollte, gab dort an zu hoffen, dass ihr Mann bald zurückkehren werde, da er ihr regelmäßig schreibe. In ihrer Eingabe schilderte sie die Antwort, die sie daraufhin erhielt: »daß mein Mann mir absichtlich so hoffnungsvoll schreibe; denn wenn er mir mitteilen würde, daß er 25 Jahre habe, dann könne ich mir evtl. einen Strick nehmen und mich aufhängen.«[269] Der Schwiegersohn eines Kriegsgefangenen, Walter H., selber Funktionär der FDJ, berichtete in seinem Brief an Wilhelm Pieck, wie man bei der Kaderabteilung des Landesverbandes Sachsen auf die Nachfrage seiner Schwiegermutter reagiert habe: »Wenn er noch nicht da ist, wird er wohl Kriegsverbrecher und als solcher verurteilt sein (!)«[270] Diese Haltung der öffentlichen Stellen gegenüber den Sorgen und Nöten der Angehörigen

267   Inge H. an Wilhelm Pieck, 19.11.1951, in: BArch, DO 1/8354.
268   Charlotte K. an Wilhelm Pieck, 20.7.1951, in: BArch, DO 1/8364.
269   Hildegard H. an das Ministerium des Innern, 16.5.1953, in: BArch, DO 1/8363.
270   Walter Hohlfelder an Wilhelm Pieck, 12.9.1951, in: BArch, DO 1/8353.

blieb für diese unverständlich, wie ein weiterer Auszug aus dem gerade zitierten Brief verdeutlicht. »Ich glaube, wir können keinen demokratischen Staat aufbauen, bei dem alle Leute freudigen Herzens helfen sollen, wenn die Vertreter der Werktätigen so sprechen.«[271] Dieser Satz verweist einmal mehr auf die bereits in vorherigen Unterkapiteln beschriebene Kognitive Dissonanz zwischen dem staatlichen System und der Haltung der Regierung in der Kriegsgefangenenfrage, die von den Angehörigen empfunden wurde.

Extrahiert man aus den Schilderungen der Angehörigen ein Bild des Umgangs der Bevölkerung mit den Frauen und Kindern von Kriegsgefangenen, so lassen sich keine Hinweise auf eine generell ablehnende Haltung feststellen. Lediglich im Kontakt mit staatlichen Stellen erfuhren die Angehörigen zum Teil Ablehnung, was jedoch auf die starke Verwobenheit von öffentlichen Institutionen und Regierung zurückgeführt werden muss. Der Status des Ehemannes und Vaters hatte somit nur in einem sehr geringen Maße Einfluss auf das Verhalten der übrigen Bevölkerung ihnen gegenüber. Insbesondere eine Stigmatisierung oder Abwertung der Angehörigen, wie sie in der westdeutschen Presse beschrieben wurde, bestand offensichtlich nicht.[272] Der VdH hatten in zwei längeren Artikeln über staatliche Diskriminierungen im Zusammenhang mit sogenannten »Toderklärungs-Aktionen«[273] berichtet. Der Ausgangspunkt für die Debatte war ein Beitrag über die ›Toderklärungen‹ in der DDR aus dem Jahr 1951, in dem geschildert wurde, dass die Angehörigen der Kriegsgefangenen dort von der Regierung dazu gedrängt würden, die Todeserklärung für Vermisste und Gefangene zu beantragen, da sie sonst keinerlei Unterstützung mehr erhalten würden. Ehefrauen, die dies nicht täten, würden der »antisowjetischen Hetze«[274] beschuldigt. Darüber hinaus informierte der VdH in seinem Vereinsorgan *Der Heimkehrer* im Juli 1952 über eine erneute »Toderklärungs-Aktion« und der damit einhergehenden Stigmatisierung und Schikane der Ehefrauen, die sich weigerten eine solche durchzuführen.[275] So wurde der Fall einer Frau beschrieben, der innerhalb von neun Monaten 14 Mal fristlos gekündigt worden sei, »da sie als Frau eines Kriegsverbrechers für den Betrieb nicht mehr tragbar«[276] gewesen wäre. Die Berichterstattung des Verbandes machte deutlich, dass es sich bei diesen Vorkommnissen nicht um Ausnahmefälle handele, sondern um eine systematische Stigmatisierung der Ehefrauen durch die Regierung der DDR aufgrund des Status ihres Ehemannes. Es gibt jedoch keine Befunde, die diese Darstellung des VdH bestätigen, der sich nach eigenen Angaben auf »Stimmungsberichte aus

---

271 Ebd.
272 Vgl. S. 174f.
273 Diffamierung, in: Der Heimkehrer, S. 2.
274 »Todeserklärungen«, in: Der Heimkehrer S. 3.
275 Diffamierung, in: Der Heimkehrer, S. 2.
276 Ebd.

allen Teilen der Ostzone«[277] stützte. Sowohl in Regierungs- und Verwaltungsunterlagen als auch in den Eingaben finden sich keine Hinweise auf eine von staatlicher Seite durchgeführte Maßnahme mit dem Ziel der massenhaften Toderklärung von Kriegsgefangenen und Vermissten, eben so wenig wie staatlich angeordnete Benachteiligung oder Stigmatisierung der Angehörigen von Kriegsgefangenen. Nach der ausführlichen Bearbeitung und Analyse der von den Angehörigen gemachten Eingaben und deren gesellschaftlicher Funktion ist zudem davon auszugehen, dass sich zumindest vereinzelt Schreibende wegen eines derartigen Vorgehens von Seiten staatlicher Stellen beschwert hätten und eine solche Praxis damit Niederschlag in den Quellen gefunden hätte – was jedoch nicht der Fall ist.

Die Auswirkungen auf die Bevölkerung hinsichtlich ihrer politischen Wahrnehmung

Die bisherigen Auszüge aus den Eingaben belegen zum einen, dass die Frage der Kriegsgefangenen auch nach Bekanntgabe der TASS-Meldung eine Relevanz besaß, die über den eigentlichen Kreis der betroffenen Angehörigen hinaus reichte. Zum anderen, dass dieses Thema Auswirkungen auf die Wahrnehmung der Regierungspolitik, der Partei und der Sowjetunion durch die Bevölkerung hatte. Deren Ausmaß lässt sich jedoch rückblickend kaum feststellen, insbesondere da medial darüber nicht berichtet wurde. Im Folgenden wird noch einmal dezidiert auf eine Reihe von Eingaben eingegangen, die die Auswirkungen der Kriegsgefangenenfrage auf die Partei- und Kaderarbeit vor Ort illustrieren. Diese verdeutlichen, wie die Kriegsgefangenenfrage im alltäglichen Leben der Bevölkerung ihren Ausdruck fand und auch die politische Stimmung in der DDR beeinflusste. Die Ortsgruppe der DSF, Kreis Gera-Stadt wandte sich im Spätsommer 1950 an das Amt für Information, da sie in ihrer politischen Arbeit bedingt durch die Kriegsgefangenenfrage auf Probleme stieß. In dem Brief heißt es:

»Bei der Durchführung der Versammlungen der Gesellschaft in den Betrieben wird noch immer mit einer gewissen Hartnäckigkeit die Kriegsgefangenenfrage in die Diskussion geworfen. Die Stellungnahme der Referenten ist begründet auf der TASS-Meldung [...]. Trotzdem wird die Beantwortung der damit im Zusammenhang stehenden Fragen als unbefriedigend angesehen. In der Regel traten Diskussionsredner auf, die erklärten, daß sie von Angehörigen in sowj. Kriegsgefangenschaft bis Ende 1949 Post erhalten, seitdem aber nichts mehr gehört haben. [...] Da diese Fragen für viele, nicht nur die davon Betroffenen, noch ein Hinderungsgrund für ein offenes und ehrliches Bekenntnis zur Freundschaft mit der SU sind, bitten wir um eine Stellungnahme ihrerseits.«[278]

277   Ebd.
278   Gesellschaft für Deutsch-Sowjetische Freundschaft Kreis Gera-Stadt an das Amt für Information, 9.8.1950 in: BArch, DO 1/8364. Zusätzlich interessant an diesem Schreiben ist, dass es

Der Auszug belegt, dass sich, einige Monate nach der Bekanntgabe der TASS-Meldung, die Angehörigen durchaus aktiv öffentliche Räume suchten, um von staatlicher Seite Antworten auf ihre Fragen zu erhalten. Sie versuchten auf diese Weise, auf das Problem der Kriegsgefangenen aufmerksam zu machen und damit einen größeren Personenkreis zu erreichen, der an ihrer Situation Anteilnahme nahm. Gleichzeitig offenbart das Zitat die empfundene Hilflosigkeit der Gruppe der DSF in dieser Frage. Der in den Veranstaltungen vorgebrachte Verweis auf die TASS-Meldung half nicht dabei, die aufkommenden Fragen zu beantworten und eine für die Anwesenden überzeugende Antwort zu liefern. Ein anderes Mitglied der DSF, Herr K., wandte sich noch im Mai 1954 an den Generalsekretär der DSF Grünberg und berichtete davon, dass er bei der Werbung für die Freundschaft zur Sowjetunion auf »hartnäckigen Widerstand« gestoßen sei, da »die Ansicht vertreten wird, das sich in der Sowjetunion noch zahlreiche Deutsche Kriegsgefangene«[279] befänden. In dem ausführlichen Antwortschreiben verwies die DSF ebenfalls auf die Meldung der TASS und die Unglaubwürdigkeit der westdeutschen Presse. Gleichzeitig wurde Herr K. auf die Broschüre *Wo bleiben unsere Männer*[280] hingewiesen, herausgegeben vom Ausschuss für Deutsche Einheit, da diese »gutes Argumentationsmaterial«[281] biete. Das Vorhandensein solcher Broschüren gut vier Jahre nach der Bekanntgabe der entscheidenden TASS-Meldung spricht ebenso wie der gesamte Inhalt des Briefes dafür, dass die Kriegsgefangenenfrage noch immer ein Thema in der Bevölkerung war. Andere Angehörige verschiedener staatlicher Organisationen berichteten, dass sie insbesondere bei ihren Agitationen immer wieder auf die Frage der Kriegsgefangenen angesprochen worden seien.[282] Heinz-Jörg R., Sohn eines Internierten, schrieb dazu in seine Eingabe an das Amt für Information:

»In meinen Agitationseinsätzen von Seiten der Nationalen Front und auch in den Klassen der Schule stoße ich immer wieder auf dieselbe Frage, die stets durch

---

vom Ministerium des Inneren bei den Korrespondenzen der Angehörigen von Kriegsgefangenen abgeheftet wurde, obwohl hier kein konkreter Fall eines Kriegsgefangenen genannt wurde.

279   Hermann K. an den Generalsekretär der DSF Grünberg, 30.5.1954, in: SAPMO-BArch, DY 32/11386.

280   Die Broschüre konnte für die vorliegende Arbeit leider nicht untersucht werden, da sie sich im Bestand keiner Bibliothek und auch nicht im Bestand SAPMO befindet. Es ist jedoch davon auszugehen, dass auch in dieser Broschüre nur die üblichen Argumente der Regierung wiederholt wurden.

281   Persönlicher Referent Keil an Hermann K., 7.7.1954, in: SAPMO-BArch, DY 32/11386.

282   »Ich habe bei meinen Agitationen feststellen müssen, daß gerade diese Punkte von vielen Familien angeschnitten werden, von denen ich selbst noch betroffen bin, und da kann der Agitator keine treffende Auskunft geben.« Joachim war selbst Sohn eines Kriegsgefangenen. Joachim G. an Wilhelm Pieck, 13.10.1951, in: BArch, DO 1/8354.

solche angeregt wird, die in ihrer Verwandtschaft selbst davon betroffen sind.
Ich persönlich lass mich durch das Gefühl nicht beeinträchtigen, stelle aber immer wieder fest, daß das häufig die Ursache ist, weshalb viele Menschen unseren
Zielen abgelehnt gegenüberstehen. Diese finden auch nicht den Weg zur Gesellschaft für Deutsch-Sowjetische Freundschaft.«[283]

Der Verfasser beschreibt hier nochmals, dass die Angehörigen der Kriegsgefangenen immer wieder aktiv die Thematik im öffentlichen Raum ansprachen und ihre
politische Haltung dadurch beeinflusst wurde. Dass es sich bei der Freilassung der
Internierten um eine wichtige politische Forderung handelte, die nicht nur in den
ersten Monaten nach der TASS-Meldung von Bedeutung war, zeigt ein weiterer
Verweis aus einer der Eingaben. Der Nachbar einer betroffenen Familie schrieb im
Juli 1953: »Im Zusammenhang mit den Ereignissen am 17.6.53 ist in den durchge-
führten Versammlungen oft die Forderung gestellt worden, daß die sich noch in sowjetischer Kriegsgefangenschaft befindlichen Menschen recht bald in ihre Heimat
entlassen werden.«[284] Erich N. bezieht sich hiermit unmittelbar auf die politischen
Forderungen der DDR-Bevölkerung, die im Zuge des Aufstandes vom 17. Juni an
die Regierung der DDR formuliert worden waren. Die Ergebnisse von Ilko-Sascha
Kowalczuk zeigen, dass es sich bei der Heimkehr der Kriegsgefangenen um eine
der vielen grundlegenden Forderungen der Bevölkerung handelte. Bei einer Kundgebung in Grabow versammelten sich etwa einige hundert Einwohnerinnen und
Einwohner und »forderten die Freilassung der deutschen Kriegsgefangenen aus
der Sowjetunion, verlangten den Abzug der Besatzungstruppen, sprachen sich für
die Wiedervereinigung Deutschlands aus und sangen das ›Deutschlandlied‹.«[285]
Und auch die viertausend Teilnehmenden des Demonstrationszuges in Roßlau forderten unter anderem die »Heimkehr der Kriegsgefangenen«[286].
    Stellt man die Anzahl der noch betroffenen Familien der Gesamtbevölkerung
gegenüber, so rechtfertigen die Auszüge aus den Eingaben durchaus die Einschätzung, dass die Frage der Kriegsgefangenen nicht nur ein spezifisches Problem der
Angehörigen war, sondern vielmehr als ein ständig schwelender Kritikpunkt an
der Politik der Regierung gesehen werden muss. Der Umgang mit der Kriegsgefangenenfrage auch nach 1950 untergrub das Vertrauen der Bevölkerung in die Regierung ebenso wie deren Glaubwürdigkeit. Dass die Angehörigen sich öffentliche
Räume suchten bzw. diese aktiv für sich schufen, stellte eine weitere Strategie des

283   Heinz-Jörg R. an das Amt für Information, 14.5.1951, in: BArch, DO 1/8357; Erich K. an Wilhelm
       Pieck, 12.5.1951, in: BArch, DO 1/8365.
284   Erich N. an die Präsidialkanzlei, 14.7.1953, in: BArch, DO 1/8358.
285   Kowalczuk, Ilko-Sascha, 17. Juni 1953, München 2013, S. 77.
286   Der 17. Juni in der Kreisstadt Roßlau an der Elbe, Brief an das ZDF, 12. 2. 1983. Zeitgeschicht-
       liches Forum Leipzig, Sammlung Dieter Zimmermann, Bd. 2. Zitiert nach: Kowalczuk, Ilko-
       Sascha, 17.6.1953: Volksaufstand in der DDR. Ursachen-Abläufe-Folgen, Bremen 2003, S. 207.

Umgangs mit der neuen Situation dar. Im Vergleich zur Eingabe waren dieses öffentliche Nachfragen und Thematisieren jedoch wesentlich konfrontativer. Dass die Angehörigen diesen Weg dennoch gingen, spricht wiederum dafür, dass sie nicht erwarteten, dass daraus negative Folgen für sie entstehen könnten. Dass die SED dieses Verhalten in den ersten Jahren wiederum duldete, lässt sich damit erklären, dass ihre eigene Position als Diktatur zu diesem Zeitpunkt noch nicht in dem Maße gefestigt war, wie dies später bzw. nach der militärischen Niederschlagung des Aufstandes vom 17. Juni der Fall war; die Regierung schätzte die politische Brisanz des Themas vermutlich als deutlich geringer ein als andere Bereiche des öffentlichen Lebens.[287]

Wie bereits genannt besitzen die hier untersuchten Quellen nur eine begrenzte Aussagekraft darüber, wie sich die Sichtweise der übrigen Bevölkerung auf die Kriegsgefangenenproblematik nach der TASS-Meldung verändert hat. Insbesondere der fehlende mediale Diskurs führte dazu, dass für die Analyse lediglich auf die wenigen Selbstaussagen bzw. auf die Beschreibungen in den Eingaben anderer zurückgegriffen werden kann. Die wenigen Beiträge, die das Thema der Kriegsgefangenen jedoch aufnahmen, zeigen sehr anschaulich die offiziellen, staatlichen Sprach- und Informationsregelungen. Sie können als Markierung dafür verwendet werden, wie im öffentlichen Raum die Grenze zwischen Sagbarem und Unsagbarem verlief bzw. wie weit die Diskursmacht der Regierung in dieser Frage reichte. Gleichzeitig zeigen die Eingaben, dass sich in der Gesellschaft durchaus Räume bildeten, in denen das vermeintlich Unsagbare von den Angehörigen offen formuliert wurde. Dass dies zum Teil mit einer Abwendung von der Regierung und Zweifeln an deren Deutungshoheit einherging, zeigt die Forderung der Freilassung der Kriegsgefangenen im Kontext des Aufstandes vom 17. Juni 1953. Die hier verwendeten Quellen sind vor allem an der Schnittstelle zwischen dem öffentlichen und dem privaten Raum entstanden, also dort, wo die persönliche Erfahrung der Verfasserin oder des Verfassers auf die Haltung der Regierung stieß.

Fest steht, dass die Kriegsgefangenenproblematik bis zur Rückkehr der letzten Internierten im Januar 1956 einen stetigen Widerhall in der Bevölkerung fand; insbesondere dort, wo Angehörige stellvertretend für einen Internierten sichtbar waren, herrschte im sozialen Umfeld vielfach Anteilnahme vor. Die argumentative Strategie der Regierung mit dem Verweis auf die TASS-Meldung und die Lügen der westdeutschen Presse vermochten in den meisten Fällen nicht die Zweifel innerhalb dieser sozialen Kleingruppen zu unterlaufen. Bevölkerungsteile, die jedoch nicht in einem persönlichen Verhältnis zu einem Internierten oder dessen Angehörigen gestanden haben, tendierten hingegen dazu, die offizielle Deutungshoheit

---

287   Zu diesem Aspekt in thematisch anderen Kontexten vgl.: Port, Andrew I., Die rätselhafte Stabilität der DDR. Arbeit und Alltag im sozialistischen Deutschland, Bonn 2010, S. 150.

der Regierung nicht in Frage zu stellen, was in den Reaktionen von Unglauben und Ablehnung seinen Ausdruck fand.

4.2.5   Der Umgang der Kinder mit der Kriegsgefangenschaft ihres Vaters

In dem in diesem Kapitel der Arbeit vorrangig untersuchten Eingabenbestand befinden sich, wie bereits genannt, auch Briefe, die von Töchtern und Söhnen der Internierten verfasst wurden. Die Mädchen und Jungen wandten sich wie auch ihre Mütter zumeist an den Präsidenten der DDR, Wilhelm Pieck, da dieser »der einzige infrage kommende Helfer sein könne«[288], wie Hans-Jörg N. es in seinem Brief ausdrückte.[289] Diese 48 Dokumente stellen einen außergewöhnlichen Quellenbestand dar, da es sich bei ihnen um Selbstzeugnisse der Kinder handelt. Egodokumente von Kindern sind im Verhältnis zu solchen von Erwachsenen seltener, da diese häufig nicht im gleichen Umfang überliefert sind.[290] Für die Analyse der Kinder als selbstständig Agierende sind solche Quellen jedoch besonders wertvoll, da sich so nicht nur auf die indirekten Beschreibungen anderer Personen bezogen werden muss. Die Eingaben von Kindern stellen bisher ein Forschungsdesiderat dar, das außerhalb des Kontextes dieser Arbeit bisher noch nicht als spezifischer Quellentyp untersucht wurde.[291]

Vor der inhaltlichen Analyse der Eingaben werden im Folgenden noch einige Besonderheiten erläutert, die es bei dieser zu berücksichtigen gilt. Ausschlaggebend für die hier verwendete Definition der Gruppe ist die verwandtschaftliche Beziehung zum Kriegsgefangenen, wodurch auch die Briefe von erwachsenen Kindern berücksichtigt werden – diese machen zwei Fälle aus. Der Großteil der Eingaben wurde von Kindern im Alter zwischen zehn und fünfzehn Jahren verfasst. Zwar nannte nur circa die Hälfte der jungen Verfasserinnen und Verfasser explizit ihr Alter, doch lässt sich in den übrigen Fällen zumeist anhand anderer Hinweise wie etwa der Selbstbeschreibung als Pionierin oder Pionier eine ungefähre Altersbestimmung vornehmen.[292] Die Anzahl der Briefe die von Jungen und Mädchen

288   Hans-Jörg N. an Wilhelm Pieck, 21.1.1952, in: BArch, DO 1/8357. Vgl. ebenso »ich glaube, daß nur Sie in der Lage sind mir zu helfen«, Helga und Helmut J. an Wilhelm Pieck, 4.11.1952, in: BArch, DO 1/8355;

289   Von den 48 Briefen sind 41 direkt an Wilhelm Pieck als Präsident der DDR adressiert.

290   Dies bedeutet nicht, dass Selbstzeugnisse von Kindern generell nicht so häufig entstehen wie jene von Erwachsenen.

291   Eine umfangreiche quantitative sowie qualitative Untersuchung würde vermutlich sehr interessante Befunde zu Handlungsräumen von Kindern in der DDR liefern und wäre daher sehr wünschenswert.

292   Viele der Kinder verwenden die Selbstbeschreibung als Pionierin bzw. Pionier oder weisen auf ihre Mitgliedschaft in der FDJ hin. Ab der 1. Klasse konnten die Kinder den Jungpionieren beitreten, die ab der 4. zu den Thälmann-Pionieren wurden. Mit etwa 14 Jahren konnten die Kinder dann in die FDJ wechseln.

geschrieben wurden, ist annähernd gleich und auch inhaltlich lassen sich keine spezifischen Themengebiete feststellen, die auf deren Geschlecht zurückzuführen sind. Dies spricht dafür, dass es im Zusammenhang mit der Kriegsgefangenschaft des Vaters keine geschlechterbedingten Rollenzuschreibungen durch das soziale Umfeld gab. Verfasst wurden die Eingaben alle im Zeitraum zwischen 1950 und 1954, die meisten davon in den Jahren 1951 und 1952.

Wichtig für die Einordnung der Quellen ist der Entstehungskontext der Briefe bzw. die Frage, ob die Kinder aus eigenem Antrieb heraus schrieben und sie inhaltlich selbst gestalteten oder ob die Briefe im Auftrag der Mutter oder anderer Erwachsener geschrieben wurden.[293] Leider ist der Entstehungskontext für die meisten der Eingaben nicht abschließend zu klären. Eindeutig sind die Fälle, in denen die Kinder eine kurze Nachricht mit ihrer Bitte unten auf den Brief ihrer Mutter schrieben oder die Mutter den Brief des Kindes mit unterschrieb.[294] Dieses Vorgehen lässt den Rückschluss zu, dass sie hofften auf diesem Weg eine größere Wirkung des Briefes zu erzielen bzw. Mitleid zu erzeugen. Demgegenüber gibt es jedoch auch Anzeichen dafür, dass Kinder Briefe ohne das Wissen der Mutter verfassten. Beispiele hierfür sind etwa eine eindeutig kindliche Sprache sowie die Schilderung einer kindlicheren Sichtweise der Kriegsgefangenenfrage und dem Umgang damit. Als eindeutige Indikatoren für selbstständig verschickte Briefe werden zudem das vermehrte Auftreten von orthographischen und grammatikalischen Fehlern sowie ein insgesamt unordentliches Erscheinungsbild der Briefe betrachtet, da davon auszugehen ist, dass die Mütter oder andere Angehörige den Text ansonsten korrigiert bzw. auf ein ordentliches Erscheinungsbild geachtet hätten. Darüber hinaus gibt es auch inhaltliche Verweise, die für ein unabhängiges Verfassen der Eingabe sprechen – beispielsweise, wenn Kinder als Grund für ihre Bitte nannten, dafür sorgen zu wollen, dass die Mutter nicht mehr jeden Abend weinen müsse.[295]

Berücksichtigt man diese Überlegung bei der Analyse und Beurteilung der Quellen, so zeigen sich trotz der bereits angesprochenen Schwierigkeiten in den Briefen einzelne Themen und Strategien, die charakteristisch für die Eingaben der Kinder sind. Jedoch sprachen die Mädchen und Jungen in ihren Briefen auch dieselben Inhalte an wie die erwachsenen Schreibenden, wie Zitate in den vorherigen Unterkapiteln gezeigt haben. Auch sie äußerten sich über die Frage einer möglichen Schuld bzw. Unschuld ihres Vaters und thematisierten die schlechte finanzielle Lage ihrer Familie. Analysiert man die Aussagen jedoch im Detail, so offenbart sich häufig, dass die Kinder ein spezifisches Verständnis der Situation

---

293 Diese Frage stellt sich insbesondere bei den Eingaben verhältnismäßig junger Kinder.
294 Katrin L. an Wilhelm Pieck, 12.1.1953, in: BArch, DO 1/8356; Hartmut F. an Wilhelm Pieck, 24.11.1951, in: BArch, DO 1/8362.
295 Bärbel, Ulrich und Manfred K. an Wilhelm Pieck, Sep. 1953, in: BArch, DO 1/8355.

hatten und daraus ganz eigene Handlungsstrategien für sich entwickelten. Vor
der Darstellung der Analyseergebnisse soll noch einmal darauf verwiesen werden,
dass es sich auch bei der Gruppe der schreibenden Kinder nur um einen sehr
kleinen, ausgewählten Teil der Gesamtgruppe von Kindern von Kriegsgefangenen
handelte. Wie auch bei ihren Müttern ist davon auszugehen, dass insbesondere
solche eine Eingabe verfassten, die im Grunde an die Regierung der DDR und das
sozialistische System glaubten.

Im Folgenden wird untersucht, welchen Auswirkungen der Kriegsgefangenschaft des Vaters sie in ihren Eingaben Ausdruck verliehen, in welcher Weise sie
versuchten Einfluss auf dessen Gefangenschaft zu nehmen und wie sie sich dabei
selbst in der Gesellschaft der DDR verorteten.[296]

In den Eingaben thematisierten die Kinder zwei unterschiedliche Formen von
Belastung, ausgelöst durch den Status des Vaters als Kriegsgefangener. Dabei handelt es sich zum einen um die persönliche, emotionale Belastung der Kinder aufgrund der Abwesenheit ihres Vaters. Ein Beispiel hierfür ist folgendes Zitat aus dem
Brief der 11-jährigen Ingeborg O., den sie an Wilhelm Pieck geschrieben hatte. »Ich
wünsche mir so sehr, daß er endlich nach Hause kommt, damit ich nach so langer
Zeit wieder einen Vati habe.«[297] Ingeborg beschrieb hier ihre persönliche Empfindung. Insbesondere diese individuelle, emotionale Ebene wurde von den Kindern
ganz unterschiedlich zum Ausdruck gebracht, was auf verschiedene Einflussfak-
toren wie Alter und Geschlecht des Kindes, die Dauer der Abwesenheitserfahrung
sowie die sozioökonomischen Lebensumstände zurückzuführen ist. Auf der anderen Seite belegen die Eingaben der Kinder eine Form von Belastung, die sich für sie
aus der besonderen Situation der Familie ergab. Insbesondere auf diesen Aspekt
und die Strategien, die die Kinder anwendeten, um mit dieser umzugehen, wird
im Folgenden eingegangen.

Grundsätzlich lässt sich auch für die Kinder der Kriegsgefangenen keine systematische Stigmatisierung oder Benachteiligung durch ihr soziales Umfeld oder
den Staatsapparat feststellen, wobei nicht vergessen werden darf, dass ihr Vater
zumindest formal als verurteilter Kriegsverbrecher galt. Lediglich die häufige finanzielle Schlechterstellung der eigenen Familie führten die Kinder, ebenso wie
ihre Mütter, auf den Umstand der Kriegsgefangenschaft ihres Vaters zurück.[298]
Angenommen werden kann, dass vor allem jüngere Kinder diese Sichtweise von

---

296 Zu dem Wunsch der Kinder auf Rückkehr zur Normalität und dem Umgang mit der Frage
der Schuld des eigenen Vaters vgl.: Kolwes, Ann-Kristin, ›Lieber Herr Staatspräsident, können Sie nicht helfen, daß mein Vati bald nach Hause kommt?‹ Briefe von Kindern deutscher
Kriegsgefangener an die Regierung der DDR (1950-1955), in: Kleinau/Mochmann (Hg.), Kinder, S. 265-282.

297 Ingeborg O. an Wilhelm Pieck, 3.1.1951, in: BArch, DO 1/8366.

298 »Mutti bekommt nur eine Fürsorgeunterstützung denn Arbeitsmöglichkeiten bestehen hier
keine, wir können uns rein gar nichts anschaffen wir besitzen noch nicht einen eigenen Stuhl.

ihren Müttern bzw. dem unmittelbaren sozialen Umfeld übernommen hatten. Neben den Schilderungen der allgemeinen finanziellen Schwierigkeiten der Familie fällt sehr deutlich auf, wie viele der Kinder die schwere Belastung der Mutter in ihrer Eingabe schilderten. Christa J. schrieb an Wilhelm Pieck: »Meine Mutti kommt des Abends immer sehr müde von der Arbeit. Sie kann uns dann nicht mehr bei unseren Schularbeiten helfen. [...] Dann ist sie auch so mit den Nerven fertig, daß sie uns auch deswegen nicht helfen kann. Sie macht sich so sehr viel Sorgen, weil mein Vati immer noch nicht da ist und wir auch nicht wissen, wann er kommt.«[299] Und die 19-jährige Margit D. beschreibt ihre Mutter als »durch diesen Zustand gesundheitlich vollkommen heruntergekommen«[300]. Diese Darstellungen verdeutlichen wie groß die physische und psychische Belastung der Mütter war und wie einschneidend sie den Alltag der Kinder prägten. Zwar baten alle Kinder in ihren Briefen um die Heimkehr ihres Vaters, in vielen Fällen scheint dieser Wunsch jedoch vor allem Ausdruck der Sorge um die eigene Mutter gewesen zu sein. Die Kinder betonten damit ihre Wahrnehmung, dass die Rückkehr des Vaters die aktuell schwierige Situation ihrer Familie grundlegend verändern würde, insbesondere, da ihre Mütter vermutlich selbst diese Vorstellung vertraten. Anita S. schrieb an Wilhelm Pieck: »Ich weiß gar nicht was ich machen würde, wenn er plötzlich käme, dann wird meine Mutti auch, wenn sie abends von der Arbeit kommt nicht mehr weinen.«[301] Obwohl sie mit diesem Satz preisgab, dass für sie die Rückkehr des Vaters mit Ungewissheiten verbunden war, ist es insbesondere die Verbesserung der Situation für ihre Mutter, die sie als positiven Effekt beschrieb. Auch Ingeborg K. thematisierte in ihrem Brief an Wilhelm Pieck vor allem die Probleme ihrer Mutter und die Schwierigkeiten unter denen die Familie litt. So bat sie ganz direkt: »Kannst du [Wilhelm Pieck; Anm. A.K.] uns nicht helfen; daß Mutti eine Rente oder Erziehungsbeihilfe für uns Kinder bekommt?«[302] Interessant ist hier, dass sie

---

Wenn der Vati zu Hause wäre, hätten wir das Leben viel leichter.« Helga B. an Wilhelm Pieck, 19.12.1951, in: BArch, DO 1/8360.

299   Christa J. an Wilhelm Pieck, 8.11.1952, in: BArch, DO 1/8363. Vgl.: »Ich kann hiermit öffentlich sagen, daß meine Mutter und die Eltern meines Vaters langsam seelisch zu Grunde gehen.« Joachim G. an Wilhelm Pieck, 13.10.1951, in: BArch, DO 1/8354; »Sie [die Mutter; Anm. A.K.] ist ganz mit den Nerven herunter und jedesmal wenn Post von meinem Vater kommt, da ist es fast ganz aus mit Ihr. Hiermit richte ich die große Bitte an Sie für die Freilassung meines Vaters einzutreten, denn sonst kann ich wohl am längsten gesagt haben daß ich eine Mutter habe.« Edeltraut B. an Wilhelm Pieck, 3.3.1953, in: BArch, DO 1/8352; »Lieber Herr Präsident, wir beten jeden Tag, daß endlich unser Vati zu uns kommen möchte, weil wir ihn doch so liebhaben und unsere Mutti und wir nicht mehr so viel weinen brauchen. Mutti sagt auch, daß sie dann bestimmt wieder ganz gesund und fröhlich wird.« Bärbel, Ulrich und Manfred K. an Wilhelm Pieck, September 1953, in: BArch, DO 1/8355.

300   Margit D. an Wilhelm Pieck, 19.11.1953, in: BArch, DO 1/8361.

301   Anita S. an Wilhelm Pieck, 13.3.1952, in: BArch, DO 1/8367.

302   Ingeborg K. an Wilhelm Pieck, 2.6.1952, in: BArch, DO 1/8355.

mit diesem Vorschlag einen weiteren Lösungsweg für ihre Probleme anbot, unabhängig von der Freilassung ihres Vaters, um die sie erst anschließend bat.[303] Die Tatsache, dass die Verbesserung der Situation der gesamten Familie, insbesondere der Mutter, einen wichtigen Aspekt in den Briefen der Kinder darstellt, verwundert insofern nicht, als dass die Mutter wohl für die meisten der Kinder die wichtigste Bezugsperson in ihrem Lebensalltag darstellte.[304] Dass es ihr schlecht ging, egal ob gesundheitlich oder emotional, belastete die gesamte Familie. Die Situation des Vaters spiegelte sich für die Kinder hingegen vor allem im Verhalten der Mutter und des nahen sozialen Umfeldes wider. Die Kriegsgefangenschaft betraf die Kinder somit in gewisser Weise doppelt: direkt, indem sie deren eigene emotionale Verbindung zu ihrem Vater beeinflusste und sich zumeist negativ auf die sozioökonomischen Lebensumstände auswirkte sowie indirekte durch die physischen und psychischen Auswirkungen der Kriegsgefangenschaft auf die Mutter.

Eine Eingabe an Wilhelm Pieck oder eine andere politische Persönlichkeit der DDR zu verfassen und diese um Hilfe zu bitten, war für die Kinder ein Versuch, die eigene Situation und die der gesamten Familie zu verbessern. Im Eingabenwesen der DDR sahen die Kinder für sich selbst eine Handlungsoption, um die eigenen Lebensumstände zu verändern. Hier lässt sich an die These der kindlichen Handlungsoptionen aus Kapitel 3.1 anknüpfen. Während die dort beschriebenen Handlungen der sehr jungen Kinder besonders in kindlichen Fantasien ihren Ausdruck fanden, stellten die Eingaben eine tatsächliche Handlungsmöglichkeit dar, zumindest in Bezug auf die reine Tätigkeit. Dass keine der Eingaben zu der Freilassung der Kriegsgefangenen – weder von Kindern noch von Erwachsenen – Aussicht auf Erfolg hatte, lag an der gesamtpolitischen Situation und nicht an dem Medium der Eingabe an sich. Das Schreiben einer Eingabe stellte somit für die Kinder vermutlich eine Handlung dar, in die sie einen Großteil ihrer Hoffnungen setzten.

Als eine andere Strategie, mit der die Kinder der Internierten auf die Gefangenschaft ihres Vaters reagierten, lässt sich die Darstellung der eigenen aktiven Mitgliedschaft in staatlichen Organisationen und das besondere Engagement in diesen interpretieren. Etwa die Hälfte der Kinder erwähnte diese explizit in ihren Briefen. Konkret konnte dies beispielsweise der Hinweis auf die Mitgliedschaft in den Kinder- und Jugendorganisationen der DDR oder die eigenen Leistungen in der Schule sein.[305] Die neunjährige Käthe G. schrieb in ihrer Eingabe an Wilhelm

---

303   Ebd.

304   Roberts, Ulla, Starke Mütter – ferne Väter. Über Kriegs- und Nachkriegskindheit einer Töchtergeneration, Frankfurt a.M. 1994.

305   Vgl. z.B.: »Ich bin noch ein kleiner Pionier, 11 Jahre alt, 1. Vorsitzender in der Karl-Marx Schule. […] So konnte ich im letzten Monat der Freundschaft den besten Aufsatz im Kreismaßstab »Warum sind die Sowjetischen Pioniere unsere Vorbilder« erringen und habe dafür 3 Buchprämien erhalten. Auch für meine Wandzeitung bekomme ich jedesmal ein Lob von meinem Klassenlehrer.« Hans-Jörg N. an Wilhelm Pieck, 21.1.1952. in: BArch, DO 1/8357.

Pieck: »Ich bin im dritten Schuljahr und habe im letzten Zeugnis vier Einsen und vier Zweien. Ich will in der Schule gut lernen damit ich unserer Pionierorganisation Ehre mache. Ich weiss schon was Frieden und Völkerfreundschaft bedeutet.«[306] Dies lässt sich so interpretieren, dass die Kinder mit der Nennung ihrer aktiven Integration in die Organisation sowie ihrer erzielten Erfolge versuchten, ihre Teilhabe und Unterstützung für das sozialistische System zu demonstrieren und damit zu beweisen, dass sie und ihre Familie es wert seien, ihnen ihre Bitte zu erfüllen. Dass die Mitgliedschaft in diesen Organisationen für die Kinder in der DDR als obligatorisch galt, schwächt diese Interpretation nur bedingt, da sie nicht nur die Tatsache, sondern vor allem ihr vorbildliches Verhalten in diesen betonten. Dass die Kinder vor allem ihre Leistungen in dieser Weise hervorhoben, spricht dafür, dass es sich hierbei um den Ausdruck einer Selbstwahrnehmung handelte, der in ihrem eigenen Verständnis eine positive Wertigkeit besaß. Für diese Sichtweise spricht auch folgender Abschnitt aus dem Brief von Lisbeth K. an Wilhelm Pieck. Die Ehefrau eines Kriegsgefangenen schrieb darin über ihre Tochter Karola:

> »Abschliessend lässt Ihnen meine 13 1/2 jährige Tochter Karola K [...] mitteilen, daß sie sich als einziges Mädchen ihrer Schulklasse freiwillig – und anfangs entgegen dem Willen der Schulärztin – verpflichtet hat, am 1.9.51 ein Lehrverhältnis als Autoschlosserin in einem volkseigenen Betrieb zu beginnen. Sie glaubt damit, als spätere Traktoristin oder Monteurin der Sache des Friedens und des Aufbaus am besten dienen zu können. Nicht zuletzt hofft sie auch im Stillen, durch die Tat allen zuständigen Behörden in der DDR und der UdSSR damit zu ihrem bescheidenen Teil beweisen zu können, daß auch ihr Vater eines Gnadenerweises würdig ist.«[307]

Zwar handelt es sich bei dieser Aussage vor allem um die Interpretation der Mutter, jedoch spricht der bereits in unterschiedlicher Form gezeigte Wunsch der Kinder, sich für die Rückkehr des Vaters einzusetzen, dafür, dass es sich bei diesem Vorgehen um eine Strategie der Kinder handelte, mit der sie versuchten auf das Schicksal ihres Vaters und das ihrer Familie Einfluss zu nehmen. Die Verwendung des Begriffs »Gnadenerweis«[308] deutet zudem auf eine weitere Dimension hin, die eine Wirkung auf die Kinder hatte. Ihre Väter galten, anders als in der BRD, im öffentlichen Diskurs nicht als unschuldige Opfer, sondern als verurteilte ›Kriegsverbrecher‹. Vor dem Hintergrund dieses Aspekts können die Leistungen, die die Kinder erbrachten und in ihrer Eingabe schilderten, als eine Form von Wiedergutmachung verstanden und interpretiert werden sowie als Versuch eine gewisse Form von Makel zu tilgen. Im Kontext der Frage von Schuld und Täterschaft nutzten die Kinder

---

306 Käthe G. an Wilhelm Pieck, 7.12.1953, in: BArch, DO 1/8362.
307 Lisbeth K. an Wilhelm Pieck, 18.5.1951, in: BArch, DO 1/8364.
308 Ebd.

somit offenbar eine andere Strategie als ihre Mütter. Zwar erwähnten auch einige
der Ehefrauen in ihren Briefen die eigene Mitgliedschaft in der Partei oder anderen Organisationen, dies waren jedoch im Verhältnis deutlich weniger.[309] Auch bei
diesem Aspekt bleibt die Frage offen, ob es sich bei der Darstellung der eigenen
Mitgliedschaften und der schulischen Erfolge um eine Strategie handelte, um auf
das Spannungsgefühl, resultierend aus einer Kognitiven Dissonanz, zu reagieren
oder um eines von den Kindern bewusst genutztes strategisches Argumentationsmuster. Wie weit der Wunsch nach einem aktiven Einsatz bzw. einer Handlungsoption gehen konnte, zeigt der Brief des bereits erwachsenen Sohnes Fritz S. Dieser
bot an, als Facharbeiter zum Arbeiten in die Sowjetunion zu gehen, wenn man im
Gegenzug dafür seinen Vater entlassen würde.[310]

Die Eingaben der Kinder von Kriegsgefangenen lassen sich als Ausdruck ihres
Wunsches verstehen, sich aktiv für die Rückkehr ihres Vaters einzusetzen. Im Verfassen eines solchen Schreibens sahen sie eine Handlungsoption, die sie versuchten
zu nutzen. Der Antrieb dafür konnte sowohl ein selbstempfundenes, emotionales
Vermissen und Herbeisehnen des eigenen Vaters sein als auch der Einsatz für die
Verbesserung der Lebenssituation der gesamten Familie bzw. der Mutter. Während der grundlegende Wunsch nach solchen Handlungsoptionen ein allgemeines
Phänomen darstellte, schlug sich die gesellschaftliche und politische Situation in
der DDR in dem Versuch nieder, die Lebensumstände der Familie zu verbessern
sowie den Makel der Kriegsgefangenschaft abzuschwächen. Die öffentliche Darstellung der Gefangenen als ›Kriegsverbrecher‹ erforderte von den Kindern und
Jugendlichen eine andere Strategie im Umgang mit den Verhältnissen als dies in
der BRD der Fall war.[311] Die bereits beschriebene Dissonanz zwischen dem eigenen Bild des Vaters und der propagierten Schuld der Internierten stellte für die
Konstruktion des Selbstbildes dieser Kinder eine große Herausforderung dar, da
sich ihre Persönlichkeit noch in der Entwicklung befand und sich festigen musste.
Das Schreiben von Eingaben und die vorbildliche Einpassung in das System sollten dabei als Strategien der Kinder verstanden werden, sich in dieser schwierigen
Situation zu verorten. Sie legten damit bewusst ihre vermeintlich kindliche Hand-
lungsunfähigkeit ab und versuchten auf diesem Weg auch Einfluss auf das eigene
Leben zu nehmen.

---

309 Z. B.: »Bin Parteimitglied der SED seit August 1950, Gemeinde [...] und 1. Vorsitzende der Orts-
     gruppe [...] des DFD. Deshalb nehme ich mir die Freiheit, mich an Sie [...] zu wenden, in der
     festen Erwartung, dass Sie mir helfen werden.« Anna Brunner an Wilhelm Pieck, 5.1.1953, in:
     BArch, DO 1/8352.
310 Fritz S. an die Regierungskanzlei, 10.8.1952, in: BArch, DO 1/8358.
311 In der BRD war die Rolle der Angehörigen der Kriegsgefangenen mit der ihnen zustehenden
     statusbedingten Rentenzahlung festgeschrieben und die Bitte um Rückkehr des Kriegsge-
     fangenen Vaters bedurfte keiner spezifischen Erklärung oder Rechtfertigung.

4.3 Zwei unterschiedliche Lebenswelten für die Angehörigen – Bundesrepublik und DDR nach der TASS-Meldung im Vergleich

Die beiden Kapitel des vierten Teils dieser Arbeit unterscheiden sich deutlicher voneinander als dies für den Zeitabschnitt zwischen 1945 und 1950 der Fall ist. Das ist vor allem auf die unterschiedlichen Entwicklungen in der BRD und DDR zurückzuführen, die andere Schwerpunkte in der Betrachtung erforderten. Beim Vergleich beider Kapitel lassen sich für die Phase von 1950 bis 1956 ausschließlich Unterschiede feststellen. Damit setzte sich die Entwicklung fort, dass beide Teile Deutschlands sich auch im Umgang mit den Angehörigen der Kriegsgefangenen immer weiter voneinander entfernten, wobei dies nicht zwangsläufig auf Abgrenzungsstrategien zurückzuführen ist. Vielmehr führten systemspezifische Sichtweisen, Interpretationen und Abhängigkeiten zu unterschiedlichen Haltungen und Reaktionen in Bezug auf die Frauen und Kinder der Kriegsgefangenen. Diese grundsätzliche Entwicklung spitzte sich infolge der TASS-Meldung deutlich zu, womit sich letztlich das Fehlen von Gemeinsamkeiten erklären lässt. Im Folgenden werden zuerst die Unterschiede zwischen der BRD und der DDR dargestellt, bevor anschließend auf die jeweiligen Kontinuitäten und Brüche zum Nationalsozialismus bzw. zur Besatzungszeit eingegangen wird.

Den offensichtlichsten Unterschied stellen die Reaktionen der jeweiligen Regierung von BRD und DDR auf die TASS-Meldung vom 4. Mai 1950 und der damit einhergehenden Information über die Verurteilung der Kriegsgefangenen dar. Während in Westdeutschland dieser Schritt auf schärfste verurteilt wurde und eine Welle der Solidarität für die Internierten und ihre Angehörigen entstand, bedeutete die Meldung in der DDR das Ende des öffentlichen Diskurses über die sogenannten ›Kriegsverbrecher‹, da die offizielle Darstellung der Sowjetunion nicht angezweifelt wurde. Für die Frauen und Kinder der deutschen Kriegsgefangenen bedeutete dies, dass sich ihre Lebenswirklichkeit in den beiden deutschen Staaten immer weiter voneinander entfernte und kaum noch Parallelen aufwies. Während die Angehörigen in der BRD eine Festschreibung ihrer Position als Opfer des Krieges durch einen statusbedingten Rentenanspruch erfuhren und mit dem VdH eine bundesweite Interessenvertretung entstand, deren politischer und gesellschaftlicher Einfluss stetig wuchs, galten die Kriegsgefangenen in der DDR nun als ›Kriegsverbrecher‹, was sich vor allem auf das Selbstverständnis von deren Ehefrauen und Kindern auswirkte. Dies stellte für deren Angehörige dort die größte Veränderung dar, da ansonsten die gesetzlichen Bestimmungen unverändert blieben. Für das Selbstverständnis der Familien in der BRD bedeutete das neue Unterhaltsbeihilfegesetz hingegen, dass ihr sozialstaatlicher Status nun jenem entsprach, den sie seit Kriegsende immer wieder gefordert hatten. Mit ihrer finanziellen Versorgung, vergleichbar mit den Rentenzahlungen für Witwen und Waisen, übernahm der Staat in gewisser Weise die Position des Ernährers in der Familie.

Begründet wurden diese Zahlungen mit den Leistungen des Ehemannes bzw. dem Opfer, das dieser mit seiner Gefangenschaft für die Gesellschaft erbrachte. Darüber hinaus stellten die Zahlungen ein Mittel der Abgrenzung gegenüber der DDR dar. Dieser Aspekt scheint insbesondere in den Berichten des VdH über die vermeintlichen ›Toderklärungsaktionen‹ durch, mit denen sich die Frauen der Kriegsgefangenen eine staatliche Versorgung als Witwen sichern sollten. Die westdeutsche Unterhaltsbeihilfe deckte zwar nicht den gesamten Lebensbedarf der Angehörigen der Kriegsgefangenen, was viele von ihnen kritisieren, gleichwohl darf die positive Wirkung dieser Maßnahme für das Selbstverständnis der Familien nicht unterschätzt werden. Mit der Festschreibung als Opfergruppe des Krieges wurden sie in ihrem eigenen Selbstverständnis bestärkt und die anhaltende Kriegsgefangenschaft des Ehemannes stellte keinen gesellschaftlichen Makel dar. Auch die vermeintliche Täterschaft bzw. Schuld der nun verurteilten ›Kriegsverbrecher‹ wurde in der BRD kaum thematisiert bzw. in Betracht gezogen. Dies zeigt sich ebenfalls in den Briefen der Angehörigen, die sie an staatliche Stellen wie das Auswärtige Amt in Bonn geschickt hatten. Rechtfertigungen oder Erklärungen zur Unschuld des Internierten finden sich in diesen so gut wie nicht. Die Haltung der Regierung Adenauer und der öffentliche Diskurs vermittelten den Frauen und Kindern in der BRD keinesfalls den Eindruck, als müssten sie zu diesen Punkten Stellung beziehen bzw. sich rechtfertigen. Eine vergleichbare kognitive Dissonanz, wie sie bei den Angehörigen in der DDR ihren Ausdruck fand, lässt sich für diejenigen in der BRD daher nicht feststellen. So dramatisch der Inhalt der TASS-Meldung für die Familien letztlich auch gewesen sein mag, insgesamt bedeutete die damit einhergehende Statusveränderung eine Verbesserung ihrer Situation.

Dem gegenüber stehen die Veränderungen, die mit der TASS-Meldung in der DDR einhergingen. Die staatliche Anerkennung des Statuswechsels der Internierten von Kriegsgefangenen zu ›Kriegsverbrechern‹ bedeutete für deren Angehörige eine entscheidende Wende, auf die sie sich neu einzustellen und an die sie ihr Selbstverständnis anzupassen hatten. Die Dissonanz, die sich aus der staatlichen Haltung in der Kriegsgefangenenfrage und der persönlichen Betroffenheit der Familien ergab, verschärfte sich und erforderte nun ein neues Selbstbild bzw. Strategien, mit diesem Zwiespalt umzugehen. Auf der einen Seite versprachen sie sich von der Regierung der DDR Hilfe und vertrauten ihr in gewissem Maße. Auf der anderen Seite war für viele von ihnen ebenso klar, dass die Haltung der eigenen Regierung in dieser Frage zwiegespalten war und sie nicht unabhängig zum Wohl der eigenen Bevölkerung agieren konnte. Die Anerkennung der Verurteilung der Kriegsgefangenen machte dies mehr als deutlich und ließ insbesondere die Angehörigen, häufig aber auch deren soziales Umfeld, an der Politik der Regierung zweifeln. Eine systematische Stigmatisierung und Diskriminierung der Frauen und Kinder konnte zwar nicht festgestellt noch Hinweise dafür gefunden werden und dennoch zeigen die Eingaben, wie sehr die veränderte Situation die Angehörigen belastete. Die

Strategien, mit denen die Frauen und Kinder versuchten auf die empfundene Dissonanz zu reagieren, lassen sich anhand der Eingaben nachzeichnen. Besonders in der Auseinandersetzung mit einer vermeintlichen Täterschaft und Schuld des eigenen Angehörigen treten diese deutlich hervor. An dieser Thematik lässt sich sehr anschaulich zeigen, mit welchen Strategien die Ehefrauen und Kinder versuchten das eigene Selbstverständnis anzupassen, um sich weiterhin erfolgreich in den neuen sozialistischen Staat integrieren zu können. Die meisten wählten hierzu die Sichtweise einer grundsätzlichen Anerkennung der Verurteilungen, wohingegen es sich im Fall ihres eigenen Angehörigen um eine Verwechslung oder einen Irrtum handeln müsste. Mit diesem Mittelweg gelang es ihnen, sich weiter für die Rückkehr des eigenen Ehemannes und Vaters einzusetzen und gleichzeitig die politische Haltung der SED im Kern nicht anzuzweifeln. Dies war wichtig, weil es kaum möglich war, sich ins Private zurückzuziehen, da neben dem öffentlichen Raum auch dieser Bereich in der DDR zu einem Großteil politisch durchdrungen war.

Bei der Betrachtung der Fremdwahrnehmung der Angehörigen durch die übrige Bevölkerung im Gegensatz zu deren Selbstverständnis zeigt der Vergleich zwischen BRD und DDR ebenfalls deutliche Unterschiede. Grundsätzlich müssen beide Perspektiven – fremd und selbst – jedoch als stark miteinander verwoben betrachtet werden. Die Befunde aus der DDR weisen darauf hin, dass schlussendlich die Verurteilung der Internierten im alltäglichen Leben in der DDR keine große Bedeutung hatte. Im öffentlichen Raum wurde die Frage nur äußerst selten thematisiert und staatliche Stigmatisierungen ließen sich, wie bereits erwähnt, nicht feststellen. Das erklärt vermutlich auch, warum die Angehörigen der Kriegsgefangenen nur in wenigen Fällen negative Erfahrungen in dieser Hinsicht machten bzw. solche nur selten in den Eingaben geschildert wurden. Vielmehr berichteten die Verfasserinnen und Verfasser in ihren Briefen häufig von Unterstützung und Zustimmung. Und auch die Tatsache, dass die Entlassung der Kriegsgefangenen eine der Forderungen während des Aufstandes von 17. Juni 1953 darstellte, zeigt eine grundlegende Solidarität in dieser Frage von Seiten der übrigen Bevölkerung, die sich damit auch öffentlich gegen die Haltung der Regierung positionierte.

In der BRD stellte sich der Fall deutlich klarer dar: lediglich die KPD zweifelten die Rechtmäßigkeit der Verurteilungen an, die Regierung, alle anderen Parteien sowie die gesamte Bevölkerung dagegen betone deren Unrechtmäßigkeit. Dieser Befund überrascht insofern nicht, da sich eine gesamtgesellschaftliche Sichtweise der Kriegsgefangenen als Opfer des Krieges bereits in der Zeit zuvor abzuzeichnen begann und durch das Engagement des VdH eine gesellschaftliche Festschreibung erfuhr.[312] Für die Frage von Schuld und Täterschaft der ehemaligen Wehrmachtssoldaten gab es in der jungen Bundesrepublik keinen Raum, was sich auch an dem

312   Schwelling, Heimkehr, S. 119ff.

politischen Einsatz für die von den westlichen Alliierten verurteilten Kriegsverbrecher zeigte.[313] Wie weit der öffentliche Diskurs von dieser Sichtweise durchdrungen und beherrscht war, verdeutlicht die Verurteilung von Personen zu Haftstrafen,
die in der BRD die verbliebenen Internierten als rechtmäßig verurteilte Kriegsverbrecher bezeichnet hatten.

Während in der DDR der öffentliche Diskurs in der Kriegsgefangenenfrage allein von der Regierung bestimmt und gestaltet wurde, ging dieser in der BRD sukzessive in die Hand des VdH über. Der Verein wurde zu der diskursbestimmenden
Instanz in Westdeutschland, die einen großen politischen Einfluss besaß. Der Auf-
stieg des Verbandes ist vor allem darauf zurückzuführen, dass seine Mitglieder –
häufig selbst ehemalige Kriegsgefangene – in unterschiedlichen politischen Partei-
en vertreten waren und vielfach wichtige gesellschaftliche Positionen bekleideten.
Diese Verschränkung von politischer Macht, gesellschaftlichem Einfluss und der in
der Bevölkerung vorherrschenden Sichtweise der Kriegsgefangenen als Opfer des
Nationalsozialismus führte zum großen Erfolg des VdH, von dem auch die Frauen
und Kinder der Kriegsgefangenen profitierten.

Sowohl die BRD als auch die DDR weisen spezifische Kontinuitäten zur Zeit
des Nationalsozialismus auf, die sich jedoch inhaltlich deutlich voneinander unterscheiden. Mit der Einführung der Unterhaltsbeihilfe für die Angehörigen von
Kriegsgefangenen führte die Regierung Adenauer eine Versorgungsleistung ein,
die in ihrem Kern vergleichbar mit dem nationalsozialistischen Familienunterhalt
war. Zwar unterschieden sich die Konzeption sowie die Höhe der Unterstützungsleistungen – bei dem einen handelte es sich um eine Versorgung, die die Familien während des Krieges umfangreich absicherte, bei dem anderen um eine vergleichsweise geringe Rentenzahlung – und dennoch stellte auch die neue Unterhaltsbeihilfe eine statusbedingte, staatliche Versorgungsleistung dar, die mit dem
vermeintlichen Verdienst des Internierten bzw. seinem Opfer für die Gesellschaft
begründet wurde. Beide lassen sich auf ein gleichartiges staatliches Verständnis
zurückführen, in dem der Kriegseinsatz als ›Dienst für das Vaterland‹ betrachtet wurde. Dieses zeichnete sich bereits in den Diskussionen um eine spezifische
Versorgung dieser Angehörigen ab, die in der britischen Besatzungszone geführt
worden waren. Eine zweite Gemeinsamkeit stellt zudem die gesellschaftsstabili-
sierende bzw. beruhigende Funktion beider Versorgungsleistungen dar. Während
das nationalsozialistische Regime mit dem Familienunterhalt auf die Erkenntnisse
aus dem Ersten Weltkrieg reagiert und die finanzielle Versorgung der Angehörigen
der Soldaten umfangreich garantiert hatte, um auf diesem Weg die ›Heimatfront‹

---

313   Vgl.: Bohr, Kriegsverbrecherlobby; Grundsätzlich zum internationalen Umgang mit deut-
       schen Kriegsverbrechern: Frei, Norbert (Hg.), Transnationale Vergangenheitspolitik. Der Um-
       gang mit deutschen Kriegsverbrechern in Europa nach dem Zweiten Weltkrieg, Göttingen
       2006.

zu stabilisieren und damit die Ehemänner und Väter zu beruhigen, versuchte in gewisser Weise auch die westdeutsche Regierung mit der Unterhaltsbeihilfe eine Absicherung zu schaffen, die sich positiv auf die öffentliche Meinung hinsichtlich einer erneuten Remilitarisierung der Bundesrepublik auswirken sollte. Diese beiden Aspekte stellen im Gesamtkontext der wissenschaftlichen Auseinandersetzung mit Kontinuitäten und Brüchen zwischen dem Nationalsozialismus und der Bundesrepublik nur zwei kleine Versatzstücke dar, die sich jedoch auf die Lebensumstände der Frauen und Kinder der Kriegsgefangenen durchweg positiv auswirkten. Zudem zeigen diese und bestätigen damit bereits bestehende Forschungen, dass das gesellschaftliche Wert- und Normgefüge der Bundesrepublik in der Kriegsgefangenenfrage deutliche Parallelen zu dem des Nationalsozialismus aufwies und so zu derselben Bewertung der Situation deren Angehöriger und damit zu einer vergleichbaren Versorgung führte.

Kontinuitäten zwischen der DDR und der Zeit des Nationalsozialismus zeigen sich in der staatlichen Gestaltung des öffentlichen Diskurses zur Kriegsgefangenenfrage sowie in dem Umgang der Angehörigen damit. Beide Systeme bestimmten allein den öffentlichen Diskurs über die Kriegsgefangenen, wobei der Gegenstand grundsätzlich jeweils kaum thematisiert wurde. Falls doch entsprachen die Aussagen immer der eigenen Propaganda und klagten ein jeweilige Gegenüber als alleinschuldig an – während des Kriegs handelte es sich dabei um die Sowjetunion und in der SBZ und der DDR um die westlichen Alliierten bzw. die BRD. Diese Form des Umganges hatte sich bereits während der Besatzungszeit entwickelt als die SED damit begann, gezielt ein gewisses Bild der sowjetischen Kriegsgefangenschaft zu verbreiten. Obwohl sich die inhaltliche Ausrichtung nach der TASS-Meldung deutlich veränderte, waren es vergleichbare Mechanismen, mit denen die Partei den öffentlichen Diskurs in der Kriegsgefangenenfrage versuchte zu beeinflussen. Ebenso wie während des Krieges suchten sich die Angehörigen der Internierten jedoch Räume abseits des öffentlichen Diskurses, um Informationen auszutauschen und mehr über die Internierten zu erfahren. Dies passierte in beiden Systemen auch gegen die offizielle Haltung der Regierung, gestaltete sich jedoch unterschiedlich schwierig bzw. hatte verschiedene Konsequenzen für die Personen. Während solche Handlungen vor Kriegsende verboten waren und strafrechtlich verfolgt wurden, konnten die Angehörigen der Kriegsgefangenen in der DDR ihre Fragen, Sorgen und Bedenken relativ frei äußern, ohne dass dies für sie negative Auswirkungen gehabt hätte.[314] Die Eingaben der Angehörigen zeigen

---

314   Vermutlich änderte sich dies in gewisser Weise nach der militärischen Niederschlagung des Aufstandes vom 17. Juni 1953, konkrete Beweise hierfür ließen sich in den Quellen jedoch nicht ausmachen. Vielmehr lässt sich diese Erkenntnis anderer Arbeiten mutmaßlich auch auf diese Thematik übertragen.

sogar ein gewisses Vertrauen der Frauen und Kinder in das neue System.[315] Die dargestellten Kontinuitäten in diesem Fall müssen daher vor allem auf die jeweils unterschiedlichen Interessen von Staat und Bevölkerung sowie auf die Staatsform der Diktatur zurückgeführt werden. Ob die SED nach der Konsolidierung ihrer Herrschaft die Strategie der Angehörigen zur Aneignung von Räumen zur öffentlichen Diskussion der Kriegsgefangenenproblematik weiterhin geduldet hätte oder ob restriktiver dagegen vorgegangen wäre, lässt sich nur spekulieren. Fest steht jedoch, dass in beiden Fällen der jeweilige Umgang mit der Problematik in der öffentlichen Kommunikation das politische Ansehen beider Diktaturen schädigte.

Dieses Kapitel zeigt, dass es für den dritten Zeitabschnitt der Untersuchung keine Gemeinsamkeiten mehr zwischen der BRD und der DDR in der Behandlung der Frauen und Kinder der Kriegsgefangenen und ihrer Kriegsgefangenenpolitik gab. Als Hauptursache hierfür muss die Unterschiedlichkeit der beiden politischen Systeme gesehen werden sowie die sich darauf begründenden Rollen beider Teile Deutschlands im Ost-West-Konflikt. Zwar sorgte in der Kriegsgefangenenfrage vor allem die TASS-Meldung für den entscheidenden trennenden Impuls, doch auch dies ist letztlich auf die Unterschiedlichkeit der Systeme zurückzuführen. Gemeinsamkeiten lassen sich für diese Zeit nicht feststellen, abgesehen davon, dass sich alle Betroffenen die Heimkehr ihres Angehörigen wünschten, da sie sich davon eine Rückkehr zur Normalität versprachen. Denn in beiden deutschen Staaten gehörten Frauen und Kinder von Kriegsgefangenen zu der zumeist strukturell sowie gesellschaftlich schlechter gestellten Gruppe der alleinstehenden Frauen.

Kontinuitätslinien zur Zeit des NS gibt es sowohl in der BRD als auch in der DDR, jedoch in deutlich geringerem Umfang als in dem Zeitabschnitt zuvor und in ganz unterschiedlichen Bereichen. In der BRD zeigen sich die Kontinuitäten in Form von staatlichen Unterstützungsleistungen, die maßgeblich auf vergleichbare Sichtweisen der Gesellschaft zurückzuführen sind, die durch die Zeit des Nationalsozialismus geprägt wurden. Dem gegenüber handelt es sich bei der vergleichbaren Informationspolitik von DDR- und NS-Diktatur um Mechanismen des staatlichen Systems.

---

315   Selbst wenn die Angehörigen eine Parallele zum Verhalten der nationalsozialistischen Regierung gesehen hätten, hätten sie dieses wiederum vermutlich nicht in der Eingabe thematisiert. Der Vergleich mit dem NS-Regime hätte eine zu offensichtliche und schwerwiegende Kritik dargestellt.

5. Der letzte Heimkehrertransport im Januar 1956: Das Ende der Geschichte oder warum erinnern wir nicht an die Lebensumstände dieser Frauen und Kinder?

Als Bundeskanzler Konrad Adenauer am 14. September 1955 nach seiner Moskaureise wieder in Bonn landete, brachte er die Zusage der sowjetischen Regierung mit, bis zum Ende des Jahres alle Internierten freizulassen. Die Erleichterung und Dankbarkeit der westdeutschen Bevölkerung kannten keine Grenzen. Stellten diese letzten Internierten doch die ewige Erinnerung an den verlorenen Krieg und ihre Zurückhaltung ein Symbol des politischen Scheiterns dar. Konrad Adenauer gilt in der bundesdeutschen Erinnerung bis heute als derjenige, der die deutschen Kriegsgefangenen nach Hause holte und die Freilassung der letzten Internierten noch immer als sein größter politischer Erfolg.[1] Dabei ist heute klar, dass die sowjetische Regierung bereits Monate zuvor über die Freilassung der Gefangenen entschieden hatte, bevor Adenauer überhaupt in Russland eingetroffen war. Trotzdem überdauerte der Mythos von Adenauers Moskaureise und ist bis heute fester Bestandteil der bundesdeutschen Nachkriegserinnerung. Den Stellenwert, den die Ankündigung der Freilassung der Kriegsgefangenen damals für deren Angehörige hatte, lässt sich nicht überschätzen. Immerhin war der Krieg zu diesem Zeitpunkt seit mehr als zehn Jahren beendet, und einige der Familien hatten ihre Angehörigen bereits 15 Jahre nicht mehr gesehen. Am 7. Oktober 1955 kam der erste Heimkehrertransport in Deutschland an und im Januar 1956 war die Repatriierung der deutschen Kriegsgefangenen endgültig abgeschlossen. Mit dem Eintreffen des letzten Zuges war nicht nur die Zusammenführung der Familien vollzogen, sondern auch für die Angehörigen der Vermissten endete die Zeit des Hoffens. Sie mussten sich nun endgültig mit der Gewissheit abfinden, dass ihr Angehöriger sich nicht mehr

---

1   Hier zitiert nach: Foschepoth, Josef, Adenauers Moskaureise 1955, in: Aus Politik und Zeitgeschichte, Jg. 36 (1986), S. 30-46, hier S. 31; »Noch 1967, in seinem Todesjahr, nannten 75 Prozent der Deutschen bei einer Umfrage die Rückführung der Gefangenen Adenauers größtes Verdienst.« Conze, Suche, S. 91.

in der Sowjetunion befand, sondern zu den Toten zählte. Nach der Definition des Untersuchungsgegenstandes dieser Arbeit bestand mit diesem letzten Heimkehrertransport die hier untersuchte Gruppe nicht mehr. Über zehn Jahre nach Ende des Krieges gab es in Deutschland keine Frauen und Kinder von Kriegsgefangenen mehr. Sowohl ein solches Selbstverständnis als auch der offizielle Status hatten ihre Berechtigung verloren.

Während die Internierten und ihr Leben in den Lagern jedoch zu einem festen Bestandteil der bundesdeutschen Erinnerungskultur wurden, ist dies für die Frauen und Kinder der Kriegsgefangenen nicht der Fall. Die folgenden Ausführungen beleuchten daher die Frage, warum es keine spezifische Erinnerung an diese Gruppe gibt. Die bisher beschriebenen Aspekte gelten dabei nicht nur für die Bundesrepublik, sondern sind auch auf die Angehörigen der DDR übertragbar. Hingegen lässt sich der auffällige Unterschied zwischen der Präsenz der Kriegsgefangenen in der öffentlichen Wahrnehmung im Gegensatz zu der ihrer Angehörigen ausschließlich für die Bundesrepublik feststellen. Dies ist vor allem darauf zurückzuführen, dass in der DDR die Geschichte der Kriegsgefangenen nicht rezipiert wurde. Und da die Frauen und Kinder der Internierten schon vor deren Rückkehr keine wichtige Rolle in der Öffentlichkeit der DDR gespielt hatten, änderte sich dahingehend nichts. Die Familien der Heimkehrer gehörten mit dem Abschluss der Rückführungen wieder zu der vermeintlich normalen Gesellschaft, die kollektiv die schwierigen Nachkriegsjahre durchlebt hatte. Und auch der Staat übergab die Sorge für die Familien zurück an die Heimkehrer bzw. kümmerte sich nun vorrangig um deren Versorgung und Eingliederung.

Entscheidend für die Entwicklungen in der Bundesrepublik war die Arbeit des VdH. Der größte und einflussreichste Interessensverband für Kriegsgefangene, Vermisste und deren Angehörigen richtete seine Vereinsarbeit nach dem Abschluss der Repatriierung neu aus und trug maßgeblich zur Konstruktion einer kollektiven Opfererzählung über die Kriegsgefangenen bei.[2] Demgegenüber verschwanden deren Angehörige vollständig aus dem Blickfeld der Öffentlichkeit, obwohl sie, insbesondere vom VdH medial als Stellvertretende inszeniert worden waren. Doch mit der Rückkehr der letzten Kriegsgefangenen verloren die Frauen und Kinder in dieser Funktion ihren Wert, da die ehemaligen Kriegsgefangenen in der Öffentlichkeit nun selbst an ihr Schicksal erinnern konnten. Den Stellenwert, den die Geschichte der Kriegsgefangenen in der Bundesrepublik einnahm, verdeutlicht zudem die Einrichtung der Wissenschaftlichen Kommission für deutsche Kriegsgefangenengeschichte, die im Frühjahr 1957 von der Bundesregierung ins Leben gerufen wurde und innerhalb von 18 Jahren insgesamt 22 Bände zur Geschichte

---

2   Schwelling, Heimkehr, S. 105-165.

der deutschen Kriegsgefangenen veröffentlichte.[3] Gezielt wurden in diesen Arbeiten die vielfältigen Aspekte der Gefangenschaft untersucht, wobei der Fokus der Betrachtungen auf den Lebensbedingungen in den Lagern der unterschiedlichen Gewahrsamsländer liegt.[4] Die Auswirkungen der Gefangenschaft auf die Familien der Internierten sowie ihre Lebensumstände fanden hingegen keine Berücksichtigung.

Bevor abschließend Ansätze dargestellt werden, die erklären können, warum es keine spezifische Erinnerung an Frauen und Kinder von Kriegsgefangenen gibt, wird zuvor untersucht, wie sich die zeitgenössische Wahrnehmung dieser Gruppe mit der Heimkehr der letzten Internierten verändert hatte. Von besonderem Interesse ist hierfür ein Artikel aus dem *Heimkehrer*, in dem der Verfasser eine mögliche Form der Erinnerung an die Leistungen der Ehefrauen von Kriegsgefangenen darstellte.

Die »stumme Tapferkeit der deutschen Frau«[5] – die Leistungen der Ehefrauen von Kriegsgefangenen in der Wahrnehmung der Bevölkerung

Der angesprochene Beitrag wurde zum Muttertag im Jahr 1956 in der Vereinszeitschrift des VdH unter dem Titel »Dem Heldenmut der Frau. Gedanken über ein Denkmal, das die Männer vergessen haben«[6] veröffentlicht und zeigt die Form sowie die Art und Weise, in der man sich im Verband ein Erinnern an die Leistungen der Ehefrauen während der Abwesenheit der Kriegsgefangenen vorstellen konnte. Im Folgenden wird zuerst diese spezifische Form der Erinnerungskonstruktion dargestellt und analysiert, bevor dieses Bild wiederum in den Kontext anderer Konstruktionen spezifischer Erinnerungen an Frauen in der Nachkriegszeit gesetzt wird. Grundsätzlich muss dazu festgestellt werden, dass mit der Heimkehr der Kriegsgefangenen der Darstellung der Frauen und Kinder als Wartende die Grundlage entzogen wurde. Das Bild der ausharrenden Familie war an dieser Stelle überholt und hätte grundsätzlich einer veränderten Form der Abbildung bedurft.

3   Maschke, Erich, Deutsche Kriegsgefangenengeschichte: Der Gang der Forschung, in: Ders. (Hg.), Kriegsgefangenen, S. 1-38. Erich Maschke war während des Nationalsozialismus Geschichtsprofessor und Unterstützer des Systems gewesen. Von 1945-1953 befand er sich zudem in sowjetischer Kriegsgefangenschaft. Schneider, Barbara, Erich Maschke. Im Beziehungsgeflecht von Politik und Geschichtswissenschaft, Göttingen 2016.
4   Steinbach, Peter, Die sozialgeschichtliche Dimension der Kriegsheimkehr, in: Kaminsky (Hg.), Heimkehr, S. 325-340, S. 330; Beyrau, Dietrich, Kriegsgefangenschaft und Umerziehung. Deutsche Kriegsgefangene in der UdSSR, in: Balcar, Jaromír/Balcar, Nina (Hg.), Das Andere und das Selbst. Perspektiven diesseits und jenseits der Kulturgeschichte, Bremen 2018, S. 215-234, S. 219.
5   Dem Heldenmut der Frau, in: Der Heimkehrer, Nr. 9 (1956), S. 3.
6   Ebd.

In seinem Artikel beschäftigte sich der Autor mit der Frage, warum nur an die Kriegsgefangenen und nicht auch an deren Frauen erinnert werden sollte.[7] Der Verfasser, selbst Heimkehrer, beschrieb deren Leistungen in seinem Artikel wie folgt:

> »Da ich nun wieder daheim bin die Frau und Kinder und gottlob auch die Eltern wieder fand, weiß ich was ich nur ahnen konnte: Frau und Mutter haben, als die Männer fehlten, Unmenschliches erduldet, erlitten und geleistet. Unser eigener Opfergang kann nicht damit gemessen werden, da wir ihn nicht einsam zu gehen brauchten, sondern die Kameraden hatten. Die Frau stand allein, nur auf sich gestellt, und hatte zu bestehen, für sich und die Kinder. Und sie stand trotz Not und Schikane. Sie arbeitete und sorgte sich ab, um die Kinder zu kleiden und zu ernähren, was er zurückließ. Jahrelang. Wie soll ich das jemals danken.«[8]

Neben der deutlichen Betonung der Verdienste der Frauen während der Abwesenheit der Ehemänner fällt vor allem der beschriebene Aspekt der ausgebliebenen Kameradschaft auf. Der Autor betitelt diese fehlende Gemeinschaft ganz explizit als den entscheidenden Unterschied zwischen dem Schicksal der Internierten und dem der Frauen. Damit bezieht sich der Verfasser direkt auf den Topos der soldatischen Kameradschaft, der zu einem der Kernelemente der Erinnerungskonstruktion von Kriegsgefangenschaft wurde.[9]

Darüber hinaus führte der Autor eine Auflistung von Handlungen und Leistungen an, die er offenbar für erinnerungswürdig hielt. Eine solche Frau hatte »sich in Bombennächten, Ernährungskrisen, Hungermonaten und den Gefahren der männerlosen Nachkriegszeit behauptet«[10], die Kinder gerettet, die letzte Habe verteidigt und die Familie zusammengehalten.[11] All dies vereint charakterisierte der Verfasser als die »stumme Tapferkeit der deutschen Frau«[12]. Eine selbstlose Tapferkeit, die nicht aus Ehrgeiz oder Berechnung entstand, sondern in ihrem Wesen als Ehefrau und Mutter begründet war und ihrer »biologischen und naturgemäßen Bestimmung« entsprach, wie der Autor es darstellte. Und eben in diesem natürlichen Altruismus sah er die Erklärung dafür, warum die Frauen selbst nicht nach Anerkennung für ihre Leistungen verlangten. Das vom Verfasser vorgeschlagene Ehrenmal bezog sich dezidiert auf diese Tugenden und schloss damit Frauen

---

7   In seinen Formulierungen schloss der Autor andere Frauengruppen nicht explizit aus, jedoch liegt der Fokus der Betrachtung alleine durch den Veröffentlichungsort auf den Ehefrauen und Müttern von ehemaligen Kriegsgefangenen und Vermissten.
8   Dem Heldenmut der Frau, in: Der Heimkehrer, Nr. 9 (1956), S. 3.
9   Vgl. Römer, Felix, Kameraden. Die Wehrmacht von innen, München 2012.
10   Dem Heldenmut der Frau, in: Der Heimkehrer, Nr. 9 (1956), S. 3.
11   Vgl. ebd.
12   Ebd.

aus, die diese vermeintlich ›weiblichen Pflichten‹ in der Nachkriegszeit nicht erfüllt hatten, wobei vor allem auch hier das Motiv der ›Mütterlichkeit‹ besonders betont wurde.

Der Autor beschrieb nicht nur, warum in seinen Augen auch der Ehefrauen der ehemaligen Kriegsgefangenen gedacht werden sollte, sondern er machte auch einen Vorschlag, in welcher Form dies passieren könnte. Neben dem Artikel abgedruckt war die Skizze eines »Ehrenmal für die Mutter«[13].

Abbildung 5: Ehrenmal für die Mutter

Abgedruckt in: Der Heimkehrer, Nr. 9 (1956), S. 3.

Die Zeichnung zeigt die stilisierte Figur einer hockenden, kauernden Frau, die ihre Arme schützend um zwei Kinder gelegt hat. Aufgestellt werden sollte das mehrere Meter hohe Denkmal inmitten eines Ruinenfeldes. Hierzu schrieb der Verfasser:

> »Ob sich wohl eine Stadt finden wird, ein großes Trümmerfeld zum Naturschutzgebiet zu erklären, damit die Ruinen des Krieges vom Aufbau verschont und der Nachwelt als Mahnung erhalten bleiben? Pflegen müßte man diese Stelle, daß sie nicht vom Gras des Vergessens überwuchert werde – inmitten der Zerstörung

---

13   Ebd. Der Begriff Mutter bezog sich in diesem Kontext vor allem auch auf die Rolle der Ehefrau als Mutter, schloss natürlich aber auch die Mütter der ehemaligen Internierten ein.

aber sollte sich das hohe Monument der einsamen tapferen deutschen Frau und Mutter erheben – es gäbe keinen würdigeren und keinen wahrhaftigeren Platz für Gegenwart und Nachwelt.«[14]

Zusammen machen die Skizze und die Beschreibung deutlich, dass das vorgeschlagene Ehrenmal nicht die Leistungen der Frauen gewürdigt, sondern vielmehr deren Opferrolle in der Nachkriegszeit betont hätte.[15] Der Entwurf des Denkmals unterstrich sowohl im Ausdruck als auch in der Ikonographie die Hilflosigkeit und Verzweiflung sowie das Ausgeliefertsein der Frauen und ihrer Kinder. Die anfänglich beschriebene Stärke der Frauen, mit der diese die Zeit der Abwesenheit ihres Ehemannes meisterten, kommt hingegen nicht zum Ausdruck.

Besonders augenfällig wird dies, wenn man den Entwurf mit der großen Heimkehrerstatue Griff in die Freiheit vergleicht, die der VdH im August 1955 zur Erinnerung an die Heimkehrer neben dem Ankunftslager Friedland errichtet hatte.[16] Die sechs Meter hohe Figur des Bildhauers Fritz Theilmann stellt zwar einen ausgezehrten Mann im Soldatenmantel dar, dieser steigt jedoch über einen Stacheldrahtzaun hinweg, indem er ihn niedertritt und dabei mit seiner rechten Hand nach etwas in der Ferne greift.[17] Das Denkmal zeigt plastisch, wie die Heimkehrer aktiv den Stacheldraht und die Gefangenschaft überwanden und steht symbolisch dafür, wie sie diesen Teil ihres Lebens hinter sich ließen und nach etwas Neuem in der Zukunft griffen. Die Skulptur muss als Sinnbild dafür betrachtet werden, wie

---

14   Ebd.

15   Zur Funktion des Denkmals in der bundesdeutschen Kriegserinnerung der 50er Jahre: Wolfrum, Edgar, Die Suche nach dem »Ende der Nachkriegszeit«. Krieg und NS-Diktatur in öffentlichen Geschichtsbildern der Bundesrepublik Deutschland, in: Cornelißen, Christoph/Klinkhammer, Lutz/Schwentker, Wolfgang (Hg.): Erinnerungskulturen. Deutschland, Italien und Japan seit 1945, Frankfurt a.M. 2003, S. 183-197, S. 191.

16   Die ursprünglich aus Holz gefertigte Statue wurde 1966 durch eine aus Stein gefertigte ersetzt. Auf den Sockel geschrieben steht: »Aus Holz gehauen stand er schon 1955 an diesem Ort/Symbol der Heimkehrer-Deutschlandtreffen/Wohin er mit der Friedlandglocke alle zwei Jahre fuhr/Tausende legten Blumen nieder an seinem Fuss/Dank eurer Erloesung aus Leid und Not/In Stein mahnt nun der Griff in die Freiheit die Nachwelt/1939-1967.« Vgl. Schießl, Sascha, Das Lager Friedland als »Tor zur Freiheit«. Vom Erinnerungsort zum Symbol bundesdeutscher Humanität, in: Niedersächsisches Jahrbuch für Landesgeschichte, Bd. 84, Hannover 2002, S. 99-124, S. 116. Mitte der 1960er Jahre erreichte die Anzahl von Mahnmalen für die Kriegsgefangenen bzw. die Kriegsgefangenschaft mit 1.791 ihren Höchststand in Deutschland. Schwelling, Heimkehr, S. 79.

17   Die Tochter eines Kriegsgefangenen beschrieb diese Skulptur, die sie bei der Abholung ihres Vaters in Friedland sah, in ihren biographischen Lebenserinnerungen rückblickend wie folgt: »Genauso beeindruckend war die mitten im Lager stehende ›Friedlandglocke‹ oder die an der Lagerkirche stehende weit über lebensgroße Plastik eines Heimkehrers. So ein einschneidendes Erlebnis lässt sich nicht mit Worten schildern.« Hesse, Magret, »… und so war unser Schicksal besiegelt!« Gedanken gehen mit dem Wind nach Westen. Wehrmacht, Gefangenschaft, Heimkehr. Peter Cranen, 1909-1977, Viersen 2011, S. 31.

der Heimkehrer sein Dasein als Opfer durch das Überschreiten des Stacheldrahtes überwand. Die Skizze des Ehrenmals für die Mutter zeigt diesen Moment hingegen nicht. In ihr verharrt die Frau in ihrer Opferrolle und ihre Leistungen und ihre Stärke finden keinen Ausdruck – sie bleibt das Opfer.

Abbildung 6: Heimkehrerstatue ›Griff in die Freiheit‹; Abbildung 7: Trümmerfrauen-Denkmal

Foto: Ann-Kristin Kolwes; Henning Kampherbeek

Ein weiteres Beispiel für diese rückwärtsgewandte Erinnerung und das Darstellen von Schwäche und Verwundbarkeit in Denkmälern für Frauen in der unmittelbaren Nachkriegszeit ist das 1955 in West-Berlin eingeweihte ›Trümmerfrauen‹-Denkmal im Volkspark Hasenheide.[18] »Die Plastik stellt eine auf einem Steinhaufen sitzende Frau dar, die Kopftuch, Umhang und derbe Schuhe trägt. Ihre Hände samt dem Hammer hat sie in ihrem Schoß abgelegt. [...] Es ist die Darstellung einer abgearbeiteten und verbrauchten Frau, die sich nach getaner Arbeit von ihren Strapazen erholt.«[19] Der Entwurf für das Ehrenmal der Mutter sowie das Denkmal

---

18   Hüfler, Brigitte, Den Frauen setzt die Öffentlichkeit keine Denkmäler. Forschungen zum 19. und 20. Jahrhundert in Berlin, in:»Der Bär von Berlin«Jahrbuch des Vereins für die Geschichte Berlins, Jg. 44 (1995), S. 123-138, S. 132.

19   Treber, Mythos, 2015, S. 103.

der ›Trümmerfrau‹ tragen dieselbe Bildsprache, indem sie einer verzerrten Darstellung weiblicher Leistungen in der Nachkriegszeit Ausdruck verleihen.[20] Dies illustriert einen Weg, auf dem ein spezifisches Frauenbild konstruiert und in der bundesdeutschen Erinnerungskultur festgeschrieben wurde.

Setzt man diese Darstellungen und Beschreibungen wiederum in Verbindung zu den Debatten und Deutungsmustern aus den vorherigen Kapiteln, so zeigt sich auch hier die Verankerung klassisch weiblicher Rollenmuster, die darauf abzielten, die neue Selbstständigkeit der Frauen zugunsten eines patriarchalen Familienbildes zu schwächen. Ein Frauenbild, das insbesondere auch vom VdH vertreten wurde.[21]

Der Vorschlag des Ehrenmals muss vor diesem Hintergrund als Versuch der Konstruktion eines spezifischen Erinnerungsbildes für diese Frauen verstanden werden, der jedoch nicht, wie er vorgab, deren tatsächliche Leistungen würdigte. Wäre dies das Anliegen gewesen, so hätte die Stärke, Unabhängigkeit und Selbstständigkeit der Frauen dargestellt werden müssen. Das waren jedoch all jene Eigenschaften, die dem ›natürlich weiblichen‹ Bild der Ehefrau und Mutter entgegen standen. Die zeitgenössische Idealvorstellung der Familie von Staat, Kirche und weiten Teilen der Bevölkerung entsprach den patriarchalen Geschlechterrollen für Männer und Frauen, wobei nicht vergessen werden darf, dass diese vor allem von Männern definiert wurden. Diese erwarteten von der Frau die Rückkehr zu ihrer ›natürlichen Weiblichkeit‹ sowie das Fügen in ihre Position als Hausfrau und Mutter. Das temporäre Ablegen der klassisch weiblichen Rollenattribute war während der Abwesenheit des Ehemannes gesellschaftlich zwar geduldet worden, da es zweckdienlich war, dieses sollte jedoch mit der Heimkehr des Mannes wieder abgelegt werden und die Frauen zu ihren eigentlichen Aufgaben im Kreis der Familie zurückkehren. Öffentlich an die Stärke dieser Frauen und ihre Leistungen zu erinnern, hätte insofern falsche Signale gesendet, als es das Ausnahmeverhalten gewürdigt und wertgeschätzt hätte. Über das Argument der Aneignung männlicher Attribute durch die Frauen fand man zudem eine Möglichkeit, diesen Frauen nicht ihre Weiblichkeit abzusprechen, ihnen aber gleichzeitig die ›Widernatürlichkeit‹ ihres Verhaltens aufzuzeigen. Die vermeintliche ›Vermännlichung‹ wurde dabei als ›mütterlicher Instinkt‹ zum Schutz der Familie interpretiert und gebilligt.

20   Interessant ist dieser Entwurf auch im Vergleich zu dem 1952 in Dresden errichteten »Trümmerfrauen«-Denkmal und dem vermutlich 1956 aufgestellten Denkmal in Ost-Berlin, das eine Frau mit Schaufel zeigt. Diese Denkmäler würdigten die Stärke und die Tatkraft der Frauen im Aufbauprozess der SBZ bzw. der DDR. Die Leistungen der Frauen standen für die Verwirklichung des sozialistischen Weltbildes, in dem die Frauen einen aktiven und vermeintlich gleichberechtigten Platz einnahmen. Sie sind eher zu vergleichen mit dem Denkmal für die Kriegsgefangenen, da sie über eine ähnliche Bildsprache verfügen und eine Form von »Zukunftsoptimismus« ausstrahlen. Treber, Mythos, 2015, S. 88-92, S. 103.
21   Vgl. Kapitel 4.1.2.

In dieser Sichtweise sollten die Frauen mit dem Ende der unmittelbaren Krisensituation, also spätestens bei Rückkehr des Ehemannes, zu ihrer ›natürlichen Weiblichkeit‹ zurückkehren. Taten sie dies nicht, wurde ihre ›Vermännlichung‹ negativ konnotiert.[22] Dass im Zusammenhang mit der Kriegsgefangenschaft und den Heimkehrern öffentlich immer wieder über einen Verlust von Männlichkeit und damit einhergehend eine Form der ›Verweiblichung‹ diskutiert wurde, verschärfte die Problematik der Verschiebung geschlechterspezifischer Rollenvorstellungen zusätzlich.[23]

Aus all diesen Gründen eigneten sich die Leistungen der Ehefrauen von Kriegsgefangenen nicht, in eine kollektive Erinnerung der Nachkriegszeit integriert zu werden, insbesondere nicht im Kontext der Kriegsgefangenschaft ihrer Ehemänner. Vielmehr ging die besondere Lebenssituation dieser Frauen unter in einer generellen Nachkriegserinnerung an vor allem alleinstehende Frauen, die sich wiederum auf einige wenige plakative Schlagworte reduzieren lässt: Vergewaltigungen, Amiliebchen, Hamsterfahrten, Kriegerwitwen, Onkelehen und Trümmerfrauen.[24] All diese Begriffe sind in der bundesdeutschen Erinnerungskultur an die Nachkriegszeit mehr oder weniger stark verwurzelt und prägen das heutige Verständnis dieser Zeit und des Lebens der Frauen, ohne dabei die Realität differenziert abzubilden. Die Konstruktionsleistung hinter einem dieser Begriffe hat Leonie Treber in ihrer Monografie *Mythos Trümmerfrauen*[25] eindrucksvoll dargelegt und dekonstruiert. Dabei zeigt sie auf, als wie schwierig die bundesdeutsche Nachkriegsgesellschaft, vor allem die Politik sowie die Kirchen, eine solche Form der Erinnerung an starke und anpackende Frauen empfand, da diese mit dem weiblichen Rollenideal der Bundesrepublik kaum zu verknüpfen war, aber gleichzeitig in der DDR große Anerkennung fand.[26] Treber konnte herausarbeiten, dass sich die »Gedenkikone« der Trümmerfrau, wie sie jahrzehntelang die bundesdeutsche Erinnerungskultur prägte, erst in den 1980er Jahren entwickelte.[27] Ihren Befund, dass die Trümmerfrauen in der unmittelbaren Nachkriegszeit zwar Eingang in das kollektive Gedächtnis der DDR, aber nicht in das der Bundesrepublik fanden, erklärt sie dabei ebenfalls mit den zeitgenössischen politischen und gesellschaftlichen Umständen.

---

22   Vgl. hierzu das Argument der Vermännlichung im Kontext der Trümmerfrauen. Treber, Mythos, 2015, S. 105. »Stattdessen kritisiert der Artikel mit der unterstellten »Vermännlichung« die dauerhafte Arbeit in den Trümmern.«
23   Schneider, Ehen, S. 193-198.
24   Hierbei handelt es sich nicht um eine abgeschlossene Liste. Die Auswahl umfasst vielmehr eine beispielhafte Zusammenstellung von Begriffen, die auch heute noch medial mit alleinstehenden Frauen in den Nachkriegsjahren verbunden werden.
25   Treber, Mythos, 2015.
26   Ebd., S. 95-108.
27   Treber, Mythos, 2015, S. 134.

Berücksichtigt man all diese im Vorherigen beschriebenen Aspekte, so ergeben sich fünf Erklärungsansätze, die in ihrer Wechselwirkung vermutlich die Ursache dafür darstellen, dass die Frauen und Kinder der Kriegsgefangenen bis heute keinen spezifischen Eingang in die bundesdeutsche Erinnerungskultur gefunden haben. Einige davon wurden bereits angesprochen, weshalb auf sie nur noch einmal kurz eingegangen wird, andere wiederum werden ausführlicher dargestellt.

Zunächst erfuhren die Frauen und Kinder die ihnen entgegengebrachte Aufmerksamkeit vor der Rückkehr der letzten Kriegsgefangenen in ihrer Funktion als Stellvertretende. Der Status ihres Ehemannes und Vaters bildete die Grundlage für ihre staatliche Versorgung sowie ihre Festschreibung als Opfer des Krieges. Mit der Heimkehr der Internierten entfiel diese Funktion, da sie von den Heimkehrern selbst übernommen wurde und der VdH ab diesem Zeitpunkt aktiv an der Konstruktion einer eigenen Form der öffentlichen Erinnerung arbeitete. Zum Zweiten war keine überregionale Gemeinschaft oder eigenständige Interessenvertretung unter den Ehefrauen der Kriegsgefangenen entstanden, die sich aktiv für eine spezifische Form der Erinnerung hätte einsetzen können. Einen weiteren Aspekt stellt die Sichtbarkeit von Erinnerungen dar und damit einhergehend die Frage, auf was unsere kollektiven Erinnerungen beruhen. Die Basis hierfür bilden nicht die Erinnerungen der oder des Einzelnen, sondern eine solche wird insbesondere über mediale Eindrücke wie Fotografien oder Filmmaterial geprägt und konstituiert. Dieses »kollektive Bildgedächtnis« formt auch in entscheidendem Maße das heutige Bild der Nachkriegszeit. Ludger Derenthal schreibt hierzu: »Es ist die Fotografie, die in weit größerem Maße als alle anderen künstlerischen Medien heute noch unser Bild der Nachkriegsjahre bestimmte und bestimmt.«[28] Eine solch spezifische Bilddarstellung lässt sich jedoch für die Frauen und Kinder der deutschen Kriegsgefangenen nicht ausmachen. Die wenigen bildlichen Darstellungen besaßen zudem vor allem durch das Motiv des Wartens einen Wiedererkennungswert, der allerdings deutlich weniger Wirkkraft besaß als etwa der Stacheldraht als Symbol für die Kriegsgefangenschaft. Den definierenden Aspekt der Gruppe stellte vielmehr der Status des Ehemannes und Vaters dar, der auf bildlichen Darstellungen nicht klar sichtbar gemacht werden konnte. Auf den Fotografien aus der Nachkriegszeit unterschieden sich die Ehefrauen der Kriegsgefangenen zudem nicht von anderen Frauengruppen. Dieses Fehlen einer Illustration für das Bildgedächtnis erschwerte zusätzlich das Entstehen einer spezifischen Erinnerung an diese Familien.

Als Vorletztes wird auf die potenzielle Erinnerungskonkurrenz eingegangen, zu der es in der Familien kommen konnte.[29] Dies meint im Kontext der Arbeit, dass

---

28   Derenthal, Ludger, Bilder der Trümmer- und Aufbaujahre. Fotografie im sich teilenden Deutschland. Marburg 1999, S.

29   Mit dem Begriff der Erinnerungskonkurrenz ist hier nicht die nachträgliche Umdeutung historischer Gegebenheiten z.B. aufgrund veränderter politischer Gegebenheiten gemeint.

in vielen der Familien das Schicksal des Heimkehrers und seine Erinnerung an die Zeit der Internierung im Vordergrund gestanden haben wird. Hätten die Ehefrauen eine vergleichbare Anerkennung ihrer eigenen Leistungen gefordert, wären beide Ehepartner darüber in eine Form der Konkurrenz getreten, wer das größere Opfer erbracht, stärker unter der Zeit gelitten bzw. sie am besten gemeistert hätte. Die enge Verknüpfung beider Erfahrungen erlaubte daher keine ausgeprägte Selbstkonstruktion beider Ehepartner über diese Form von Erinnerung. Abschließend muss davon ausgegangen werden, dass eine Vielzahl der Frauen diesen schwierigen Zeitraum ihres eigenen Lebens hinter sich lassen und damit zur vermeintlichen Normalität zurückkehren wollte. Die Egodokumente der Frauen zeigen, dass sie mit der Heimkehr des Ehemannes vor allem die langersehnte Rückkehr zu ihrem alten Leben verbanden: einen Neuanfang, mit dem sie das Vergangene hinter sich lassen und wieder hoffungsvoll in die gemeinsame Zukunft schauen wollten. Insbesondere bei dieser Perspektive ist davon auszugehen, dass viele der Frauen selbst kein Interesse daran hatten, dass eine spezifische, gesamtgesellschaftliche Erinnerung an ihre Lebensumstände und ihre Leistungen in dieser Zeit entstand.

Mit der ausgebliebenen gesellschaftlichen Erinnerung an die spezifischen Lebensumstände der Frauen und Kinder während der Kriegsgefangenschaft ihres Ehemannes und Vaters lässt sich vermutlich auch die bisher fehlende wissenschaftliche Auseinandersetzung mit dieser Personengruppe erklären. Die vorliegende Arbeit ergänzt daher nicht nur die bestehenden Forschungsergebnisse zur Zeit des Nationalsozialismus und der Nachkriegszeit in beiden Teilen Deutschlands durch eine neue Perspektive auf die gesellschaftlichen und politischen Entwicklungen und Umbruchprozesse der Zeit sowie den Umgang der Bevölkerung mit diesen. Sie eröffnet darüber hinaus vielleicht auch den betroffenen Kindern einen neuen Zugang zu der nachträglichen Einordnung der eigenen Lebensgeschichte sowie der ihrer Familien.

6. Schlussbetrachtung

Integriert, nicht-beachtet und instrumentalisiert – dies sind die drei Begriffe, die die Lebensumstände der Frauen und Kinder der deutschen Kriegsgefangenen zwischen 1941 und 1956 charakterisieren. Während des NS gehörten die Familien der Kriegsgefangenen weiterhin zur ›Volksgemeinschaft‹, der Status des Internierten änderte daran nichts. In den ersten Nachkriegsjahren und später in der DDR stellten die Angehörigen der Kriegsgefangenen hingegen nur eine von vielen Gruppen dar und ihre besondere Situation wurde weitestgehend ignoriert. In der BRD änderte sich dies nach der TASS-Meldung, wobei die Angehörigen insbesondere vom VdH für seine politischen Zwecke instrumentalisiert wurden. Die Darstellung ihres Schicksals wurde dazu genutzt, um der übrigen Bevölkerung das Leiden der verbliebenen Gefangenen zu verdeutlichen. Grundsätzlich lässt sich feststellen, dass die Frauen und Kinder der deutschen Kriegsgefangenen nur dann bedeutsam waren für staatliche und politische Akteurinnen und Akteure, wenn ihre Ehemänner im größeren Kontext eine Rolle spielten – sei es zum Erhalt der Moral der Soldaten und der Bevölkerung an der ›Heimatfront‹ oder als Abgrenzungsmechanismus zwischen Ost und West im Kalten Krieg. In ihrem Selbstverständnis ging es den Frauen und Kindern jedoch vielmehr um den eigenen Familienerhalt und die Anerkennung ihres Schicksals durch eine entsprechende finanzielle Versorgung. Die Gefangenschaft des Internierten stellte für die Angehörigen eine Übergangszeit dar, die für sie vor allem geprägt war durch das Warten auf ihn und die Unsicherheit, ob und wann er heimkehren würde. Beides bedeutete insbesondere eine emotionale Belastung für die Frauen und Kinder. Das Leben in dieser Zeit war in den meisten Familien ausgerichtet auf die Rückkehr des Internierten. Mit seiner Repatriierung verbanden sie die Hoffnung auf ein Ende des Ausnahmezustandes und eine Rückkehr zur Normalität. Zu dieser Normalität gehörte für viele von ihnen auch das Ende ihrer finanziell schlechten Situation und des damit einhergehenden Verzichts.

Mit der Kapitulation und dem Ende der nationalsozialistischen Herrschaft war in den meisten Familien zu der emotionalen eine finanzielle Belastung hinzugekommen, da die nationalsozialistischen Versorgungsleistungen wegfielen. Die Frauen mussten nun selbst für sich und ihre Kinder sorgen. Konnten sie dies nicht, blieb ihnen nur die Möglichkeit, Fürsorgeunterstützung zu beantragen. Ein davon unabhängiger, statusbedingter Unterhaltsanspruch wurde den Frauen in der Bundesrepublik erst ab 1950 zugesprochen, wobei diese Zahlungen lediglich geringfügig höher waren als die Fürsorgeleistungen. Der symbolische Wert der Unterhaltsbeihilfe lag damit deutlich höher als sein monetärer. Grundsätzlich lässt sich feststellen, dass die Frauen und Kinder der Kriegsgefangenen zumeist schlechter gestellt waren als andere Familien, in denen der Internierte bereits heimgekehrt oder nie in Gefangenschaft gewesen war. Diese Tatsache ist nicht unmittelbar auf den Status des Gefangenen zurückzuführen, sondern vielmehr darauf, dass diesen Familien ein männlicher Ernährer fehlte. Aufgrund schlechterer Ausbildungen übten die Frauen zumeist nur geringer bezahlte Tätigkeiten aus bzw. es war ihnen nicht möglich, eine solche Tätigkeit überhaupt anzunehmen, wenn sie kleine Kinder betreuen mussten oder krank waren. Diese Benachteiligung alleinstehender Frauen lässt sich für alle Teile Deutschlands feststellen. Für die britische Besatzungszone und die Bundesrepublik zeigt sich jedoch, dass den Frauen und Kindern der Kriegsgefangenen in ihrer sozialstaatlichen Versorgung sukzessiv kleine gesetzliche Verbesserungen zugesprochen wurden bis hin zur Einführung der Unterhaltsbeihilfe.

Insbesondere wenn sie sich mit anderen verglichen, wurde den Angehörigen immer wieder bewusst, dass sie und ihre Lebensumstände sich von denen anderer unterschieden – sowohl im positiven als auch im negativen Sinne. Das Selbstverständnis und die Selbstkonstruktion der Angehörigen spielten hierfür eine wichtige Rolle und beruhten vor allem auf der Abgrenzung von anderen Gruppen, wie etwa Witwen und Waisen. Die vollständige Familie stellte für sie meist das Ideal dar, zu dem sie sich mehrheitlich wünschten, zurückzukehren. Da es für die Familien der Kriegsgefangenen eine realistische Chance gab, dass sich dieser Wunsch erfüllte, stellte dies den zentralen Aspekt in der Abgrenzung gegenüber anderen Gruppen alleinstehender Frauen dar. Dass sie in mehr oder weniger regelmäßigen Abständen Postkarten oder sogar Briefe und Pakete von dem Internierten erhielten, bedeutete eine ständige Versicherung, dass er am Leben war. Und auch wenn eine Kommunikation nur eingeschränkt möglich war, konnten beide Seiten sich miteinander austauschen, sich gegenseitig Mut zusprechen und die gemeinsame Zukunft planen.

Darüber hinaus war das Selbstverständnis der Angehörigen geprägt von einer gewissen Erwartungshaltung gegenüber dem Staat. Die Frauen formulierten nach Kriegsende immer wieder ihre Ansicht, dass der Staat für ihren Lebensunterhalt aufkommen bzw. sie finanziell besser versorgen müsse. Dieses Selbstverständnis ist zurückzuführen auf die umfangreiche sozialstaatliche Versorgung aller Soldatenfamilien während des Krieges durch den nationalsozialistischen Familienunterhalt. Mit der Einführung dieser Zahlungen, die kein Teil des Fürsorgesystems waren, hatte das Regime die Familien der Wehrmachtsangehörigen finanziell versorgt und sichergestellt, dass sie ihren Lebensstandard während der Abwesenheit des Ehemannes und Vaters beibehalten konnten. In seiner Konzeption stellte der Familienunterhalt damit eine Anerkennung der Leistungen der Soldaten im Krieg, aber auch der ihrer Frauen an der ›Heimatfront‹ dar. Diese umfangreiche Absicherung wurde weitergezahlt, wenn der Soldat in Gefangenschaft geriet oder als vermisst galt. Die Kriegsgefangenschaft wurde damit als Teil des ›soldatischen Ehrendienstes‹ und seine Angehörigen als vollwertiger Teil der ›Volksgemeinschaft‹ verstanden. Diese Sichtweise und Haltung gegenüber der Gefangenschaft legten die Frauen insbesondere im Westen auch nach dem Ende der nationalsozialistischen Herrschaft nicht ab und begründeten damit ihre Erwartungshaltung in Bezug auf eine staatliche Versorgung.

Das Selbstverständnis der Frauen und Kinder bzw. dessen Konstruktion war untrennbar verbunden mit dem Prozess der Fremdkonstruktion. Darunter zu verstehen sind all jene Erwartungen, Rollen- und Verhaltensvorstellungen, die von außen an diese Gruppe herangetragen wurden. Hierbei konnte es sich um das nahe soziale Umfeld sowie die übrige Bevölkerung handeln, aber auch die Politik, den Staat, die Besatzungsmacht oder andere Akteurinnen und Akteure wie Kirchen und Wohlfahrtsverbände. Diese Form der Fremdkonstruktion und die damit verbundene Entwicklung eines spezifischen Bildes der Frauen und Kinder hing unmittelbar zusammen mit der öffentlichen Haltung gegenüber der Kriegsgefangenenproblematik und unterschied sich deutlich zwischen beiden Teilen Deutschlands. In der SBZ und der DDR spielte die Kriegsgefangenenproblematik keine besondere Rolle. Die Internierten galten weder explizit als Täter oder Schuldige des Krieges noch als seine Opfer, was gleichzeitig dazu führte, dass auch ihren Angehörigen keine besondere Position oder Funktion zugesprochen wurde. Dies änderte sich erst mit der sowjetischen TASS-Meldung, mit der sich der Status der Kriegsgefangenen zu dem von ›Kriegsverbrechern‹ veränderte. Von einem auf den anderen Tag galten deren Frauen und Kinder für den Staat nun als Angehörige eines ›Kriegsverbrechers‹. Anhand der Eingaben lässt sich nachzeichnen, wie die Familien auf diese plötzliche Veränderung ihrer Fremdkonstruktion reagierten bzw. welche Strategien sie anwandten, um ihr Selbstverständnis damit in Einklang zu bringen. Am anschaulichsten zeigt dies das Beispiel der Auseinandersetzung mit der Frage von Schuld und Täterschaft des eigenen Ehemannes oder Vaters. Indem die Familien die Verurteilung des Angehörigen als Irrtum oder Fehler betrachteten, konnten sie der eigenen Regierung und ihren Aussagen vertrauen und gleichzeitig an die Unschuld ihres Angehörigen glauben. Die emotionale Verbundenheit mit dem eigenen Ehemann und Vater stand hier in einem starken Spannungsverhältnis zu der staatlichen Politik in der Kriegsgefangenenfrage. Die damit einhergehende Kognitive Dissonanz versuchten die Angehörigen zu reduzieren, indem sie etwa eine Eingabe verfassten und Argumente für die Unschuld des Internierten anführten.

Wie sehr die Sichtweise und Haltung der übrigen Bevölkerung sowie der Regierung wiederum geprägt war von anderen externen Aspekten und Prozessen, zeigt folgendes Beispiel: Die Fremdkonstruktion der Frauen und Kinder der Kriegsgefangenen führte in den westlichen Besatzungszonen und der Bundesrepublik zu deren schrittweiser Festschreibung als Opfergruppe des Krieges. Diese vollzog sich vor allem über die bereits beschriebene sukzessive Verbesserung der Regelungen ihrer sozialstaatlichen Versorgung bis zur letztendlichen Einführung der statusbedingten Unterhaltsbeihilfe. Die Diskussionen sowie die darin von den Zeitgenossinnen und Zeitgenossen vorgebrachten Argumente machen deutlich, dass die bessere Versorgung der Frauen damit begründet wurde, dass ihr Ehemann durch seine Gefangenschaft und sie selbst ein Opfer für die gesamte deutsche Bevölkerung erbrachten. Die Internierung der ehemaligen Wehrmachtsangehörigen wurde in dieser Sichtweise als eine Unrechtmäßigkeit begriffen, während eine mögliche Schuld der Soldaten in keiner Weise zur Diskussion stand. Die Meldung der sowjetischen Nachrichtenagentur TASS verstärkte diesen Effekt nochmals und wirkte damit in der Bundesrepublik als Katalysator. Die Verurteilung und Zurückhaltung der letzten ca. 30.000 Internierten löste dort eine Welle der Empörung und gleichzeitigen Solidarität mit den Gefangenen und ihren Familien aus, in deren Zuge auch die Unterhaltsbeihilfe eingeführt wurde und die damit verbundene Festschreibung der Angehörigen als Opfergruppe des Krieges. Diese Entwicklungen müssen im Kontext der grundsätzlichen Entstehung eines Selbstverständnisses der westdeutschen Bevölkerung als Opfer des Krieges in der Nachkriegszeit gesehen werden. Indem kategorisch eine mögliche Täterschaft der Inhaftierten verneint wurde, sprach die ›normale Bevölkerung‹ auch sich selbst von einer solchen frei. Darüber hinaus wurden die Internierten so nicht nur zu Opfern des Krieges, sondern vielmehr auch zu Opfern der Siegermächte bzw. insbesondere der Sowjetunion erklärt. Hierbei darf nicht vergessen werden, dass diese Entwicklung in der Bundesrepublik von politischer und staatlicher Seite nicht nur geduldet, sondern unterstützt wurde, wie die Einführung der Unterhaltsbeihilfe oder auch die Verurteilung von Personen zeigt, die die Internierten öffentlich als Kriegsverbrecher bezeichneten. Eine vergleichbare Entwicklung lässt sich für die DDR nicht in dieser Klarheit nachzeichnen, dennoch weisen auch die dortigen Befunde darauf hin, dass ein Großteil der Bevölkerung den Verurteilungen der Internierten skeptisch gegenüberstand bzw. nicht bereit war, diese grundsätzlich als Verbrecher zu betrachten.

Während es bereits eine breite geschichtswissenschaftliche Auseinandersetzung mit der Entwicklung dieser Selbst-Viktimisierung der deutschen Bevölkerung in beiden Teilen Deutschlands gibt, spielen die Kriegsgefangenen darin nur eine untergeordnete Rolle. Dabei zeigen die Befunde der vorliegenden Arbeit, wie sich dieses Selbstverständnis der Bevölkerung in den politischen Handlungen gegenüber den Angehörigen der Kriegsgefangenen materialisierte. Die Funktion der TASS-Meldung sollte in diesem Kontext zudem stärker betont werden, da sich an den Reaktionen auf sie die emotionale Komponente der Kriegsgefangenenproblematik nachzeichnen lässt. Erst ab diesem Zeitpunkt begann zudem die Instrumentalisierung der Frauen und Kinder der Kriegsgefangenen als Stellvertretende für ihre internierten Angehörigen, um innerhalb der bundesdeutschen Öffentlichkeit an deren Schicksal und ihre Opfer für die Bevölkerung zu erinnern.

Die Frauen der Kriegsgefangenen bewegten sich im Nationalsozialismus, der britischen Besatzungszone und der Bundesrepublik durch die unmittelbare Abwesenheit des Ehemannes in einem Spannungsfeld zwischen Selbstständigkeit auf der einen Seite und unterschiedlichen Formen der Regulierung auf der anderen. Dies galt nicht ausschließlich für die Ehefrauen der Kriegsgefangenen, sondern vielmehr für jede Frau, deren Mann temporär abwesend war. Die Problematik erwuchs aus der Angst verschiedener vor allem politischer Akteurinnen und Akteure, dass durch den Wegfall der regulierenden Funktion des Ehemannes dessen Frau eine Selbstständigkeit erlangen könnte, die letztlich zu einer Auflösung der klassisch patriarchalen Familienkonstellation führe. Hierbei muss berücksichtigt werden, dass dieses familiäre Ordnungsmuster nicht nur die Kleinfamilie bestimmte, sondern darüber hinaus auch eine gesellschaftsstrukturierende Funktion besaß mit spezifischen Rollen-, Wert- und Normvorstellungen für beide Geschlechter. Die Einführung der Möglichkeit der Kürzung des Familienunterhalts bei abweichendem Verhalten der Frauen als Regulierungsmechanismus ist hierfür ein anschauliches Beispiel. Ein weiteres ist der schmale Grat der öffentlichen Haltung gegenüber Frauen, die in der unmittelbaren Nachkriegszeit Beziehungen zu anderen Männern eingingen. Taten sie dies aus dem Motiv der Mütterlichkeit heraus, also um ihre Kinder zu schützen, wurde dieses toleriert. Gerieten sie jedoch in den Verdacht, moralisch zweifelhaft bzw. nur zu ihrem eigenen Vorteil zu handeln, mussten sie mit negativen Konsequenzen und staatlicher Regulierung rechnen.

Indem die ›weibliche Natur‹ und deren ›natürliche Schwäche‹ als Erklärungsmuster herangezogen wurden, um die Untreue von Frauen während der Gefangenschaft ihres Ehemannes zu begründen, sprach man ihnen zudem die eigene Selbstständigkeit und Handlungsfähigkeit ab. Vielmehr wurde das eigentlich normabweichende Verhalten auf diese Art und Weise relativiert und damit die Möglichkeit für den Ehemann geschaffen, dieses zu verzeihen. Indem das ›natürlich Weibliche‹ gleichzeitig als Gegensatz zu einer zu großen Selbst- und Eigenständigkeit dargestellt wurde, erlaubte es dieser Erklärungsansatz, beide Partner von jeglicher Schuld freizusprechen. Gleichzeitig wurde Selbst- und Eigenständigkeit bei Frauen mit einer damit einhergehenden ›Vermännlichung‹ beschrieben, die diese unattraktiv für den Ehemann mache. Das Ziel dieser vermeintlichen Liberalisierung gesellschaftlicher Wert- und Normzuschreibungen stellte der Erhalt von Heimkehrerehen dar und muss als Reaktion auf die hohen Scheidungszahlen der ersten Nachkriegsjahre verstanden werden. Da die Ehe und die Kleinfamilie für den Staat, die Politik und die Kirchen im westlichen Teil Deutschlands als Basis der Demokratie galten, versuchten diese alles, um jeglichen Auflösungserscheinungen entgegenzuwirken. Um die vermeintliche Ordnung wiederherzustellen, sollten die Frauen mit der Heimkehr ihres Ehemannes zu ihrer ursprünglichen Position innerhalb der patriarchalen Familien- und Gesellschaftsordnung zurückkehren. Dass diese Aspekte ausschließlich für den NS sowie für den westlichen Teil Deutschlands festzustellen sind, verweist auf die Kontinuitätslinien zwischen beiden Systemen hinsichtlich ihres Frauenbildes sowie geschlechterspezifischer Rollenvorstellungen. Diese Befunde sind anschlussfähig an Debatten im Kontext des Konzepts des »social engineering«, um gesellschaftliche Desintegrationserscheinungen abzuwenden.[1] Darüber hinaus stellen sie neue Versatzstücke in der Untersuchung der staatlichen Regulierung von Frauen in der Kriegs- und Nachkriegszeit auf der Mikroebene dar. Zugleich zeigen sie, wie vermeintlich klassische Wert- und Normvorstellungen in der Nachkriegszeit durchaus variabel ausgelegt werden konnten, um weibliches abweichendes Verhalten zu tolerieren und damit gesamtgesellschaftlichen Entwicklungen entgegenzuwirken. Dass sich Rollen-, Wert- und Normvorstellungen grundsätzlich nur langsam veränderten, zeigen zudem die Ergebnisse der Untersuchung für die SBZ, für die sich anhand der Entstehung der Verfassung der DDR nachzeichnen lässt, wie konservativere Vorstellungen von Familie und Ehe sich gegen ein neues sozialistisches Geschlechterverständnis zumindest behaupteten.

Anhand der Ergebnisse zur Situation von Frauen und Kindern der Kriegsgefangenen in der SBZ und der DDR lässt sich zeigen, wie schwer es einigen Teilen der Bevölkerung dort fiel, sich in das neue sozialistische System und seine politischen Strukturen einzufinden sowie die damit einhergehende Verbundenheit mit der Sowjetunion zu akzeptieren. Dies zeigt sich nicht nur an den Schwierigkeiten bei der Etablierung eines neuen Frauenideals, sondern vor allem in dem Einfluss, den die Kriegsgefangenenfrage auf die Haltung der Angehörigen der Internierten ihrer eigenen Regierung und insbesondere der Sowjetunion gegenüber hatte. Die propagierte sowjetische Freundschaft konnten viele der Angehörigen nicht in Einklang bringen mit der Kriegsgefangenenpolitik der Moskauer Regierung. Dies betraf nicht nur die Gefangenschaft selbst, sondern auch deren Umstände. Im Vergleich zu den westlichen Alliierten waren hier die Kommunikationsmöglichkeiten mit den Kriegsgefangenen wesentlich schlechter, ebenso wie deren Versorgung es war. Hinzu kam, dass die Sowjetunion wiederholt das Versprechen nicht einhielt, die verbliebenen Internierten zu repatriieren. All dies blieb für die Familien der Gefangenen unverständlich und untergrub gleichzeitig ihr Vertrauen in die eigene Regierung, da diese hierauf nicht reagierte. Dass die SED letztlich keine politische

---

1   Etzemüller, Thomas, Social engineering, Version: 2.0, in: Docupedia-Zeitgeschichte, 04.10.2017.   URL: http://docupedia.de/zg/Etzemueller_social_engineering_v2_de_2017 (22.3.2019).

Handlungsmacht in der Kriegsgefangenenpolitik besaß und sich auch nicht in der Position befand, auf die Sowjetunion einzuwirken, blieb für die Zeitgenossinnen und Zeitgenossen unerheblich, zumal die Partei dies öffentlich selbst anders darstellte.

Grundsätzlich lässt sich feststellen, dass die SED die Angehörigen der Kriegsgefangenen und deren Unzufriedenheit unterschätzt hat. Ein vergleichbarer Befund zeigt sich für das nationalsozialistische Regime. Die emotionale Betroffenheit der Familien der Kriegsgefangenen überlagerte ihr Vertrauen in das System und konnte zum Auslöser für eine Abwendung von diesem werden. Zwar blieben sowohl im NS als auch in der SBZ und der DDR die politischen Auswirkungen im Vergleich zu anderen Thematiken vergleichsweise gering, und dennoch sollte ihr Einfluss nicht unterschätzt werden. Führten sie doch bei den Betroffenen und zumeist auch in deren sozialem Umfeld zu Zweifeln und Unzufriedenheit, in manchen Fällen sogar zu Widerstand und Auflehnung gegen die Regierung. Im Fall des NS in Form informeller Netzwerke und für die DDR am Beispiel des Aufstandes vom 17. Juni 1953, im Zuge dessen auch die Freilassung der Internierten gefordert wurde. Vor allem für den Nationalsozialismus ist dies ein spannender Befund hinsichtlich der Frage, was Menschen dazu brachte, die Politik des Regimes zu hinterfragen bzw. dessen Glaubwürdigkeit anzuzweifeln. Hier wäre es interessant zu erfahren, wie weit sich dieser Effekt etwa auch auf andere Lebensbereiche der Angehörigen übertrug oder ob ein solches Verhalten auf den konkreten Fall bezogen blieb.

Der Vergleich, welcher der Untersuchung zu Grunde liegt, zeigt als Ergebnis eine »asymmetrisch verflochtene Parallelgeschichte«[2], erweitert durch den Nationalsozialismus als Ausgangspunkt der Betrachtung. Der Nationalsozialismus bildet den Ursprung des Selbstverständnisses der Frauen und Kinder und entspricht damit auch der Selbstwahrnehmung der Frauen und Kinder, die die Zeit der Gefangenschaft des Internierten vielfach als Verlängerung des Ausnahmezustandes seiner Abwesenheit bzw. des Krieges empfanden. Für die Betrachtung des gesamten Untersuchungszeitraumes lässt sich grundlegend eine Ausdifferenzierung der Gruppe der Angehörigen der Kriegsgefangenen feststellen, sowohl in ihrem Selbstverständnis als auch in der Beachtung, die ihnen von außen entgegengebracht wurde. Dieser Befund ist besonders vor dem Hintergrund bemerkenswert, dass sowohl die Gruppe der Kriegsgefangenen als auch die ihrer Angehörigen mit dem zeitlichen Verlauf immer kleiner wurde. Dies lässt sich dahingehend interpretieren, dass die Wirkmächtigkeit der Thematik nicht in seiner Quantität begründet lag.

Dass über die Lebensumstände der Frauen und Kinder der Kriegsgefangenen bisher so wenig bekannt war, liegt vor allem am bundesdeutschen Umgang mit der

---

2   Kleßmann/Misselwitz/Wichert (Hg.), Vergangenheiten.

Geschichte der Internierten selbst. Das Schicksal und die Geschichte der deutschen Kriegsgefangenen haben die ihrer Frauen und Kinder, vor allem in der öffentlichen Wahrnehmung und Erinnerung, überlagert und verdrängt. Ihre besondere Lebenssituation wurde subsumiert in einem bundesdeutschen Erinnerungsnarrativ an das Leben der Frauen und Kinder in der Kriegs- und Nachkriegszeit, das erst Stück für Stück eine entsprechende Ausdifferenzierung erfährt. Die Abwesenheit des Ehemannes und Vaters aufgrund von Gefangenschaft war für die betroffenen Familien ebenso Belastung wie auch Hoffnungsschimmer. Insbesondere die Hoffnung auf eine Rückkehr zur Normalität mit der Heimkehr des Internierten unterschied ihr Schicksal von dem so vieler anderer Familien.

7. Dank

Bei diesem Buch handelt es sich um die leicht überarbeitete Fassung meiner 2019 von der Philosophischen Fakultät der Universität zu Köln angenommenen Dissertation.

Mein erster Dank gilt den drei Betreuenden meiner Arbeit: Professor Dr. Ralph Jessen, Professor Dr. Hans-Walter Schmuhl und Professorin Dr. Elke Kleinau. Sie alle haben mich in der Entstehungszeit dieser Arbeit durch ihre Rückmeldungen und Hinweise, aber vor allem durch ihren Glauben an dieses Projekt unterstützt. Mein besonderer Dank gilt Herrn Professor Schmuhl, der für mich in all den Jahren nicht nur Betreuer, sondern vielmehr Mentor war und damit meinen wissenschaftlichen Werdegang maßgeblich geprägt hat.

Der a.r.t.e.s Graduate School for the Humanities danke ich für die finanzielle Unterstützung durch ein Promotionsstipendium, das es mir erlaubt hat, mich ganz auf die Entstehung dieser Arbeit zu konzentrieren. Der dortige Austausch in der Forschungsklasse 5 und innerhalb meines Jahrgangs waren für mich sowohl inhaltlich als auch menschlich sehr bereichernd.

Für ihre Unterstützung möchte ich mich zudem bei all den Mitarbeiter*innen bedanken, die mich bei meinen Recherchen in den zahlreichen Archiven unterstützt haben. Ein besonderer Dank gilt Helga M., die mir die umfangreichen Briefbestände ihrer Familie zur Verfügung gestellt und mit mir über ihre Erinnerungen an die Abwesenheit ihres Vaters gesprochen hat. Marie Ludwig, Heidi Wagner und Manfred Heggemann danke ich für ihre Unterstützung bei der Überarbeitung und Korrektur dieses Textes.

Darüber hinaus gibt es eine Vielzahl von Menschen, die mich während der Entstehung dieses Buchen begleitet haben und ohne deren Unterstützung mir dieser Weg viel schwerer gefallen wäre. Ich danke Dr.' Levke Harders, Henning Kampherbeek, Dr.' Stefanie Coché, Dr.' Verena Limper und Dr.' Esther Lehnert für den fachlichen Austausch, die bereichernden Diskussionen und ihr stetiges Bestärken. Die Promotion ist so viel mehr als nur eine Arbeit, sondern fest verwoben in jeden Bereich des eigenen Lebens. Ohne die Unterstützung meiner Familie und meiner Freund*innen wäre es daher nicht möglich gewesen, dieses Projekt erfolgreich abzuschließen – hierfür gilt ihnen allen mein Dank. Für ihre Unterstützung auf dem

Weg, ihr offenes Ohr und ihren Glauben an mich möchte ich mich ganz besonders bei meiner ›Bielefelder-Peergroup‹, meinen Mitstreiterinnen beim Verein Erste Generation Promotion, Janusz Küttner, Lotta Bergmann und ihrer Familie, Dr.' Julia Hodapp, Dr.' Giuseppina di Bartolo, Julia Schmilgun, meiner Oma und meinen Eltern bedanken.

8. Anhang

8.1 Quellenbestände

Archiv der sozialen Demokratie, Friedrich-Ebert-Stiftung (AdsD)
Nachlass Fritz Eberhard
Briefbestand von Hilde und Wolfgang M., Privatbesitz.
Bundesarchiv (BArch)
Bestand B 106 (Bundesministerium des Inneren, BRD)
Bestand B 122 (Bundespräsidialamt)
Bestand B 136 (Akten des Bundeskanzleramtes)
Bestand B 150 (Bundesministerium für Vertriebene, Flüchtlinge und Kriegsgeschä-
    digte)
Bestand DC 20 (Ministerrat der DDR)
Bestand DO 1 (Ministerium des Inneren, DDR)
Bestand DO 2 (Zentralverwaltung für deutsche Umsiedler)
Bestand DQ 2 (Ministerium für Arbeit und Berufsausbildung)
Bestand R 58 (Reichssicherheitshauptamt)
Bestand R 1508 (Deutsches Rotes Kreuz)
Bestand Z 2 (Zonenbeirat (der britischen Besatzungszone))
Deutsches Rotes Kreuz – Historisches Archiv Berlin (DRK ARch)
Bestand RK 43
Deutsches Tagebucharchiv Emmendingen (DTA)
Bestand 59
Bestand 528
Bestand 965
Bestand 1284
Bestand 1530
Bestand 1802
Bestand 2108
Bestand 3046
Bestand 3265
Bestand 3266

Landesarchiv NRW Abteilung Rheinland (LAV NRW R)

Bestand BR 5 (Regierung Aachen)

Bestand BR 1047 (Regierung Aachen)

Bestand NW 42 (Arbeits- und Sozialministerium NRW, Volks- und Jugendwohl-
fahrt)

Bestand NW 43 (Arbeits- und Sozialministerium NRW, Volks- und Jugendwohl-
fahrt)

Politisches Archiv des Auswärtigen Amtes (PP AA)

Bestandsgruppe AV, Bestand B10 (u.a. Referat für Kriegsgefangene)

Stadtarchiv Winnenden

Bestand Fürsorgeakten

Stiftung Archiv der Parteien und Massenorganisationen der DDR im Bundesarchiv
(SAPMO-BArch)

Bestand DY 30 (Sozialistische Einheitspartei Deutschlands)

Bestand DY 31 (Demokratischer Frauenbund Deutschlands)

Bestand DY 32 (Gesellschaft für Deutsch-Sowjetische Freundschaft)

Bestand DY 34 (Freier Deutscher Gewerkschaftsbund)

Bestand NY 4036 (Nachlass Wilhelm Pieck)

Bestand NY 4182 (Nachlass Walter Ulbricht)

8.2   Gedruckte Quellen

Adenauer-Regierung ist unmöglich, in: Berliner Zeitung, Nr. 77 vom 31.3.1950, S. 2.

Aktivere Hilfe für bedürftige Kriegsgefangenen-Angehörige, in: Der Heimkehrer,
Nr. 11 (1952), S. 5.

Amt für Information der Regierung der Dt. Demokratischen Republik, Verfassung
der DDR, Dresden 1949.

Anordnung betr. Kriegsverluste und Kriegsgefangene vom 4.9.1939, in: DRK-
Verordnungsblatt, Sep. 1939.

Antwortbrief der Frau eines Kriegsgefangenen auf ein Schreiben von Hans Bott
an den VdH, abgedruckt in: Die Rundschau der Stuttgarter Heimkehrer,
Kriegsgefangenen- und Vermißtenangehörigen, Nr. 1 (1951), S. 3.

Ausführungsbestimmungen Nr. 1 und Nr. 2 zur Anordnung vom 4.9.1939, in: DRK-
Verordnungsblatt, Sept. 1939.

Becker/Hofstetter, Ein Wort zuvor!, in: Die Rundschau der Stuttgarter Heimkehrer,
Kriegsgefangenen- und Vermißtenangehörigen, Nr. 4 (1951), S. 1.

Beleidigung der Kriegsgefangenen, in: Der Heimkehrer, Nr. 8 (1953), S. 3.

Bilder vom Tag der Treue, in: Der Heimkehrer, Nr. 6 (1951), S. 2.

Bissinger, Edgar, Das mußt du wissen! Arbeitsrecht, Sozialversicherung, Familienunterhalt usw. im Kriege, 2. voll. umge. Aufl., Berlin 1941.

Brandt, Wilhelm, Sofort zum Arzt!, in: Neues Deutschland, Nr. 136 vom 14.6.1947, S. 3.

Clemens, Wilhelm, Berufliche Betreuung der deutschen Kriegsgefangenen, in: Mitteilungen an die Angehörigen deutscher Kriegsgefangener, Nr. 2 (1944), S. 1.

D., Ein Wort zum Ehebruch. Soll der Mann seiner Frau vergeben?, in: Der Heimkehrer, Nr. 9 (1947), S. 2.

Dank einer Frau, in: Der Heimkehrer, Nr. 12 (1951), S. 2.

Das Familienleben in der Sowjetunion, in: Berliner Zeitung, Nr. 72 vom 7.8.1945, S. 3.

Das natürliche Recht der Familie, in: Neue Zeit, Nr. 220 vom 19.9.1946, S. 2.

Dem Heldenmut der Frau, in: Der Heimkehrer, Nr. 9 (1956), S. 3.

Der Wandel in der Kriegsgefangenenfrage, in: Der Heimkehrer, Nr. 11 (1952), S. 2.

Deutscher Verein für öffentliche und private Fürsorge (Hg.), Das Familienunterhaltswesen und seine praktische Handhabung, Leipzig, Berlin 1940.

Die berufliche Aus- und Fortbildung der Kriegsgefangenen, in: Mitteilungen an die Angehörigen deutscher Kriegsgefangener, Nr. 2 (1944), S. 2.

Die Frau – aktiver Teilnehmer am demokratischen Aufbau in Deutschland, in: Neues Deutschland, Nr. 56 vom 8.3.1949, S. 3.

Die Frau eines Kriegsgefangenen an das Präsidium des DRK, 26.12.1943, abgedruckt in: Mitteilungen für die Angehörigen deutscher Kriegsgefangener, Nr. 1 (1944), S. 10.

Die Frau von 1945, in: Neue Zeit, Nr. 44 vom 11.9.1945, S. 1.

Die Redaktion der Frau von heute, Das Kriegsgefangenen-Problem, in: Die Frau von heute, Nr. 44 vom 2.11.1951, S. 17.

Die Tränen des Zorns, in: Berliner Zeitung vom 6.5.1950, S. 1.

Diffamierung von Ehefrauen in der Ostzone, in: Der Heimkehrer, Nr. 7 (1953), S. 2.

Dreißig Heimkehrerkonferenzen, in: Berliner Zeitung, Nr. 209 vom 7.9.1947, S. 2.

Durand-Wever, Anne-Marie, Not der Frauen, in: Neues Deutschland, Nr. 177 vom 17.11.1946, S. 4.

Dies., Warum unharmonische Ehen? in: Neue Zeit, Nr. 14 vom 17.1.1950, S. 3.

Durchführungsbestimmungen zum Gesetz über die Besoldung, Verpflegung, Unterbringung, Bekleidung und Heilfürsorge der Wehrmacht bei besonderem Einsatz, §1 (11), in: Reichsgesetzblatt. 1939, Teil 1, S. 1557-1559.

Eines Tages aber stand er vor der Tür..., in: Kameradendienst. Spezialmitteilungs- und Anzeigenblatt für Rußland-Heimkehrer, Zivilvershleppten-, und kriegsgefangenen und Vermißten-Angehörige im Bundesgebiet und Westberlin, Nr. 7 (1950).

Eltern sparen Geld vom Munde ab, in: Der Heimkehrer, Nr. 17 (1955), S. 6.

Entwurf einer Verfassung für die Deutsche Demokratische Republik, in: Neues Deutschland, Nr. 176 vom 16.11.1946, S. 3.

Erste Heimkehrerkonferenz, in: Neues Deutschland, Nr. 147 vom 26.6.1949, S. 8.

Fischer, August, Bilanz des Jahres, in: Der Heimkehrer, Nr. 1 (1953), S. 9.

Fischer, J., Eheliche Elternschaft als Grundlage einer frühkindlichen Erziehung zum Geschlecht, in: Gesundheitsfürsorge, Nr.1 (1954), S. 5.

Foerstner, Majabert, Zweierlei Recht für Mann und Frau, in: Neues Deutschland, Nr. 11 vom 5.5.1946, S. 2.

Frauenarbeit im Heimkehrerverband, in: Der Heimkehrer, Nr. 11 (1953), S. 2.

Frauentag in Bonn, in: Der Heimkehrer, Nr. 1 (1953), S. 8.

Freie Diskussion, in: Berliner Zeitung, Nr. 52 vom 2.3.1948, S. 2.

Friedeburg, Ludwig v., Die Umfrage in der Intimsphäre, in: Beiträge zur Sexualforschung, Bd. 4, Stuttgart 1953.

Fürsorgerische Fragen aus der FU-Praxis: Einsatz von Volkspflegerinnen, in: Nachrichtendienst des deutschen Vereins für öffentliche und private Fürsorge, Jg. 22 (1941), Nr. 3, S. 52f.

Fürsorgerische Fragen aus der FU-Praxis. Einsatz von Volkspflegerinnen. Erfahrungen mit großstädtischen FU-Empfängerinnen, in: Nachrichtendienst des deutschen Vereins für öffentliche und private Fürsorge, Jg. 22 (1941), Nr. 1, S. 5-7.

Genosse Pieck, was macht meine Rente?, in: Neues Deutschland, Nr. 239 vom 12.10.1949, S. 5.

Geschäftsführender Präsident des DRK in: Mitteilungen für die Angehörigen deutscher Kriegsgefangener, Nr. 1 (1944), S. 1.

Gesetz über den Mutter- und Kinderschutz und die Rechte der Frau vom 27.9.1950, in: Gesetzblatt der Deutschen Demokratischen Republik 1950, S. 1037.

Gesetz über die Besoldung, Verpflegung, Unterbringung, Bekleidung und Heilfürsorge der Angehörigen der Wehrmacht bei besonderem Einsatz vom 28.8.1939, §2 (1), in: Reichsgesetzblatt 1939, Teil 1, S. 1531-1533.

Gesetz über die Unterhaltsbeihilfe für die Angehörigen von Kriegsgefangenen vom 13.6.1950, in: Bundesgesetzblatt I, S. 199.

Gesetz über die Unterstützung der Angehörigen der einberufenen Wehrpflichtigen und Arbeitsdienstpflichtigen (Familienunterstützungsgesetz) vom 30.3.1936, §2, in: Reichsgesetzblatt I S. 1225.

Gruber, Anny, Frauen dürfen nicht abseits stehen!, in: Der Heimkehrer, Nr. 2 (1951), S. 3.

Grundsatzdebatte im Verband der Heimkehrer, in: Der Heimkehrer, Nr. 8 (1954), S. 3.

H., F., Wüstenbrief über Treue (Leserbrief), in: Berliner Zeitung, Nr. 46 vom 24.2.1948, S. 2.

H. K., Der Gang zu den Müttern, in: Neue Zeit, Nr. 116 vom 5.12.1945, S. 2.

Haug, Theodor, Ein Auge zudrücken?, in: Der Heimkehrer, Nr. 2 (1948), S. 3.

Heimkehrer in der Friedensfront, in: Berliner Zeitung, Nr. 203 vom 31.8.1949, S. 2.

Heimkehrerkonferenz in Berlin, in: Berliner Zeitung, Nr. 254 vom 29.10.1949, S. 2.

Heimkehrer sind und bleiben Freunde der SU, in: Neues Deutschland, Nr. 255 vom 30.10.1949, S. 1.

Heimkehrer-Sternfahrt, in: Neues Deutschland, Nr. 242 vom 15.10.1949, S. 2.

Hilfsmittel für die Erziehung, in: Der Heimkehrer, Nr. 17 (1955), S. 3.

Hoffmann, Wolfgang, Volle Gleichberechtigung der Frau? – unmöglich! (Leserbrief), in: Berliner Zeitung, Nr. 130 vom 8.6.1947, S. 2.

Jeder fünfte Vermißte lebt noch, in: Der Heimkehrer, Nr. 1 (1950).

Kleinsorg, Franz Josef, Die Fürsorge des Reiches für die Angehörigen von Einberufenen, Bonn 1940.

Knirck, Erich, Die Ehe wie sie wirklich ist, in: Der junge Mann, Nr. 5 (1954), S. 4-6.

Komoll, Luise, Verbindungen – ohne verbunden zu sein. FÜR DICH untersucht die Ursachen der Ehescheidungen, in: Für Dich, Nr. 4 vom 23.1.1949, S. 10.

Kriegsfürsorge. Reichsgesetzliche Bestimmungen nebst Vollzugsbestimmungen und bayer. Ministerialerlasse, Ansbach 1915.

Kriegsgefangenenlager in USA, in: Mitteilungen an die Angehörigen deutscher Kriegsgefangener, Nr. 3 (1944), Nr. 3.

Krug von Nidda, Carl Ludwig, Familienunterhalt der Angehörigen der Einberufenen, Berlin 1939.

Kurz, Karl, Lebensverhältnisse der Nachkriegsjugend. Eine soziologische Studie, Bremen 1949, S. 15.

Kügelgen, Else v., Im Namen der namenlosen Toten: Entlarvt die Lügen der Kriegstreiber, in: Die Frau von heute, Nr. 8 vom 22.2.1952, S. 4 u. 23.

Lebenskameradin – oder?, in: Für Dich, Nr. 20 vom 18.5.1947, S. 8.

Lengnik, Renate, Moral und Krankheit, in: Neue Zeit, Nr. 185 vom 9.8.1946, S. 1.

Dies., Ehescheidungen, in: Neue Zeit, Nr. 222 vom 21.9.1946, S. 1.

Marchwitza, Hilde, Ist die Ehe in Gefahr?, in: Neues Deutschland, Nr. 43 vom 19.2.1950, S. 4.

Marx, Ingeborg, Um das Recht der Frauen, in: Neue Zeit, Nr. 246 vom 21.10.1947, S. 1.

»Männer und Frauen sind gleichberechtigt.« Art. 7, Entwurf einer Verfassung für die Deutsche Demokratische Republik, in: Neues Deutschland, Nr. 176 vom 16.11.1946, S. 3.

Mendelssohn, Peter de, Zeitungsstadt Berlin. Menschen und Mächte in der Geschichte der deutschen Presse, Berlin 1959.

Mit der Sowjetunion zur glücklichen Zukunft, in: Neues Deutschland, Nr. 225 vom 25.9.1949, S. 2.

Notizen zum Zeitgeschehen, in: Neue Zeit vom 6.5.1950, S. 1.

Otto Grotewohl zur Kriegsgefangenenfrage, in: Neues Deutschland, Nr. 3 vom 6.1.1949.

Pelz, Gerda, Kann eine Frau zwei Männer lieben?, in: Constanze, Nr. 7 (1950), S. 7.

Programmatische Rede des 1. Vorsitzenden des VdH anlässlich des 1. Deutschen Heimkehrertreffens am 9.9.1951, in: Der Heimkehrer, Nr. 10 (1951), S. 6-8.

Reuss, W./Koch, F., Führer durch den Familien-Unterhalt, Stuttgart 1940.

Runderlass des Reichsministers des Inneren vom 15. September 1939, in: Reichsgesetzblatt I, S. 100. Erlassen am 13.2.1924.

Reichsgrundsätzen über Voraussetzung, Art und Maß der öffentlichen Fürsorge, in: Reichsgesetzesblatt. I, S. 765. Erlassen am 4.12.1924.

Richter, Hans Werner, Unterhaltungen am Schienenstrang, 1949, in: Rausching, Hans (Hg.), Das Jahr ´45 in Dichtung und Bericht. Dichtung Bericht, Protokoll deutscher Autoren, München 1985, S. 241-246.

S., H., Regierung des werktätigen Volkes, in: Neues Deutschland, Nr. 241 vom 14.10.1949, S. 1.

Schuhmann, Walter/Brucker, Ludwig (Hg.), Sozialpolitik im neuen Staat, Berlin 1934.

Schwer wird unser Recht, in: Der Heimkehrer, Nr. 8 (1951), S. 9.

SMAD-Befehl Nr. 204 erlassen am 19.7.1946, in: Rundverfügung Nr. 47/48, Landesregierung Sachsen vom 12.8.1948.

Statistik der britischen Besatzungszone, Volkszählung, Bd. 1, Nr. 5, 1946.

Statistik der britischen Besatzungszone, Bd. 12, 1950.

Statistisches Jahrbuch für das Deutsche Reich, Band 1941/42, o.O. 1943.

Statistisches Jahrbuch für die Bundesrepublik Deutschland 1952, o.O. 1953.

Statistisches Jahrbuch 1953, o.O. 1954.

Steinschen, H.G., Auf Befehl, in: Für Dich, Nr. 44 vom 2.11.47, S. 1.

Steimle, Margarete, Referat auf der Arbeitstagung der Frauenreferentinnen, 21.6.1953, in: Verband der Heimkehrer (Hg.), Information für Frauenreferentinnen, Nr. 3 (1954) vom 29.1.1954, S. 6.

T., L., Wirklich eine Regierung des Volkes. Arbeiter und Bauern als Mitbegründer der Deutschen Demokratischen Republik, in: Neues Deutschland, Nr. 237 vom 9.10.1949, S. 6.

Tagesordnung der Arbeitstagung der Mitarbeiterinnen des Kreisvorstandes vom 8.7.1952, in: Die Rundschau der Stuttgarter Heimkehrer, Kriegsgefangenen- und Vermißtenangehörigen, Nr. 2 (1952), S. 3.

Trauung in Uniform. Termin in Sakko, in: Für Dich, Nr. 35 vom 31.8.1947, S. 3.

»Todeserklärungen« in der Sowjetzone, in: Der Heimkehrer, Nr. 11 (1951), S. 3.

VdH-Frauen beim Bundeskanzler, in: Der Heimkehrer, Nr. 18 (1955), S. 1.

Veranstaltungen der Frauen- und Kindergruppen, in: Die Rundschau der Stuttgarter Heimkehrer, Kriegsgefangenen- und Vermißtenangehörigen, Nr. 5 (1953), S. 2.

Verband der Heimkehrer (Hg.), Ein Rechenschaftsbericht. Berichtszeit September 1951 bis September 1953, Bad Godesberg 1953.

Ders., Satzung, 5. Aufl., Göppingen 1954

Ders., Tätigkeitsbericht für die Zeit vom Oktober 1953 bis September 1955, Bonn 1955.

Verband der Kriegsbeschädigten, Kriegshinterbliebenen und Sozialrentner Deutschlands (Hg.), Was erwartet die Kriegsopfer vom neuen Bundestag?, Bonn 1953.

Verordnung über Familienunterstützung bei besonderem Einsatz der Wehrmacht, in: Reichsgesetzblatt I 1939, S. 1563.

Versammlungen und Veranstaltungen, Bezirk Bad Cannstatt, in: Die Rundschau der Stuttgarter Heimkehrer, Kriegsgefangenen- und Vermißtenangehörigen, Nr. 3 (1952), S. 2.

Vier Monate Gefängnis wegen Beleidigung von Kriegsgefangenen und Heimkehrern, in: Der Heimkehrer, Nr. 5 (1952), S. 1.

Vogel, Hermann, Verschollenheitsrecht. Gesetz über die Verschollenheit, die Todeserklärung und die Feststellung der Todeszeit vom 4. Juli 1939 und die dazu ergangenen Reichs-, Zonen- und Länderbestimmungen, Berlin, Frankfurt a.M. 1949.

Wegen Verleumdung verurteilt, in: Der Heimkehrer, Nr. 12 (1952), S. 1.

Werner G. an den Heimkehrerverband, 26.8.1951, abgedruckt in: Die Rundschau der Stuttgarter Heimkehrer, Kriegsgefangenen- und Vermißtenangehörigen, Nr. 10 (1951), S. 2.

Wie schreibe ich einem Kriegsgefangenen? in: Mitteilungen für die Angehörigen deutscher Kriegsgefangener, Nr. 2 (1944), S. 12.

Wider Willen tot erklärt, in: Der Heimkehrer, Nr. 2 (1953), S. 1.

Wortlaut der programmatischen Rede des 1. Vorsitzenden, in: Der Heimkehrer, Nr. 10 (1951), S. 6-8.

Zahn-Harnack, Agnes v., Um die Ehe, in: Anders, Marga/Reicke, Ilse (Hg.), Agnes v. Zahn-Harnack. Schriften und Reden 1914-1950, Tübingen 1964, S. 49-57.

Zusammenarbeit mit Bundestag Bundesregierung Parteien, in: Verband der Heimkehrer (Hg.), Rechenschaftsbericht, S. 62.

8.3 Literatur

Abelshauser, Werner, Deutsche Wirtschaftsgeschichte seit 1945, München 2004.

Agazzi, Elena/Schütz, Erhard (Hg.), Heimkehr: Eine zentrale Kategorie der Nachkriegszeit. Geschichte, Literatur und Medien, Berlin 2010.

Alemann, Ulrich von, Organisierte Interessen in der Bundesrepublik, Opladen 1987.

Alkemeyer, Thomas/Budde, Gunilla/Freist, Dagmar (Hg.), Selbstbildungen. Soziale und kulturelle Praktiken der Subjektivierung, Bielefeld 2013.

Altrichter, Helmut (Hg.), Adenauers Moskaubesuch 1955. Eine Reise im internationalen Kontext, Bonn 2007.

Aly, Götz, Hitlers Volksstaat. Raub, Rassenkrieg und nationaler Sozialismus, Frankfurt a.M. 2005.

Amos, Heike, Politik und Organisation der SED-Zentrale 1949-1963. Struktur und Arbeitsweise von Politbüro, Sekretariat, Zentralkomitee und ZK-Apparat, Münster, Hamburg, London 2003.

Ampferl, Monika, Verschollen im Zweiten Weltkrieg. Die Entwicklung des Suchdienstes des Deutschen Roten Kreuzes, in: Zeitschrift für Geschichtswissenschaft, Jg. 50 (2002), S. 527-542.

Anders, Marga/Reicke, Ilse (Hg.), Agnes v. Zahn-Harnack. Schriften und Reden 1914-1950, Tübingen 1964, S. 49-57.

Aronson, Elliot/Wilson, Timothy D./Akert, Robin M., Sozialpsychologie, 6. überarb. Aufl., München 2008.

Aschmann, Birgit (Hg.), Gefühl und Kalkül. Der Einfluss von Emotionen auf die Politik des 19. und 20. Jahrhunderts, München 2005.

Baberowski, Jörg, »Gibt es eine historische Wirklichkeit und wie können Historiker von ihr erzählen? Überlegungen zum Verhältnis von Geschichte und Ethnologie, in: Hacke, Jens/Pohlig, Matthias (Hg.), Theorie in der Geschichtswissenschaft, Frankfurt a.M. 2008, S. 93-108.

Badstübner, Evemarie (Hg.), Befremdlich anders. Leben in der DDR, 2. Aufl., Berlin 2000.

Badstübner, Rolf/Loth, Wilfried (Hg.), Wilhelm Pieck – Aufzeichnungen zur Deutschlandpolitik 1945-1953, Berlin 1994.

Bajohr, Frank/Pohl, Dieter, Der Holocaust als offenes Geheimnis. Die Deutschen, die NS-Führung und die Alliierten, München 2006.

Ders. (Hg.), Volksgemeinschaft. Neue Forschungen zur Gesellschaft des Nationalsozialismus, Frankfurt a.M. 2009.

Balcar, Jaromír/Balcar, Nina (Hg.), Das Andere und das Selbst. Perspektiven diesseits und jenseits der Kulturgeschichte, Bremen 2018.

Bandhauer-Schöffmann, Irene/Duchen, Claire (Hg.), Nach dem Krieg. Frauenleben und Geschlechterkonstruktionen in Europa nach dem Zweiten Weltkrieg, Herbholzheim 2000.

Barth, Bernd-Rainer, Art. »Kügelgen, Bernt von«, in: Müller-Enbergs, Helmut u.a. (Hg.), Wer war wer in der DDR? Ein biographisches Lexikon, Berlin 2006, S. 570f.

Barthel, Horst, Anfänge einer neuen Sozialpolitik, in: Manz, Günter/Sachse, Ekkehard/Winkler, Gunnar (Hg.), Sozialpolitik in der DDR. Ziele und Wirklichkeit, Berlin 2001, S. 35-44.

Bauer, Gisa, Kulturprotestantismus und frühe bürgerliche Frauenbewegung in Deutschland. Agnes von Zahn-Hanack (1884-1950), Leipzig 2006.

Bauer, Ingrid/Hämmerle, Christa, Liebe schreiben. Paarkorrespondenzen im Kontext des 19. Und 20. Jahrhunderts, Göttingen 2017.

Bauerkämper, Arnd/Sabrow, Martin/Stöver, Bernd (Hg.), Doppelte Zeitgeschichte. Deutsch-deutsche Beziehungen 1945-1990, Bonn 1998.

Ders., Das umstrittene Gedächtnis. Die Erinnerung an Nationalsozialismus, Faschismus und Krieg in Europa seit 1945, Paderborn 2012.

Becker, Michael/Ruth Zimmerling (Hg.), Politik und Recht. Politische Vierteljahresschrift, Sonderheft 36, Wiesbaden 2006.

Behnke, Imbke/Zinnecker, Jürgen (Hg.), Kinder, Kindheit, Lebensgeschichte. Ein Handbuch, Seelze-Velber 2001.

Behrends, Jan C., Die erfundene Freundschaft. Propaganda für die Sowjetunion in Polen und in der DDR, Köln, Weimar, Wien 2006.

Bereswill, Mechthild/Scheiwe, Kirsten/Wolde, Anja (Hg.), Vaterschaft im Wandel. Multidisziplinäre Analysen und Perspektiven aus geschlechtertheoretischer Sicht, Weinheim, München 2006.

Betram, Barbara, »Nicht zurück an den Kochtopf« – Aus- und Weiterbildung in Ostdeutschland, in: Helwig, Gisela/Nickel, Hildegard Maria (Hg.), Frauen in Deutschland 1945-1992, Berlin 1993, S. 191-214.

Beyrau, Dietrich, Kriegsgefangenschaft und Umerziehung. Deutsche Kriegsgefangene in der UdSSR, in: Balcar, Jaromír/Balcar, Nina (Hg.), Das Andere und das Selbst. Perspektiven diesseits und jenseits der Kulturgeschichte, Bremen 2018, S. 215-234.

Bhabha, Homi K., Die Verortung der Kultur, Tübingen 2000.

Biess, Frank, Homecomings. Returning POWs and the legacies of defeat in postwar Germany, Princeton 2006.

Bischof, Günter/Karner, Stefan/Stelzl-Marx, Barbara (Hg.), Kriegsgefangene des Zweiten Weltkrieg. Gefangennahme – Lagerleben – Rückkehr, Wien, München 2005.

Bliembach, Eva, Flugblattpropaganda im 2. Weltkrieg, Berlin 1980.

Boberach, Heinz (Hg.), Meldungen aus dem Reich. Berichte zur innenpolitischen Lage, Bd. 3., o.O. 1984.

Ders. (Hg.), Meldungen aus dem Reich, Jahreslagebericht 1938 des Sicherheitshauptamtes. 1. Vierteljahreslagebericht 1939 des Sicherheitshauptamtes. Berichte zur innenpolitischen Lage: Nr. 1 vom 9. Oktober 1939 – Nr. 14 vom 10. November 1939, Bd. 2, o.O. 1984.

Ders. (Hg.), Meldungen aus dem Reich, Bd. 8-14, o.O. 1984.

Ders. (Hg.), Meldungen aus dem Reich 1938-1945, Bd. 18, Herrsching 1985.

Bock, Gisela, Ganz normale Frauen. Täter, Opfer, Mitläufer und Zuschauer im Nationalsozialismus, in: Heinsohn, Kirsten/Vogel, Barbara/Weckel, Ulrike (Hg.), Zwischen Karriere und Verfolgung. Handlungsräume von Frauen im nationalsozialistischen Deutschland, Frankfurt a.M., New York 1997, S. 245-277.

Bode, Sabine, Die vergessene Generation. Die Kinder brechen ihr Schweigen, 7. erw. u. aktual. Aufl., Stuttgart 2013.

Dies,. Nachkriegskinder. Die 1950er Jahrgänge und ihre Soldatenväter, Bonn 2015.

Böhme, Kurt W., Gesucht wird... Die dramatische Geschichte des Suchdienstes, München 1965.

Ders., Zum Schicksal der weiblichen Kriegsgefangenen, in: Maschke, Erich (Hg.), Die deutschen Kriegsgefangenen des Zweiten Weltkrieges. Eine Zusammenfassung, München 1974, S. 317-346.

Bösch, Frank/Wirsching, Andreas (Hg.), Hüter der Ordnung, Die Innenministerien in Bonn und Ost-Berlin nach dem Nationalsozialismus, Göttingen 2018.

Bohne, Regina, Das Geschick der zwei Millionen. Die alleinlebende Frau in unserer Gesellschaft, Düsseldorf 1960.

Bohr, Felix, Die Kriegsverbrecherlobby. Bundesdeutsche Hilfe für im Ausland inhaftierte NS-Täter, Berlin 2018.

Boldorf, Marcel, Sozialfürsorge in der SBZ/DDR 1945-1953. Ursachen, Ausmaß und Bewältigung der Nachkriegsarmut, Stuttgart 1998.

Ders., Sozialfürsorge, in: Hoffman, Dierk/Schwartz, Michael (Hg.), 1949-1961. Deutsche Demokratische Republik, Bd. 8, Baden-Baden 2004, S. 475-494.

Bolling, Sabine/Kelle, Helga, Kinder als Akteure oder als Partizipanden von Praktiken? Zu den Herausforderungen für eine akteurszentrierte Kindheitssoziologie durch Praxistheorien, in: Zeitschrift für Soziologie der Erziehung und Sozialisation, Jg. 34 (2014), S. 263-279.

Borchard, Michael, Die deutschen Kriegsgefangenen in der Sowjetunion. Zur politischen Bedeutung der Kriegsgefangenenfrage 1949-1955, Düsseldorf 2000.

Broszat, Martin/Henke, Klaus-Dietmar/Woller, Hans (Hg.), Von Stalingrad zur Währungsreform. Zur Sozialgeschichte des Umbruchs in Deutschland, München 1988.

Ders. (Hg.), Zäsuren nach 1945. Essays zur Periodisierung der deutschen Nachkriegsgeschichte, München 1990.

Budde, Gunilla-Friederike (Hg.), Frauen arbeiten. Weibliche Erwerbstätigkeit in Ost- und Westdeutschland nach 1945, Göttingen 1997.

Dies., Der Körper der »sozialistischen Frauenpersönlichkeit«. Weiblichkeitsvorstellungen in der SBZ und der frühen DDR, in: Geschichte und Gesellschaft, Jg. 26 (2000), S. 602-628.

Dies., Alles bleibt anders. Die Institution der »Familie« zwischen 1945 und 1975 im deutsch-deutschen Vergleich, in: Oppen, Maria/Simon, Dagmar (Hg.), Verharrender Wandel: Institutionen und Geschlechterverhältnisse, Berlin 2004, S. 69-89.

Bühler, Grit, Mythos Gleichberechtigung in der DDR. Politische Partizipation von Frauen am Beispiel des Demokratischen Frauenbundes Deutschland, Frankfurt a.M., New York, 1997.

Bundesministerium für Arbeit und Sozialordnung und Bundesarchiv (Hg.), Geschichte der Sozialpolitik in Deutschland seit 1945, Bd. 1, Baden-Baden 2001.

Bungert, Heike, Das Nationalkomitee und der Westen. Die Reaktionen der Westalliierten auf das NKFD und die Freie Deutsche Bewegung 1943-1948, Stuttgart 1997.

Buschmann, Nikolaus, Persönlichkeit und geschichtliche Welt. Zur praxeologischen Konzeptualisierung des Subjekts in der Geschichtswissenschaft, in: Alkemeyer, Thomas/Budde, Gunilla/Freist, Dagmar (Hg.), Selbstbildungen. Soziale und kulturelle Praktiken der Subjektivierung, Bielefeld 2013, S. 125-150.

Butler, Judith, Das Unbehagen der Geschlechter, Frankfurt a.M. 1991.

Classen, Christoph, Back to the fifties? Die NS-Vergangenheit als nationaler Opfermythos im frühen Fernsehen der Bundesrepublik, in: Historical Social Research, Jg. 30 (2005), S. 112-127.

Coché, Stefanie, Psychiatrie und Gesellschaft. Psychiatrische Einweisungspraxis im »Dritten Reich«, in der DDR und in der Bundesrepublik 1941-1963, Göttingen 2017.

Conze, Eckart, Die Suche nach Sicherheit. Eine Geschichte der Bundesrepublik Deutschland von 1949 bis in die Gegenwart, München 2009.

Ders., Das Auswärtige Amt. Vom Kaiserreich bis zur Gegenwart, München 2013.

Cornelißen, Christoph/Klinkhammer, Lutz/Schwentker, Wolfgang (Hg.), Erinnerungskulturen. Deutschland, Italien und Japan seit 1945, Frankfurt a.M. 2003.

Daniel, Ute, Zweierlei Heimatfronten: Weibliche Kriegserfahrungen 1914 bis 1918 und 1939 bis 1945 im Kontrast, in: Thoß, Bruno/Volkmann, Hans-Erich, Erster Weltkrieg. Zweiter Weltkrieg. Ein Vergleich. Krieg, Kriegserlebnis, Kriegserfahrung in Deutschland, Paderborn u.a. 2002, S. 391-410.

Danker, Uwe/Schwabe, Astrid (Hg.), Die NS-Volksgemeinschaft. Zeitgenössische Verheißung, analytisches Konzept und ein Schlüssel zum historischen Lernen?, Göttingen 2017.

Danyel, Jürgen (Hg.), Die geteilte Vergangenheit. Zum Umgang mit Nationalsozialismus und Widerstand in beiden deutschen Staaten, Berlin 1995.

Ders., Die beiden deutschen Staaten und ihre nationalsozialistische Vergangenheit. Elitenwechsel und Vergangenheitspolitik, in: Kleßmann, Christoph/Misselwitz, Hans/Wichert, Günter (Hg.), Deutsche Vergangenheiten – eine gemeinsame Herausforderung. Der schwierige Umgang mit der doppelten Nachkriegsgeschichte, Berlin 1999, S. 128-138.

Derenthal, Ludger, Bilder der Trümmer- und Aufbaujahre. Fotografie im sich teilenden Deutschland. Marburg 1999.

Didczuneit, Veit/Ebers, Jens/Jander, Thomas (Hg.), Schreiben im Krieg – Schreiben vom Krieg. Feldpost im Zeitalter der Weltkriege, Essen 2011.

Dietrich, Torsten, Der 17. Juni 1953 in der DDR. Bewaffnete Gewalt gegen das Volk, Berlin 1991.

Dölling, Irene, Gespaltenes Bewußtsein – Frauen und Männerbilder in der DDR, in: Helwig, Gisela/Nickel, Hildegard Maria (Hg.), Frauen in Deutschland 1945-1992, Berlin 1993, S. 23-52.

Dörr, Margarete, »Wer die Zeit nicht miterlebt hat…« Frauenerfahrungen im Zweiten Weltkrieg und in den Jahren danach, Bd. 2, Frankfurt a.M., New York 1998.

Dies., Durchkommen und Überleben. Frauenerfahrungen in der Kriegs- und Nachkriegszeit, Augsburg 2001.

Dies., »Der Krieg hat uns geprägt.« Wie Kinder den Zweiten Weltkrieg erlebten, Bd. 1 u. 2, Frankfurt a.M. 2007.

Drohsel, Petra, Die Entlohnung der Frau nach 1945, in: Freier, Anna-Elisabeth/Kuhn, Anette, Frauen in der Geschichte V, »Das Schicksal Deutschlands liegt in der Hand seiner Frauen« – Frauen in der deutschen Nachkriegsgeschichte, Düsseldorf 1984, S. 202-230.

Düsel, Hans Heinrich, Die sowjetische Flugblattpropaganda gegen Deutschland im Zweiten Weltkrieg. Frontflugblätter, Leipzig 1998.

Echternkamp, Jörg, Von Opfern, Helden und Verbrechern – Anmerkungen zur Bedeutung des Zweiten Weltkriegs in den Erinnerungskulturen der Deutschen 1945-1955, in: Hillmann, Jörn/Zimmermann, John (Hg.), Kriegsende 1945 in Deutschland, München 2002, S. 301-316.

Ders., Kriegsschauplatz Deutschland 1945. Leben in Angst – Hoffnung auf Frieden: Feldpost aus der Heimat und von der Front, Paderborn u.a. 2006.

Ders., Soldaten im Nachkrieg. Historische Deutungskonflikte und westdeutsche Demokratisierung 1945-1955, München 2014.

Eckart, Wolfgang U., SS-Obergruppenführer und General der Waffen-SS Prof. Dr. med. Ernst Grawitz, in: Ueberschär, Gerd R. (Hg.), Hitlers militärische Elite. Vom Kriegsbeginn bis zum Weltkriegsende. Bd. 2, Darmstadt 1998, S. 63-71.

Engelmann, Roger/Kowalczuk, Ilko-Sascha (Hg.), Volkserhebung gegen den SED-Staat. Eine Bestandsaufnahme zum 17. Juni 1953, Göttingen 2005.

Etzemüller, Thomas (Hg.), Die Ordnung der Moderne. Social Engineering im 20. Jahrhundert, Bielefeld 2009.

Faulenbach, Bernd/Jelich, Franz-Josef (Hg.), »Asymmetrisch verflochtene Parallelgeschichte?« Die Geschichte der Bundesrepublik und der DDR in Ausstellungen, Museen und Gedenkstätten, Essen 2005.

Federau, Fritz, Der Zweite Weltkrieg und seine Finanzierung in Deutschland, Tübingen 1962.

Festinger, Leon, Theorie der kognitiven Dissonanz, 2. Aufl., Bern 2012.

Finze, Sabine, Das Trauma der Kriegskinder. Seelische Verwundungen und Spät-
folgen im Alter, Magdeburg 2012.

Fischer, Erika J., John J. McCloy. An american architect of postwar Germany. Profiles
of a trans-atlantic leader and communicator, Frankfurt a.M. 1994.

Fischer, Jörg-Uwe, »Die Heimat ruft.« Sendungen zur Kriegsgefangenen- und
Heimkehrerproblematik im Rundfunk der Sowjetischen Besatzungszone, in:
Kaminsky, Annette (Hg.), Heimkehr 1948, München 1998, S. 96-116.

Fischer, Martin, Dienst an der Liebe. Die katholische Ehe-, Familien- und Lebensberatung in der DDR, Würzburg 2014.

Fishman, Sarah, We will wait. Wives of French Prisoners of War, 1940-1945, Yale
1991.

Foschepoth, Josef, Adenauers Moskaureise 1955, in: Aus Politik und Zeitgeschichte,
36 (1986), S. 30-46.

Foucault, Michel, Der Wille zum Wissen, Frankfurt 1987.

Frei, Norbert, NS-Vergangenheit unter Ulbricht und Adenauer. Gesichtspunkte einer vergleichenden Bewältigungsforschung, in: Danyel, Jürgen (Hg.), Die geteilte Vergangenheit. Zum Umgang mit Nationalsozialismus und Widerstand
in beiden deutschen Staaten, Berlin 1995, S. 125-132.

Ders. (Hg.), Transnationale Vergangenheitspolitik. Der Umgang mit deutschen
Kriegsverbrechern in Europa nach dem Zweiten Weltkrieg, Göttingen 2006.

Freier, Anna-Elisabeth/Kuhn, Anette (Hg.), Frauen in der Geschichte V, »Das
Schicksal Deutschlands liegt in der Hand seiner Frauen« – Frauen in der deutschen Nachkriegsgeschichte, Düsseldorf 1984.

Frevert, Ute, Frauen auf dem Weg zur Gleichberechtigung, in: Broszat, Martin
(Hg.), Zäsuren nach 1945. Essays zur Periodisierung der deutschen Nachkriegsgeschichte, München 1990, S. 113-130.

Dies., Die Sprache des Volkes und der Rhetorik der Nation. Identitätssplitter in
der deutschen Nachkriegszeit, in: Bauerkämper, Arnd/Sabrow, Martin/Stöver,
Bernd (Hg.), Doppelte Zeitgeschichte. Deutsch-deutsche Beziehungen 1945-
1990, Bonn 1998, S. 18-31.

Frietsch, Elke/Herkommen, Christina (Hg.), Nationalsozialismus und Geschlecht.
Zur Politisierung und Ästhetisierung von Körper, »Rasse« und Sexualität im
»Dritten Reich« und nach 1945, Bielefeld 2009.

Friese, Elisabeth, Helene Wessel (1898-1969). Von der Zentrumspartei zur Sozialdemokratie. in: Düsseldorfer Schriften zur neueren Landesgeschichte und zur
Geschichte Nordrhein-Westfalens, Essen 1993.

Fritzsche, Peter, The turbulent world of Franz Göll. An ordinary Berliner writes the
twentieth century, Cambridge 2011.

Fulbrook, Mary, Ein ganz normales Leben. Alltag und Gesellschaft in der DDR,
Darmstadt 2008.

Dies./Rublack, Ulinka, In Relation. The »social self« and Ego-Documents, in: German History, Jg. 28 (2010), S. 263-272.

Gehltomholt, Eva/Hering, Sabine, Das verwahrloste Mädchen. Diagnostik und Fürsorge in der Jugendhilfe zwischen Kriegsende und Reform (1945-1957), Opladen 2006.

Gehmacher, Johanna/Hauch, Gabriella (Hg.), Frauen- und Geschlechtergeschichte des Nationalsozialismus. Fragestellungen, Perspektiven, neue Forschungen, Wien 2007.

Geißler, Rainer, Die Sozialstruktur Deutschlands, 7. grundl. überarb. Aufl., Wiesbaden 2016.

Gerhard, Ute, Die staatliche institutionalisierte »Lösung« der Frauenfrage. Zur Geschichte der Geschlechterverhältnisse in der DDR, in: Kealble, Hartmut/Kocka, Jürgen/Zwahr, Hartmut (Hg.), Sozialgeschichte der DDR, Stuttgart 1994, S. 383-402.

Gestrich, Andreas, Geschichte der Familie im 19. und 20. Jahrhundert, München 1999.

Goeschel, Christian, Suicide at the End of the Third Reich, in: Journal of Contemporary History, Jg. 41 (2006), S. 153-173.

Ders., Selbstmord im Dritten Reich, Berlin 2017.

Goltermann, Svenja, Die Gesellschaft der Überlebenden. Deutsche Heimkehrer und ihre Gewalterfahrungen im Zweiten Weltkrieg, München 2009.

Gotto, Bernhard/Seefried, Elke, Männer mit »Makel«. Männlichkeiten und gesellschaftlicher Wandel in der frühen Bundesrepublik, Berlin 2017.

Grenz, Sabine, Prostitution: Dorn im Auge oder unterstützender Mechanismus für die Entwicklung einer neuen nationalen Identität? Tagebuchaufzeichnungen von Frauen an der besiegten »Heimatfront« in: Frietsch, Elke/Herkommer, Christina (Hg.), Nationalsozialismus und Geschlecht. Zur Politisierung und Ästhetisierung von Körper, »Rasse« und Sexualität im »Dritten Reich« und nach 1945, Bielefeld 2009, S. 415-432.

Hacke, Jens/Pohlig, Matthias (Hg.), Theorie in der Geschichtswissenschaft, Frankfurt a.M. 2008.

Hämmerle, Christa, Entzweite Beziehungen? Zur Feldpost der beiden Weltkriege aus frauen- und geschlechtergeschichtlicher Perspektive, in: Didczuneit, Veit/Ebers, Jens/Jander, Thomas (Hg.), Schreiben im Krieg – Schreiben vom Krieg. Feldpost im Zeitalter der Weltkriege, Essen 2011, S. 241-252.

Hagemann, Karen/Schüler-Springorum, Stefanie (Hg.), Heimat-Front, Militär und Geschlechterverhältnisse im Zeitalter der Weltkriege, Frankfurt a.M. 2002.

Hammerschmidt, Peter, Die Wohlfahrtsverbände im NS-Staat. Die NSV und die konfessionellen Verbände Caritas und Innere Mission im Gefüge der Wohlfahrtspflege des Nationalsozialismus, Opladen 1999.

Harsch, Donna, Revenge of the Domestic. Women, the family, and communism in the German Democratic Republic, Princeton 2007.

Hartmann, Anneli/Eggeling, Wolfram, Die Gesellschaft für deutsch-sowjetische Freundschaft. Zum Aufbau einer Institution in der SBZ/DDR zwischen deutschen Politzwängen und sowjetischer Steuerung, Berlin 1993.

Dies, Gewalt und Liebe – ineinander verschränkt. Paarkorrespondenzen aus zwei Weltkriegen: 1914/18 und 1929/1945, in: Bauer, Ingrid/Dies., Liebe schreiben. Paarkorrespondenzen im Kontext des 19. und 20. Jahrhunderts, Göttingen 2017, S. 171-230.

Haupt, Heinz-Gerhard/Kocka, Jürgen (Hg.), Geschichte und Vergleich. Ansätze und Ergebnisse international vergleichender Geschichtsschreibung, Frankfurt a.M., New York 1996.

Heineman, Elisabeth D., Complete Families, Half Families, No Families at All: Female-Headed Households and the Reconstruction of the Family in the Early Federal Republic, in: Central European History, Jg. 29 (1996), S. 19-60.

Dies., What difference does a huband make? Women an marital status in Nazi and postwar Germany, Berkeley, Los Angeles, London 1999.

Dies., Whose Mother´s? Generational Difference, War, and Nazi Cult of Motherhood, in: Journal of Women´s History, Jg. 12 (2001), S. 138-163.

Heinritz, Charlotte, Das Kind in der autobiographischen Kindheitserinnerung, in: Behnke, Imbke/Zinnecker, Jürgen (Hg.), Kinder, Kindheit, Lebensgeschichte. Ein Handbuch, Seelze-Velber 2001, S. 182-198.

Heinsohn, Kirsten/Vogel, Barbara/Weckel, Ulrike (Hg.), Zwischen Karriere und Verfolgung. Handlungsräume von Frauen im nationalsozialistischen Deutschland, Frankfurt a.M., New York 1997.

Heinzel, Friederike, Methoden der Kindheitsforschung. Ein Überblick über Forschungszugänge zur kindlichen Perspektive, 2. überarb. Aufl., Weinheim 2012.

Heisig, Michael, Armenpolitik im Nachkriegsdeutschland (1945-1964). Die Entwicklung der Fürsorgeunterstützungssätze im Kontext allgemeiner Sozial- und Fürsorgereformen, Frankfurt a.M. 1995.

Held, Renate, Kriegsgefangenschaft in Großbritannien. Deutsche Soldaten des Zweiten Weltkriegs im britischen Gewahrsam, München 2008.

Helwig, Gisela/Nickel, Hildegard Maria (Hg.), Frauen in Deutschland 1945-1992, Berlin 1993.

Dies., Familienpolitik in der SBZ, in: Wengst, Udo (Hg.), 1945-1949. Die Zeit der Besatzungszonen, Bd. 2.1, Baden-Baden, 2001, S. 664-672.

Henke, Klaus-Dietmar/Broszat, Martin/Woller, Hans, Von Stalingrad zur Währungsreform. Zur Sozialgeschichte des Umbruchs in Deutschland, 3. Aufl., München 1990.

Henkelmann, Andreas, Caritasgeschichte zwischen katholischem Milieu und Wohlfahrtsstaat. Das Seraphische Liebeswerk (1889-1971), Paderborn u.a. 2008.

Hering, Sabine/Schild, Kurt, Das BDM-Werk »Glaube und Schönheit«. Die Organisation junger Frauen im Nationalsozialismus, Opladen 2004.

Herkommer, Kristina, Frauen im Nationalsozialismus – Opfer oder Täterinnen? Eine Kontroverse der Frauenforschung im Spiegel feministischer Theoriebildung und der allgemeinen Aufarbeitung der NS-Vergangenheit, München 2005.

Herzog, Dagmar, Politisierung der Lust. Sexualität in der Geschichte des 20. Jahrhunderts, München 2005.

Hesse, Magret, »... und so war unser Schicksal besiegelt!« Gedanken gehen mit dem Wind nach Westen. Wehrmacht, Gefangenschaft, Heimkehr. Peter Cranen, 1909-1977, Viersen 2011.

Heukenkamp, Ursula (Hg.), Schuld und Sühne? Kriegserlebnis und Kriegsdeutung in deutschen Medien der Nachkriegszeit (1945-1961), Amsterdam, Atlanta 2001.

Hiemisch, Wiebke, Kinder im Konzentrationslager Ravensbrück. (Über-)Lebenserinnerungen, Köln 2017.

Hilger, Andreas, Deutsche Kriegsgefangene in der Sowjetunion, 1941-1956. Kriegsgefangenenpolitik, Lageralltag und Erinnerung, Essen 2000.

Ders., »Drei Jahre haben wir gekriegt, alle hunderttausend Mann«. Stalingrad und die Kriegsgefangenschaft Deutscher in der Sowjetunion, in: Festschrift der Universitäten Köln/Wolgograd, 2003, S. 128-140.

Hillmann, Jörn/Zimmermann, John (Hg.), Kriegsende 1945 in Deutschland, München 2002.

Hockerts, Hans Günter, Drei Wege deutscher Sozialstaatlichkeit. NS-Diktatur, Bundesrepublik und DDR im Vergleich, München 1998.

Hoecker, Beate/Meyer-Braun, Renate, Bremerinnen bewältigen die Nachkriegszeit. Frauenarbeit, Frauenalltag, Frauenpolitik, Bremen 1988.

Hoffmann, Dierk, Sozialpolitische Neuordnung in der SBZ/DDR. Der Umbau der Sozialversicherung 1945-1956, München 1996.

Ders./Schwartz, Michael (Hg.), 1949-1961. Deutsche Demokratische Republik, Bd. 8, Baden-Baden 2004.

Ders., Sozialstaatlichkeit in der DDR. Sozialpolitische Entwicklungen im Spannungsfeld von Diktatur und Gesellschaft 1945/1949-1989, München 2005.

Holzweißig, Gunter, Die schärfste Waffe der Partei. Eine Mediengeschichte der DDR, Köln, Weimar, Wien 2002.

Hosseinzadeh, Sonja, Nur Trümmerfrauen und Amiliebchen? Stuttgarterinnen in der Nachkriegszeit, Tübingen 1998.

Hornung, Ela, Heimkehr und wartende Frau. Zur Symptomatik eines Geschlechterverhältnisses nach dem Zweiten Weltkrieg in Österreich, in: Bandhauer-Schöffmann, Irene/Duchen, Claire (Hg.), Nach dem Krieg. Frauenleben und Geschlechterkonstruktionen in Europa nach dem Zweiten Weltkrieg, Herbholzheim 2000, S. 67-84.

Dies., Warten und Heimkehr. Eine Ehe während und nach dem Zweiten Weltkrieg, Wien 2005.

Hüfler, Brigitte, Den Frauen setzt die Öffentlichkeit keine Denkmäler. Forschungen zum 19. und 20. Jahrhundert in Berlin, in: »Der Bär von Berlin« Jahrbuch des Vereins für die Geschichte Berlins, Jg. 44 (1995), S. 123-138.

Humburg, Martin, Das Gesicht des Krieges. Feldpostbriefe von Wehrmachtssoldaten aus der Sowjetunion 1941-1944, Wiesbaden 1998.

Hungerland, Beatrice/Kelle, Helga, Kinder als Akteure – Agency und Kindheit. Einführung in den Themenschwerpunkt, in: Zeitschrift für Soziologie der Erziehung und Sozialisation, Jg. 34 (2014), S. 227-232.

Ihme-Tuchel, Beate, Zwischen Tabu und Propaganda. Hintergründe und Probleme der ostdeutsch-sowjetischen Heimkehrerverhandlungen, in: Kaminsky, Annette, Heimkehr 1948, München 1998, S. 38-54.

Jantzen, Eva/Niehuss, Merith (Hg.), Das Klassenbuch. Chronik einer Frauengeneration. 1932-1976, Köln 1994.

Jarausch, Konrad/Siegrist, Hannes (Hg.), Amerikanisierung und Sowjetisierung in Deutschland 1945-1970, Frankfurt a.M., New York 1997.

Jessen, Ralph, Zäsuren, Phasen, Kontinuitäten – Zur chronischen (Un-)Ordnung der deutschen Nachkriegsgeschichte in: Lingelbach, Gabriele/Waldschmidt, Anne (Hg.), Kontinuitäten, Zäsuren, Brüche? Lebenslagen von Menschen mit Behinderungen in der deutschen Zeitgeschichte, Frankfurt a.M. 2016, S. 28-53.

Kaelbe, Hartmut/Kocka, Jürgen/Zwahr, Hartmut (Hg.), Sozialgeschichte der DDR, Stuttgart 1994.

Ders., Der historische Vergleich. Eine Einführung zum 19. und 20. Jahrhundert, Frankfurt a.M. 1999.

Kaiser, Monika, Die Zentrale der Diktatur – organisatorische Weichenstellungen, Strukturen und Kompetenzen der SED Führung in der SBZ/DDR 1946 bis 1952, in: Kocka, Jürgen, Historische DDR-Forschung. Aufsätze und Studien, Berlin 1993, S. 57-86.

Dies., Sowjetischer Einfluß auf die ostdeutsche Politik und Verwaltung 1945-1970, in: Jarausch, Konrad/Siegrist, Hannes (Hg.), Amerikanisierung und Sowjetisierung in Deutschland 1945-1970, Frankfurt a.M., New York 1997, S. 111-133.

Kaminsky, Anna, Frauen in der DDR, Berlin 2016.

Kaminsky, Annette (Hg.), Heimkehr 1948, München 1998.

Kilian, Werner, Adenauers Reise nach Moskau, Freiburg 2005.

Kirchner, Klaus, Flugblattpropaganda – das nichtgewaltsame Kriegsmittel, in: Bliembach, Eva, Flugblattpropaganda im 2. Weltkrieg, Berlin 1980, S. 31-54.

Kleinau, Elke/Mochmann, Ingvill C. (Hg.), Kinder des Zweiten Weltkrieges. Stigmatisierung, Ausgrenzung, Bewältigungsstrategien, Frankfurt a.M. 2016.

Kleßmann, Christoph/Misselwitz, Hans/Wichert, Günter (Hg.), Deutsche Vergangenheiten – eine gemeinsame Herausforderung. Der schwierige Umgang mit der doppelten Nachkriegsgeschichte, Berlin 1999.

Ders., Die Geschichte der Bundesrepublik und der DDR – Erfolgs- contra Misserfolgsgeschichte? In: Faulenbach, Bernd/Jelich, Franz-Josef (Hg.), »Asymmetrisch verflochtene Parallelgeschichte?« Die Geschichte der Bundesrepublik und der DDR in Ausstellungen, Museen und Gedenkstätten, Essen 2005, S. 15-32.

Ders., Arbeiter im »Arbeiterstaat« DDR. Deutsche Tradition, sowjetisches Modell, westdeutsches Magnetfeld. 1945 bis 1979, Bonn 2017.

Kochanowski, Jerzy, In polnischer Gefangenschaft. Deutsche Kriegsgefangene in Polen, Osnabrück 2004.

Kocka, Jürgen, Historische DDR-Forschung. Aufsätze und Studien, Berlin 1993.

Ders, Wandlungen der Sozial- und Gesellschaftsgeschichte am Beispiel Berlins 1949 bis 2005, in: Osterhammel, Jürgen/Langewiesche, Dieter/Nolte, Peter (Hg.), Wege der Gesellschaftsgeschichte, Göttingen 2006, S. 11-31.

Kohut, Thomas August/Vorspohl, Elisabeth/Reulecke, Jürgen/Wierling, Dorothee, Eine deutsche Generation und ihre Suche nach Gemeinschaft, Gießen 2017.

Kolwes, Ann-Kristin, ›Lieber Herr Staatspräsident, können Sie nicht helfen, daß mein Vati bald nach Hause kommt?‹ Briefe von Kindern deutscher Kriegsgefangener an die Regierung der DDR (1950-1955), in: Kleinau, Elke/Mochmann, Ingvill C. (Hg.), Kinder des Zweiten Weltkrieges. Stigmatisierung, Ausgrenzung, Bewältigungsstrategien, Frankfurt a.M. 2016, S. 265-282.

Dies., Anders als andere? Selbstwahrnehmung und Selbstzuschreibung von Kindern deutscher Kriegsgefangener nach dem Zweiten Weltkrieg, in: Weil, Francesca/Postert, André/Kenkmann, Alfons (Hg.), Kindheiten im Zweiten Weltkrieg, Halle (Saale) 2018, S. 162-177.

Kowalczuk, Ilko-Sascha, 17.6.1953: Volksaufstand in der DDR. Ursachen – Abläufe – Folgen, Bremen 2003.

Ders., 17. Juni 1953, München 2013.

Kramer, Nicole, Volksgenossinnen an der Heimatfront. Mobilisierung, Verhalten, Erinnerung, Göttingen 2011.

Krekel, Michael W., Verhandlungen in Moskau. Adenauer, die deutsche Frage und die Rückkehr der Kriegsgefangenen, Bad Honnef 1996.

Kronenbitter, Günther/Pöhlmann, Markus/Walter, Dierk (Hg.), Besatzung. Funktion und Gestalt militärischer Fremdherrschaft von der Antike bis zum 20. Jahrhundert, Paderborn 2006.

Kroppenberg, Inge/Löhnig, Martin (Hg.), Fragmentierte Familien. Berechnungen einer sozialen Form in der Moderne, Bielefeld 2010.

Kühne, Thomas (Hg.), Männergeschichte – Geschlechtergeschichte: Männlichkeit im Wandel der Moderne, Frankfurt a.M. 1996.

Ders., »...aus diesem Krieg werden nicht nur harte Männer heimkehren« Kriegska-
meradschaft und Männlichkeit im 20. Jahrhundert, in: Ders., Männergeschichte – Geschlechtergeschichte: Männlichkeit im Wandel der Moderne, Frankfurt
a.M. 1996, S. 174-192.

Ders., Kameradschaft. Die Soldaten des nationalsozialistischen Krieges und das
20. Jahrhundert, Göttingen 2006.

Kundrus, Birthe, Kriegerfrauen. Familienpolitik und Geschlechterverhältnisse im
Ersten und Zweiten Weltkrieg, Hamburg 1995.

Dies., »Die Unmoral deutscher Soldatenfrauen«. Diskurs, Alltagsverhalten und
Ahndungspraxis 1939-1945, in: Heinsohn u.a. (Hg.), Zwischen Karriere, 1997,
S. 96-110.

Landwehr, Achim, Geschichte des Sagbaren. Einführung in die historische Diskursanalyse, Tübingen 2001.

Ders., Historische Diskursanalyse, 1. aktual. Aufl., Frankfurt a.M., New York 2018.

Lang, Martin, Stalin's Strafjustiz gegen deutsche Soldaten. Die Massenprozesse
gegen deutsche Kriegsgefangene in den Jahren 1949 und 1950 in historischer
Sicht, Herford 1981.

Lange, Herta/Burkard (Hg.), Abends wenn wir essen fehlt uns immer einer. Kinder
schreiben an die Väter 1939-1945, Hamburg 2000.

Dies., Vorwort, in: Dies./Burkard (Hg.), Abends wenn wir essen fehlt uns immer
einer. Kinder schreiben an die Väter 1939-1945, Hamburg 2000, S. 7-14.

Lehnert, Esther, Die Beteiligung von Fürsorgerinnen an der Bildung und Umsetzung der Kategorie »minderwertig« im Nationalsozialismus, Frankfurt a.M.
2003.

Lejeune, Philippe, Datierte Spuren in Serie. Tagebücher und ihre Autoren, in:
Streuwer, Janosch/Graf, Rüdiger, Selbstreflexionen und Weltdeutungen. Tage-
bücher in der Geschichte und der Geschichtsschreibung des 20. Jahrhunderts,
Göttingen 2015, S. 37-46.

Lemke, Michael, Ein Desaster für die SED? Wahrnehmungen, Bewertungen und
Folgen der Adenauer-Reise nach Moskau, in: Altrichter, Helmut (Hg.), Ade-
nauers Moskaubesuch 1955. Eine Reise im internationalen Kontext, Bonn 2007,
S. 245-266.

Lepsius, M. Rainer, Die Institutionenordnung als Rahmenbedingung der Sozialgeschichte der DDR, in: Kaelbe, Hartmut/Kocka, Jürgen/Zwahr, Hartmut (Hg.),
Sozialgeschichte der DDR, Stuttgart 1994, S. 17-30.

Lindner, Ulrike, Gesundheitspolitik in der Nachkriegszeit. Großbritannien und die
Bundesrepublik Deutschland im Vergleich, München 2004.

Lingelbach, Gabriele/Waldschmidt, Anne (Hg.), Kontinuitäten, Zäsuren, Brüche?
Lebenslagen von Menschen mit Behinderungen in der deutschen Zeitgeschichte, Frankfurt a.M. 2016.

Linne, Karsten, Walter Pahl – Eine Gewerkschafter-Karriere. in: 1999. Zeitschrift für Sozialgeschichte des 20. und 21. Jahrhunderts, Bd. 5 (1990), S. 39-55.

Lohalm, Uwe, Völkische Wohlfahrtsdiktatur. Öffentliche Wohlfahrtspolitik im nationalsozialistischen Hamburg, München, Hamburg 2010.

Lorenz, Hilke, Kriegskinder. Das Schicksal einer Generation, München 2005.

Lüdke, Alf/Becker, Peter (Hg.), Akten. Eingaben. Schaufenster. Die DDR und ihre Texte. Erkundungen zu Herrschaft im Alltag, Berlin 1997.

Malycha, Andreas/Winters, Peter Jochen, Geschichte der SED. Von der Gründung bis zur Linkspartei, Bonn 2009.

Manz, Günter/Sachse, Ekkehard/Winkler, Gunnar (Hg.), Sozialpolitik in der DDR. Ziele und Wirklichkeit, Berlin 2001.

Maschke, Erich (Hg.), Die deutschen Kriegsgefangenen des Zweiten Weltkrieges. Eine Zusammenfassung, München 1974.

Ders., Deutsche Kriegsgefangenengeschichte: Der Gang der Forschung, in: Ders. (Hg.), Die deutschen Kriegsgefangenen des Zweiten Weltkrieges. Eine Zusammenfassung, München 1974, S. 1-38.

Ders., Zum Geleit, in: Lang, Martin, Stalin's Strafjustiz gegen deutsche Soldaten. Die Massenprozesse gegen deutsche Kriegsgefangene in den Jahren 1949 und 1950 in historischer Sicht, Herford 1981, S. 7-10.

Melchert, Monika, Mann und Frau nach dem Krieg. Wie die Heimkehr der Männer die Geschlechterverhältnisse veränderte, in: Heukenkamp, Ursula (Hg.), Schuld und Sühne? Kriegserlebnis und Kriegsdeutung in deutschen Medien der Nachkriegszeit (1945-1961), Amsterdam, Atlanta 2001, S. 275-282.

Merkel, Ina, Leitbilder und Lebensweisen von Frauen in der DDR, in: Kealble, Hartmut/Kocka, Jürgen/Zwahr, Hartmut (Hg.), Sozialgeschichte der DDR, Stuttgart 1994, S. 359-382.

Meyer, Sibylle/Schulze, Eva, »Alleine war´s schwieriger und einfacher zugleich.« Veränderung gesellschaftlicher Bewertung und individueller Erfahrungen alleinstehender Frauen in Berlin 1943-1955, in: Freier, Anna-Elisabeth/Kuhn, Annette (Hg.), Frauen in der Geschichte V. »Das Schicksal Deutschlands liegt in der Hand seiner Frauen« – Frauen in der deutschen Nachkriegsgeschichte, Düsseldorf 1984, S. 348-385.

Dies. (Hg.), Wie wir das alles geschafft haben. Alleinstehende Frauen berichten über ihr Leben nach 1945, München 1985.

Meyer-Braun, Renate, Frauen ohne Männer, in: Dies./Beate Hoecker, Bremerinnen bewältigen die Nachkriegszeit. Frauenarbeit, Frauenalltag, Frauenpolitik, Bremen 1988, S. 166-174.

Meyer-Lenz, Johanna (Hg.), Die Ordnung des Paares ist unbehaglich. Irritationen am und im Geschlechterdiskurs nach 1945, Münster 2000.

Dies., Einleitung, in: Dies. (Hg.), Die Ordnung des Paares ist unbehaglich. Irritationen am und im Geschlechterdiskurs nach 1945, Münster 2000, S. 32-56.

Moeller, Robert G., Geschützte Mütter. Frauen und Familien in der westdeutschen Nachkriegspolitik, München 1997.

Ders., War Stories. The Search for a Usable Past in the Federal Republic of Gemany, Berkeley 2001.

Möckel, Benjamin, Erfahrungsbruch und Generationsbehauptung. Die Kriegsjugendgeneration in den beiden deutschen Nachkriegsgesellschaften, Göttingen 2014.

Möding, Nori, Die Stunde der Frauen? Frauen und Frauenorganisationen des bürgerlichen Lagers, in: Broszat, Martin/Henke, Klaus-Dietmar/Woller, Hans (Hg.), Von Stalingrad zur Währungsreform. Zur Sozialgeschichte des Umbruchs in Deutschland, München 1988, S. 619-647.

Morgenbrod, Brigitt/Merkenich, Stephanie, Das Deutsche Rote Kreuz unter der NS-Diktatur. 1933-1945, Paderborn u.a. 2008.

Mühlberg, Felix, Eingaben als Instrument informeller Konfliktbewältigung, in: Badstübner, Evemarie (Hg.), Befremdlich anders. Leben in der DDR, 2. Aufl., Berlin 2000, S. 233-270.

Ders., Bürger, Bitten und Behörden. Geschichte der Eingabe in der DDR, Berlin 2004.

Mühlhäuser, Regina, Eroberungen. Sexuelle Gewalttaten und intime Beziehungen deutscher Soldaten in der Sowjetunion, 1941-1945, Hamburg 2010.

Müller-Enbergs, Helmut u.a. (Hg.), Wer war wer in der DDR? Ein biographisches Lexikon, Berlin 2006.

Ders./Herbst, Andreas, Art. »Kern, Käthe (Katharina)«, in: Ders.u.a. (Hg.), Wer war wer in der DDR? Ein biographisches Lexikon, Berlin 2006, S. 494f.

Ders./Laude, Horst, Art. »Schmidt, Elli«, in: Ders.u.a. (Hg.), Wer war wer in der DDR? Ein biographisches Lexikon, Berlin 2006, S. 886.

Naumann, Klaus (Hg.), Nachkrieg in Deutschland, Hamburg 2001.

Nieden, Susanne zur, Alltag im Ausnahmezustand. Frauentagebücher im zerstörten Deutschland 1943 bis 1945, Berlin 1993.

Dies., Erotische Fraternisierung. Der Mythos von der schnellen Kapitulation der deutschen Frauen im Mai 1945, in: Hagemann, Karen/Schüler-Springorum, Stefanie (Hrgs.), Heimat-Front, Militär und Geschlechterverhältnisse im Zeitalter der Weltkriege, Frankfurt a.M. 2002, S. 313-325.

Niedrig, Heinz, Die Arbeiterwohlfahrt in der Zeit von 1933 bis 1945. Spurensuche: Aufbau, Verfolgung, Verbot, Widerstand, Emigration, Marburg 2003.

Niehuss, Merith, Familie, Frau und Gesellschaft. Studien zur Strukturgeschichte der Familie in Westdeutschland 1945-1960, Göttingen 2001.

Oppen, Maria/Simon, Dagmar (Hg.), Verharrender Wandel: Institutionen und Geschlechterverhältnisse, Berlin 2004.

Osterhammel, Jürgen/Langewiesche, Dieter/Nolte, Peter (Hg.), Wege der Gesellschaftsgeschichte, Göttingen 2006.

Overmans, Rüdiger, Soldaten hinter Stacheldraht. Deutsche Kriegsgefangene des Zweiten Weltkriegs, Berlin, München 2000.

Pielhoff, Stephen (Hg.), Kindheit und Jugend zwischen Zerstörung und Aufbruch. Wuppertal in den vierziger und fünfziger Jahren. Autobiographische Annäherungen, Remscheid 2014.

Pine, Lisa, Nazi family policy 1933-1945, Oxford 1997.

Dies., Hitler's ›National Community‹. Society and Cultur in Nazi Germany, 2. Aufl. London 2017.

Plato, Alexander von/Leh, Almut, Ein unglaublicher Frühling. Erfahrene Geschichte im Nachkriegsdeutschland 1945-1949, Bonn 2011.

Plötz, Kirsten, Als fehlte die bessere Hälfte.»Alleinstehende« Frauen in der frühen BRD 1949-1969, Königstein im Taunus 2004.

Dies., »Heimkehr«, die »natürliche Ordnung« und »vollständige Familien«. Vater in der bundesdeutschen Nachkriegszeit, in: Bereswill, Mechthild/Scheiwe, Kirsten/Wolde, Anja (Hg.), Vaterschaft im Wandel. Multidisziplinäre Analysen und Perspektiven aus geschlechtertheoretischer Sicht, Weinheim, München 2006, S. 57-74.

Port, Andrew I., Die rätselhafte Stabilität der DDR. Arbeit und Alltag im sozialistischen Deutschland, Bonn 2010.

Pünder, Tilman, Das bizonale Interregum. Die Geschichte des Vereinigten Wirtschaftsgebietes 1946-1949, Waiblingen 1966.

Püttner, Conrad, Rundfunkpropaganda der Alliierten im 2. Weltkrieg, in: Bliembach, Eva, Flugblattpropaganda im 2. Weltkrieg, Berlin 1980, S. 55-68.

Rausching, Hans (Hg.), Das Jahr ´45 in Dichtung und Bericht. Dichtung Bericht, Protokoll deutscher Autoren, München 1985.

Rathje, Ulf/Schröder, Roswitha, Bewertung von Eingaben der Bürger an den Präsidenten der DDR – Bestand DA 4 Präsidialkanzlei, in: Mitteilungen aus dem Bundesarchiv, Jg. 12 (2006), S. 62-67.

Ratza, Werner, Die deutschen Kriegsgefangenen in der Sowjetunion. Der Faktor Arbeit, Bielefeld 1973.

Reckwitz, Andreas, Subjekt, Bielefeld 2008.

Reeken, Dietmar von/Amenda, Lars (Hg.), »Volksgemeinschaft« als soziale Praxis. Neue Froschungen zur NS-Gesellschaft vor Ort, Paderborn u.a. 2013.

Reinicke, David (Hg.), Gemeinschaft als Erfahrung. Kulturelle Inszenierung und soziale Praxis 1930-1960, Paderborn u.a., 2014.

Reiß, Matthias, »Die Schwarzen waren unsere Freunde«. Deutsche Kriegsgefangene in der amerikanischen Gesellschaft, Paderborn u.a. 2002.

Ders., Keine Gäste mehr, sondern die Besiegten – die deutschen Kriegsgefangenen in den USA zwischen Kapitulation und Repatriierung, in: Hillmann, Jörn/Zimmermann, John (Hg.), Kriegsende 1945 in Deutschland, München 2002, S. 157-177.

Remmers, Wolfgang, Deutsche Dienstelle (WASt) 1939-1999. 60 Jahre im Namen des Völkerrechts einschließlich Arbeitsbericht der deutschen Dienststelle (WASt) 1997/1998, Berlin 1999.

Roberts, Ulla, Starke Mütter – ferne Väter. Über Kriegs- und Nachkriegskindheit einer Töchtergeneration, Frankfurt a.m. 1994.

Roelfs, Almuth, »Ami-Liebchen« und »Berufsbräute«. Prostitution und Geschlechtskrankheiten und Besatzungsverhältnisse in der Nachkriegszeit, in: Kronenbitter, Günther/Pöhlmann, Markus/Walter, Dierk (Hg.), Besatzung. Funktion und Gestalt militärischer Fremdherrschaft von der Antike bis zum 20. Jahrhundert, Paderborn 2006, S. 201-209.

Rölli-Alkemper, Lukas, Familie im Wiederaufbau. Katholizismus und bürgerliches Familienideal in der Bundesrepublik 1945-1965, Paderborn u.a. 2000.

Römer, Felix, Kameraden. Die Wehrmacht von innen, München 2012.

Roessler, Wilhelm, Jugend im Erziehungsfeld. Haltung und Verhalten der deutschen Jugend in der ersten Hälfte des 20. Jahrhunderts unter besonderer Berücksichtigung der westdeutschen Jugend der Gegenwart, Düsseldorf 1957.

Rudloff, Wilfried, Öffentliche Fürsorge, in: Hockerts, Hans Günter, Drei Wege deutscher Sozialstaatlichkeit. NS-Diktatur, Bundesrepublik und DDR im Vergleich, München 1998, S. 191-229.

Ruhl, Klaus-Jörg, Verordnete Unterordnung. Berufstätige Frauen zwischen Wirtschaftswachstum und konservativer Ideologie in der Nachkriegszeit (1945-1963), München 1994.

Rüfner, Wolfgang, Ausgleich von Kriegs- und Diktaturfolgen, in: Schulz, Günther (Hg.), 1949-1957 Bundesrepublik Deutschland. Bewältigung der Kriegsfolgen, Rückkehr zur sozialpolitischen Normalität, Baden-Baden 2005, S. 690-755.

Rüsen, Jörn, Holocaust, Erinnerung, Identität. Drei Formen generationeller Praktiken des Erinnerns, in: Welzer, Harald (Hg.), Das soziale Gedächtnis. Geschichte, Erinnerung, Tradierung, Hamburg 2001, S. 243-269.

Said, Edward, Orientalismus, Frankfurt a.M. 1981.

Salewski, Michael, Von Ehre zur Schuld – und Schande zu Ehre. Zum historischen Selbstverständnis der Deutschen nach 1945, in: Aschmann, Birgit (Hg.), Gefühl und Kalkül. Der Einfluss von Emotionen auf die Politik des 19. und 20. Jahrhunderts, München 2005, S. 175-183.

Schäfgen, Katrin, Die Verdopplung der Ungleichheit. Sozialstruktur und Geschlechterverhältnisse in der Bundesrepublik und in der DDR, Opladen 2000.

Scheidt, Petra, Karriere im Stillstand? Der Demokratische Frauenbund Deutschlands im Spiegel seiner Kaderarbeit und der Kaderstrukturen seines hauptamtlichen Funktionärskorps, Stuttgart 2011.

Scherstjanoi, Elke (Hg.), Russlandheimkehrer. Die sowjetische Kriegsgefangenschaft im Gedächtnis der Deutschen, München 2012.

Scheurig, Bodo, Freies Deutschland. Das Nationalkomitee und der Bund Deutscher Offiziere in der Sowjetunion 1943-1945, Köln 1985.

Schießl, Sascha, Das Lager Friedland als »Tor zur Freiheit«. Vom Erinnerungsort zum Symbol bundesdeutscher Humanität, in: Niedersächsisches Jahrbuch für Landesgeschichte, Bd. 84, Hannover 2002, S. 99-124.

Schmiechen-Ackermann, Detlef (Hg.), ›Volksgemeinschaft‹. Mythos: wirkungsmächtige soziale Verheißung oder soziale Realität im ›Dritten Reich‹? Propaganda und Selbstmobilisierung im NS-Staat, Paderborn u.a. 2011.

Schmidt, Heike, Frauenpolitik in der DDR. Gestaltungsspielräume und -grenzen in der Diktatur, Berlin 2007.

Schmuhl, Hans-Walter, Arbeitsmarktpolitik und Arbeitsverwaltung in Deutschland 1871-2002. Zwischen Fürsorge, Hoheit und Markt, Nürnberg 2003.

Schnädelbach, Anna, Kriegerwitwen. Lebensbewältigung zwischen Arbeit und Familie in Westdeutschland nach 1945, Frankfurt a.M. 2009.

Schneider, Barbara, Erich Maschke. Im Beziehungsgeflecht von Politik und Geschichtswissenschaft, Göttingen 2016.

Schneider, Franka, Ehen in Beratung, in: Kaminsky, Annette (Hg.), Heimkehr 1948, München 1998, S. 192-216.

Dies., »Einigkeit im Unglück«? Berliner Eheberatungsstellen zwischen Ehekrise und Wiederaufbau, in; Naumann, Klaus (Hg.), Nachkrieg in Deutschland, Hamburg 2001, S. 206-226.

Schneider, Ute, Hausväteridylle oder sozialistische Utopie? Die Familie im Recht der DDR, Köln 2004.

Dies., Das Familienrecht als Instrument der Gesellschaftsgestaltung in der DDR, in: Becker, Michael/Zimmerling, Ruth (Hg.), Politik und Recht. Politische Vierteljahresschrift, Sonderheft 36, Wiesbaden 2006, S. 601-620.

Schulz, Günther (Hg.), 1949-1957 Bundesrepublik Deutschland. Bewältigung der Kriegsfolgen, Rückkehr zur sozialpolitischen Normalität, Baden-Baden 2005.

Schulz, Hermann/Radebold, Hartmut/Reulecke, Jürgen, Söhne ohne Väter. Erfahrungen der Kriegsgeneration, Bonn 2005.

Schumacher, Rudolf, Die Todeserklärung – Vermutung, Tatbestandswirkung und Gutglaubensschutz im Bürgerlichen Recht, unveröff. Dissertation, Köln 1980.

Schumann, Klaus, »Jeder einzelne Mensch ist schon eine Welt«, in: Pielhoff, Stephen (Hg.), Kindheit und Jugend zwischen Zerstörung und Aufbruch. Wuppertal in den vierziger und fünfziger Jahren. Autobiographische Annäherungen, Remscheid 2014, S. 139-168.

Schütz, Erhard, »Spätheimkehrer«. Mediale Reflexe zum Mythos von Adenauers Moskau-Reise, in: Agazzi, Elena/Ders. (Hg.), Heimkehr: Eine zentrale Kategorie der Nachkriegszeit. Geschichte, Literatur und Medien, Berlin 2010, S. 95-116.

Schwelling, Birgit, Heimkehr – Erinnerung – Integration. Der Verband der Heimkehrer, die ehemaligen Kriegsgefangenen und die westdeutsche Nachkriegsgesellschaft, Paderborn u.a. 2010.

Dies., »Verlorene Jahre«? Die sowjetische Kriegsgefangenschaft in der Erinnerung
des Verbandes der Heimkehrer, in: Scherstjanoi, Elke (Hg.), Russlandheimkehrer. Die sowjetische Kriegsgefangenschaft im Gedächtnis der Deutschen, München 2012, S. 55-70.

Schwartz, Michael, Emanzipation zur sozialen Nützlichkeit: Bedingungen und
Grenzen von Frauenpolitik in der DDR, in: Hoffmann, Dierk/Ders. (Hg.), Sozialstaatlichkeit in der DDR. Sozialpolitische Entwicklungen im Spannungsfeld
von Diktatur und Gesellschaft 1945/1949-1989, München 2005, S. 47-87.

Sederberg, Kathryn, »Als wäre es ein Brief an dich« Brieftagebücher 1943-1948, in:
Steuwer, Janosch/Graf, Rüdiger, Selbstreflexionen und Weltdeutungen. Tage-
bücher in der Geschichte und der Geschichtsschreibung des 20. Jahrhunderts,
Göttingen 2015, S. 143-162.

Seegers, Lu/Gebhardt, Miriam (Hg.), Die »Generation der Kriegskinder«. Historí-
sche Hintergründe und Deutungen, Gießen 2009.

Dies., »Vati blieb im Krieg«. Vaterlosigkeit als generationale Erfahrung im 20. Jahrhundert – Deutschland und Polen, Göttingen 2013.

Smith, Arthur L., Heimkehr aus dem Zweiten Weltkrieg. Die Entlassung der deutschen Kriegsgefangenen, Stuttgart 1985.

Staadt, Jochen, Eingaben. Die institutionalisierte Meckerkultur der DDR. Goldbrokat, Kaffee-Mix, Büttenreden, Ausreiseanträge und andere Schwierigkeiten
mit den Untertanen, Berlin 1996.

Stambolis, Barbara (Hg.), Vaterlosigkeit in vaterarmen Zeiten. Beiträge zu einem
historischen und gesellschaftlichen Schlüsselthema, Weinheim, Basel 2013.

Stargardt, Nicholas, Kinder in Hitlers Krieg, München 2005.

Steber, Martin/Gotto, Bernhard, Volksgemeinschaft – ein analytischer Schlüssel
zur Gesellschaftsgeschichte des NS-Regimes, in: Danker, Uwe/Schwabe, Astrid (Hg.), Die NS-Volksgemeinschaft. Zeitgenössische Verheißung, analytisches Konzept und ein Schlüssel zum historischen Lernen?, Göttingen 2017,
S. 37-47.

Stein-Redent, Rita, Zum Wandel der Familie in Russland. Eine Bestandsaufnahme
ihrer Veränderungen seit 1917, Hamburg 2008.

Steinbach, Peter, Die sozialgeschichtliche Dimension der Kriegsheimkehr, in: Kaminsky, Annette (Hg.), Heimkehr 1948, München 1998, S. 325-340.

Steinbacher, Sybille (Hg.), Volksgenossinnen. Frauen in der NS-Volksgemeinschaft,
Göttingen 2007.

Dies., Wie der Sex nach Deutschland kam. Der Kampf um Sittlichkeit und Anstand
in der frühen Bundesrepublik, München 2011.

Steuwer, Janosch/Graf, Rüdiger (Hg.), Selbstreflexionen und Weltdeutungen. Tagebücher in der Geschichte und der Geschichtsschreibung des 20. Jahrhunderts, Göttingen 2015.

Ders./Graf, Rüdiger, Selbstkonstitution und Welterzeugung in Tagebüchern des 20. Jahrhunderts, in: Dies., Selbstreflexionen und Weltdeutungen (Hg.). Tagebücher in der Geschichte und der Geschichtsschreibung des 20. Jahrhunderts, Göttingen 2015, S. 7-36.

Stolleis, Michael, Historische Grundlagen Sozialpolitik in Deutschland bis 1945, in: Bundesministerium für Arbeit und Sozialordnung und Bundesarchiv (Hg.), Geschichte der Sozialpolitik in Deutschland seit 1945, Bd. 1, Baden-Baden 2001, S. 199-332.

Thoß, Bruno/Volkmann, Hans-Erich, Erster Weltkrieg. Zweiter Weltkrieg. Ein Vergleich. Krieg, Kriegserlebnis, Kriegserfahrung in Deutschland, Paderborn u.a. 2002.

Thomä, Dieter, Vaterlosigkeit. Geschichte und Gegenwart einer fixen Idee, Berlin 2010.

Thompson, Antonio S., Men in German uniform. POWs during World War II, Knoxvill 2010.

Trappe, Heike, Emanzipation oder Zwang? Frauen in der DDR zwischen Beruf, Familie und Sozialpolitik, Berlin 1995.

Treber, Leonie, Mythos Trümmerfrauen. Von der Trümmerbeseitigung in der Kriegs- und Nachkriegszeit und der Entstehung eines deutschen Erinnerungsortes, Essen 2014.

Dies., Mythos Trümmerfrauen. Von der Trümmerbeseitigung in der Kriegs und Nachkriegszeit und der Entstehung eines deutschen Erinnerungsortes, Bonn 2015.

Trinks, Ralf, Zwischen Ende und Anfang. Die Heimkehrerdramtik der ersten Nachkriegsjahre (1945-1949), Würzburg 2002.

Ueberschär, Gerd R. (Hg.), Hitlers militärische Elite. Vom Kriegsbeginn bis zum Weltkriegsende. Bd. 2, Darmstadt 1998.

van Rhaden, Till, Sanfte Vaterschaft und Demokratie in der frühen Bundesrepublik, in: Gotto, Bernhard/Seefried, Elke, Männer mit »Makel«. Männlichkeiten und gesellschaftlicher Wandel in der frühen Bundesrepublik, Berlin 2017, S. 142-156.

Vinken, Barbara, Die deutsche Sonderrolle – Familienpolitik und Geschlechtermodelle im europäischen Vergleich, in: Kroppenberg, Inge/Löhnig, Martin (Hg.), Fragmentierte Familien. Berechnungen einer sozialen Form in der Moderne, Bielefeld 2010, S. 71-88.

Vogt, Helmut, Wächter der Bonner Republik. Die Alliierten Hohen Kommissare 1949-1955, Paderborn 2004.

Volkmann, Hans-Erich (Hg.), Das Russlandbild im Dritten Reich, Köln u.a. 1994.

Wehler, Hans-Ulrich, Deutsche Gesellschaftsgeschichte. 1949-1990, Bonn 2010.

Weil, Francesca/Postert, André/Kenkmann, Alfons (Hg.), Kindheiten im Zweiten Weltkrieg, Halle (Saale) 2018.

Welskopp, Thomas, Stolpersteine auf dem Königsweg. Methodenkritische Anmerkungen zum internationalen Vergleich in der Gesellschaftsgeschichte, in: Archiv für Sozialgeschichte, Jg. 35 (1995), S. 339-367.

Welzer, Harald (Hg.), Das soziale Gedächtnis. Geschichte, Erinnerung, Tradierung, Hamburg 2001.

Ders./Moller, Sabine/Tschuggnall, Karoline (Hg.), »Opa war kein Nazi«. Nationalsozialismus und Holocaust im Familiengedächtnis, 4. Aufl., Frankfurt a.M. 2003.

Wengst, Udo (Hg.), 1945-1949. Die Zeit der Besatzungszone. Sozialpolitik zwischen Kriegsende und der Gründung zweier deutscher Staaten, Bd. 2/1, Baden-Baden 2001.

Wette, Wolfram, Das Rußlandbild in der NS-Propaganda. Ein Problemaufriß, in: Volkmann, Hans-Erich (Hg.), Das Russlandbild im Dritten Reich, Köln u.a. 1994.

Wienand, Christiane, Returning Memories. Former Prisoners of War in Divided and Reunited Germany. Rochester 2015.

Willenbacher, Barbara, Zerrüttung und Bewährung der Nachkriegs-Familie, in: Henke, Klaus-Dietmar/Broszat, Martin/Woller, Hans, Von Stalingrad zur Währungsreform. Zur Sozialgeschichte des Umbruchs in Deutschland, 3. Aufl., München 1990, S. 595-618.

Willing, Matthias/Boldorf, Marcel, Fürsorge/Sozialhilfe (Westzone) Sozialfürsorge (SBZ), in: Wengst, Udo (Hg.), 1945-1949. Die Zeit der Besatzungszone. Sozialpolitik zwischen Kriegsende und der Gründung zweier deutscher Staaten, Bd. 2/1, Baden-Baden 2001, S. 587-642.

Winkler, Martina, Kindheitsgeschichte. Eine Einführung, Göttingen 2017.

Wischnath, Johannes Michael, Kirche in Aktion. Das Evangelische Hilfswerk 1945-1957 und sein Verhältnis zu Kirche und Innerer Mission, Göttingen 1986.

Wolfrum, Edgar, Die Suche nach dem »Ende der Nachkriegszeit«. Krieg und NS-Diktatur in öffentlichen Geschichtsbildern der Bundesrepublik Deutschland, in: Cornelißen, Christoph/Klinkhammer, Lutz/Schwentker, Wolfgang (Hg.), Erinnerungskulturen. Deutschland, Italien und Japan seit 1945, Frankfurt a.M. 2003, S. 183-197.

Wylie, Neville, Das »Internationale Komitee vom Roten Kreuz« und die Kriegsgefangenen, in: Bischof, Günter/Karner, Stefan/Stelzl-Marx, Barbara (Hg.), Kriegsgefangene des Zweiten Weltkrieg. Gefangennahme – Lagerleben – Rückkehr, Wien, München 2005, S. 249-266.

Zacher, Hans F., Grundlagen der Sozialpolitik in der Bundesrepublik Deutschland, in: Bundesministerium für Arbeit und Sozialordnung und Bundesarchiv (Hg.),

Geschichte der Sozialpolitik in Deutschland seit 1945, Bd. 1, Baden-Baden 2001, S. 333-684.

Zametzer, Eva, Die Anfänge des Ost-West-Konflikts in der deutschen Sprache. Argumentationsstrategien in Tagesspiegel und Berliner Zeitung von 1945 bis 1949, Frankfurt a.M. 2006.

8.4   Online zugängliche Quellen und Literatur

Auga, Ulrike, Sünde und Laster. Erfindungen von Sünde und Geschlecht. Onlinezugang, URL: www.bpb.de/apuz/197973/erfindungen-von-suende-und-geschlecht?p=0 (21.5.2018).

Keable, Hartmut, Historischer Vergleich, Version: 1.0, in: Docupedia-Zeitgeschichte (14.8.2012), URL: http://docupedia.de/zg/Historischer_Vergleich?oldid=125457 (28.3.2019).

Thomas Etzemüller, Social engineering, Version: 2.0, in: Docupedia-Zeitgeschichte, (4.10.2017), URL: http://docupedia.de/zg/Etzemueller_social_engineering_v2_de_2017 (22.3.2019).

Regierungserklärung von Bundeskanzler Konrad Adenauer auf der 62. Sitzung des Deutschen Bundestages, in: Stenogr. Berichte. 1. Deutscher Bundestag, Bd. 3, S. 2281f. Onlinezugriff: URL: www.konrad-adenauer.de/dokumente/erklarungen/regierungserklarung4 (13.12.2016).

Statistik der Bevölkerung der Stadt Hagen, URL: https://www.hagen.de/web/media/files/fb/stadtkanzlei/statistik/einwohnerzahlen/Einwohnerzahlen_1765_-_2016.pdf (6.4.2018).

Informationen zur Berliner Zeitung, in: Internetseite der Staatsbibliothek zu Berlin, URL: http://zefys.staatsbibliothek-berlin.de/ddr-presse/berliner-zeitung/ (5.7.2016).

Geschichtswissenschaft

Reinhard Bernbeck
**Materielle Spuren
des nationalsozialistischen Terrors**
Zu einer Archäologie der Zeitgeschichte

2017, 520 S., kart., 33 SW-Abbildungen, 33 Farbabbildungen
39,99 € (DE), 978-3-8376-3967-4
E-Book: 39,99 € (DE), ISBN 978-3-8394-3967-8

Sebastian Haumann, Martin Knoll, Detlev Mares (eds.)
Concepts of Urban-Environmental History

February 2020, 294 p., pb., ill.
29,99 € (DE), 978-3-8376-4375-6
E-Book: 26,99 € (DE), ISBN 978-3-8394-4375-0

Gertrude Cepl-Kaufmann
1919 – Zeit der Utopien
Zur Topographie eines deutschen Jahrhundertjahres

2018, 382 S., Hardcover,
39 SW-Abbildungen, 35 Farbabbildungen
39,99 € (DE), 978-3-8376-4654-2
E-Book: 39,99 € (DE), ISBN 978-3-8394-4654-6

**Leseproben, weitere Informationen und Bestellmöglichkeiten
finden Sie unter www.transcript-verlag.de**

Geschichtswissenschaft

Marc Junge
Stalinistische Modernisierung
Die Strafverfolgung von Akteuren des Staatsterrors
in der Ukraine 1939-1941

Februar 2020, 378 S., kart., Dispersionsbindung,
21 SW-Abbildungen, 4 Farbabbildungen
39,99 € (DE), 978-3-8376-5014-3
E-Book: 39,99 € (DE), ISBN 978-3-8394-5014-7

Stefan Butter
Die USA und ihre Bösen
Feindbilder im amerikanischen Spielfilm 1980-2005

2019, 834 S., kart., Dispersionsbindung
49,99 € (DE), 978-3-8376-4976-5
E-Book: 49,99 € (DE), ISBN 978-3-8394-4976-9

Verein für kritische Geschichtsschreibung e.V. (Hg.)
WerkstattGeschichte
steine

März 2020, 212 S., kart., Dispersionsbindung,
26 SW-Abbildungen
21,99 € (DE), 978-3-8376-5177-5

**Leseproben, weitere Informationen und Bestellmöglichkeiten
finden Sie unter www.transcript-verlag.de**